KB052378

제도의 힘

제도의 힘

초판 발행 | 2015년 12월 1일

지 은 이 | 김승욱
발 행 인 | 김영희
발 행 처 | (주)에프케이아이미디어(프리이코노미스쿨)
기획·마케팅 | 신현숙, 권두리
편 집 | 변호이
디 자 인 | 문강건
등록번호 | 13-860호
주 소 | (07320) 서울특별시 영등포구 여의대로 24 FKI타워 44층
전 화 | (출판콘텐츠팀) 02-3771-0247 / (영업팀) 02-3771-0245
팩 스 | 02-3771-0138
홈페이지 | www.fkimedia.co.kr
E - mail | anyhow4152@fkimedia.co.kr
I S B N | 978-89-6374-137-6 03320
정 가 | 15,000원

내일을 지키는 책, FKI미디어는 독자 여러분의 원고를 기다립니다. 책으로 엮기 원하는 아이디어가 있으신 분은 hsshin@fkimedia.co.kr로 간략한 개요와 취지를 연락처와 같이 보내주십시오.

이 도서의 국립중앙도서관 출판시도서목록(CIP)은 서지정보유통지원시스템 홈페이지(http://seoji.nl.go.kr)와 국가자료공동목록시스템(http://www.nl.go.kr/kolisnet)에서 이용하실 수 있습니다. (CIP제어번호 : CIP2015025445)

신제도주의 경제사 시각에서 본 국가의 흥망

제도의 힘

김승욱 지음

프리이코노미스쿨

프롤로그

현대의 가장 시급한 경제문제는 무엇일까? 옛날에는 생존과 빈곤 탈출이 가장 중요한 경제문제였다. 사회가 빈곤에서 탈피하자 빈부 격차가 가장 심각한 문제가 되었다. 20세기에 대공황이 발생하고 나서는 불황 극복이 가장 심각한 문제로 인식되었다. 불황을 극복하기 위해서 정부가 인위적으로 시장에 개입해 유효수요를 창출하자 스태그플레이션이 나타났다. 정부가 시장에서 손을 떼야 한다는 주장이 힘을 얻고, 자본주의 대안으로 제시된 공산주의가 후퇴했다. 그런데 다시 글로벌 금융위기와 함께 유럽과 중국 등에서 계속 위기가 번갈아 나타나고 있다. 세계는 세습자본주의가 나타날 것을 염려하기도 하고, 고령화사회가 될 것을 염려하기도 한다. 그러나 다른 일각에서는 과잉된 인구수와 환경이 파괴될 것을 염려한다.

미래를 정확하게 예견하기는 어렵지만 문제점을 찾고 대비책을 세울 수는 있다. 영국의 윈스턴 처칠Sir Winston Leonard Spencer Churchill(1874~1965) 수상은 "더 멀리 되돌아볼 수 있다면 그만큼 앞을 더 잘 내다볼 수 있다"고 했듯이 앞날을 예견하기 위해서는 과거를 되돌아보아야 한다.[1] 역사를 공부하는 것은 단지 지난 과거가 궁금해서가 아니라, 오늘 조간신문을 더 잘 이해하기 위해서다. 해 아래 새것은 없다. 과거의 경험에서 배우는 것은 현재를 이해하고 미래를 준비하는 데 매우 중요하다. 그리고 할 수만 있다면 남의 경험에서 배워야 한다. 독일의 철혈재상 비스마르크Otto von Bismarck(1815~1898)는 현명한 사람은 타인의 경험에서 깨닫는다고 말했다.

갤럽Gallup 연구소가 지난 6년간 세계의 데이터를 수집해서 분석하고 연구한 결과, 선진국이나 후진국을 막론하고 인류의 가장 심각한 경제문제는 인구문제도, 환경문제도 아니었다. 바로 일자리 부족이었다. 오늘날 지구상에 생산활동이 가능한 30억 인구는 정규직을 원한다. 현재 정규직은 12억 개에 불과한데, 18억 명이 그런 일자리를 구한다. 그중에 50퍼센트가 실업자다.

빈부격차가 없는 사회가 바람직하지만, 그보다도 더 중요한 것은 한 사회의 모든 계층이 어느 정도의 풍족한 삶을 누릴 수 있는가 하는 것이다. 이것이 일찍이 애덤 스미스가 『국부론』을 집필했던 이유다. 애덤 스미스는 계몽주의 시대에 어떻게 사회에 질서를 가져올 것인지 고민했다. 그는 인간 내부에 존재하는 도덕감정이 있다는 것을 강조했다. 사회 질서를 유지하기 위해서는 법과 함께 경제성장이 필요하다고 생각해 한 나라의 부의 본질과 원인이 무엇인지를 규명하는 『국부론』을 집필했다. 경제성장의 중요성을 강조한 점이나, 식민지 경영은 낭비라고 주장했던 그의 혜안들은 200여 년이 지난 오늘날에도 빛난다.

일자리의 종류는 나라마다 다르다. 개도국의 일자리는 생존을 위한 일자리다. 한국 청년 구직자들이 원하는 일자리는 기대수준에 맞는 일자리다. 어떤 일자리든지 일자리는 나눈다고 생기는 것이 아니고 정부가 명령한다고 생기는 것도 아니다. 일자리는 기업이 활발한 생산활동을 해야 생긴다. 결국은 경제가 성장해야 일자리가 만들어진다.

이 책은 '한 나라가 잘살고 못살게 되는 이유는 무엇 때문인가?' 하는 질문에서 시작되었다. 또 근대 이후 왜 서양은 동양보다 잘살게 되었는지, 같은 유럽에서도 서구는 왜 동구보다 잘사는지, 근대 후기에 들어서면서 서구 국가들 중에서도 스페인과 프랑스보다 영국과 네덜란드의 경제성장 속도가 더 빨라진 이유는 무엇인지에 대한 질문에서 비롯되었다.

그래서 이 책에서 관심을 갖는 것은 왜 어떤 나라는 잘살고, 어떤 나라는 못사는가 하는 것이다. 물론 예나 지금이나 계속 못사는 나라도 있지만, 잘살던 나라가 못살게 되는 경우도 있고, 못살던 나라가 갑자기 잘살게 되는 '부의 역전 현상Reversal of fortunes'도 종종 일어난다.

북미와 중남미는 둘 다 유럽의 식민지였고, 자원도 많고 국토도 방대하다. 게다가 이전에는 중남미가 북미보다 문명의 수준이나 소득수준이 더 높았는데, 20세기에 들어서면서 상황이 역전되어 오늘날 미국과 캐나다 등의 북미는 선진국이 되었다. 쿠바, 칠레, 파라과이 등 중남미의 많은 국가들은 아직도 개발도상국에서 벗어나지 못하고 있다. 그리고 동아시아에서 일본은 근대화에 성공해 중국의 일부를 지배했다. 19세기의 20대 강대국에는 아르헨티나나 스페인이 들었지만, 이제는 그 나라들이 빠졌고, 대신 일본과 한국이 들어 있다. 영국은 1872년에 미국에게 추월당했고, 1963년에는 일본에게도 추월당했다.[2] 이제 미국은 세계 제1의 경제대국의 자리를 중국에게 내어줘야 할지도 모른다.[3] 똑같은 역사와 문화를 지닌 남한과 북한도 경제적 격차가 매우 크다. 왜 이런 현상이 일어날까? 이러한 각국의 경제성장의 원인을 쉽게 설명하는 것이 이 책의 목표다.

1993년에 노벨경제학상을 수상한 경제사학자 더글러스 노스 Douglass North(1920~)는 각국의 흥망성쇠의 원인은 "시장경제라는 효율적인 경제제도에 달려 있다"라고 주장했다. 이 책은 이러한 시각에서 서구가 시장경제제도를 창출하면서 오늘날 어떻게 선진국으로 성장했는지 그 과정을 설명한다. 그리고 선진국의 실패사례와 왜 아직도 많은 나라가 가난한지 그 이유를 동일한 맥락에서 설명한다. 또한 이 주장을 한국에 적용하여 왜 조선은 경제성장에 실패했으며, 대한민국은 왜 성공했는지 설명한다.

이 책의 구성

먼저 1장에서 경제성장이 왜 중요한지 설명한다. 빈곤하지 않은 국가에서 태어나 자란 사람들은 빈곤에서 탈출하는 것이 왜 그렇게 중요한지 이해하기 어렵다. 그렇기 때문에 당장 부딪히는 실업문제나 빈부격차에 대한 아픔이 더 크게 느껴질 수 있다. 선진국들이나 한국의 경우 빈부격차나 양극화 해소에 더 큰 관심을 갖는다. 그래서 본론으로 들어가기에 앞서 왜 국가의 경제성장이 중요한지 설명한다.

2장과 3장에서는 서구가 원래부터 잘살았던 것은 아니라는 것을 설명한 다음, 서구의 경제발전에 대한 여러 가지 견해들을 소개한다. 이어 3장에서는 서구가 오늘날 잘살게 된 이유로 제기된 여러 학설 가운데에서 '제국주의적 약탈 때문에 잘살게 되었는가?' 하는 질문에 대해 답한다. 한국과 같이 식민지를 경험했던 나라들은 이 견해에 대해서 수긍하기 쉽다고 판단되어서 먼저 이 견해가 어느 정도 역사적 사실에 부합되는지 살핀다. 중상주의 시대의 초기 제국주의와 19세기에 나타난 경제적 제국주의의 차이를 설명하고, 최근 실증주의 경제사학자들의 식민지 경제성에 대한 연구를 소개한다.

그리고 4장에서는 서구가 발전하게 된 가장 중요한 이유는 인류 최초로 서구 몇 나라들이 만든 효율적인 제도 때문인데, 그것이 바로 시장경제제도라는 것을 설명한다. 다음 5장부터 7장까지는 서구 국가들이 어떻게 시장경제제도 창출에 성공하게 되었는지, 그 과정을 설명한다. 먼저 5장에서는 효율적인 제도가 만들어지기 시작한 나라를 중세의 베네치아로 보고, 베네치아에서 어떠한 과정을 통해서 이것이 가능했는지 살펴본다. 이어 네덜란드와 스위스 등을 중심으로 문화와 신뢰 등과 같은 비공식적 제도가 어떻게 효율적인 제도를 만들어내는 데 기여했는지 살펴볼 것이다.

이어서 6장에서는 근대적 성장의 시발점이 된 영국의 산업혁명을 기업이라고 하는 제도를 중심으로 볼 것이다. 일반적으로 영국의 산업혁명의 원인을 말할 때 기술혁신이나 임금노동자의 등장 등을 강조하지만, 필자는 기업의 확산 때문이라는 시각으로 설명했다. 그리고 7장에서는 미국과 독일을 중심으로 후발 선진국들이 어떻게 영국의 뒤를 이어서 경제성장을 이뤘는지 설명했다. 특히 독일과 미국이 어떻게 영국마저 따라잡을 수 있었는지를 지식에 대한 재산권의 인정을 강조하여 설명한다.

8장과 9장에서는 제3세계의 저개발을 다룬다. 선진국의 흥망성쇠를 효율적인 제도라는 측면에서 설명할 수 있다면, 후진국의 낙후도 역시 그러한 맥락에서 설명되어야 한다. 8장에서는 왜 오늘날 후진국들과 19세기 조선이 가난의 굴레에서 벗어나지 못했는지를 제도 실패 때문이라는 맥락에서 밝혔다. 9장에서는 한국경제의 성공을 역시 제도적인 측면에서 설명했다. 일제시대의 제도적 유산, 그리고 이승만 대통령과 박정희 대통령의 공적을 효율적인 제도라는 측면에서 조명했다. 그리고 영국의 산업혁명을 말할 때 기업의 역할을 강조했듯이 한국경제가 발전하는 과정에도 기업의 역할이 중요했음을 강조했다.

각국의 경제적 성취가 효율적인 제도에 크게 영향을 받는다는 사실을 선진국과 개도국으로 나누어서 살펴본 뒤 10장에서는 효율적인 제도의 형성에 가장 큰 영향을 미치는 정부를 중심으로 20세기의 역사를 살펴본다. 효율적인 제도가 유럽의 몇 나라들에 의해서 자생적으로 오랜 세월에 걸쳐 만들어졌지만, 19세기 말부터 20세기에 들어서면서 각국의 정부가 시장에 깊이 개입하면서 제도 형성에 큰 영향을 미치게 되었다. 특히 공산주의 국가는 제도를 혁명적으로 바꾸고, 자본주의 국가들의 정부도 그 어느 때보다 제도 형성에 깊은 간섭을 했다. 세계 각국에서 정부의 간섭이 어떠한 형태로 나타났는지 살피고, 20세기 말에 신자유주의 조류가 확산되면서 정부의 개입이 줄어든 현상을 중심으로 20세기의 경제사를 살펴봄으로써, 제도가 경제성장에 미친 영향을 조명한다.

마지막으로 11장에서는 이 책의 전체 내용을 요약하고, 미래 경제의 문제를 해결하기 위해서 효율적인 제도가 역시 중요하다는 사실을 강조한다. 결론적으로 앞으로 세계 각국의 경제문제는 일자리 부족이며, 이는 효율적인 제도 즉 시장경제의 확산과 기업에 의해서만 해결할 수 있음을 밝힌다.

감사의 글

이 책을 쓸 때 그동안 자유경제원의 대학시장교육에서 강의했던 '시장경제 발전사의 교훈'과, 아산정책연구원의 아산서원에서 수년간

강의했던 '경제사' 강의자료가 기초가 되었다. 필자에게 강의를 맡겨준 두 기관과 그동안 강의에 초대해준 여러 대학의 담당 교수님들께 감사를 드린다.

그리고 이 책이 나오기까지 기다려준 전경련 사회본부 이용우 본부장과 경제교육팀 박철한 팀장, 그리고 실무적으로 도움을 준 출판사 FKI미디어 김영희 대표, 신현숙 팀장, 박지혜 주임과 변호이 주임 등 여러분께 감사드린다. 원래 이 책이 작년에 출판될 예정이었는데, 자꾸 수정하고 보완한 데다, 저자의 게으름으로 인해서 이제야 출판이 되었다.

무엇보다 저자에게 제도주의 경제사라는 학문을 가르쳐준 애리조나대학의 프라이스 피시백Price Fishback 석좌교수께 감사를 드린다. 프라이스 피시백 교수 덕분에 1986년부터 더글러스 노스 교수의 학문세계를 접할 수 있었고, 함께 연구활동을 하며 많은 것을 배웠다.

연로한 몸으로 늘 기도와 격려를 아끼지 않으신 부모님과 유학시절부터 늘 묵묵히 곁을 지키며 내조한 아내 홍숙진, 그리고 아름답게 잘 자라준 세 자녀 형락, 은혜, 은선이의 격려가 있었기에 이 책이 나올 수 있었다. 사랑하는 가족들에게 이 지면을 빌려 고마움을 전한다.

2015년 11월
흑석동 연구실에서
김승욱

목 차

도표·지도·그림 목차

1장

경제성장은 왜 중요한가?

– 경제성장을 우선시하는 것에 대해서 왜 부정적인가?

– 경제성장의 효용

경제성장을 우선시하는 것에 대해서 왜 부정적인가?

본론에 들어가기 전에 먼저 경제성장이 왜 중요한가를 언급하고자 한다. 국가가 잘사는 것이 무엇보다도 중요하다는 것을 당연하다고 여기는 사람들이 있는 반면에, 경제성장을 우선시하는 것에 대해 부정적인 사람들도 있다.

성장보다는 평등이 더 중요하다는 입장

경제성장을 우선시하는 것에 대해 부정적인 이유는 첫째로 성장보다는 평등이 더 중요하다고 생각하기 때문이다. 산업혁명 이후 세

[도표 1] 국가별 1인당 GDP(1750~2000년)

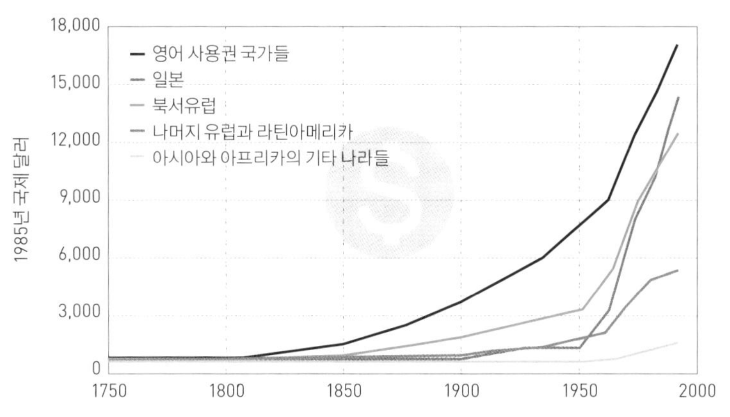

자료: 루카스(Lucas), 2004.

계적으로 볼 때 빈부의 격차는 더 커졌다. 1995년 노벨상 수상자인 로버트 루카스Robert Lucas 교수에 따르면 영국에서 산업혁명이 일어나던 1800년경까지도 세계에서 가장 가난한 나라와 가장 부유한 영국의 1인당 소득 격차는 2~3배에 불과했다. [도표 1]에서 보는 바와 같이 1800년경 이전에는 세계에서 가장 선진지역과 후진지역의 차이가 크지 않았다. 그런데 지금 세계에서 가장 잘사는 나라 룩셈부르크 등은 1인당 소득이 10만 달러가 넘는 반면에 가장 가난한 나라는 그 1,000분의 1인 100달러 내외에 불과하다.

이렇게 자본주의가 발생한 이후에 빈부격차가 커졌다는 이유로 그 원인을 자본주의 탓으로 돌리는 사람들이 있다. 마르크스는 『자본론』에서 노동자들이 착취를 당하는 모습을 거의 100쪽에 걸쳐서 자세히 고발했다. 그는 9~10세 아이들이 겨우 입에 풀칠할 정도로 적은 품삯을 받고 새벽 2~4시에 일어나서 밤 10~12시까지 착취를 당했다고 기록했다.[1] 그리고 자본주의가 심화되면 빈부격차가 벌어져서 프롤레타리아 혁명으로 자본주의가 붕괴될 것이라고 예상했다. 20세기 후반에 공산주의는 많은 지역에서 종말을 고했지만, 최근에 프랑스 경제학자 피케티Piketty 역시 『21세기 자본』에서 자본주의가 빈부의 격차를 크게 한다고 주장했다.

자본주의가 발전한 19세기 말에 미국, 영국, 프랑스 등에서 빈부격차가 크게 확대되었다. 그런데 제1차 세계대전 이후에 1970년까지 빈부격차가 줄어들었다. 그 이유는 세계적인 전쟁 때문에 부유층이 보유한 자본이 파괴되었기 때문이다. 자본주의가 안정되면서 1970년대 이후에 빈부격차는 다시 증가했다. 피케티는 자본주의는 양극화되는 힘이 강해서, 빈부격차로 인한 양극화는 민주사회와 사회의 정의를 파괴할 잠재력을 내포하고 있다고 주장했다.[2] 이러한 생각을 하는 사람들은 경제성장보다 빈부격차를 줄이는 것이 더 중요하다고 인식한다.

물론 빈부격차를 줄이는 것이 바람직하지만, 인간이 존엄성을 위협받을 정도의 극한 가난에서 탈출한다는 것은 무엇보다 더 중요하다. 풍요로운 사회에서 태어나 평생을 보낸 사람들은 가난의 비극이 얼마나 처참한지 모르고 지내는 경우가 많다. 예를 들면 1877년 가뭄으로 인해 중국 산시성에서 평균적으로 큰 현에서는 10~20만 명이, 작은 현에서는 5~6만 명이 죽었는데, 다 매장을 못해서 '만인묘萬人墓'라고 불리는 구덩이를 파서 묻었다. 심지어 사람고기가 노상에서 공개적으로 팔렸다. 부모들이 아이들을 바꾸어 잡아먹거나 남편이 아내를 먹고, 자식이 부모를 먹었다고 한다.[3] 아시아에서만 이런 일이 일어난 것이 아니다. 유럽에서도 1692~1694년에 2년 연속 흉작이 이어져 프랑스에서만 283만 7,000명이 죽었다. 당시 인구대비 사망률이 제1차 세계대전 프랑스의 사망률의 2배에 달했다.[4] 과거로 더 거슬러 올라가 보면, 7세기 영국의 수도사 비드St. Bede는 서식스 지역에서 기아로 인한 동반자살에 대한 기록을 다음과 같이 남겼다.[5]

"굶주린 사람들이 40~50명씩 무리를 지어 여윈 몸뚱이를 끌고 절벽 위로 혹은 바닷가로 가는 모습이 자주 목격된다. 거기서 서로 손을 잡은 채 껑충 뛰어 밑으로 떨어지거나 물에 몸을 던지려는 것이다."

전쟁포로나 채무에 의해서 노예가 된 사람들의 삶은 말할 것도 없고 일반적인 사람들의 삶도 역시 고달팠다. 유럽의 경우 13~14세기가 되어서야 철을 이용해서 집을 지었기 때문에 겨울에 낡은 움막에서 벽난로나 수돗물도 없이 바람과 눈을 견뎌야 했다. 언 손으로 일을 했고, 비누, 치약, 빗도 없었으며, 중세 인구의 대다수는 원시의 자연 상태와 비슷하게 살았다.[6]

귀족들조차도 질병의 위험에서 피해갈 수 없었다. 영국의 역사 인구 통계에 의하면 1550년 이후 200년간 귀족 계층과 서민의 기대수명은 거의 비슷한데, 이는 당시 기대수명이 낮은 이유가 영양 상태 때문이 아니라 질병 때문이었다는 것을 말해준다.[7] 이렇게 전前자본주의 시대에는 귀족이든 평민이든 노예든 질병이나 가난 등으로 고통을 겪었다. 그런데 자본주의 사회는 근대적 경제성장을 이루며 인류를 빈곤의 늪에서 탈출시켰다. 2015년 노벨경제학상 수상자인 프린스턴대학의 앵거스 디턴Angus Deaton 교수는 이를 "위대한 탈출"이라고 불렀다.[8]

그리고 전자본주의 시대에는 모두가 평등했다는 것도 착각이다. 사실 불평등은 문명의 산물이지, 자본주의의 산물이 아니다. 과거에는 가난했을 뿐만 아니라, 빈부격차도 컸다.[9] 버클리대학에서 고대사를 담당하는 로버트 냅Robert Knapp 교수는 『99%의 로마인은 어떻게 살았을까』에서 로마사회는 전체 로마제국 5,000만~6,000만 인구의 약 0.05퍼센트에 불과한 3만~3만 5,000명의 호네스티오레스(honestiores, 더 고귀한 자)들과 나머지 99.5퍼센트는 휴밀리오레스(humilores, 덜 고귀한 자)로 나뉘어 있었고, 이 두 계층 사이에 사회적 단절이 있었다고 했다. 0.05퍼센트에 불과한 호네스티오레스는 로마사회 부의 80퍼센트를 소유했다.[10] 반면, 하루에 1데나리우스 이하의 최소 생계비 수입으로 살아가며, 자연재해나 전염병 또는 기근 등의 재난에서 자신을 방어할 수 없는 벼랑 끝의 삶을 살았던 빈민층의 숫자는 로마제국 인구의 65퍼센트였을 것으로 추산된다.[11]

장 자크 루소Jean-Jacques Rousseau(1712~1778)는 『인간 불평등 기원론 *Discours sur l'origine de l'inégalité parmi les hommes(1755)*』에서 불평등의 기원이 사회가 발전하는 과정에서 파생된 것으로 보았는데, 많은 역사학자들은 루소의 이 논문이 프랑스 혁명의 도덕적 근거를 제공했다고 믿고 있다.[12] 그러나 인류고고학자 켄트 플래너리Kent Flannery와 조이스 마커스Joyce Marcus는 『불평등의 창조』에서 인류의 불평등은 이미 기원전 2500년 전에 형성되었다고 보았다.[13]

그리고 자본주의가 발달한 나라라고 해서 빈부격차가 더 큰 것도 아니다. 부유한 나라 중에 빈부격차가 크지 않은 나라들도 많다. 서구의 복지국가들이 그러한 나라들이다.

잘산다고 반드시 더 행복한 것이 아니라는 입장

경제성장을 중요하게 생각하지 않는 두 번째 이유는 잘산다고 반드시 더 행복하다고 느끼는 것이 아니기 때문이다. 2006년 영국의 신경제재단New Economics Foundation, NEF에서 178개국의 행복지수 순위를 발표했다. 삶의 만족도, 평균 수명, 생존에 필요한 면적, 에너지 소비량 등을 종합하여 100점 만점으로 점수를 매겼다. 일본이 41.7점(95위), 한국은 41.1점(102위), 미국은 28.8점(150위)으로 나타났다. 당시 미국은 한국보다 1인당 GDP가 3배 정도 되었는데 행복지수는 훨씬 떨어졌다. 조사한 나라 중에서 행복지수가 가장 높은 나라는 인구 19만 명인 호주 부근의 작은 섬나라인 바누아투 공화국이었다.

이와 유사한 조사는 이밖에도 많다. 주관적 행복의 정도를 측정한 미국 미시간대학 로널드 잉글하트Ronald Inglehart 교수의 연구에 따르면 2005~2007년에 한국은 39개국 중 28위를 차지했다(100점 만점에 65.93점). 그런데 흥미로운 사실은 10년 전인 1995~1998년에 했던 같은 조사에서 한국은 24개국 중 15위(66.04점)였다는 점이다. 1995년 1인당 국민소득 1만 달러를 갓 넘겼을 때보다 한국인의 행복지수는 되레 떨어졌다. 그뿐 아니라 한국은 놀라운 경제성장을 이룩했지만 최근에 자살률이 세계에서 가장 높은 나라가 되었다.

우리나라만 그런 것은 아니다. 1974년 미국 펜실베이니아대학 이스털린Easterlin 교수는 '경제성장이 인간의 운명을 개선하는가'라는 연구를 했는데, 일본의 경우 1950년에서 1970년 사이에 소득이 7배나 늘었음에도 불구하고 "더 행복해졌다"는 응답은 감소했다. 그래서 이를 '이스털린의 역설Easterlin's Paradox'이라고 부른다. 왜 이러한 역설이 발생할까? 희생을 무릅쓰고 돈을 벌려고 하지만 사실 그러한 행동은 행복을 감소시킨다는 것이다. 또 1998년 런던대학 레이야드Layard 교수가 유엔UN의 의뢰를 받아 비슷한 연구를 했는데 이 연구에서 방글라데시의 행복지수가 1위를 차지했고, 남한은 54개국 가운데 23위에 그쳤다.

하지만 이와 반대의 결과가 나타난 연구들도 있다. 미국 펜실베이니아대학 와튼스쿨의 벳시 스티븐슨Stevenson과 저스틴 울퍼스Wolfers 교수팀이 '삶에 대한 만족도'를 조사한 결과 부유한 나라들의 삶의 만족도가 훨씬 높은 것으로 나타났다. 이러한 연구들을 보면 잘산다고 행복한 것은 아니지만, 그러나 못산다고 더 행복한 것은 더욱 아니다.

물질주의에 빠진다는 입장

경제성장을 중요시하지 않는 세 번째 이유는 경제성장을 지나치게 추구하다 보면 물질주의에 빠져서 더 중요한 가치를 잃어버린다고 생각하기 때문이다. 즉 경제성장을 강조하는 자본주의체제 안에서는 물질적 생활을 개선하는 데 최우선의 가치를 부여해 인간을 귀하게 여기지 않게 되고, 결국 인간관계가 소원해질 수 있다고 생각하기 때문이다.

그러나 반드시 부유한 나라일수록 물질주의에 물들어 있다고 보기 어렵다. 물질주의와 부유한 정도는 꼭 정正의 상관관계를 갖는 것이 아니다. 한국의 1인당 소득은 세계 200개 나라 중에 36위(2013년 기준)에 불과하지만, 우리보다 더 잘사는 미국이나 일본보다 더 물질주의에 물든 나라로 평가된다. 일본 청소년연구소가 한국, 미국, 일본, 중국의 1,000명 이상의 고교생을 대상으로 실시한 설문조사에 의하면 '부자가 되는 게 성공한 인생'이라는 답변이 한국은 50.4퍼센트로 다른 나라들보다 더 월등히 높았다(일본 33퍼센트, 중국 27퍼센트, 미국 22.1퍼센트). 또한 '돈을 벌기 위해선 어떤 수단을 써도 괜찮다'는 답변도 한국(23.3퍼센트)과 미국(21.2퍼센트)이 일본(13.4퍼센트)과 중국(5.6퍼센트)보다 높았다. '돈으로 권력을 살 수 있다'는 데 동의한 학생은 미국, 일본, 중국은 30퍼센트 안팎인 데 비해서 한국은 54.3퍼센트로 월등히 높게 조사되었다. 이처럼 경제가 성장했다고 더 물질주의에 빠져 있는 것이 아니다. 이는 교육이 부족해서 발생한 것으로 보아야 한다.

이밖에도 지구의 부존자원은 한계가 있으므로 성장지상주의에 반대하며, 환경오염을 염두에 두고, 지속가능한 성장을 해야 한다고 주장하는 환경론자들도 있다. 이러한 여러 가지 이유들로 인해 경제성장을 우선시하는 것에 부정적인 사람들이 많다. 이 또한 일리가 있지만, 그럼에도 불구하고 여전히 경제성장은 매우 중요하다.

경제성장의 효용

경제성장이 만병통치약은 아니겠지만, 여러 가지 난제를 해결하는 데 도움이 될 수 있다. 우선 경제성장은 국제 테러 문제의 해결책이 될 수 있다. 9·11 테러 이후 서방 세계는 이슬람 테러 문제로 부심하고 있다. 미국은 세계 군사비 지출 총 합계의 절반을 지출하고, 미국과 전면전을 벌여 3일을 버틸 수 있는 나라가 지구상에 8개 나라밖에 없다고 할 정도로(그중의 한 나라가 한국이다) 군사 강대국이다. 그런 미국도 자살폭탄테러에는 속수무

책이다. 테러를 미연에 방지하기 위해서 수많은 비용이 소요되고 불편을 감수해야 한다. 이러한 갈등이 지속되는 이유를 새뮤얼 헌팅턴Samuel Huntington은 '문명의 충돌' 때문이라고 했지만, 일부에서는 중동지역 국가들의 '가난' 때문이라는 견해도 있다. 중동지역에는 경제적으로 아무런 희망이 없어 언제든지 죽을 준비가 되어 있는 젊은이들이 너무 많기 때문에 미국이 대테러전쟁에서 이길 수 없다는 것이다. 현세에서의 삶에 소망을 버린 젊은이들은 테러를 하고 성자가 되면 내세에서 호강한다는 가르침을 무분별하게 받아들인다.

이슬람 국가들이 홍콩이나 싱가포르처럼 경제가 성장하면 지금처럼 많은 젊은이들이 자살폭탄테러를 자원할까? 수백 명밖에 살지 않던 한적한 섬이었던 싱가포르는 과거에 지금의 중동지역보다 더 열악했다. 또 홍콩도 범죄와 무질서가 난무하던 도시였다. 중동지역의 국가들은 싱가포르나 홍콩처럼 발전할 수는 없을까? 두바이나 카타르 도하의 발전을 보면 불가능할 것도 없다.

일찍이 애덤 스미스Adam Smith는 사회의 질서를 잡기 위해서 법만으로 충분하지 않고, 경제가 성장해야 한다고 주장했다. 당시 파리는 살인사건이 거의 매일 일어났지만, 파리보다 더 큰 도시인 런던은 살인사건이 1년에 3~4건에 불과한 이유가 런던이 파리보다 생활수준이 높기 때문이라고 했다. 따라서 한 나라를 잘살게 만들기 위해서는 경제를 성장시켜야 한다고 보고, 『국부론』을 집필했다.

두 번째로 경제성장은 빈곤문제를 해결하는 데 가장 좋은 방법이

[도표 2] 국가별 1인당 GDP(1820년 vs. 1998년)

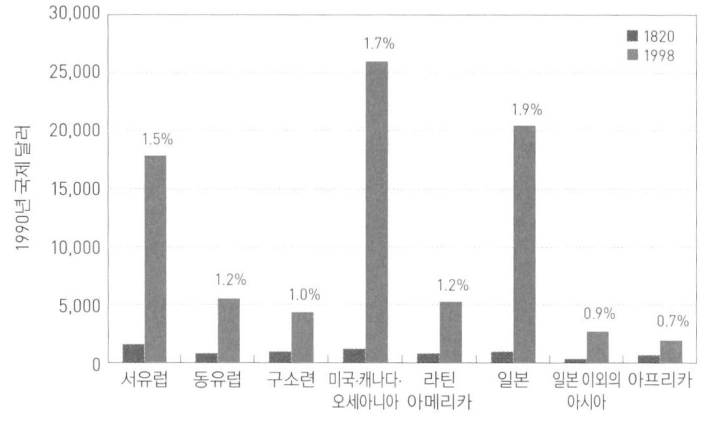

자료: 삭스(Sachs), 2004, 57.

다. 세계 70억 인구 가운데 집에 화장실이 없는 사람들이 아직도 40억 명이나 된다. 그리고 아직 50억의 인구가 궁핍에서 벗어나지 못하고 있다. 가난한 나라의 빚을 탕감해주는 것으로 그 나라를 궁핍에서 벗어나게 할 수 없다. 가장 효과적인 방법은 가난한 나라들이 스스로 가난을 벗어버릴 수 있도록 도와주는 것이다. 경제성장의 방법을 극빈국에 전수하려면 먼저 선진국이 어떻게 가난을 물리쳤는지 살펴보고 거기서 교훈을 얻어 가난한 나라들에게 가장 적절한 방법을 찾아주어야 한다. 우리나라는 제2차 세계대전 직후에 도움을 받았던 나라 중에 남을 도울 수 있는 유일한 나라이다. 우리나라처럼 경제성장의 경험을 지닌 나라가 가난한 나라에게 그 성장 비결을 전수해서 스스로 경제성장을 일으키는 것이 가난을 극복하는 가장 효과적인 방법이다.

사실 지난 200년 사이에 국가 간 빈부격차가 크게 확대된 이유는 가난한 나라가 더 가난해졌기 때문이 아니라 잘사는 나라들이 너무 잘살게 되었기 때문이다. 가난한 나라들은 200년 전이나 지금이나 여전히 가난하다. [도표 2]에서 보는 바와 같이 영국에서 산업혁명이 막바지에 이르렀던 1820년경에도 1인당 GDP가 세계 대부분의 지역에서 큰 차이가 없었다. 그런데 그 이후 1998년까지 약 170년 동안 미국·캐나다·호주는 평균 1.7퍼센트의 성장을 보였고, 일본은 1.9퍼센트, 그리고 서유럽은 1.5퍼센트의 경제성장률을 기록했다. 반면에 일본을 제외한 아시아나 아프리카 지역은 경제성장률이 0.9퍼센트와 0.7퍼센트에 불과했다.

이처럼 오늘날 잘사는 지역과 못사는 지역의 격차가 벌어진 것은 가난한 나라에 비해서 잘사는 지역의 경제가 더 빨리 성장했기 때문이다. 가난한 나라들도 경제성장의 비결을 배우는 것이 국가 간 경제력 격차를 줄이는 가장 중요한 방법이다. 어느 정도 경제성장을 달성한 나라들은 빈부격차를 줄이는 것에 관심을 기울일 여유가 있다. 그러나 가난한 나라들은 적어도 궁핍을 면할 정도의 경제성장을 이룩하는 것이 무엇보다 더 시급하다.

한반도에 눈을 돌려보아도 마찬가지이다. 북한은 현재 세계에서 가장 가난한 나라 중 하나다. 신장은 그 지역의 경제적 성취를 가장 잘 말해주는 지표 중의 하나인데, 중국에서 1995년에 발표된 『동아시아 연감』에 의하면 북한 젊은 남성의 평균 신장은 158센티미터에 불과하다. 남한의 경우 173.3센티미터로 북한 청년에 비해서 15센티미터가 더 크다. 평균 수명도 남한이 북한보다 20년이 더 길다. 이제 남북한을 외형만으로는 한 민족이라고 보기 어려울 정도가 되었다.[14]

북한의 빈곤문제를 해결하기 위해 각종 경제적 지원을 하는 것은 임시 방편이다. 남한이 중국과 경제교류하듯이 북한과 경제교류를 확대시켜, 북한이 스스로 경제성장을 할 수 있도록 하는 것이 장기적으로 바람직하다.

2장

서구는 어떻게 잘살게 되었는가?

– 국제적 빈부격차

– 원래부터 서구가 잘살았는가?

– 서구가 잘살게 된 요인은?

국제적 빈부격차

2013년 국제통화기금IMF의 세계 179개국 세계경제전망에 따르면 1인당 GDP의 경우 룩셈부르크가 11만 500달러 수준으로 1위였고, 그 다음이 노르웨이, 카타르, 아이슬란드, 아일랜드, 스위스, 덴마크, 스웨덴, 핀란드, 네덜란드, 미국, 영국 순이었다. 프랑스가 18위, 독일이 19위, 이탈리아가 20위였다. 이에 비해서 가장 못사는 나라 10개국을 보면 짐바브웨가 55달러로 최빈국이었고, 그 바로 앞이 부룬디, 콩고, 라이베리아, 기니비사우, 미얀마, 에티오피아, 말라위 등이었다.

각국의 1인당 GDP 격차를 보면 1위와 179위의 차이는 약 2,000배이다. 부유한 나라 상위 10개국과 가난한 나라 하위 10개국의 평균 소득격차를 비교해도 약 200배 정도이며, 최소한 100배가 넘는다. 즉 가난한 나라의 사람이 일 년 내내 생산해야 하는 소득을 부유한 나라에서는 불과 사나흘 안에 생산한다는 뜻이다.[1]

그런데 천연가스와 석유 등 인구에 비해 풍부한 자원을 가진 카타르를 제외하고는 부유한 나라들의 대부분은 유럽 대륙의 서쪽에 위치한 서부와 북부 유럽에 위치한 국가이거나 미국, 캐나다, 호주 등과 같이 서구에서 파생된 나라들이다.

세계 인구의 16퍼센트에 불과한 서구의 11개 나라들은 제1차 세계대전이 발발하기 직전인 1913년에 세계 영토와 인구의 60퍼센트를 통치했고, 세계 전체 생산량의 74퍼센트를 생산했다.[2] 특히 그중에서도 영국은 이미 1909년에 세계 지표면의 약 25퍼센트에 달하는 총 2,050만 제곱킬로미터를 지배했다. 이는 프랑스가 지배하던 면적의 3배였고, 독일이 지배하던 지역의 10배에 달했으며, 로마제국보다 4배나 넓은 크기였다.[3] 이때 영국 사람들은 인도 사람들보다 평균적으로 2배 정도 더 오래 살았다. 유럽이 부상하기 전인 1500년에는 중국의 베이징이 세계에서 가장 큰 도시였지만, 1900년에는 세계에서 가장 큰 10대 도시에 들어가는 아시아지역 도시는 일본의 도쿄밖에 없었다.

원래부터 서구가 잘살았는가?

이처럼 서구지역은 대부분 잘 사는 편이다. 이 책에서 사용한 '서구'라는 개념은 일반적으로 말하는 '서양'과는 다르다. 경제사학자들이 부유한 나라에 속하는 유럽지역을 언급할 때는 주로 '서부 유럽'을 많이 쓴다. 서부 유럽은 유럽 대륙의 서쪽을 뜻한다. 그런데 최근에 북부 유럽도 1인당 소득 면에서 부유한 국가들에 포함된다. 서부 유럽의 식민지였다가 독립한 미국, 캐나다, 호주 등도 마찬가지다. 반면에 동양과 서양을 구분할 때 사용하는 서양이라는 개념에는 동부 유럽과 러시아의 일부도 서양에 포함된다. 『왜 서양이 지배하는가*Why the West Rules-for Now*』의 저자 이언 모리스Ian Morris에 따르면 서양을 정의하는 방식이 적어도 열두 가지에 이른다고 한다. 자유, 합리성, 관용과 같은 '서양적 가치'를 기준으로 삼기도 하고, '지리적 위치'를 기준으로 삼기도 한다.[4]

지리적 위치를 기준으로 삼을 때는 유라시아 대륙의 중심부 고원지대를 중심으로 서쪽을 '서양', 동쪽을 '동양'으로 구분한다.[5] 이렇게 구분하면 소위 비옥한 '초생달 지역'이라고 불리는 지중해 동쪽부터 유프라테스 강과 티그리스 강의 메소포타미아 문명의 발상지에 이르는 지역, 지리학자들이 측면 구릉지라고 부르는 지역이 서양에 속하게 된다. 모리스는 이 지역을 서양 문명의 뿌리라고 보고, 과거에 이

지역이 중국보다 더 발전되었기 때문에 서양이 원래부터 동양보다 문명이 발달했다고 주장한다. 그의 주장처럼 기독교에 기초한 서양 문명의 뿌리가 지중해 동쪽의 히브리 민족이고 그 뿌리가 메소포타미아 문명이므로 이 지역을 서양 문명으로 포함시킬 수도 있을 것이다.

그러나 이 지역은 아시아, 즉 동양과 밀접한 관계가 있다. 오늘날 서양과 동양을 나누는 기준은 보스포루스Bosphorus 해협을 기준으로 좌측의 그리스를 서양으로, 그리고 우측의 터키를 동양으로 구분한다. 이스탄불은 서양과 동양이 만나는 지역이며, 그리스 사람들은 페르시아를 '오리엔탈'이라고 불렀다. 따라서 이 책에서는 부자 나라를 의미하는 서부는 북서부 유럽과 미국, 캐나다, 호주 등을 포함하는 개념으로 정의한다.

대부분의 역사학자들은 적어도 15세기까지는 동양의 문명이 서양보다 앞섰고, 생활수준도 더 높았다는 주장에 동의한다. 사회발전지수를 사용하여 동서양을 비교한 모리스는 서기 500년까지는 서양이 앞섰으나 그 이후에 동양이 앞서기 시작했다고 주장했다.[6] 이러한 사실들을 기초로 보면, 서구지역이 원래부터 잘살았다는 것은 역사적 사실과 일치하지 않는다. 다양한 문명을 비교·대조하는 것에 대해서 부정적인 시각이 많지만, 과학기술이나 국민들의 소득수준 등 여러 가지 면에서 적어도 15세기까지는 동양이 서양을 앞섰다는 것은 의심할 여지가 없다.

유럽문명의 뿌리라고 여기는 그리스의 경제력은 중동이나 서아시아의 뿌리라 여기는 페르시아 제국보다 앞서지 못했다. 당시의 소득 수준을 객관적으로 비교하는 것은 쉽지 않지만, 역사적 사건을 기초로 두 지역의 경제력을 가늠해볼 수 있다.

기원전 5세기경에 페르시아는 수차례에 걸쳐 그리스를 침공했다. 첫 번째 전쟁은 '마라톤전투Battle of Marathon'[7]로 잘 알려져 있고, 두 번째 전쟁은 페르시아의 크세르크세스 왕이 10년 전에 마라톤전투에서 패한 아버지 다리우스 왕의 복수를 하기 위해서 그리스를 다시 침공하면서 발생했다. 갑작스러운 페르시아의 침공으로 인해서 스파르타 왕 레오니다스는 군대를 정비할 시간을 벌기 위해 300명의 스파르타 용사를 이끌고 협곡에서 지연전에 나섰다가 장렬하게 전사한다. 이것이 영화 〈300〉의 배경이 되는 '테르모필레전투Battle of Thermopylae'이다. 역사학의 아버지로 불리는 헤로도투스Herodotos에 의하면 그리스 연합군은 7,000명에 불과했던 반면에 페르시아는 528만 명에 달하는 대군을 이끌고 왔다고 한다.[8] 4대 해전 중의 하나인 살라미스 해전에서 페르시아가 패함으로써 페르시아의 그리스 점령은 실패로 막을 내렸지만, 아테네의 파르테논 신전이 불타고 그리스 전역이 초토화되었다. 그리스와 페르시아가 각각 동원할 수 있는 병력의 숫자가 이렇게 큰 차이가 나는 것은 바로 두 지역의 경제력 차이가 그만큼 크다는 것을 의미한다. 영화 〈300〉에서는 크세르크세스 왕[9]이 매우 포악한 것처럼 묘사되었으나, 사실 페르시아의 제국통치 정책은 바벨론과 달리 관용정책을 실시했다. 그래서 바벨론이 잡아

온 유대인 포로들을 에스라 학사나 느헤미야 총독 등을 통해서 고국으로 귀국시킨 것이다. 당시 페르시아가 이러한 대군을 동원할 수 있었다는 것은 그리스에 비해서 훨씬 더 크고 강력한 제국이었음을 알 수 있다.

서구의 노예무역

노예무역을 봐도 서구가 얼마나 뒤떨어졌는지 가늠할 수 있다. 일반적으로 노예무역이라고 하면 16세기 이후에 유럽 열강들이 아프리카인들을 노예로 아메리카 신대륙에 팔아넘긴 것만을 기억한다. 그러나 노예무역은 인류 역사상 수천 년 전부터 존재했다.

로마의 통사를 15권으로 기록한 『로마인이야기』로 잘 알려진 시오노 나나미는 로마의 역사를 쓰기 전에 『바다의 도시 이야기』라는 제목의 두 권으로 1,000년의 베네치아 역사를 기록했다. 이 책에 따르면 베네치아의 무역품목 중 가장 중요한 것 중의 하나가 노예였는데, 이 노예의 주요 공급원들은 6세기경에는 영국인들의 조상인 앵글로색슨족이었고, 9~10세기에는 주로 동유럽의 슬라브족, 11세기에는 흑해 연안의 불가리아, 루마니아, 우크라이나인들이었다. 게다가 노예들을 주로 구매한 수요자는 북아프리카의 이슬람교도 사라센인들이었다.[10] 이들이 노예를 사들였던 이유는 이슬람 율법에는 형제인 이슬람교도는 노예로 삼지 못하게 했기 때문이다.[11] 그들은 군대를 보강하는 등 노예가 필요할 때 기독교권에서 노예를 사들였다. 로마교황이나 신성로마제국의 황제는 사라센인들이 노예를 전투에 활용하는 것을 막기 위해서 노예를 이교도들에게 파는 것을 금지했지만, 그 명령이 잘 지켜지지 않았다. 이 사실은 교황이 이를 금지하는 명령을 예하 교회에 지속적으로 내렸던 사실을 보면 잘 알 수 있다. 이집트를 비롯해 리비아, 튀니지, 알제리, 모로코 등 지중해 연안의 북부 아프리카는 로마와 지중해의 패권을 다투었던 카르타고 이래로 선진 지역이었다. 이렇게 유럽인들이 아프리카인들에게 팔려갔던 것을 보면 중세에 유럽이 이슬람권보다 결코 더 부유하지도 않았고, 문명적으로도 앞서지 못했다는 것을 알 수 있다.

동양의 뛰어난 과학 기술

기원 후 5세기 이후에는 동양이 터키의 오스만제국Osman Empire이나 중국의 진나라 이후 여러 제국들, 인도의 무굴제국 등 통일된 제국으로 존재하는 데 비해서, 서양은 소왕국kingdom이나 영주가 통치하는 영주국, 도시국가 등으로 나뉘어 존재했다. 인구 측면에서 볼 때 15세기경 유럽의 인구는 5,000만 명이 조금 넘는 수준이었지만, 아시아의 중국 명明나라는 인구가 이미 1억 명이 넘었다.[12] 아즈텍 문명의 수도 테노치티틀란은 세계에서 가장 큰 도시였다.[13]

프란시스 베이컨Francis Bacon은 그의 대표적 저서 『신기관』에서 "이 세 가지는 천지개벽을 가져왔으니, 인쇄술은 학문에서, 화약은 전쟁에서, 나침반은 항해에서 세상을 완전히 바꾸어 놓았던 것이다. 그 어느 제국도 그 어느 종파도 그 어느 별도 인간의 생활에 이 세 가지 발명보다 더 큰 힘과 영향을 미친 것은 없었다"라고 하며 '화약', '나침반', '인쇄술'이 서구 근대 사회를 잉태시켰다고 했다. 그런데 이 3대 발명은 중국에서 먼저 발명되었다가 남송南宋이 원나라에게 멸망 당하면서 유럽으로 전래된 것이다.[14]

그뿐만 아니라 유럽에서는 지구의 자전축이 23.4도 기울어져 있다는 사실을 15세기가 되어서야 알았으나 중국에서는 이를 이미 11세기 송宋나라 시대에 알았다. 또한 유럽이 산업혁명을 주도할 수 있었던 기반인 면방직공업이나 제철공업의 경우도 중국이 훨씬 앞섰다. 중국은 1078년경에 이미 철강 생산량이 12만 5,000톤이었는데, 이는 영국 산업혁명 초기인 1750년경 영국의 철강 생산량보다 많은 양이었다.[15] 또한 영국의 경우 산업혁명의 도화선이 면방직 공업이었는데, 이미 중국에서는 1313년에 쓰인 왕첸의 「농업보고서」에 등장하는 방적기와 유사한 실 감는 얼레reel가 24시간에 130파운드를 감을 수 있을 정도로 발전된 형태였다.[16]

중국은 항해술이나 해외 선단의 규모 면에서도 서구를 확실하게 앞섰다. 11세기 송나라 정크선[17]은 16세기 당시의 스페인보다 큰 규모였다. 그리고 1260년 원나라에서 이미 분사추진 장치를 갖춘 함대까지 건조되었다. 그뿐만 아니라 1420년에 명나라의 해군은 400척의 대형 해상요새라고 불리는 거대한 보선寶船을 보유하고 있었다. 이 배는 콜럼버스의 기함 산타마리아호의 64배나 되는 규모였다. 여기에

250척의 장거리 순양함을 포함한 1,350척의 전함을 명나라는 보유하고 있었다. 16세기에 100년간 대서양을 지배했다고 하는 스페인의 무적함대Armada Invincible는 중국의 보선에 비해 작은 범선 130척에 불과했다.

1405~1433년에 명나라 정화鄭和가 이끄는 함대는 일곱 차례에 걸쳐서 말라카와 실론, 그리고 홍해까지 진출했다.[18] 명나라가 세운 해외 진출 정책에 힘입어 정화 원정대가 해외 원정을 나선 일은 콜럼버스Columbus보다 백 년이나 앞선 일이었다. 정화 원정대가 1405년 7월에 첫 항해를 나섰을 때, 그의 함선은 총 208척이었으며 여기에 탄 병사의 숫자는 2만 7,000명이었다. 그중의 180명은 의원과 약제사였고, 식

[그림 1] 중국 보선과 스페인 범선 크기 차이

수를 실은 배도 있었다.[19] 정화의 보선급은 80척이었는데, 그들은 자석 나침반도 있었고 6.5미터 길이의 인도양 지도도 가지고 있었다.[20]

아직 학계에서 인정받지 못하고 있지만, 영국의 잠수함 함장 개빈 멘지즈Gavin Menzies는 『1421-중국, 세계를 발견하다』에서 중국인들이 제일 처음으로 세계 일주를 했다고 주장했다. 저자가 해군장교였기 때문에 해도와 지도 등에 대한 전문 지식이 있었고, 140개국의 900개 이상의 문서보관소, 도서관, 박물관, 과학연구소 등을 직접 방문해 구한 고지도와 옛 문서 등 방대한 고증자료가 있었다. 그는 그것들을 기초로 책을 집필하면서 중국의 정화, 홍보, 주만, 주문, 양경 등의 제독들이 "디아스Dias보다 60년 먼저 희망봉을 희항했으며, 페르디난드 마젤란Fernando Magellan(1480~1521)보다 98년 앞서 마젤란 해협을 통과했고, 쿡 선장보다 300년 먼저 호주를 탐사했으며, 남극과 북극은 최초의 유럽인보다 400년 앞섰고, 아메리카는 콜럼버스보다 70여 년 먼저 탐사했다"고 주장했다.[21]

이상의 논의를 종합하면 근대 이후 현재까지는 서구가 비서구 지역을 경제적인 면에서 월등하게 앞서고 있지만, 그 이전에는 서구가 다른 지역보다 더 발전한 지역은 아니었다는 점을 알 수 있다. 근대로 들어오면서 비로소 서구가 동양을 추월하기 시작한 것이다.

모리스는 에너지 획득, 도시성urbanism, 정보 처리 능력, 전쟁 수행 능력 등 네 가지 지수를 기초로 사회발전지수를 개발했다.[22] 이 지수를 기준으로 모리스는 고대 이전에는 서양이 앞섰으나, 기원

[도표 3] 동서양의 사회발전지수 추이(300~1800년)

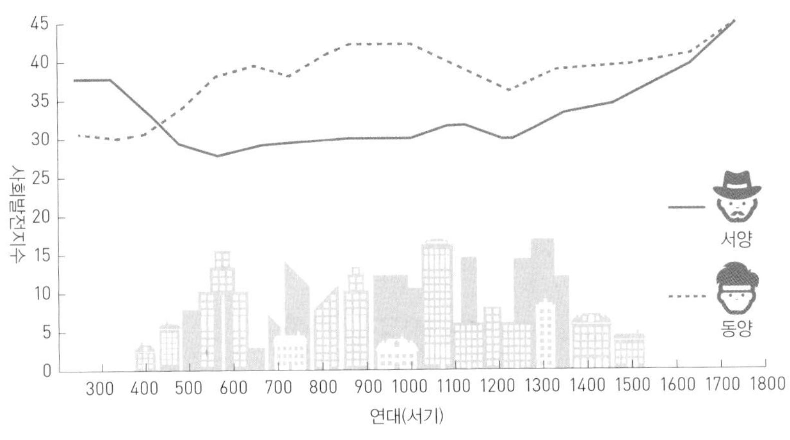

주: 고대 이전에는 서양이 앞섰으나 기원 후 6세기 이후 동양이 앞서기 시작했다. 18세기 후반까지 동양의 우세가 지속되다가 그 후에 서양이 동양을 앞섰다. 5세기 이전에 서양이 동양보다 앞선 것으로 나타나는 이유는 메소포타미아 문명을 서양으로 포함시켰기 때문이다.

자료: 모리스(Morris), 2010, 표 7.1, 8.1, 9.1.

후 6세기 이후 동양이 앞서기 시작해서 18세기 후반까지 동양의 우세가 지속되다가 그 이후에 서양이 동양을 앞섰다고 주장했다. [도표 3]에서 보듯이 서양의 발전 속도가 더 빨라진 것은 14세기 이후부터였다.

서구가 잘살게 된 요인은?

그렇다면 동양은 언제부터 어떠한 과정을 통해서 서양에게 경제대국의 주도권을 내어준 것일까? 이를 설명하는 많은 이론들이 있다. 모리스의 『왜 서양이 지배하는가』 한국어판의 부제목은 '지난 200년 동안 인류가 풀지 못한 문제'이다. 모리스는 "이 질문은 족히 250년은 묵은 질문"이라고 했다.[23] 사실 지금도 이를 둘러싼 여러 가지 이론들이 논쟁 중이다.

문명의 교류가 없었던 시대에는 서로 자기가 세상의 중심이라고 생각했다. 일찍이 16세기 후반에 마키아벨리Machiavelli, 장 보뎅Jean Bodin, 프란시스 베이컨과 같은 철학자들은 동양의 전제 군주제가 유럽의 군주제와 다르다는 점을 지적하면서 동양이 정체되는 원인을 '전제주의專制主義'에서 찾았다. 18세기의 프랑스 계몽시대 정치학자 몽테스키외Montesquieu는 열대지역의 국가들이 가난하고, 사계절의 변화가 뚜렷한 온난한 지역의 국가들이 잘산다며 지리적 위치에서 그 이유를 찾았다.

또 18세기 고전학파 학자들은 중국과 인도가 상업 단계에 있어서 발전이 늦다고 인식했으며, 19세기 독일의 헤겔은 『역사철학강의』에서 유럽에서는 내적인 자기의식이 점차 확장되어온 반면 동양에서는 외적인 도덕의식이 발전하고, 자아에 대한 감각이 극도로 제한되어 있었기 때문에 국가의 정당한 기반인 자유의 원리가 결핍되어 참다운 의미의 국가가 발전될 수 없다고 보았다.

마르크스도 아시아적 생산양식이라는 형태로 아시아를 설명했다. 마르크스는 아시아의 특징을 총체적 노예제라고 표현했듯이 서양의 고대 노예제 사회와 유사한 형태로 인식했다. 왕을 제외한 모든 신민들이 사실상 노예 상태였음을 강조하면서 동양 사회가 구조적으로 매우 정태적인 것을 지적했다. 하지만 그의 주장은 일관성이 부족해서 마르크스주의자들 사이에서 마르크스가 아시아에 대해서 어떻게 인식했는가에 대한 의견이 분분하다.

독일의 막스 베버Max Weber는 『종교사회학*The Sociology of Religion*』에서 동양의 전통적인 '유교 윤리'가 자본주의 정신에 부적합했기 때문에 자본주의 발전이 저해되었다는 문화적 요인 가설을 제기했다. 반면에 서구가 발전할 수 있었던 요인으로는 '프로테스탄티즘Protestantism'에서 찾았다. 중세에 자본주의의 발전을 가로막고 있었던 여러 가지 장벽들이 루터나 칼뱅 등 종교 개혁가들이 주장한 프로테스탄티즘과 함께 극복되면서 자본주의 정신이 발생하였으며, 그로 인해 서구가 발전하게 되었다고 설명했다.

비교적 최근의 학자들 중에 호주 라트로브대학의 에릭 존스Eric Jones는 그의 저서 『유럽문명의 신화*The European Miracle*』에서 유럽의 경제가 발전할 수 있던 원인을 유럽과 아시아의 역사적 환경과 지정학적 차이에서 찾았다.

이러한 생각을 이어받은 것이 제레드 다이아몬드Jared Diamond다. 그는 『총, 균, 쇠*Guns, Germs, and Steel*』에서 유럽의 식민지 확장이 시작되던 1500년경에 이미 각 대륙의 과학 기술과 정치 조직이 큰 차이를 보이고 있었으며, 이러한 차이가 오늘날 각 대륙의 격차를 만들었다고 주장했다. 그는 각 대륙의 동식물 등 환경이 다르기 때문에 근대 이후에 대륙 간 불평등이 시작되었다고 보았다. 그리고 그 이후에 정복, 전염병 그리고 종족 학살 등의 과정을 통해서 현대 세계가 형성되었다고 보았다.[24]

시카고 일리노이주립대학의 제임스 블로트James Blaut는 『역사학의 함정: 유럽 중심주의를 비판한다*Eight Eurocentric Historians*』에서 서구가 잘살게 되었다고 주장하는 이론가들의 이론들을 다음과 같이 네 가지로 구분했다.

- 종교: 유럽인들은(즉 기독교인들은) 진정한 신을 섬기며, 이 신은 유럽인들이 전면에 서도록 이들을 인도하고 있다.
- 인종: 백인들은 유전적으로 다른 인종의 집단들보다 우월한 특징을 갖고 있다.
- 환경: 유럽의 자연환경은 다른 어떤 지역보다도 우량하다.
- 문화: 유럽인들은 아주 오래전에 비길 데 없이 진보적이고 혁신적인 문화를 창조해냈다.

블로트는 이 네 가지 요인들은 모두 유럽 중심주의의 사고방식에서 비롯된 것이라고 보았다. 그는 유럽 문화가 우월하지도 않고 유럽의 환경도 다른 곳보다 더 우량하지 않다고 주장했다. 백인들이 인종적으로 우월하다는 이론은 최초의 서양인 네안데르탈인이 북경원인보다 두개골의 크기가 크다는 것을 근거로 삼았으나, 오늘날 DNA 분석방법의 발전으로 인해서 인종적으로 서양이 우월하다는 주장은 근거가 없는 것으로 판명되었다.[25]

또 국민 평균 IQ가 경제성장에 어떠한 연구를 미치는가에 관한 연구들이 나오고 있는데 이것도 역시 논란의 소지가 많다.[26] 그런데 재미있는 것은 세계에서 국민 평균 아이큐가 가장 높은 나라로 한국(106)을 꼽았다는 것이다. 일본(105), 대만(104), 싱가포르(103)가 그 뒤를 따른다. 반면에 유럽에서 가장 아이큐가 높은 나라는 독일, 네덜란드, 이탈리아, 오스트리아(102)이다.

[도표 4]를 보면 일반적으로 잘사는 나라 국민들의 평균 아이큐가 높은 것은 사실이지만, 이것만으로 서구가 다른 나라를 지배하게 된 원인으로 보기는 어렵다.

블로트는 지리학자답게 지리결정론을 주장했다. 빙하기 등을 연구하는 고인류학자들도 거주 조건에 큰 영향을 미치는 날씨와 지리적 위치를 중요시한다. 또한 생산요소가 토지와 인구밖에 없었던 시대에 비옥한 토지는 인구 팽창에 매우 중요한 요소로 작용했다. 지리적 가설은 최근에도 제프리 삭스Jeffrey Sachs 등에 의해서 주장되고 있다.

[도표 4] 주요 국가 국민 평균 IQ 순위

순위	국가명	IQ 점수
1	한국(남한)	106
2	일본	105
3	대만	104
4	싱가포르	103
5	독일	102
	네덜란드	102
	이탈리아	102
	오스트리아	102
6	스위스	101
	스웨덴	101
	룩셈부르크	101

자료: 볼켄(Volken), 2013.

그러나 대런 애쓰모글루Daron Acemoglu와 제임스 로빈슨James Robinson은 『국가는 왜 실패하는가』에서 지리적 가설을 비판하고 있다.[27] 지리적 가설은 싱가포르나 말레이시아와 같은 아열대섬 기후에 속한 나라의 경제가 최근에 급성장하는 것은 설명하지 못한다. 게다가 유럽이 도착하기 전에 아메리카 대륙의 경우 온난한 지역의 북미보다 열대지역인 중남미지역의 국가들이 더 발달된 문명을 이룩했다는 사실을 설명하기 어렵다. 캄보디아의 앙코르 왕국과 에티오피아의 악숨 왕국 등은 모두 열대지역에서 발달했다.

지리적 가설과 관련해서 영국이 석탄 등의 지하자원이 많고, 또한 철광석 광산과 인접해서 산업혁명에 유리했다는 주장도 있다. 그러나 자원이 별로 없는 스위스, 일본, 네덜란드, 스칸디나비아 등도 부유하다. 따라서 자원만으로 이들 국가들이 공업화에 성공했다는 것을 설명하기 어렵다. 오늘날에도 자원이 많은 나라 중에서 못사는 나라도 많다. 아프리카나 중남미 국가들, 중국, 브라질, 인도 등은 자원이 많다. 특히 러시아는 세계에서 자원이 제일 많다. 그런데 그들이 다 잘사는 것은 아니다. 오히려 '자원의 저주'라는 말이 있을 정도로 자원이 많은 나라가 더 못사는 경우가 허다하다. 자원의 저주는 자원이 풍부한 나라의 엘리트들이 자신의 창의성과 능력을 발휘하기보다 자기 나라에 풍부한 자원을 차지하는 데 더 관심이 많아 자원 배분을 둘러싼 갈등이 커지고, 장기적으로 경제성장이 둔화되는 현상이다.

이와 같이 서구가 잘살게 된 원인에 대해서 지난 250년간 많은 논의가 있었다. 종교, 인종, 환경, 문화, 지리적 요인 등이 제기되었지만 아직도 만족할 만한 설명이 안 된다. 다음 장에서는 식민지 착취 때문이라고 하는 제국주의론을 살펴보자.

3장

식민지 착취 때문인가?

- 중상주의 시대 초기 제국주의
- 19세기에 나타난 경제적 제국주의
- 최근 실증주의 경제사학계의 연구 결과
- 식민지 경영의 비용
- 제국의 수익성
- 식민지 경영의 비경제적 동기

중상주의 시대 초기 제국주의

오늘날 서구 국가들이 잘살게 된 이유에 대해 널리 알려진 견해는 서구가 제3세계를 식민통치했기 때문이라는 주장이다. 서구 제국들은 피식민 국가를 착취해 부유해졌고, 착취를 당한 국가들은 못살게 되어 경제력 격차가 더 커졌다는 것이 요지이다. 특히 1974년에 『근대세계체제』를 저술한 임마누엘 월러스틴Immanuel Wallerstein 등 '세계체제론' 주창자들은 국제무역을 통해서 중심부 국가들이 주변부 국가들을 착취하고 있다고 주장했다.

세계체제론은 마르크스의 착취이론을 국제 관계에 적용한 것이다. 마르크스는 생산과정에서 자본가가 노동자를 착취한다고 보았고, 세계체제론자들은 세계체제의 중심부를 이루는 선진지역 국가들이 무역을 통해 주변부에 있는 후진국들의 잉여생산을 착취했다고 주장한다. 그들은 착취를 가능하게 하는 세계체제가 언제, 어떠한 과정을 통해서 형성되었는지를 설명하는 데 관심을 보였다. 그러나 과연 오늘날 서구 선진국들이 부유하게 된 것이 제국주의 시절에 식민지를 착취했기 때문일까?

흔히 유럽의 제국주의는 1492년에 콜럼버스가 신대륙에 도착한 이후에 시작되어 500년간 지속되었다고 본다.[1] 세계체제론자들은 16세기 '대항해시대'에 세계체제가 형성되었다고 인식하지만, 일반적으로 경제학자들은 대항해시대 이후 19세기 중반까지를 '초기 제국주의 시대' 또는 '구제국주의 시대Old Imperialism'로 구분해서 19세기 말 이후의 '경제적 제국주의' 또는 '신제국주의New Imperialism'와 구분한다. 왜냐하면 19세기 말의 경제적 제국주의 시대에서 목격되는 각 지역의 물가나 이자율이 비슷해지는 소위 '수렴 현상'이 구제국주의 시대에는 목격되지 않기 때문이다.[2]

대항해시대를 열었던 초기 제국주의 시대의 포르투갈과 스페인이 신항로 개척에 힘을 쓴 이유는 여러 가지다. 터키가 15세기에 소아시아와 이집트 일대를 제압함에 따라 비잔틴제국의 수도 콘스탄티노플이 1453년에 함락되어 회교권의 지배를 받아 동양과 교역이 어려워졌다. 게다가 지중해 베니스를 중심으로 한 이탈리아의 여러 도시들이 동양과의 무역을 독점해 막대한 이익을 누리고 있었기 때문에,

[지도 1] 신항로 개척

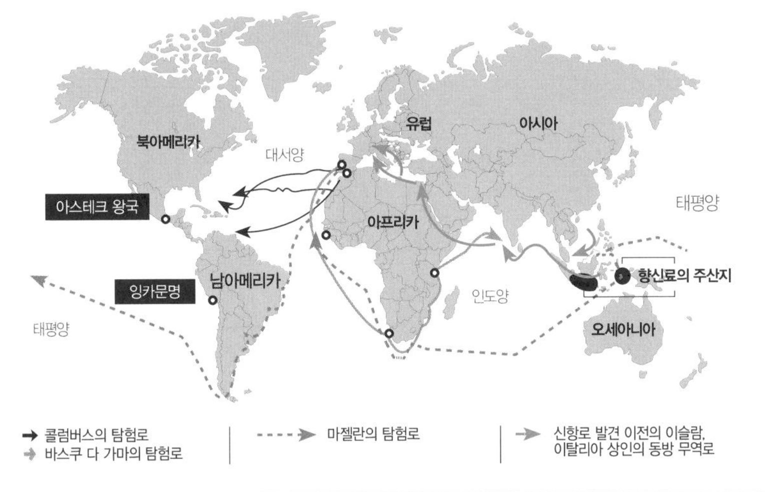

스페인과 포르투갈은 직접 동양과 무역할 수 있는 항로를 개척해야만 했다.

그리고 포르투갈의 항해 왕자 엔히크Henrique o Navegador(1394~1460)가 1418년에 북아프리카의 이슬람 도시 세우타Ceuta를 점령하고, 이에 편승한 스페인이 1492년에 이베리아 반도에서 회교도들을 물리쳐 '레콘키스타Reconquista'[3] 즉 재정복에 성공했다. 이러한 군사적 승리의 여세를 몰아서 회교권의 배후 공격을 위한 정치적 목적도 있었다.

1487년에는 포르투갈의 바르톨로메우 디아스가 희망봉을 최초로 일주하여 아프리카 동부 해안을 발견하였고, 10년 후인 1498년에 포르투갈의 바스쿠 다 가마Vasco da Gama는 희망봉을 돌아 인도양 항로를 개척해서 16세기 동서 무역의 독점적 지위를 획득했다. 이 모든 항해는 포르투갈 왕실의 후원으로 이루어진 것이었다. 1492년에는 스페인 왕실의 후원하에 제노바 출신의 탐험가 콜럼버스와 아메리고 베스푸치Amerigo Vespucci에 의해서 아메리카 대륙이 발견되었다. 그리고 1521년에 역시 포르투갈의 탐험가 마젤란이 스페인 왕실의 후원을 받아 세계 일주에 성공하면서 대항해시대를 열었다.

이후 스페인의 에르난 코르테스Hernán Cortés(1485~1547)는 1521년 멕시코의 아즈텍 문명을 점령했다. 1519년부터 3년 동안 에르난 코르테스는 2,000명의 적은 무리를 이끌고 아즈텍을 무너뜨리고 멕시코를 정복했다. 이렇게 적은 숫자의 군대로 아즈텍을 점령할 수 있었던 것은 아즈텍의 몬테수마황제가 주변국들을 잔인하게 통치하고 있었기 때문에 피지배자들의 도움을 받을 수 있었기 때문이었다. 그리고 1532년에 프란시스코 피사로는 불과 200명의 군대로 350만 명의 인구를 지닌 잉카제국을 정복했다. 스페인이 점령한 이후에 멕시코 지역에서는 원주민의 수가 불과 1세기 만에 2,500만 명에서 150만 명으로 줄어 약 90퍼센트가 죽었고, 페루에서는 약 95퍼센트가 감소했다.[4]

원주민들은 전쟁으로 대량학살을 당했거나 노예로 광산에서 죽을 때까지 고역에 시달렸다. 이러한 역사적 사실들로 인해서 서구 제국주의는 더욱 비난을 받았지만, 인구가 많이 줄어든 결정적 이유는 사실 천연두, 홍역, 매독, 결핵 등 서양에서 옮겨온 역병 때문이었다.[5]

문명의 접촉이 없었던 이들은 다른 대륙에서 옮겨온 질병에 대해서 항체를 전혀 지니고 있지 않았기 때문이었다. 반면에 맥닐McNeill에 의하면 유라시아 대륙은 서기 900년경 이후에 정기적인 교류가 있었기 때문에 각종 전염병에 대한 항체가 있었다. 그래서 대항해시대 이후의 빈번한 문명 간의 접촉으로 인한 전염병으로부터 피해를 적게 받았다.

금과 은의 약탈

초기 제국주의 시대에 이베리아 반도의 제국(스페인과 포르투갈)들이 신대륙에서 약탈해온 것은 무엇일까?

초기 제국들은 신대륙에서 금과 은을 약탈하는 데 혈안이 되어 있었다. 코르테스는 "우리 에스파니아인들은 황금만이 유일한 치유책인 마음의 병을 앓고 있다"고 했고, 콜럼버스는 "황금은 세상에서 가장 좋은 물건이다. 그것은 심지어 사람들의 영혼을 천국으로 보낼 수도 있다"고 말했다.[6] 스페인 정복자들이 이렇게 황금에 열광한 이유는 금이나 은과 같은 귀금속이 부의 원천이라고 생각했기 때문이었다. 당시 금과 은은 국제적 결제 수단이었고 화폐였다.

중상주의 시대에는 국가가 돈이 많으면 부강한 나라가 된다고 생각했다. 돈 즉, 금과 은이 많으면 그것으로 용병도 고용하고 함선도 더 제작하고, 무기도 사들여서 전쟁에서 승리해 나라가 부강해진다고 생각했다. 이렇게 금덩어리bullion가 부의 원천이라고 생각해서 금을 중시하는 '중금주의重金主義, bullionism' 사상이 생겼다. 국가가 부유해지기 위해서는 귀금속을 많이 확보해야 한다고 생각했고, 이것이 식민지 정책과 중상주의 정책의 기본이 되었다.

멕시코 과나후아토에서 1520년대에 은이 대량으로 발견되었고, 멕시코의 사카테카스와 볼리비아의 포토시Potosi 지역에서 1546년부터 은을 채굴하기 시작했다. 스페인은 정복사업에서 얻은 모든 약탈품과 광산에서 왕실세royal fifth의 5분의 1을 거두었다.[7] 볼리비아의 포토시 지역에서 '부유한 산'이라는 뜻의 '세로 리꼬Cerro Rico' 산을 발견했는데, 이것은 '은의 산'이라고 불릴 정도로 풍부한 노천 은광이었다. 여기서 나온 말이 "valer un potosi"인데, 직역을 하면 "포토시만큼 가치 있는"이라는 뜻이다. 여기에서 세계 생산의 3분의 1의 은을 생산했다.[8] 스페인은 250년 동안 안데스 산맥에서 6만 2,000톤 이상의 은을 캐냈다는 자료도 있다. 공식 자료에 의하면 1521~1660년에 1만 8,000톤의 은과 200톤의 금이 아메리카에서 스페인으로 유입되었다.[9] 현재 가치로 환산하면 1500년부터 1800년까지 약 1,750억 달러 상당의 금과 은이 운송되었다.[10] 그리하여 스페인 본국은 금과 은으로 넘쳐나서 교회 문을 금으로 바르고, 은으로 식탁을 만들어 썼으며, 동상 대신 은상을 세울 정도였다.

그런데 이렇게 신대륙 식민지에서 약탈해온 금과 은 덕분에 스페인의 번영은 지속되었을까? 아니다. 스페인으로 흘러들어온 이 막대한 금과 은은 번영을 보장해주지 못했다. 스페인은 1557년부터 1662

년까지 약 100년 동안 10차례의 채무불이행, 즉 국가파산을 경험했다.[11] 당시의 채무불이행이라는 것이 오늘날과 같이 국가가 빚을 못 갚는다고 선언하는 것이 아니라 왕실이 빚을 못 갚는 것을 의미한다. 물론 많은 금과 은이 썰물처럼 스페인에서 빠져나가게 된 것은 스페인이 온갖 전쟁에 개입하고 사치로 국부를 낭비했기 때문이기도 하지만, 기본적으로 중금주의에 기초한 스페인과 포르투갈의 번영은 공허한 것이었다.

개인에게는 합리적인 의사결정이라고 하더라도, 사회 전체로 보면 합리적이지 않은 결론에 도달하게 되는 경우를 '구성의 오류Fallacy of Composition'라고 한다. 복잡한 식당에서 옆 사람 말이 잘 안 들린다고 해서 말소리를 높이면 처음에는 잘 들리지만, 모든 테이블에서 목소리를 높이게 되어 다시 말소리가 안 들리는 것과 같은 현상이다. 경제에는 이런 현상이 많이 나타난다. 개인에게 돈이 많으면 잘살지만, 국가 전체로 볼 때 화폐량이 많아지면 국민들이 모두 잘살게 되는 것이 아니라 물가만 오른다. 화폐량이 늘어난다고 잘살게 되는 것이 아니라 물건이 많아져야 부유해지는 것이다. 그래서 오늘날 나라가 잘사는지 못사는지를 설명하는 변수로 가장 널리 사용하는 것이 물건생산능력, 즉 바로 '1인당 국내총생산GDP'이다.

이러한 사실을 가장 처음으로 지적한 학자는 프랑스의 중농주의자 케네Quesnay와 애덤 스미스였다. 애덤 스미스는 그의 대표작 『국부론*Wealth of Nations*』에서 중상주의의 중금주의 사상을 비판하면서,

국부의 원천은 바로 '생산'이라는 사실을 강조했다. 『국부론』 1장에서 핀 공장에서 분업을 하면 얼마나 비약적으로 생산이 증가되는지 설명하며 생산능력이 바로 부의 본질이고 원인이라는 것을 강조했다.

중상주의 시절에는 부의 본질을 귀금속, 즉 돈이라고 잘못 생각했기 때문에 신대륙에서 금과 은을 가져오는 데 열중했고, 이는 스페인을 부강하게 만들지 못했다. 물론 이때 가져온 귀금속으로 인해서 유럽 대륙에서는 교환의 매개변수인 화폐가 풍부히 공급되어서 상품경제가 급속히 확산되긴 했다. 또 인플레이션으로 인해서 토지의 지대地代만을 향유하던 귀족 계층의 경제적 지위가 하락하는 가격혁명을 낳기도 했다. 이것이 후에 자본주의 발전에 도움을 준 것은 사실이다.

그러나 신대륙에서 약탈해온 금과 은으로 인해서 스페인의 1인당 국민소득이 향상되고 국민들이 잘살게 되었다는 것은 잘못된 생각이다. 스페인은 그로부터 한 세기 동안에 물가가 4배가량 상승했다. 이러한 인플레이션으로 인해 서민들은 생계가 곤란할 지경이 되었다.

흔히 서구 열강을 언급할 때 스페인을 가장 먼저 떠올린다. 예를 들면 중국 국영방송CCTV에서 제작한 〈대국굴기〉는 서구의 9개 강대국들이 어떻게 강대국으로 부상하게 되었는지를 설명했는데, 그 첫 번째 편도 바로 '스페인과 포르투갈 편'이다. 그러나 15세기 말에 스페인과 포르투갈이 강대국으로 떠오르게 된 이유는 그 이전의 로마제국이나 헬라제국, 원제국 등과 같이 왕위 계승과 정복 전쟁 덕분이다. 스페인이 16세기에 강대국으로 부상한 것은 17세기에 네덜란드나 18세기에 영국, 그리고 19세기 말에 미국과 독일이 부상하게 된 것과는 그 원인이 근본적으로 다르다. 네덜란드와 영국 등은 자본주의적 발전으로 생산능력이 비약적으로 발전했지만, 스페인의 경우는 이전 제국들과 같이 전쟁과 왕위 계승 등으로 인해서 넓은 지역을 지배하는 강대국이 된 것이었다. 상업과 제조업이 비약적으로 발전하기 이전에는 부가가치의 원천이 주로 토지였기 때문에 생산성의 격차가 크지 않았고, 따라서 전쟁과 약탈이 부를 창출하는 중요한 수단이었다. 이런 전통적인 방식으로 강대국에 올라선 스페인은 발전을 지속하기 어려웠다.

19세기에 나타난 경제적 제국주의

폴 존슨Paul Johnson은 『모던 타임즈*Modern Times*』에서 "제국주의의 실제 개념이 사회학·경제학 용어로 표현되기 시작한 것은 1900년경"이라고 했다.[12] 홉슨John Atkinson Hobson은 1902년에 『제국주의』를 통해서 영국 등 강대국들이 자국의 과잉자본으로 인해서 불가피하게 해외 투자처를 찾기 위해 식민지 개척에 나섰다고 주장했다. 뒤이어 레닌Vladimir Il'ich Lenin은 1916년에

『제국주의론-제국주의, 자본주의의 최고 단계』에서 서구의 강대국들은 원료와 식량의 공급기지, 공업제품의 수요처, 그리고 자본투자의 대상지로서 식민지가 필요해서 식민지 쟁탈전에 나섰다고 주장했다.

서구에서는 산업혁명이 진행되던 시기에 인구도 함께 증가했다. 인구가 증가하면서 늘어난 식량수요를 충족시키기 위해 저렴한 식량이 필요했다. 식민지에서 산업화에 필요한 공업원료를 값싸게 공급받음으로써 경제적 이익을 얻었다. 그리고 공장에서 쏟아져 나오는 공산품을 자국에 다 팔 수 없기 때문에 식민지에 판매하려고 했다. 그리고 잉여자본을 이용하여 식민지에 공장을 세워서 노동력을 착취하고, 생산량을 늘려나가려고 했다. 이렇게 주로 경제적인 이익을 위해서 제국들은 앞다투어 식민지 확장에 나섰다는 것이 경제적 제국주의론의 핵심이다.

홉슨과 레닌으로 이어지는 경제적 제국주의론을 통해서 서구 제국들이 식민지를 경제적으로 착취했기 때문에 오늘날 잘살게 되고, 제3세계는 못살게 되었다는 인식이 확산되었다. 그리고 식민지 지배는 20세기 후반에 종식되었지만, 앞에서 설명한 세계체제론을 통해서 여전히 '신식민지적' 지배가 남아 있다는 인식이 확산되었다.[13]

우리나라는 일제시대를 경험했기 때문에 이러한 경제적 제국주의론을 받아들이기 더 쉬울 것이라고 생각된다. 실제로 일제시대 동안 조선에서 생산된 쌀의 절반가량이 일본으로 이출되었다. 또한 조선총독부는 조선의 지하자원을 조사하여 각종 지하자원을 대량으로 가져갔으며 두만강과 압록강 유역의 나무를 벌채해갔다. '미면교환체제'를 만들어서 조선에서 쌀을 가져가고 일본의 공업제품인 면제품을 조선에 팔았다. 그리고 1930년대 이후 많은 일본의 대기업들이 조선에 진출하였다. 일본은 이를 통하여 일본 자본주의를 고도화시켜서 만주를 침공하고 중일전쟁과 태평양전쟁을 일으켰다.

정리하면 스페인과 포르투갈에 의해서 15세기 말에 시작된 구제국주의와 달리 19세기 말에 다시 확산된 신제국주의는 주로 경제적 이익을 목적으로 했다고 제국주의론자들은 주장한다. 레닌은 제국주의는 자본주의 발전의 최후 단계에 일어나는 현상이라고 주장했다. 즉, 자본주의가 발생하기 이전에는 경제적 제국주의가 발생하지 않았다는 의미이다. 즉, 1760~1770년대에 영국에서 시작된 산업혁명으로 자본주의가 생겨나고, 19세기 말부터 신제국주의 단계가 시작되었다는 것이다. 산업혁명 말기에 등장한 증기기관을 동력으로 기차가 등장하여 역마차를 대신하고, 기선이 발명되어 범선을 대체하면서 대서양 운임비가 10분의 1로 하락했다. 이러한 교통혁명으로 인해 비로소 곡물이나 공업원료의 운반이 경제성을 지니기 시작했다. 범선으로 물건을 나르던 시대에는 식량이나 자원처럼 부피가 크고 무거운 재화는 물류비용이 많이 소요되므로 국제 교역의 대상이 되지 못했다. 곡물의 경우 운반비가 생산비의 3배에 달했기 때문에 흑해 연안이나 미국 중서부의 곡물이 유럽에 유입되기에는 경제성이 없었다. 기선과 기차가 등장하기 이전에 국제무역의 대상은 주로 가벼우면서 비싼 향신료, 비단, 금과 은 등이었으며, 가장 무거운 무역품은 노예였다.

그런데 1818년에 대서양을 횡단한 최초의 기선 사반나호가 등장하고, 세계 최초의 대형 철선 그레이트 브리튼호가 등장한 19세기 말 그리고 주로 20세기 초에 가서야 식민지로부터 곡물을 저렴하게 운송해올 수 있었던 것이다. 타이타닉호 침몰사건은 1912년의 일이었고, 일본이 조선을 합병해서 산미증식계획을 수립해서 쌀 생산을 늘리고, 일본으로 실어간 것도 한일합방이 있었던 1910년 이후에 시작된 일이다. 이렇게 레닌이 1917년에 주장한 제국주의론은 19세기가 끝나갈 무렵에 시작되어 제2차 세계대전까지의 이야기인 것이다.

따라서 16세기에 스페인과 포르투갈이 시작한 대항해시대 이후에 17세기에 네덜란드가 주도한 중개무역과 식민지 개척, 18세기 프랑스와 영국 등이 가세한 세계무역의 확장 등 초기 제국주의 시대에는 교역도 사치품에 국한되었고, 시장도 통합되지 않았기 때문에 이 시기를 구제국주의 시대라고 부르며, 19세기 말에 시작된 경제적 식민주의 또는 신식민주의와 구분하는 것이다. 사건들은 제국주의론과 다른 것이다.[14]

최근 실증주의 경제사학계의 연구 결과

앞에서 언급한 바와 같이 홉슨이나 레닌은 서구 열강이 경제적 이익을 추구하기 위해서 식민지를 '경영'했다고 생각해서 19세기 말 이후의 신제국주의를 '경제적 제국주의' 또는 '자본주의적 제국주의 시대'라고 부른다. 그러나 경제적 제국주의론은 최근 실증주의[15] 경제사학자들의 연구에 의해서 부정되고 있다. 그들의 실증연구에 따르면 '식량의 공급기지', '자원의 공급기지', '완제품 판매 시장' 및 '잉여자본의 배출구'라고 하는 네 가지 경제적 이익 가운데 첫 번째, 즉 식량공급지로서는 식민지가 경제적으로 유용했지만, 나머지 세 가지는 큰 유익이 없었다는 것이다.

식량공급기지로서 식민지의 경제적 의의

먼저 식민지에서 식량을 저렴하게 가져와서 제국이 경제적 이익을 얻었다는 주장은 실증분석에 의해서도 인정된다. 산업화 시기에 인구가 증가해 곡물수요가 늘어나면서 곡물가격이 올랐다. 예를 들면 일본의 쌀 가격이 조선보다 30퍼센트가량 비쌌다. 이는 임금 노동자들의 생활을 더욱 어렵게 만들었기 때문에 제국들은 낮은 가격에 식량을 안정적으로 공급받을 필요가 있었다.

일본은 조선을 식민지로 만든 후 '토지조사사업'과 1920년의 '산미증식계획'을 통해 조선에서 막대한 쌀을 이출해갔다. 일본의 쌀 가격이 조선보다 비쌌기 때문에 조선의 쌀이 일본으로 수출되어, 1920년대 중반에는 조선 쌀의 절반가량이 일본으로 팔려나갔다.

이렇게 많은 양의 쌀이 수출되면 가격이 크게 오르는 것이 정상이다. 특히 생필품인 식량의 경우 가격이 오른다고 안 먹을 수 없으므로 가격이 크게 오를 수밖에 없다. 쌀 생산량의 절반이 해외로 수출되면 쌀값은 몇 배로 올라야 정상이다. 그런데 조선의 쌀 수출 가격이 일본과 비슷한 수준이었던 것은 일본의 정책 때문이었다. 조선총독부는 식량 가격이 폭등하는 것을 막기 위해서 만주에서 조나 수수 같은 대체 농산물을 들여오는 등 각종 행정력을 동원하여 쌀값을 조정했다.[16] 이렇게 식민지를 통치했던 나라들이 식민지에서 싼 가격에 그들의 나라에 식량을 공급받음으로써 경제적인 이익을 얻었다.

자원공급기지로서 식민지의 경제적 의의

그렇다면 제국들이 식량 이외의 자원을 가져가 경제적 이득을 크게 누렸을까? 실증분석가들에 따르면 식민지는 자원의 공급기지로서 의의는 크지 않았다고 주장한다. 식민지에서는 공업의 원료가 되는 자원들의 가치를 모르고 있었다. 조금 극단적으로 설명하면 경제발전 단계가 낮은 식민지에서는 초기에 다이아몬드의 가치를 몰라 돌멩이와 같이 생각했다.

예를 들면 스페인제국은 중남미에서 많은 금과 은을 캐내어갔는데 그 결과 중남미에서 금과 은의 가격이 폭등했을까? 아니다. 그 이유는 아즈텍에서는 금과 은이 화폐로 사용되지 않았고, 장식품으로만 사용되었기 때문이다.[17] 중남미 대륙의 원주민들은 스페인 정복자들이 그토록 금과 은을 원하는 이유를 이해하지 못했다.

스페인 정복자들이 아즈텍의 몬테수마 왕을 잡아 그의 창고를 열어보니 10억 개에 가까운 카카오 원두가 있었다. 그 이유는 당시 아즈텍에서 가장 중요한 것이 카카후아틀(액체 카카오)이었고, 이것이 가장 귀중한 상품이었다. 오늘날 미군이 휴대용 전투식량으로 초콜릿을 많이 사용하듯이 아즈텍에서도 그랬다. 카카오를 휴대한 아즈텍의 전사들은 몬테수마 왕이 가진 절대 권력의 원천이었다.

몬테수마는 매년 수레 200대 분량(16만 개의 카카오 열매에서 나오는 분량)의 카카오 원두를 세금으로 거두었다. 그뿐만 아니라 카카오 원두는 아즈텍의 공식 통화였으며, 물가 단위였다. 짐꾼의 일당은 카카오 원두 100개였으며, 노예 가격도 역시 카카오 원두 100개에 불과했다. 이는 부족 간 정복전쟁이 잦아 노예가 흔했다는 뜻이다. 반면에 칠면조 값이 카카오 원두 200개였던 것을 보면 칠면조가 귀했던 것 같다. 이와 같이 아즈텍에서는 금과 은을 화폐로 사용하지 않았기 때문에 스페인 정복자들에 의해 많은 금과 은이 유출되었지만 중남미지역의 금값에는 영향을 미치지 않았다. 당시에는 식민지에서 공업원료를 가져오는 데 소요되는 비용은 채굴비와 운반비가 전부였다.

실증분석가들에 따르면 식민지에서 얻은 자원의 가격과 식민지가 아닌 지역에서 얻은 가격에 차이가 없었다. 따라서 식민지보다 더 가까운 곳에서 공업원료를 수입할 수 있으면 구태여 식민지를 경영할 필요가 없었던 것이다. 영국은 1860년에 수입품의 20퍼센트를, 1913년경에 25퍼센트 정도만을 식민지에서 수입했다.[18] 따라서 자원을 가져와서 얻은 이득은 식민지를 경영했기 때문에 발생한 이익이라기보다는 해외 생산 또는 수입의 이익이라고 보는 것이 더 타당하다.

오늘날에도 많은 후진국들이 자원을 가공하여 부가가치를 올릴 수 있는 설비가 부족해 각종 자원을 헐값으로 선진국에 판다. 물론 지금은 100여 년 전에 비해서 더 높은 가격을 받기는 하지만, 20세기 초 제국주의 시대와 크게 다르지 않다.

완제품 판매시장으로서 식민지의 경제적 의의

서구 제국들은 잉여 상품을 식민지에 팔아서 많은 이익을 누렸다. 일본은 서구에서 수입한 방직기를 이용해서 면직물을 생산해 조선에 팔고, 그 대금으로 쌀을 값싸게 사갔다. 이렇게 해서 조선은 부가가치가 낮은 식량을 조달하고 일본은 부가가치가 높은 공업제품인 면직물 생산에 특화하여, 조선과 일본의 미면교환체제를 확립하여 조선을 착취하였다.

영국은 인도에 이어 중국에서도 교역을 확대하려고 중국에 개항을 요구했다. 산업혁명을 일찍 마친 영국은 공장에서 쏟아져 나오는 면직물 등 공업제품을 수출하려는 의도가 있었다. 그렇다면 영국은 어느 정도 수출했을까? 실증분석가들에 따르면 식민지가 영국의 수출시장으로 큰 역할을 하지 않았던 것으로 나타났다. 영국이 식민지에 수출한 비중은 1860~1913년 기간 중에 25~33퍼센트에 불과했다.[19] 프랑스는 더 적어서 식민지에 대한 수출은 10퍼센트에 불과했다.[20]

처음에 식민지와 무역을 시작할 때는 영국의 공산품들이 식민지에서 잘 팔렸지만 어느 정도 팔고 나서는 더 이상 팔리지 않았다. 그 이유는 식민지 국민들 대다수가 못살았기 때문이다. 19세기에 중국인들의 평균 소득수준은 영국에 비해서 크게 떨어지지 않았지만, 빈부격차가 심한 중국에서는 소수의 지배계층을 제외하고 대부분의 백성들은 값비싼 영국의 공산품을 구매할 수 있는 경제력이 없었다. 결국 값비싼 선진국들의 공업생산품들은 판매가 부진했다.

반면에 동양의 상품들은 영국 등 유럽에서 날개 돋친 듯이 팔렸다. 예를 들면 동양과 교역이 많아지기 전에 차tea는 귀족들의 전유물이었다. 그런데 1689년에 영국이 중국 차를 처음으로 구입한 이후에 영국이 중국으로부터 수입하는 차의 양이 급증해서 나중에는 노동자들까지도 차를 즐겨 마시게 되었다. 1년에 1만 톤이 넘는 차가 중국에서 영국으로 수입되었으며,[21] 영국에서 중국으로 결제되는 은의 양 중에 90퍼센트가 차 결제 대금이었다. 18세기 말에는 차 한 가지 품목의 평균 수입량이 영국 3대 수출 상품인 모직물, 금속, 면화의 수출량과 맞먹었다. 그리고 1820년대에 중국 차 생산량의 70~80

퍼센트가 영국으로 수출되었다. 영국 정부는 중국 차에 높은 관세를 부과하여 차의 수입을 줄이려고 했지만, 오히려 밀수만 늘었다.[22]

영국은 중국에 물건을 팔기 위해서 개항을 요구했는데, 오히려 차 때문에 무역역조 현상이 일어나면서 영국의 은이 중국으로 대량 유출되는 사태가 발생했다. 그래서 영국은 은이 빠져나가는 것을 막기 위해 인도산 아편을 중국에 팔기 시작했다. 1839년에 중국이 수입한 아편 수입량은 1,000만 명의 중독자가 사용할 수 있는 양이었다. 청나라는 아편의 유입으로 인해 자국민들이 타락하는 것을 막기 위해서 아편을 몰수했다. 이것을 빌미로 영국이 아일랜드 및 프랑스와 함께 청나라를 공격하는 등 두 차례의 '아편전쟁'이 일어났다.[23] 그 이전에도 중국에 아편이 있었지만, 가격이 워낙 높아서 일반 사람들은 사용할 수 없었다. 그런데 값싼 인도산 아편이 대량 수입되면서 약 4,000만 명이 아편에 중독된 것이다. 영국은 중국에 무력으로 개항을 요구하고 난징조약이나 텐진조약 등 불평등 조약을 강요한 것뿐만 아니라 해로운 마약을 수출해 국제적으로 비난을 샀다.

어쨌든 식민지가 선진국들의 공업제품을 판매하는 시장으로서 어느 정도 경제적 가치가 있었는가를 조명해볼 때, 영국은 기대했던 것과는 달리 큰 성과를 거두지 못했다. 식민지는 상품시장으로서 경제적 가치를 가지기에는 한계가 있었다.

잉여자본의 배출구로서 식민지의 경제적 의의

홉슨은 상품시장이 아니라 금융자본의 해외 투자 욕구를 강조하였다. 레닌도 역시 『제국주의론』에서 영국의 금리수입이 무역수입의 5배라는 점을 강조하면서 영국이 '금리생활 국가' 또는 '고리대 국가'로 되어간다고 했다. 이렇게 레닌도 홉슨과 마찬가지로 금융자본의 경제적 이익을 강조하여 금융자본의 해외 팽창을 제국주의의 본질로 받아들였는데, 이를 '홉슨레닌테제Hobson-Lenin Thesis'라고 한다.

그러나 실증분석가들에 따르면 식민지는 잉여자본의 배출구로서 기능도 크지 않았다. [도표 5]는 영국이 호황기인 1856~1873년과 불황기인 1873~1913년에 GNP(국민총생산)와 GDP(국내총생산)의 증가율을 보여준다. 1856~1873년은 영국이 산업혁명을 완수하고 유럽 선진국들에게 자유무역주의를 확산시킨 기간으로서 세계적으로 자유무역이 크게 확산되었다. 유럽은 이 기간에 서로 자유무역협정을 맺었다. 제국주의론자들은 이 기간을 '자유무역 제국주의 시대'라고 부르기도 한다. 또 이 기간은 '제1차 세계화의 기간'이라고 불린다.[24] 그리고 1873~1913년은 유럽에서 장기 불황이 시작되는 1873년부터 제1차 세계대전이 일어나기 바로 직전인 1913년까지의 불황기를 말한다. 이 기간은 각국이 불황에 대한 대책으로 식민지 개척에 열을 올리는 경제적 제국주의가 확산되는 시기이다. 그리고 이 시기에 불황에 이기지 못한 기업들이 도산하면서 점차 독점 자본주의가 확대되었다.

다음의 [도표 5]는 이러한 두 시기에 영국의 해외 투자가 어느 정

[도표 5] 영국의 GNP와 GDP 증가율 (단위: %)

	호경기 1856-1873	불경기 1873-1913	차이
GNP 증가율	2.5	1.9	-0.6
GDP 증가율	2.2	1.8	-0.3
차이	0.3	0.1	

도로 많이 줄어들었는지를 설명하고 있다. GNP는 국내 기업의 해외 직접투자를 포함한 개념이고, GDP는 외국 기업의 국내 투자를 포함한 것이다. 따라서 호경기에 GNP 증가율(2.5퍼센트)이 GDP 증가율(2.2퍼센트)보다 높다는 것은 국내 기업의 해외 직접투자 증가율이 외국 기업의 국내 투자 증가율보다 높았다는 뜻으로 해석할 수 있다. 또한 불경기에도 GNP 증가율(1.9퍼센트)이 GDP 증가율(1.8퍼센트)보다 높았다. 즉 영국은 가장 선진국이었기 때문에 호경기나 불경기를 막론하고 당시 외국 기업이 영국에 투자한 것보다는 영국 기업이 해외에 진출하는 것이 더 많았다는 것을 잘 보여준다. 그런데 그 증가율의 차이가 1856~1873년 호경기 기간에는 0.3퍼센트포인트(2.5~2.2)였는 데 비해서 1873~1913년 불경기 기간에는 그 차이가 0.1퍼센트포인트(1.9~1.8)로 줄어들었다. 이는 영국이 불경기에 들어가면서 경제성장율이 떨어졌는데 특히 해외 투자를 더 많이 줄였다는 것으로 해석할 수 있다.

또한 불경기에는 호경기에 비해 GNP 증가율이 0.6퍼센트포인트(2.5~1.9)나 줄어든 반면에 GDP 증가율은 절반 수준인 0.3퍼센트포인트(2.2~1.8)밖에 줄지 않았다. 이렇게 불경기에 GNP 증가율이 GDP 증가율에 비해 더 크게 줄어든 이유는 영국이 해외 직접투자에서도 큰 이익을 얻지 못해 기업들이 해외 진출을 더 많이 줄였기 때문이다. 왜 영국의 기업들은 불황기에 해외 식민지에 대한 투자를 줄였을까? 그 이유는 바로 식민지의 수익률이 낮았기 때문이다. 이 통계가 보여주는 것은 영국이 해외 식민지에 직접투자를 통해서 큰 이익을 얻지 못했다는 사실이다.

또한 실증연구에 의하면 선진제국의 잉여자본이 식민지지역에 투자되기보다는 다른 선진지역으로 더 많이 투자되었다는 것이 밝혀졌다. 예를 들면 영국의 투자가들은 식민지보다는 해외 독립국가를 더 선호했다. 1860~1914년 중 전체 투자액의 25퍼센트만이 식민제국으로 흘러 들어갔다. 그뿐만 아니라 식민지 투자분의 71퍼센트가 백인 자치령인 캐나다로 투입되었다. 특히 1884년 이후에는 식민지보다 자국의 수익률이 더 높았던 것으로 조사되었다.[25] 식민지 쟁탈전으로 획득한 새로운 식민지 아프리카에는 거의 투자되지 않았다.[26]

이렇게 식민지에 자본을 투자하지 않았던 이유는 앞에서 설명한 바와 같이 선진 공업제품이 구매력이 없는 식민지에서는 잘 팔리지 않아 공장을 세우는 등 자본을 투자할 이유가 없었기 때문이다. 따라서 잉여자본의 투자처를 찾아서 식민지 경영에 힘을 기울였다고 하는 홉슨레닌테제는 오늘날 실증 경제사학자들의 연구에 의해서 부정되고 있다.

폴 존슨도 『모던 타임즈』에서 홉슨레닌테제가 옳지 않다고 주장했다. 그는 중국, 인도, 오스만터키, 에티오피아, 이집트, 버마, 페르시아 등도 일종의 제국이었는데, 이러한 제국들 어디에서도 금융자본이 이득을 추구하기 위해서 제국 왕조를 탄생시켰다는 증거가 없다는 것을 근거로 제시했다.[27]

식민지 경영의 비용

지금까지 식민지 경영의 이익benefit이 기대한 것보다 크지 않다는 것을 설명했다. 식민지 경영이 수지맞는 장사였는지를 판단하려면 이익뿐만 아니라 비용cost도 계산해야 한다. 식민지 경영의 비용이란 제국들 사이에 있었던 식민지 쟁탈전 비용과 각종 방위비를 말한다.

영국, 프랑스, 독일 등 각 제국들의 식민지에서 반란이 일었는데, 1857년 일어났던 인도의 '세포이 난'이나 중국의 1851~1864년에 일어났던 '태평천국의 난'이 대표적이다.

인도의 세포이 난은 명시적으로 제국주의에 반대하는 반란이었다. 태평천국의 난은 예수의 동생임을 자처하는 홍수전洪秀全이 일으켰으나 반외세 운동으로 발전했다. 인도나 중국처럼 거대한 영토를 가진 나라에서 전국적인 규모로 반란이 일어날 경우 막대한 군대가 투입될 수밖에 없었다.

그래서 영국의 경우 19세기 말 1인당 방위비가 다른 유럽 국가들보다 훨씬 높고 세금도 더 높았다. 일부에서는 영국인들이 제국의 방위비를 인도 등 식민지에 떠넘겼다고 하지만, 사실 영국 국민들의 1인당 방위비는 피식민지인 캐나다나 인도보다 10배나 더 많았다. 그뿐만 아니라 다른 제국인 프랑스나 독일의 2배를 지출했다.[28] 물론 독일은 징병제였으나 영국은 모병제였기 때문에 독일과 영국의 방위비를 직접 비교하는 것은 어렵다. 방위비에 대한 연구는 지금도 계속되고 있는데, 일찍이 폴 케네디가 『강대국의 흥망』에서 제국이 붕괴하는 이유가 지나친 방위비 때문이라는 주장도 있었듯이 제국 운영에 상당한 부담이 되는 것이 사실이다.[29]

제국의 수익성

지금까지 설명한 바와 같이 홉슨과 레닌 등이 강조한 식민지의 경제적 수익은 실제로 크지 않았던 반면에, 식민지 경영에 따른 지출 비용은 상당한 수준이었다. 이익이 있었지만, 상당 부분이 식민지를 유지하는 비용으로 나간 것이

다. 이에 경제사학계의 실증연구가들은 제국은 결코 수익이 있는 사업이 아니었다고 결론을 내렸다.[30]

이러한 사실은 이미 제국주의 시대에 애덤 스미스도 지적했다. 애덤 스미스는 제국주의는 낭비이며 무역의 자연스러운 흐름을 왜곡시킬 뿐이라고 비난했다. 애덤 스미스는 『국부론』 제4편 7장 「식민지」에서 식민지무역의 결과와 식민지무역의 독점의 결과를 구분했다. 식민지와 무역할 경우 서로에게 이익이 된다. 그런데 식민지에서 독점력을 행사해서 독점이익을 얻으려고 하면 식민지 쟁탈전을 피할 수 없어 식민지 쟁탈전 비용을 지출할 수밖에 없다. 이를 고려할 때 "영국이 식민지 지배로부터 얻은 것은 손실이라고 보아도 좋다"고 이미 1776년에 주장했다.[31]

하지만 국가 전체적으로는 별로 이익이 없었다고 해서 이익을 본 개인들이 없었다는 의미는 아니다. 예를 들면 관리, 지주, 사업가 등 엘리트 계층들은 경제적 이익을 얻었다. 동인도회사에 투자한 자본가들은 이익을 얻은 사람들이 많았고, 또 인도 등 식민지 통치를 위해서 파견된 영국인 고위직 관리들도 이익을 얻었다.[32] 1867년에 공적 일자리가 1만 3,000여 개가 있었는데, 그중의 절반을 영국인들이 차지했다.[33] 영국에 전체적으로 1만 개의 새로운 직위가 생겼고, 의사가 3만 명, 성직자가 2만 명이 있었던 것으로 추정된다. 의사와 성직자의 수입은 비슷했다.[34]

반면에 제국을 운영하는 데 소요되는 방위비는 전 국민의 세금으로 충당되었다. 오늘날과 같이 누진세가 발달하기 이전인 20세기 초에는 세금은 국민들이 모두 골고루 부담했으므로, 제국 운영의 비용에 고소득층이 더 많이 낸 것도 아니었다.

따라서 제국주의 시대에 부wealth는 대다수의 국민들인 납세자로부터 식민지에 투자한 소수의 엘리트 계층에게로 이전되었다.[35] 이러한 주장은 일찍이 홉슨이 『제국주의』에서 한 주장인데, 하버드대학의 닐 퍼거슨Niall Ferguson도 제국이 영국 유권자 대다수에게 경제적으로 꼭 유익했다고 말하기 어렵다고 했다. 왜냐하면 영국 정부는 이민을 권장하기 위해서 정착 식민지 이민자들에게 세금을 부과하지 않았다. 이들 이민자의 75퍼센트가 캐나다, 오스트레일리아, 뉴질랜드로 이민을 갔는데, 이들이 주요 수혜자들이라고 주장했다.[36]

제국의 수익성이 높지 않았다고 해서 식민지의 피해가 없었다는 것도 아니다. 주권 상실이나 식량 수탈 등의 피해 이외에도 산업구조가 식민 종주국의 필요에 따라 왜곡되었다. 영국의 통치를 받은 인도의 경우 자유무역이 강요되어서 치명적인 경쟁에 노출되었다. 그리하여 1896년에 인도의 직물공장들은 인도의 직물수요의 8퍼센트밖에 공급하지 못했다. 그리고 1757~1947년 동안 영국의 1인당 GDP는 347퍼센트 증가한 반면, 인도는 14퍼센트 증가하는 것에 그쳤다.[37] 그뿐만 아니라 아프리카 국가들은 독립한 후에도 다른 독재자들에게 계승되어 통치자가 달라졌을 뿐 똑같은 착취를 당했다.[38]

하지만 닐 퍼거슨은 영국의 과실이 있다 해도, 시장경제의 발전에 미친 영향을 과소평가해서는 안 된다고 주장한다. 그는 "역사상 어떤 조직도 19세기와 20세기 초의 영국보다 재화, 자본, 노동의 자유로운 이동을 확산하는 데 더 많이 기여하지 못했다"고 결론을 내렸다.[39]

식민지 경영을 통한 제국의 운영이 그렇게 수지맞는 장사가 아니었다는 사실은 제2차 세계대전 후에 영국, 프랑스, 미국 등 승전국들이 식민지를 독립시킨 사실을 보아도 알 수 있다. 제2차 세계대전 후에 147개국이 독립했는데, 이 나라들이 모두 독일, 이탈리아, 일본 등 패전국의 식민지는 아니다. 영국, 프랑스, 미국 등 승전국들의 식민지였던 인도네시아는 1945년, 필리핀은 1946년, 인도는 1947년에 독립했다. 제2차 세계대전 직후에 일제히 독립한 것은 아니며, 아프리카 국가들은 1960년도 이후에 대부분 독립했다. 그리고 인도적인 차원에서 독립시킨 것도 아니다. 강대국들의 이해관계에 따라서 독립된 것이고, 식민지 저항운동도 큰 역할을 했지만, 식민지가 경제적으로 큰 이익이 없다고 판단해서 독립에 동의한 것도 사실이다.[40]

19세기 말에 서구 열강이 식민지 쟁탈전에 열을 올릴 때는 식민지 경영이 자국을 강대국으로 만들어줄 것으로 기대했다. 특히 1873년부터 시작된 경기침체로 인해서 식민지는 영국이 직면한 무역의 쇠퇴, 과잉인구, 실업 등의 문제를 해결할 수 있는 만병통치약으로 인식되었다.[41] 식민지를 획득하면 국민들은 환호했고, 그래서 열광적으로 식민지 경영에 몰두했다. 그러나 두 차례의 세계 전쟁을 치르고 나서 서구 열강은 식민지 경영은 막대한 비용이 소요되는 것이라는 것을 깨닫고, 이러한 비용을 고려할 때 식민지 경영에서 오는 이익이 비용에 비해서 큰 것이 아니라는 사실을 인식하고, 식민지 경영을 중지하기로 결정한 것이다.

식민지 경영의 비경제적 동기

지금까지 서구 열강들이 식민지 경영에 열을 올렸던 이유를 경제적 동기로 설명했다. 그러나 경제적 동기 못지않게 정치·문화적 동기도 식민지 경영에 큰 역할을 했다.

정치·전략적 동기

정치 지도자들은 자신의 정치적 입지를 확장시키기 위해서 식민지 개척에 나섰다. 데이비드 랜즈David Landes는 신제국주의 시대에 경제적 동기에 의해서 식민지 쟁탈전이 벌어졌다는 주장은 넌센스라고 일축한다. 그는 "사업가들은 얼마 동안 속이기 쉽다. 정치인들은 그보다 더 오래, 그리고 유권자들은 영원히 속일 수 있다. (…) 그래서 식민지 확장은 선거철의 허튼 공약 중에서도 가장 애용되는 주제가 되었다"[42]라는 말이 있듯이 정치적인 동기가 식민지 경영에 중요한 역할을 했다고 주장한다. 사실 당시 식민지 국가의 국민들이 식민지 경영을 제국에 이익이 될 것인지, 손해가 될 것인지 계산해보고 식민지 확장 정책을 지지했을 가능성은 별로 없다. 산업혁명 이전에 농경사회에서 유일한 생산요소는 토지와 노동이었기 때문에, 남들보다 잘살기 위해서는 주권을 빼앗고, 그곳에 거주하는 사람들을 지배해서 그들이 생산하는 잉여를 빼앗는 방법밖에 없었다. 그래서 정복과 지배는 다른 나라보다 더 부강해질 수 있는 유일한 방법이었다. 그래서 국민들은 구체적인 손익계산 없이 식민지 경영이 국익과 부합된다고 믿고 지지했고, 정치가들은 국민이 원하므로 식민지 확장에 열을 올렸다. 결국 "제국주의의 동기 중에 더 중요한 동기는 경제적 동기가 아니라 정치적 동기"이다.[43]

또한 1880년대 이후 나타난 독일, 일본, 이탈리아 등의 군국주의적 경향으로 인해서 식민지는 군사적 전략지로도 매우 중요한 역할을 했다. 영국의 입장에서는 인도로 가는 해상로를 확보하기 위해서 수에즈 운하, 이집트, 중동, 홍해, 페르시아, 싱가포르, 희망봉 등을 확보할 필요가 있었다.

문화·종교적 동기

문화·종교적 동기도 식민지 경영의 중요한 요인이었다. 유럽인들, 특히 영국인들은 자신들이 문명인이라고 생각했고, 식민지를 문화적으로 낙후되었다고 생각했다. 계몽주의 시대에 과거의 미신이 지배하던 사회를 이성에 기초한 합리주의 사회로 바꾸어야 한다는 생각이 지배적이었다. 특히 자유주의자 존 로크John Locke(1632~1704)는 식민주의를 정당화했다. 그는 스페인과 달리 영국의 식민화는 인간적인 것이라고 주장했다. 존 스튜어트 밀도 역시 식민주의를 정당화했다.[44]

영국은 인도를 통치하면서 인도의 많은 미신적인 문화에 접하며 이를 개화시켜야 한다는 사명감을 가지고 있었다. 또한 여아 살해나 '사티sati' 또는 '서티suttee'와 같은 전통 관습이 있었다. 고위 카스트 인도인들은 딸을 시집보낼 때 비용이 많이 들 것을 걱정해 여아 살해를 관습적으로 했다. 사티는 힌두교 미망인이 남편의 장례식장에서 산 채로 화장되거나, 남편의 묘에 살아 있는 아내를 같이 순장하는 자기희생의 풍습을 말하는데, 1813~1825년 사이에 사티로 희생된 여성이 벵골에서만 7,941명이라는 통계도 있다.[45]

순장의 관습은 사실 영국인의 조상인 앵글로색슨족에게도 있었다. 우리나라도 삼국시대에 있었지만, 신라 22대 지증왕 3년(AD. 502년)에 금지되었는데, 인도의 경우 19세기까지 존속됐다. 1825년 9월 27일에 라다비라는 여인이 죽은 남편과 함께 화장을 당하다가 도망을 갔다. 마을 사람들은 도망간 라다비를 잡아다가 다시 태웠다. 라다비는 전신 화상을 입은 몸으로 또 다시 도망쳐 물에 뛰어들었다. 마을 사람들은 결국 라다비를 익사시켰다. 이러한 제도는 인도에서 가난한 미망인을 돌보아야 한다는 부담감에서 해방시켜 주었기 때문에 하위 카스트에게도 확산이 되었다. 영국인들은 가능한 그들의 문화나 종교에 개입하지 않으려고 했지만, 이러한 미개한 문화를 고쳐주어야 한다는 사명감에 불타기도 했다.

그뿐만 아니라 기독교 사회였던 영국은 기독교를 전파해야 한다는 종교적 동기도 중요한 요인이 되었다. 아프리카 선교에 헌신한 의사 데이비드 리빙스턴 등 기독교 선교사들은 식민지 사람들에게 기독교를 전파하는 것이 그들의 영혼을 구원하는 길이라고 굳게 믿었다. 그래서 영국국교회 신부들은 식민지에서 선교활동을 했다. 이러한 동기는 식민지 경영을 암묵적으로 지지하는 역할을 했다.

이처럼 서구 열강들이 식민지를 확대해서 얻은 경제적 유익은 실제적으로 크지 않았기에 오늘날 서구가 잘살게 된 것이 식민지 수탈에 의한 것이었다는 주장은 설득력이 떨어진다. 식민지 수탈이 있었던 것이 사실이었고, 제국주의로 많은 나라들을 식민통치했으며, 이로 인해 제3세계의 많은 나라에서 발전의 길이 왜곡되었던 것은 사실이지만, 여기서 지적하고자 하는 것은 그것만으로 오늘날 서구가 부유하게 된 이유를 설명하기는 부족하다는 점이다.

4장

서구의 경제가 발전했던 원인은 무엇인가?

- 경제발전에 대한 관심
- 효율적인 제도란?
- 인센티브에 의한 사익 추구와 제도
- 신제도학파 경제학의 등장
- 신제도학파에서 제도를 중요시하는 이유
- 신석기혁명과 재산권 : 재산권 확대의 역사
- 경쟁과 효율적 제도

경제발전에 대한 관심

지금까지 서구가 근대 이후에 잘살 수 있게 된 원인이 식민지를 착취했기 때문이 아니라는 것을 설명했다. 그렇다면 서구가 잘살게 된 이유를 무엇으로 설명할 수 있을까?

제2차 세계대전 이후에 제3세계의 많은 나라들이 독립하면서, 각국의 공업화 과정에 대한 관심이 높아졌고, 경제학 분야에서는 경제발전론이 등장했다. 경제발전론에서는 경제성장의 원인으로 노동, 자본, 기술혁신, 경영, 기업가적 모험심 등을 꼽았다. 즉 노동이나 자본과 같은 생산요소의 투입량이 늘어나거나, 경영혁신이나 기술혁신 등으로 생산성이 높아지면 경제가 성장한다고 본 것이다.

먼저 노동의 경우, 인구가 증가하면 노동투입량이 증가하므로 생산량이 늘어나서 경제가 성장한다. 노동은 양만 중요한 것이 아니라 질도 중요하다. 근면한 국민성도 경제성장의 요인으로 꼽히고, 교육열이 높으면 인적자본의 형성에 유리하기 때문에 경제성장의 요인이 된다. 특히 한국 등 유교문화권의 국가들은 교육열이 높아서 인적자본이 잘 형성되었고, 이는 경제성장에 큰 기여를 했다. 자원과 기술이 없는 한국이 고도성장을 이룩한 요인에도 이러한 인적자본이 주목된다.

두 번째로 자본의 경우, 자본축적이 경제성장의 중요한 요인으로 인식되었다. 공장을 세우려면 많은 자본이 소요된다. 자본이 축적되어 있지 않으면 공장을 세울 수 없다.

이밖에 기술혁신이나 기업가적 모험심 등이 강조되었다. 특히 서구가 결정적 우위를 선점하게 만든 산업혁명은 연속적인 기술혁신의 과정으로 이해되었다. 서구가 헤게모니를 장악한 것도 기술혁신 때문이라고 보았다. 반면에 중국의 경제가 정체되는 원인으로는 풍부한 노동력으로 인해서 기술혁신의 인센티브가 없었기 때문이라고 생각했다.

더글러스 노스의 견해

그러나 1983년에 노벨경제학상을 수상했으며 제도경제사학의 창시자로 평가받는 더글러스 노스는 지금까지 경제학자들이 강조하던 성장의 요인들, 즉 노동투입, 자본축적, 기술혁신 등은 경제성장을 가져온 요인이 아니라 경제성장의 결과라고 주장했다. 자본이 축적되거나 기술이 혁신되면 경제가 성장하는 것은 당연하다는 것이다. 경제성장의 진정한 원인을 밝히기 위해서는 어떤 나라에서는 자본이 축적되고 기술이 혁신되는데, 왜 어떤 나라에서는 그러한 일들이 일어나지 않는지를 밝혀야 한다고 주장한다. 더 근본적인 원인을 밝혀야 한다는 것이다. 노스는 그 근본 원인이 생산요소들을 효율적으로 활용시키고 결합시키는 메커니즘, 즉 효율적인 제도에 달려 있다고 주장했다.

각 사회의 문화와 전통, 그리고 관습 등이 낳은 제도는 경제주체를 제약하기 때문에, 한 사회의 경제적 성취는 그 사회가 효율적인 제도를 얼마나 만들어내는가에 달려 있다는 것이다.[1] 노스 이후에 경제사에서 경제적 성취의 근본적인 차이의 원인으로 제도가 중요하다고 하는 제도주의 경제사학이 등장했다.

대런 애쓰모글루와 제임스 로빈슨은 『국가는 왜 실패하는가』에서 "정치 및 경제제도의 상호 작용이 한 나라의 빈부를 결정한다"고 주장했다. "한 나라의 빈부를 결정하는 데 경제제도가 핵심적인 역할"을 하며, "그 나라가 어떤 경제제도를 갖게 되는지를 결정하는 것은 정치와 정치제도"라고 주장했다.[2]

효율적인 제도란?

경제성장의 가장 근본적인 동인인 효율적인 제도란 무엇인가? 노스가 말하는 효율적인 제도란 한 사회의 물적 또는 인적자원이 생산적으로 사용되도록 만드는 제도를 의미한다. 예를 들면 토지에 관련된 제도의 경우 유휴토지가 없고 가장 부가가치가 높은 방식으로 토지가 사용되도록 만드는 제도를 말한다. 노동에 관련된 제도의 경우는 실업자가 없으며, 각자가 가장 자기의 재능을 잘 발휘할 수 있는 분야에서 생산활동에 전념하게 만드는 제도를 말한다. 자본에 관한 제도도 잉여자본이 은행에 쌓여 있거나, 사행성 사업에 투자되지 않고, 생산적이고 수익률이 높은 곳에 투입하게 만들어주는 제도를 말한다. 결국 각 생산요소가 잘 결합할 수 있도록 각종 암묵적인 '거래비용transaction cost'이 적게 드는 제도가 효율적인 제도다.

효율적인 제도를 만드는 방법은?

그렇다면 어떻게 효율적인 제도를 만들 수 있을까? 노스는 효율적인 제도를 만들기 위해서 "사적private 수익이 사회적social 수익에 근접하도록 사회적 유인체제social incentive structure를 조직"해야 한다고 했다.[3] 쉽게 설명하기 위해 돈벌이를 예로 들어보자. 돈을 버는 방법은 두 가지 유형으로 나눌 수 있다. 첫 번째 유형은 스스로 열심히 노력하는 것이다. 이렇게 돈을 벌면 개인뿐만 아니라 사회적으로도 도움이 된다. 이 경우에는 사적 수익이 사회적 수익과 일치한다.

두 번째 유형은 반대로 남이 창출해놓은 부가가치를 빼앗아 오거나 훔쳐오는 것이다.[4] 이는 개인적으로는 이익이 되지만, 사회적으로는 전혀 이익이 되지 않는다. 빼앗은 사람은 이익이 증가하겠지만, 빼앗긴 사람은 정확하게 그만큼 손해를 보기 때문에 이 둘을 합한 사회적 수익은 '0'이 되어 사적 수익과 사회적 수익이 달라진다. 결국 사적 수익이 사회적 수익에 근접하도록 사회적 유인체계를 조직한다는 것은 두 번째 방법으로 돈을 벌려고 하는 사람에게 유익이 돌아가지 않도록 만든다는 의미이다. 더 쉬운 말로 표현하자면 상과 벌을 분명하게 하는 제도가 효율적인 제도라는 것이다.

효율적 제도의 사례 - 포상금제도

역사적으로 어떻게 효율적인 제도가 만들어져 왔는가를 보여주는 사례의 하나가 '포상금제도'다. 대항해시대에는 경도를 읽지 못해서 많은 선박들이 손실을 입었다. 나침반은 일찍이 발명되었지만, 망망대해에서 자신의 위치를 정확하게 파악하기에는 방향을 알려주는 나침반만으로 충분하지 않았다.

위도와 경도를 읽을 수 있어야 배의 정확한 위치를 파악해 암초지대를 피할 수 있다. 위도 읽는 방법은 북반구에서는 북극성과의 각도를 재어 쉽게 알 수 있었다. 그러나 남반구에서는 북극성을 볼 수 없어서 위도를 읽는 것이 쉽지 않았다. 이 문제를 해결하기 위해서 항해왕자 엔히크는 수학자들을 모았다. 그들은 태양의 기울기표에 비추어 정오의 태양고도를 판별하면 위도에 대한 정확한 정보를 얻을 수 있다는 사실을 알아냈다. 이렇게 위도를 읽는 방법은 해결했지만, 경도를 읽는 방법을 알아내는 데 오랜 세월이 걸렸다. 경도를 읽는 방법을 알아내는 것은 과학 분야에서 최대의 문제였다.

유럽 국가들은 장장 4세기에 걸쳐서 포상금을 걸고 그 방법을 찾았다. 스페인의 필립 2세는 경도 읽는 법을 발명하는 사람에게 줄 상금으로 1,000크라운을 걸었다. 네덜란드는 이 상금을 10만 플로린으로 올렸으며, 마지막으로 영국은 1714년에 경도법을 제정해서, 정확성에 따라 1만 파운드에서 2만 파운드까지 상금을 주겠다고 했다. 그것은 왕의 몸값에 해당하는 현상금이었다.[5]

처음에는 천체의 움직임을 연구해서 경도를 읽으려고 했으나 모두 실패했다. 마침내 영국의 기계공 존 해리슨John Harrison이 시계를 이용해서 정확하게 경도 읽는 법을 발견했다. 초등학교도 다니지 못했지만 천재였던 시계 기술자 해리슨의 일생을 바친 외로운 싸움을 통해서, 마침내 18세기에 이 문제가 해결된 것이었다. 그는 1762년에 항해용 시계 크로노미터 제4호를 완성해서 1773년 6월 80세에 상금 8,750파운드를 받았다.[6]

경도의 발명으로 인해서 영국은 정확한 배의 위치를 판별할 수 있었다. 그로써 선박 손실을 줄이고, 무역비용을 낮춰 엄청난 편익을 얻게 되었다. 또 경도를 정확하게 읽지 못했던 시대에는 갑자기 나타난 암초 등으로 인해 많은 해난 사고가 잇달았다. 예를 들면 1707년 10월 22일에 귀환하던 영국 전함 4척이 좌초해 2,000명에 가까운 생명을 잃었다.[7] 결국 포상금을 걸어 경도 읽는 방법을 개발하도록 만든 것은 사회적 이득을 가져다주었다. 포상금은 사회적 이득의 일부를 개인에게 보상함으로써 사적 이익이 사회적 이익에 근접하게 만들어준 것이다.

이 포상금제도는 후에 특허제도로 발전되었다. 이렇게 지식 자산에 대한 배타적 권리를 보장해주지 않으면, 사회적 이익을 위해서 자기희생을 하는 사람은 드물 것이다.[8] 포상금제도처럼 사회적 이익의 일부를 사적으로 보상해줌으로써, 사회적 이익과 사적 이익이 근접해진다. 이에 자극을 받아 더욱 사회적으로 유익한 활동이 이루어지도록 자극하는 제도가 바로 효율적인 제도다.

결국 효율적인 제도라는 것은 사회적으로 유익한 활동에 대해서 인센티브를 주고, 반대로 사회적으로 해가 되는 활동에 대해서 벌을 주는 제도이다. 포상금제도는 어떻게 효율적인 제도를 만들 수 있는지를 보여주는 좋은 사례이다. 효율적인 제도는 이렇게 인센티브를 통해서 바람직한 사회적 선善을 창출하는 기능을 한다.

그래서 제도는 그 사회의 인센티브 구조를 반영한다. 사회 구성원들이 모두 생산적인 활동에 적극적으로 종사하거나, 자신의 재능과 창의성을 최대한 발휘시키도록 만드는 인센티브 구조를 가진 사회와 남이 생산한 것을 재분배받는 데 몰두하는 사회의 성과는 분명 다를 수밖에 없다.

인센티브에 의한 사익 추구와 제도

그렇다면 인센티브에 기초해서 사익을 추구하는 개인이 모인 사회는 질서가 잘 유지될 수 있을까?

동양은 일찍부터 절대 권력을 지닌 왕에 의해서 중앙집권적으로 통치되었다. 반면에 서양의 경우에는 약 1,000여 개의 영지와 공국 등 작은 정치단위로 분리되어 있었다. 이렇게 작은 공동체에서는 서로가 잘 알기 때문에 질서 유지가 비교적 쉬웠다. 유럽이 절대주의 시대로 들어서면서 각종 왕위계승전쟁과 종교전쟁으로 봉건 영주가 몰락하고, 반대로 왕의 권한이 커져갔다. 이때 유사한 민족단위로 결합하는 경향이 생기면서 소위 국민국가가 생겨났다. 작은 장원 중심의 단위가 커다란 국민국가로 묶여짐에 따라서 사회질서를 어떻게 확립할 것인가 하는 것이 중요한 문제의식으로 대두되었다.

17세기의 영국 철학자 토머스 홉스Thomas Hobbes(1588~1679)는 엘리자베스 1세와 네덜란드의 연합함대가 스페인의 무적함대를 격파했던 1588년에 태어났다. 그의 어머니는 스페인이 영국을 침공한다는 소식에 놀라서 7개월 만에 조산을 했는데, 이때 태어난 아이가 바로 홉스이다.[9] 홉스는 『리바이어던*Leviathan*』에서 자연상태, 즉 "모두를 위압하는 공통의 권력이 존재하지 않는 곳에서는 전쟁상태에 들어가게 된다"고 했으며, "이 전쟁은 만인에 대한 만인의 전쟁"이라고 했다.[10] 이러한 자연상태에서 각 개인들은 신이 주신 "자신의 생명을 보존하기 위해 자기 뜻대로 힘을 사용할 수 있는 자유", 즉 자연권Right of Nature을 확보하기 위하여 주권을 양도하여 사회계약에 의해서 국가가 발생했다고 주장했다. 그는 국가state를 '리바이어던'이라고 불렀는데, 이는 성경의 욥기(40:15 ~ 41:34)에 나오는 악어처럼 생긴 바다괴물로 한국어 성경에는 '리워야단'으로 표기되었다. 국가가 사회계약에 의해서 만들어진 '인공 인간artificial man'임을 강조하기 위해서 이렇게 표현하였다.[11] 홉스는 국가가 사회계약에 의해 만들어졌다는 것을 명확하게 주장한 최초의 정치철학자이다. 홉스의 사회계약론은 존 로크, 장 자크 루소 및 존 롤스에게 영향을 주었다.[12]

잉글랜드의 정치사상가 존 로크는 홉스의 사회계약론을 더 발전시켜 주권재민 사상을 확립시켰다. 홉스와 달리 로크는 인간을 합리적인 존재로 파악하고, 평화롭고 서로 돕는 자연상태의 인간들이 공동의 선을 위한 공동체로 사회를 만들었다고 파악했다. 인간이 사회를 만드는 가장 중요한 이유를 사유재산의 보호라고 보았다. 국가는 공동의 선을 위해서 시민에게 권한을 위임받은 존재이므로 시민의 동의 없이 시민의 재산을 침해할 수 없다고 보고, 세금도 마찬가지라고 주장했다. 그의 이러한 사상은 명예혁명(1688) 후에 성립된 영국 민주주의의 기초가 되었고, 미국 독립의 사상적 배경이 되었다.

이러한 홉스와 로크의 자유주의 사상은 장 자크 루소에게 영향을 주어 프랑스 대혁명의 사상적 배경이 되었다. 스위스 제네바Geneva 공화국 출신의 루소는 어릴 때 어머니를 잃고 아버지가 재혼하면서 방랑생활을 하는 등 불우한 유년기를 보냈다. 그가 작사·작곡한 〈오페라 마을의 점쟁이*Le devin du village*〉라는 오페라가 상영되어 음악가로 명성을 날리기도 했고, 1750년에 《학문 예술론*Discours sur les sciences et les arts*》을 발표하여 "학문과 예술의 발전은 인간의 도덕적 발전에 전혀 기여하지 못했다"는 주장을 하며 사상가로 주목을 받기 시작했다. 그리고 1755년에 발표한 『인간불평등기원론』에서 자연상태의 인간은 불평등이 없었는데, 산업과 인간정신의 발전으로 불평등이 커졌으며, 소유권과 법률의 제정으로 인해서 불평등이 합법적인 것이 되었다고 주장했다.[13] 이는 1762년에 발표한 『사회계약론*Du Contrat social*』의 기초가 되었다. 그는 『사회계약론』에서 "한 인민이 복종을 강요당해 그대로 따르고 있다면 그것은 좋다. 인민이 굴레에서 벗어날 수 있으면, 또 그것이 빠르면 빠를수록 더욱 좋다. 왜냐하면 그때 인민은 (지배가) 인민의 자유를 빼앗은 것과 같은 권리를 통해 자기의 자유를 회복하는 것이며, 인민에게는 자유를 되찾을 자격이 있거나 아니면 인민으로부터 자유를 빼앗을 자격은 처음부터 없었던 것이기 때문이다"고 하여 인민주권설을 제창하였으며, 이는 급진

적인 혁명사상으로 연결되어 후에 프랑스 대혁명의 사상적 지주가 되었다.[14]

이밖에 프랑스의 볼테르Voltaire(1694~1778)나 임마누엘 칸트Immanuel Kant(1724~1804) 등 자유주의 철학자들이 주장한 자유주의적 국가관이 계몽주의 철학자들에 의해서 확립되면서, 영국을 선두로 시민계급이 왕권을 제한하고, 사회의 중요한 세력으로 성장하기 시작했다. 자유주의자들은 인간에게는 질서를 유지할 수 있는 힘이 있다고 보았다. 그들은 이기적 본성을 가진 인간들이 모인 사회가 질서를 유지하고 조화와 발전을 지속할 수 있다고 믿었다. 그렇다면 그렇게 만드는 힘은 어디에서 오는 것인가? 이 질문을 독일에서는 '애덤 스미스 문제Das Adam Smith Problem'라고 불렀다.[15]

경험론자인 스코틀랜드의 데이비드 흄David Hume(1711~1776)과 애덤 스미스로 대표되는 스코틀랜드 계몽주의자들에 의해서 경제적 자유주의가 대두되었다. 계몽의 세기라고 불리는 18세기에는 인간에게 내재된 이성의 힘을 중시하여 과학 지식의 진보와 보급을 통해서 인간을 무지한 미신으로부터 해방시키려는 계몽운동이 크게 일어났다. 아이작 뉴턴Sir Isaac Newton(1642~1727)의 물리학을 중심으로 자연계를 설명하려는 시도처럼 경제현상도 합리적으로 설명하려고 했다.

스코틀란드 계몽주의의 중심인물인 프랜시스 허치슨Francis Hutcheson(1694~1746)은 인류의 존속과 번영을 촉진하는 보편적이며 완전한 법이 존재한다고 믿는 자연법 사상에 근거해 인간사회를 연구했다. 그는 사회의 질서는 인간에게 공통적으로 존재하는 도덕감정에 의해서 인도된다고 생각했다.[16] 허치슨의 제자이며, 글레스고우 대학에서 그의 도덕철학 교수직을 이어받은 애덤 스미스는 35세가 되던 해인 1759년에 발표한 『도덕감정론』에서 인간 사회가 질서를 가질 수 있는 이유는 바로 '도덕감정' 때문이라고 보았다. 애덤 스미스는 인간에게 도덕감정이 있다는 것을 설명하면서 『도덕감정론』을 다음 문장으로 시작한다.

"인간이 아무리 이기적인 존재라 하더라도, 그 천성에는 분명히 이와 상반되는 몇 가지가 존재한다. 이 천성으로 인해 인간은 타인의 운명에 관심을 가지게 되며, (…) 타인의 행복을 필요로 한다. 연민과 동정심이 이런 종류의 천성에 속한다. 이것은 타인의 고통을 보거나 또는 그것을 아주 생생하게 느낄 때 우리가 느끼는 종류의 감정이다. 우리가 타인의 슬픔을 보고 흔히 슬픔을 느끼는 것은, 굳이 그것을 증명하기 위해 예를 들 필요조차 없는 명백한 사실이다."[17]

애덤 스미스 이전에는 인간이 가진 도덕감정 가운데 '호의 benevolence'를 중요시했다. 홉스나 순자는 인간이 악하고 이기적이라고 주장했다. 그러나 인간에게는 사랑, 헌신, 희생, 나눔 등 이타적인 행동을 하는 감정이 있다. 인간의 본성을 선하다고 보는 학자들은 타인을 사랑하는 이타심 등으로 덕을 베풀면, 사회가 강제에 의하지 않고도 질서를 유지할 수 있다고 보았다.

그런데 애덤 스미스는 질서를 유지하는 데 사랑이나 호의보다 중요한 도덕감정으로 동감sympathy을 꼽았다. 동감에 대해서 애덤 스미스는 이렇게 말한다.

"동감을 통해 사람들은 마음속에 공평한 관찰자를 형성하고 자신의 감정과 행위가 마음속 공평한 관찰자에게 칭찬받거나, 적어도 비난받지 않도록 노력한다. 그렇지만 인간에게는 마음속 공평한 관찰자의 판단에 따르는 것을 일반적 규칙들로 설정하고 그것을 고려하는 감각, 즉 의무감을 기른다. 특히 정의에 대해서는 그것을 불러일으키는 분노를 제어하기 위해 법을 정하고 법과 의무감에 의해 사회질서가 실현된다."

애덤 스미스는 타인의 감정과 행위에 관심을 가지고, 거기에 동감하는 능력이 인간에게 있다는 가설을 '도덕감정론'이라고 했다.[18] 그는 인간에게는 동감의 도덕감정이 있기 때문에 사회질서 유지가 가능하다고 주장했다.

인간은 남이 나의 생각이나 감정에 동감해주면 기뻐하고, 나아가 남들의 생각이나 감정에 동감해주는 행동을 하려고 한다. 나아가 공평한 공감을 얻기 위해서 내 마음속에 공평한 관찰자를 만들어서, 그 공평한 관찰자에게 칭찬을 받도록 노력한다. 그러나 인간은 연약하기 때문에 자신의 마음속에 있는 이 공평한 관찰자의 판단을 받아들이

지 못하는 경우도 있다. 그래서 인간은 스스로 이 공평한 관찰자를 따르려고 노력하고 나름대로 규칙도 세우고 의무감도 갖는다. 특히 정의에 대해서는 법을 정하고, 이런 법과 의무감으로 인해서 사회질서가 실현된다.[19] 이렇게 애덤 스미스는 동감이라는 안정장치가 있기 때문에, 이기적 동기에 따른 사적 이익의 추구도 질서가 유지될 수 있다고 『도덕감정론』에서 주장했다. 애덤 스미스는 『도덕감정론』으로 인해서 영국 철학자들 가운데 선두의 위치에 서게 되었다.[20]

이러한 공감이 작동하는 사회에서 인간이 이기적으로 행동할지라도 '보이지 않는 손'은 인간의 사익추구를 공익과 부합하도록 유도한다는 것이다. 애덤 스미스는 『국부론』에서 "우리가 식사할 수 있는 것은 정육점 주인·양조장 주인·빵집 주인의 자비에 의한 것이 아니라, 자기 자신의 이익에 대한 그들의 관심 때문이다"[21]라는 말과 "사실 그는 공공의 이익을 증진시키려고 의도한 것도 아니며 그가 얼마나 기여하는지도 알지 못한다. (…) 노동생산물이 최대의 가치를 갖도록 그 노동을 지도함으로써 그는 오직 자신의 이득을 의도한 것이다. 그는 이렇게 함으로써 보이지 않는 손invisible hand에 이끌려 그가 전혀 의도하지 않은 목적을 증진시키게 된다. 그는 자기 자신의 이익을 추구함으로써 종종 그 자신이 진실로 사회의 이익을 증진시키려고 의도하는 경우보다 더욱 효과적으로 그것을 증진시킨다"라고 했다.[22]

애덤 스미스 이전에는 인간의 이기심에 기초한 사익을 추구하는 것은 동서양을 막론하고 고상한 것으로 간주하지 않았고, 박애심이나 희생 등을 사회를 유지하는 바탕으로 생각했었다. 그러나 애덤 스미스 이후에는 사익 추구와 인센티브를 긍정적으로 보기 시작했다.

애덤 스미스는 『국부론』을 출판한 지 2년이 지난 후에 연봉 600파운드의 고액 연봉의 에딘버러 세관국장에 임명되었으며, 1787년에는 자신이 몸 담았던 글래스고 대학의 명예총장으로 취임하는 등 말년에 영광과 존경을 한 몸에 지녔다. 당시 수상이었던 피트William Pitt(1759~1806)[23]가 윌버포스 등을 어느 모임에 초대했는데, 애덤 스미스가 걸어서 들어올 때 모든 사람이 기립했다. 애덤 스미스가 수상에게 자리를 권하자, 피트 수상은 "아닙니다. 당신이 먼저 앉으실 때까지 우리는 서 있겠습니다. 우리는 다 당신의 제자니까요"라는 말을 했다고 할 정도로 애덤 스미스는 영국 정치계에도 큰 영향을 미쳤다.[24] 영국은 다른 중상주의 국가들에 비해서 식민지에 대해서 세금도 가장 적게 거두고, 자유주의적 경제운영을 하였다.

그의 사상은 영국에 큰 영향을 주었을 뿐만 아니라, 『국부론』은 불어, 독어, 이탈리아어, 스페인어, 덴마크어 등 당시 유럽의 주요 언어로 다 번역이 되어 경제적 자유주의가 확산되는 데 크게 기여했다. 경제사학자들은 『국부론』이 세상에 나온 1776년경이 산업혁명의 불꽃이 피어나던 시기로 파악한다. 이렇게 『국부론』은 영국의 산업혁명과 함께 유럽 각국에 경제적 자유주의를 확산시키는 데 크게 기여했다. 자유주의 시대는 나폴레옹전쟁(1803~1815) 시기에 시작되어 1860년대에 꽃을 피웠다.

노예무역을 통해서 보는 인센티브의 중요성

공학자가 자연의 힘을 이용하는 것처럼, 경제학자는 인센티브의 힘을 이용한다.[25] 재앙을 가져다줄 수 있는 자연의 힘도 잘 활용하면 유용하게 사용할 수 있듯이, 인센티브도 지나칠 경우 해가 되기도 하고, 잘 사용하면 이익이 되기도 한다. 그래서 경제학은 인센티브를 연구하는 학문이라고 하기도 한다. 인센티브를 연구해야 하는 이유는 대부분의 인센티브는 저절로 발생하지 않고 의도적으로 만들어야 하기 때문이다.

이런 인센티브의 양면성을 노예무역을 통해서 살펴보자. 노예무역은 대항해시대 훨씬 이전부터 시작되었고, 거의 모든 지역에서 노예제도가 운영되었다. 인간의 이기적인 탐욕으로 인해서 노예제라는 비인간적인 제도는 수천 년간 지속되었다. 인류 역사 가운데 노예제도가 폐지된 것은 비교적 최근의 일이다.

노예무역의 실상을 보면 돈에 대한 탐심이 인간을 얼마나 잔인하게 만드는지 잘 알 수 있다. 노예들은 화장실도 없는 배 밑창에서 오물 위로 뒹굴면서 한 달 이상 소요되는 장기 항해를 견뎌야 했다. 호롱불을 가지고 배 밑창에 내려가면 산소가 부족해 불이 꺼질 정도로 열악했다. 노예 한 명당 허용된 공간은 관보다 좁았다. 노예 교역으로 아프리카에서 이주된 노예의 숫자는 1,200만 명에서 1,500만 명으로 추산되는데, 그중에서 약 150만~200만 명의 노예가 목숨을 잃었다. 초기에는 4명 중의 1명 꼴로, 후에는 7명 중에 1명 꼴

[그림 2] 흑인노예무역(1650~1860년)

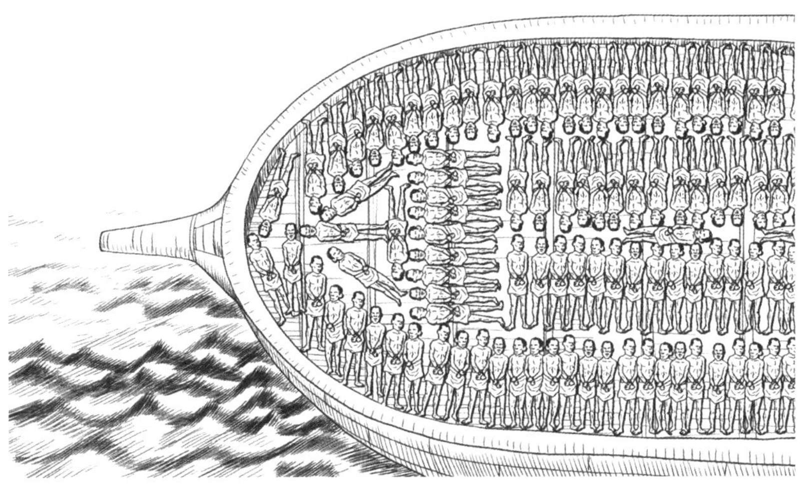

로 죽었다.[26] 태풍을 만나 항로를 이탈하거나 무풍 지대를 만나 배가 움직이지 못하면 많은 시간이 소요되기도 했고, 그럴 때면 식량이 부족해서 노예들을 산 채로 바다에 버리기도 했다. 1781년 11월 29일에 영국 노예선 '종Zong' 호는 노예 132명을 산 채로 바다에 던졌다.[27]

이러한 비인간적인 처우를 개선하기 위해서 어떠한 방법이 사용되었을까? 성직자의 설득보다 더 효과적인 방법은 노예운임 지급방식의 변화일 것이다. 도착 후 살아남은 노예의 숫자에 비례하여 운임비를 지불하는 방식을 사용해 노예사망률을 낮추었다. 이 운임지불방식의 개선은 인센티브를 통해 사회적으로도 바람직한 결과를 낳을 수 있다는 것을 보여주는 사례이다. 이와 같이 경제주체들이 이기적인 행동을 할지라도 인센티브를 적절하게 활용하면 사회 전체적으로 긍정적인 결과를 가져올 수 있다는 것이다.

신제도학파 경제학의 등장

앞에서 효율적인 제도를 만들기 위해서는 인센티브 즉, 유인체계가 중요하다는 것을 노예무역의 역사적 사례를 가지고 설명했다. 결국 제도는 "개인의 경제활동의 기회opportunity와 유인체계를 결정하는 게임법칙"[28]이라고 볼 수 있다. 따라서 인센티브가 중요하다면 결국 인센티브를 결정하는 제도가 중요하다는 의미가 된다. 요약하면 제도는 인간 행위의 패턴을 결정하는 궁극적인 요인이며 인간 생활의 기본적인 구조, 즉 질서를 제공한다.

이렇게 제도가 중요함에도 주류경제학은 제도를 중요한 변수로 취급하지 않는다. 고전학파 경제학자들은 합리적 행동을 하는 경제주체들이 자유로운 체계하에서 자유롭게 경제활동을 선택하면 상당히 안정적이고 체계적인 질서를 낳을 수 있다고 보았다. 그래서 고전학파 경제학자들은 합리적 선택이론을 기초로 분권적이고 자생적인 경제질서 이론을 엄밀하게 만드는 데 초점을 맞추었다. 그 결과로 제도에 대한 분석은 뒤로 밀리게 되었다. 그래서 기술 수준이나 제도, 인구 등은 일정하고, 경제적 행위의 주체인 인간은 완벽하게 합리적이며, 모든 정보를 다 가지고 있고 도덕적으로 완벽한 전지전능한 존재이며 각종 정보를 얻는 데 비용이 전혀 들지 않는다고 가정한다. 그 결과 주로 물가나 이자율과 같은 가격변수와 생산량이나 국내총소득 같은 경제변수들의 상호관계가 주요 연구대상이 되었다.

이렇게 주류경제학에서는 제도가 역사적으로 어떻게 발생했는지는 다루지 않는다. 왜 어떤 나라에서는 시장이 발달하여 분업이 장려되고, 생산성이 증가하게 되었는지 설명하지 않는다. 제도를 무시했기 때문에 동일한 투입을 하면 동일한 결과가 나온다고 가정했고, 제도 안에 내재된 인센티브를 무시하였기 때문에 시대에 따라 그리고 지역에 따라 다른 경제적 성과가 왜 나타나는지 설명하지 못했다.

반면에 마르크스 경제학에서는 제도를 중요하게 여겼다. 마르크스는 인류사회가 그리스·로마의 노예제 사회 때부터, 중세의 봉건제 사회를 거쳐서 근대의 자본제 사회로 발전했으며, 앞으로 공산제 사회로 갈 것이라고 예측했다. 노예제, 봉건제, 자본제 등은 모두 경제사회제도를 일컫는다.

마르크스 경제학 이외에 '제도학파 경제학'에서도 제도를 중요시했다. 제도학파 경제학은 1870년대 이후 미국에서 고전학파의 경제학을 비판하면서 등장한 일련의 학자들의 주장을 말한다. 이들은 경제는 단순히 가격에 의해서만 움직이는 것이 아니라고 주장하면서, 경제를 기계적 체제로 파악하는 것에 반대했다.

대표적인 학자로 소스타인 베블런Thorstein Veblen(1857~1929)을 꼽을 수 있는데, 그는 "신고전학파가 상상하는 인간은 행복의 욕망을 지닌 동질적 알맹이들로서 쾌락과 고통을 번개처럼 계산한다. 이 알맹이들은 계산 결과에 대해 자극을 받아 충동적으로 움직이지만 변형되지는 않는다고 한다"고 비판했다. 그리고 주류경제학은 개인만을 중시한 나머지 사회라는 실체를 무시하고 있음을 비판하면서, 경제 현상을 폭넓게 이해하기 위해서는 개인의 경제활동뿐 아니라 그것의 배경이 되는 사회나 경제제도에도 관심을 가져야 한다고 주장했다.[29]

제도학파 경제학자들은 "사회란 개별행동의 단순한 합 이상이므로 사회 전체를 분석의 출발점으로 삼아야 한다"고 주장하면서, 정치·경제·문화 등 관련된 모든 측면을 한꺼번에 관찰해야 한다는 포괄적 입장을 취했다. 그리고 사실에 입각한 자료를 많이 모아서 사회를 분석해야 한다고 보는 경험론적인 입장을 취했으며, 과거에서부터 제도적 변천을 분석하는 진화론적 접근법을 채용했다.

그런데 이 제도학파는 존 케네스 갤브레이스John Kenneth Galbraith (1908~2006) 등에 의해서 확산되면서 잠시 주목을 받았지만 새 이론은 내놓지 못하고 신고전학파 경제학을 비판하는 데만 그쳤기 때문에, 경제학자들의 지지를 받지 못했다. 로널드 코즈Ronald Coase는 제도학파가 이론 없이 많은 이야기들만 늘어놓았다고 비판했다. 그리고 스티글러는 제도학파가 실패한 이유가 고전학파 경제학에 무조건 적대감만 가지고 있었기 때문이라고 했다. 이렇게 제도학파 경제학자들은 이론의 필요성 자체를 부정하는 극도의 경험주의로 흐르면서 신뢰를 잃어버려서 1950년대와 1960년대에 이르러 경제학에서 제도에 대한 연구는 거의 사라지다시피 하였다.

반면에 이론을 중요시했던 고전학파 경제학은 한계개념을 발전시키면서 엄밀한 경제분석의 도구를 개발하는 데 성공해 신고전학파로 발전해 미시경제학의 주류가 되었으며 케인즈 이후에 거시경제분석도 호응을 받으면서 주류경제학으로 자리매김했다.

그런데 1970년대 후반부터 다시 제도연구의 바람이 일기 시작하면서 이를 연구한 학자들이 노벨경제학상 수상을 많이 받았다. 이들을 과거의 제도경제학자들과 구분하기 위해서 신제도주의 경제학이라고 불렀다. 이들은 과거의 제도학파 학자들과 달리 이론을 중요하게 여기는 주류경제학을 수용하여 신고전학파 경제학 이론을 도구로 활용한다. 그리고 제도가 중요하다고 주장하는 것을 넘어서 각각의 제도가 어떻게 해서 생겨났는지 그 기원을 설명하고, 어떤 제도가 왜 바람직한지 등에 대해서 인간행동원리를 가지고 엄밀하게 규명하려고 시도했다.

그리하여 지난 20년 동안 경제학계에 제도연구의 바람이 불었다. 제도 경제학 분야의 연구자 중에 1970년대에는 하이에크Friedrich Hayek(1974)와 허버트 사이먼Herbert Simon(1978), 1980년대에는 조지 스티글러George Stigler(1982)와 제임스 부캐넌James Buchanan(1986)에게 노벨경제학상이 돌아갔다. 1990년대에는 로널드 코즈(1991), 게리 베커Gary Becker(1992), 더글러스 노스(1993) 등 10년 동안 5회의 노벨경제학상이 이 분야 연구자들에게 돌아갔다. 그리고 2000년대에 들어와서도 역시 5회의 노벨경제학상이 제도경제학 분야의 연구자라고 할 수 있는 조지 애컬로프George Akerlof(2001), 대니얼 카너먼Daniel Kahneman(2002), 로버트 아우만Robert Aumann(2005), 레오니트 후르비츠Leonid Hurwicz(2007), 올리버 윌리엄슨Oliver Williamson(2009)이었다.

신제도학파에서 제도를 중요시하는 이유

사회에서 경제적 분석을 하는데, 제도가 중요한 이유는 두 가지 이유 때문이다. 첫째는 인간이 불완전하기 때문이고, 둘째는 시장을 활용하려면 비용이 소요되기 때문이다.

먼저 인간의 불완전성을 살펴보자. 주류경제학에서는 경제현상을 예외 없는 수학의 세계로 설명하기 위해서 다소 비현실적인 인간관을 상정한다. 즉 인간은 완벽하게 합리적인 존재이며, 취향도 항상 일관성이 있다는 것이다. 그리고 인간의 도덕성에 대해서는 일체 무관심하다. 그러나 현실적으로 경제행위의 주체가 되는 소비자나 생산자는 그렇게 완벽한 인간이 아니다. 그래서 이러한 부족한 인간들로 하여금 어떠한 바람직한 협력적 행동을 유도하기 위해서는 제도가 필요한 것이다.

둘째, 소비자와 생산자가 동일한 정보를 갖고 있는 것도 아니고, 도덕적으로 볼 때 항상 정직한 것도 아니다. 남을 속이는 것이 자신에게 더 유리하면 때로는 기회주의적 행동을 하기도 한다. 이러한 현실적인 인간의 모습을 상정하고 각 경제제도하에서 경제적 성취가 어떻게 다르게 나타나는가를 연구하는 것이 제도경제학의 한 분야인 '행동경제학behavioral economics'이다. 여기에는 심리학이 많이 활용된다.

물리학의 세계에 마찰이 존재하듯이, 시장을 활용하기 위한 경제행위에도 각종 보이지 않는 비용이 든다. 회계학에서는 원료비나 인건비와 같이 눈에 보이는 회계학적 비용만을 다룬다. 주류경제학에서는 회계학적 비용뿐만 아니라 기회비용까지 고려한다. 그런데 주류경제학은 시장에서 경제활동을 위해서 필요한 각종 상품에 대한 정보비용 등은 일체 소요되지 않는다고 전제하고 이론을 전개한다. 그러나 현실적으로는 시장에서 무엇을 사거나 교환할 때 회계학적 비용이나 기회비용 이외에도 수많은 소소한 비용이 든다. 이것을 제도경제학에서는 '시장을 활용하는 비용' 또는 '시장거래를 위한 비용'이라고 하며, 줄여서 '거래비용'이라고 부른다. 이 거래비용이라는 개념은 1991년에 노벨경제학상을 수상한 로널드 코즈가 「기업의 본질 *The Nature of the Firm*」이라는 논문에서 처음 사용했다.[30]

거래비용이란 시장에서 거래를 성립시키고 이행시키는 데 소요되는 암묵적implicit 비용을 말한다. 이는 시장이 불완전하고, 정보가 충분하지 못하기 때문에 발생하는 비용이다. 예를 들면, 시장에서 물건을 살 때 원하는 물건을 어디에서 살 수 있는지 정보를 알아야 한다. 이를 '탐색비용search cost'이라고 하는데, 이 탐색비용도 거래비용의 하나다. 시장이 발달하고, 백화점, 광고, 인터넷 등이 발전하면서 이러한 비용이 많이 줄어들었지만 여전히 탐색비용은 존재한다.

두 번째는 구매하려는 물건이 어느 정도로 좋은 제품인지 그 가치를 알아야 한다. 이를 '측정비용cost of measurement'이라고 한다. 상표, 품질보증서, 명성, 댓글 등으로 측정비용이 줄어들 수 있다. 공급자와 수요자 사이에 제품의 품질에 대한 정보가 똑같지 않기 때문에 (즉 정보의 비대칭성으로 인해서) 불리한 선택을 하게 되는 역선택의 문제가 발생하기도 한다. 예를 들면 중고자동차를 파는 사람과 사는 사람은 그 차에 대한 정보가 다르다. 그래서 나쁜 중고자동차가 더 많이 거래될 수 있다. 정보 비대칭의 또 다른 예는 보험시장에서 발견된다. 생명보험회사는 건강에 이상이 있는 사람이 보험에 가입하면 손해를 입기 쉽다. 건강한 사람은 보험에 가입하지 않으려 하고, 건강하지 않은 사람은 가입하려고 한다. 보험회사는 피보험자의 건강을 정확하게 파악하기 어렵기 때문에 적정한 보험료 산출을 못하게 된다.

보험 가입자와 보험회사 사이에 피보험자의 건강에 대한 정보가 다르기 때문이다. 이러한 문제들은 모두 측정비용이 존재하기 때문에 생기는 문제이다.

세 번째로 거래가 이루어진 이후에 발생할 수 있는 '집행비용cost of enforcing'이 있다. 예를 들면 구매한 물건에 하자가 발생할 경우 피해보상을 집행하는 데 소요되는 비용 등이다. 이를 위해서 사법제도 등을 사용하는 비용도 이에 속한다.[31]

이와 같이 원가 등 회계학적 비용이나 기회비용과는 성격이 다른, 시장거래에 수반되는 다양한 거래비용이 존재한다.

이 거래비용이 무시할 정도로 작다면 상관없지만, 현실에서 이 거래비용의 크기는 무시할 만한 수준이 아니다. 거래비용의 크기를 정확하게 측정하는 것은 어렵지만, 존 월리스John Wallis와 노스의 연구에 따르면 1986년 미국의 경우, 거래비용의 크기가 국민소득의 45퍼센트 정도를 차지하는 것으로 나타났다. 그리고 한 세기 전에 이 비율이 25퍼센트였으므로 분업에 따라 점차 증가하고 있다는 것이 확인되었다.[32] 한국의 경우, 김적교의 연구에 따르면 1994년의 거래비용이 48퍼센트 정도로 추계되어 미국의 1970년대와 비슷한 수준으로 추정된다.[33]

거래비용은 시장에 만연하지만 측량되지 않는다. 이렇게 교환의 도처에 숨어 있는 거래비용을 줄이기 위한 사법 서비스나 광고 등의 서비스업이 늘어나면 실제 거래비용은 줄어든다. 그러나 GDP상에서는 이런 서비스업의 비중이 늘어나는 것으로 집계된다. 월리스와 노스가 추정한 거래비용은 정확히 표현하자면 '거래비용을 줄이기 위한 각종 서비스 산업의 규모'를 의미한다. 이것이 커지면 실제적으로는 거래비용이 줄어 교환이 효율적으로 되어 경제 전체의 효율성을 높인다.

그런데 더 중요한 것은 거래비용이 제도에 따라 다르다는 것이다. 예를 들면 오늘날 인터넷의 확산은 정보비용을 줄여주는 데 크게 기여했다. 상거래 질서가 확립되어 있는 선진지역에서는 소비자가 속지 않기 위해서 발품을 팔 필요가 비교적 적다. 즉 거래비용이 적다. 이런 사회에서는 교환이 쉽게 일어나고 국민들의 에너지는 더 생산적인 활동에 투입될 수 있다.

이 거래비용의 크기를 줄이는 데 가장 중요한 제도가 재산권 property right이다. 재산권이 잘 정의되어 있으면 분쟁의 소지가 적다. 반면에 재산권이 지켜지지 않는 곳에서는 사람들 사이에 갈등이 클 수밖에 없고, 이는 생산활동을 위축시킨다.

신석기혁명과 재산권 : 재산권 확대의 역사

제1차 경제혁명

재산권이 경제에 얼마나 중요한 영향을 미치는지를 역사 속에서 살펴보자.

인류는 약 1만 년 전, 즉 BC 8,000년경에 수렵채취사회로부터 정착농경사회로 들어갔다. 그리고 이때부터 문명이 시작되었다. 신석기 시대 이후에 인간은 동물과는 확연히 구분되는 정착생활을 시작했고 문명을 이룩할 수 있었다. 이것을 고든 차일드Gordon Childe는 '신석기혁명The Neolithic Revolution'[34]이라고 불렀고, 노스는 제1차 경제혁명The First Economic Revolution이라고 불렀다.[35]

노스는 인류 역사상 진보가 놀랍게 이뤄진 시기가 두 번밖에 없었다고 했는데, 산업혁명을 전후한 시기의 급격한 변화를 제2차 경제혁명이라고 불렀다. 이 두 차례의 경제혁명이 혁명이라는 명칭을 받을 수 있는 이유는 생산성이 급격히 증가했기 때문이다. 제1차 경제혁명은 농업과 문명을 창조했고, 제2차 경제혁명은 지속적 경제성장을 가능하게 하는 새로운 지식이 계속 창출될 수 있게 했다. 그리고 두 경제혁명 모두 사회의 근본적인 제도들을 다시 만들어냈다. 이 두 차례의 경제혁명은 자연을 통제하고, 더 많은 인류에게 의식주를 제공하고, 더 나은 생활수준을 누릴 수 있도록 기여했다.

경제사학자들이 산업혁명에는 많은 관심을 가지면서도 신석기혁명에는 관심을 별로 보이지 않았는데, 그 이유는 신고전학파 경제학에서는 신석기혁명을 설명할 이론이 없었기 때문이다.

노스는 제1차 경제혁명이 가능했던 이유를 '유인incentive'이 근본적으로 변화되었기 때문이라고 했다. 즉 인류가 동물과 달리 문화를 이루고 급속한 발전을 가능하게 한 것은 바로 '재산권이 생겨났기 때문'이라고 주장했다. 신석기시대의 등장 원인에 대한 종래의 견해는 주로 인구의 증가(인구가설)나 천연재해(기후가설), 또는 도구의 발명(도구가설) 등이었다. 즉 인구가 많아지거나 자연재해로 인해서 채취할 식량자원이 인구를 먹여 살리기에 부족하게 됨에 따라 농경을 시작했다는 것이다. 그리고 신석기나 토기 등 도구의 발달이 농경사회를 촉진시켰다고 보았다. 그러나 노스는 인류가 수만 년 동안 먹을거리가 부족하면 싸움을 했다는 것을 상기시켰다. 그러한 것도 원인의 일부가 될 수 있지만, 인류가 농경을 시작하고 문명이 시작된 이유는 배타적 공동재산권exclusive communal property right이 발생했기 때문이라고 주장했다. 수렵채취 경제의 재산권은 일종의 공동재산권common property right이었고, 먼저 차지하는 사람이 임자였다. 농경이 가능하려면 노동을 투입해 농사지은 것을 노동 투입자의 것으로 인정해야 한다. 즉 배타적 재산권이 인정되어야 농사를 지을 수 있다. 아직 사적재산권은 아니지만 부락단위의 배타적 공동재산권이 인정됨으로 농경사회가 가능했다. 이러한 재산권의 변화가 없었다면 경작경제로 이행되지 못했을 것이다. 따라서 이러한 배타적 공동재산권의 형성이 바로 신석기혁명의 핵심적인 원인이었다.[36] 배타적 공동재산권은 효율성과 생산성을 높이고 새로운 지식과 기술 발전을 가능케 하는 인센티브를 제공했다.

결국 농경사회로 바뀐 원인은 자신이 농사지은 것은 자신의 것이라는 개념이 사람들 사이에 싹텄기 때문이다. 오늘날처럼 사적소유권이 아니고 공동재산권이었지만, 부락 간에 네 것과 내 것을 구별했다. 농사를 짓게 되니 정착하고 시간이 남아서 동굴벽화도 그리고, 문자도 만들고, 문명이 전수되었다. 동물과 다르게 지식이 축적된 것이다. 이것은 엄청난 변화인데, 신석기혁명의 핵심은 인구가 늘었기 때문도 아니고, 농사를 지었다는 것도 아니다. 바로 공동재산권의 발생과 같은 재산권의 변화가 핵심이다. 이것이 신석기혁명을 낳았고 인류 문명을 낳았다.[37]

더글러스 노스의 신제도주의 경제사

이렇게 제도의 중요성을 강조한 신제도주의 경제학을 경제사에 적용해 제도경제사라고 하는 새로운 분야를 개척한 경제사학자가 바로 노스이다. 그는 젊은 시절에 버클리 소재 캘리포니아대학U.C. Berkeley에서 마르크스주의에 심취하여 제2차 세계대전 중에 반전주의자가 되었다. 군복무 대신 상선대의 승무원이 되어 자유로운 시간이 많아 책을 많이 읽다가 경제학을 전공하기로 결심했다. 대학원에 진학하여 구제도학파 경제학자들의 통찰력에 감명을 받았다. 그리고 1952년에 박사학위를 받고 하버드대학과 컬럼비아대학에서 조지프 슘페터Joseph Schumpeter(1883~1950) 등과 교류하면서 기업가사企業家史의 영향을 받았다.[38] 그리고 미국 국립경제연구소에서 연구원이 되어 쿠즈네츠 등 저명한 경제학자들과 교류를 많이 하게 되었고, 이때 등장한 신경제사학의 연구에 동참하게 되었다. 신경제사학(New Economic History 또는 Cliometrics)이란 1960년대에 미국에서 등장한 새로운 경제사 연구 학풍으로, 수리경제 모형과 통계기법을 활용하는 계량경제학을 경제사 통계 자료에 적용하여 역사분석을 시도한 것이다. 그러나 그는 1966년에 특별 연구원 신분으로 제네바를 방문하여 유럽 경제사에 관심을 가지게 되면서 경제사에 제도경제학을 도입하기 시작했다. 이렇게 노스는 마르크스경제학, 제도경제학, 주류경제학에서 발전한 신경제사 등 다양한 방법론을 경제사 연구에 활용하여 신제도주의 경제사학이라고 하는 독보적인 경제사 연구방법론의 새로운 분야를 개척하게 된 것이다.[39]

노스는 이렇게 경제사 분석에 제도를 도입하면서, 각 사회에서 제도가 어떻게 발전되느냐가 장기적인 경제성장의 근본 요인이라고 주장했다. 그리고 서구의 경제가 발전한 근본적인 원인은 시장경제라고 하는 "효율적인 제도 창출에 성공했기 때문"이라고 주장했다. 사실 경제적 성취는 한 나라의 자원이 어디에 사용되느냐에 따라 달려 있는데, 자원이 생산적인 곳으로 흐를 수밖에 없는 제도를 가진 나라는 성장할 수밖에 없다. 반면에 비생산적인 일에 몰두하고, 권력으로 부를 축적할 수 있는 나라는 경제가 성장하기 어렵다.

시장경제가 왜 효율적인가? 그 이유는 시장경제의 가장 큰 특징이 자율성에 기초하기 때문이다. 시장경제란 수요자와 공급자가 스스로의 자발적 선택에 의해서 교환을 하고, 그 결과를 스스로 책임지는 체제이다. 자발적교환은 항상 양 거래 당사자 모두에게 이익이 될 때 발생한다. 따라서 자발적교환 이후에 양 당사자의 효용이 증가한다. 시장경제에서는 이러한 자발적교환이 많아질수록 사회 전체의 후생이 증가하고 효율적이 된다. 즉 시장경제는 자발적 교환체제라고 볼 수 있으므로, 시장경제는 효율적일 수밖에 없다.

경쟁과 효율적 제도

지금까지 효율적인 제도가 경제적 성취를 결정하는 데 중요한 역할을 한다고 했다. 그렇다면 역사적으로 제도는 어떻게 발전해왔는가? 만약 절박한 필요에 따라 바람직한 제도가 생긴다면 어떤 나라든지 세월이 가면 효율적인 제도를 만들어낼 수 있을 것이기 때문에 별로 염려하지 않아도 된다. 문제는 세월이 많이 흘러도 효율적인 제도가 저절로 생겨나지 않는다는 것이다. 왜 인도에서는 비효율적인 카스트제도가 계속 존속되고 있는가? 왜 긴 역사를 자랑하는 이집트나 중국 등에서 효율적인 제도가 나타나지 않았는가? 오랜 문화유산을 가지고 있는 나라들이 왜 아직도 여전히 비효율적인 혈연, 지연, 학연에 따른 선택을 하는가?

제도와 경로의존성

그 이유는 오래된 제도의 틀 위에서 새로운 제도가 발생하기 때문이다. 이를 '경로의존성path dependence'이라고 부른다. 예를 들면 1980년대에 애플 컴퓨터는 성능 면에서 훨씬 우수했지만, IBM 컴퓨터 사용자가 많았기 때문에 컴퓨터를 새로 배우는 사람들이 기존에 많이 사용하는 기종인 IBM 컴퓨터를 선택함으로써, 컴퓨터의 표준형이 IBM 기종으로 고착되었다. 또한 키보드 자판의 경우 현재 영어권에서 표준형으로 자리 잡은 '쿼티QWERTY 자판'은 드보락DVORAK 자판 등 다른 자판에 비해서 효율적이어서 표준방식으로 선택된 것이 아니라 이미 기존에 많은 사람이 사용하고 있어서 효율성과 관계없이 표준 자판으로 자리 잡게 된 경우다.[40]

제품의 표준이 품질의 우수성보다는 사용하는 사람의 다수에 의해서 결정되듯이, 제도도 효율적이어서 유지되는 것이 아니라 일단 익숙해지면 더 효율적인 제도가 나와도 되돌아가기 어렵다. 기존의 제도를 고수한다는 점에서 제도에는 경로의존성이 있다. 따라서 비효율적인 제도가 고착될 수도 있는 위험을 내포한다.

제도의 종류와 경직성

게다가 제도는 잘 바뀌지 않는다. 흔히 제도라고 하면 법, 규칙 등 특별한 형태를 지니고 인위적으로 만들어진 것만을 생각한다. 그러나 노스가 말한 제도는 이러한 '공식적formal 제도'만을 의미하는 것이 아니다. 서구가 경제적으로 성공하게 만들었다고 하는 효율적인 제도 속에는 이러한 공식적 제도만이 아니라 '비공식적informal 제도'도 포함된다.

비공식적 제도란 관습, 규범, 문화 등 눈으로 확인하기 어려운 제도들을 말한다. 애덤 스미스나 프리드리히 하이에크가 사용하는 질서order라는 개념과 유사한 것이다. 사실 어느 지역이든지 새로운 체제나 질서가 태동하면 기존 질서의 저항이 있기 마련이다. 예를 들면 서구에서는 고리대금 금지법이 있어서 자본시장의 발달에 장애가 되었다. 동양의 경우 유교의 사농공상士農工商 신분질서는 상품경제의 발전을 가로막는 장벽이었다. 이러한 문화적 장벽을 극복하는 것이 효율적인 경제성장에 매우 중요하다.

특히 비공식적 제도는 잘 바뀌지 않는 특징이 있다. 노스는 비공식적 제도는 백 년 또는 천 년 단위로 바뀐다고 했다. 이렇게 제도가 잘 바뀌지 않기 때문에 한번 비효율적 제도를 채택한 나라는 그 제도에서 빠져나오기 힘들다. 그 때문에 어떤 제도를 채택하느냐가 더욱 중요하다.

제도의 변화

그렇다면 제도는 어떻게 변화하는가? 한 나라의 경제적 성취도가 제도에 달려 있다면 효율적인 제도가 어떻게 발생하며, 어떻게 바람직한 제도가 채택되는지는 매우 중요하다. 주류경제학에서는 가격과 수량과의 상관관계를 주로 연구하기 때문에 제도나 기술수준 등은 불변이라고 가정한다. 하지만 역사의 장기적인 변화를 연구하는 경제사에서는 제도가 시대에 따라서 어떻게 변하는지 분석할 필요가 있다.

마르크스는 혁명을 통해 제도가 변한다고 보았다. 고대의 노예제 사회가 중세에는 봉건제사회로, 그리고 근대에는 자본제사회로 변했는데, 각 시대 말기에 새로운 제도로 이행할 때 혁명이 있었다. 노예제에서 봉건제로 넘어갈 때 노예반란이, 봉건제에서 자본제로 이행되는 시기에는 농민반란이 있었다. 자본제에서 공산제사회로 넘어갈 때는 프롤레타리아 혁명이 있을 것이라고 했다.

반면에 노스는 1차 제도, 즉 작은 제도들의 변화가 누적되어야 헌법과 같이 사회의 근간을 이루는 중요한 2차 제도의 변화가 일어난다고 보았다.

그리고 노스는 제도에 변화를 가져오는 힘은 상대가격의 변화 및 기호의 변화라고 보았다. 예를 들면 자본이나 기술이 중요한 현대와는 달리, 농경사회에서는 노동과 토지가 가장 중요한 생산요소였다. 이때 이 두 가지 부존자원(노동과 토지) 간의 상대가격이란 임금과 지대의 상대가격을 말한다. 노스는 이 임금과 지대의 가치가 변함에 따라 제도가 변한다고 주장했다.

예를 들면 서구에서는 14~15세기에 흑사병과 백년전쟁(1337~1453) 등으로 인구가 급격히 줄어서 상대적으로 노동력이 귀해지자 노동력을 보유하고 있는 농노가 토지를 보유하고 있는 영주에 비해서 상대적으로 협상에 유리했다. 따라서 농노들이 자신의 권리를 강하게 주장하는 일이 빈번하게 발생하게 되었다. 이러한 작은 변화들이 축적이 되어 마침내 농노가 자영농으로 변하는 큰 제도의 변화가 일어났다. 그리하여 근대적 자영농민층이 생겨났고, 농노제에 기초한 중세제도가 붕괴되었다. 중요한 점은 영주와 농노 간 수많은 협상들이 누적되어 전체적으로 근본적인 제도가 변화된다는 것이다.[41] 즉 장기적인 경제적 변화는 정치적, 경제적 주체들에 의해 수없이 이루어지는 단기적인 결정의 누적된 결과였다.[42]

노스와 마르크스의 견해처럼 장기적인 경제적 성취를 가져오는 요인을 밝히기 위해서는 제도의 변화가 매우 중요하다. 또한 맬서스 Thomas Malthus(1766~1834)가 중요하게 다루었던 인구의 변화도 역시 전근대사회에서는 중요했다. 근대 이후에는 자본의 축적과 이에 따른 기술의 변화, 그리고 자본가의 역할도 중요해졌다. 효율적인 제도가 경제성장에 가장 중요한 요소라는 사실을 살펴보았으니, 이제 서구에서 어떻게 그러한 효율적인 제도들이 탄생하여 발전하게 되었는지 알아보자.

5장

서구는 어떻게 효율적 제도 창출에 성공했는가?

– 효율적 제도가 출현하기 이전의 시대

– 베네치아
: 효율적인 제도 창출의 시작

– 문화의 극복과 종교개혁

– 신뢰: 비공식적 제도의 중요성

효율적 제도가 출현하기 이전의 시대

서구 근대의 시작과 함께 열린 대항해시대는 스페인과 포르투갈이 주도했다. 그 나라들은 해상무역을 통해서 서구가 동양을 앞서도록 하는 역할을 했다.

그러나 노스는 오늘날 서구가 발전하게 된 시장경제체제에 스페인과 포르투갈은 큰 영향을 끼치지 않았다고 평가했다. 오히려 스페인과 포르투갈은 실패사례로, 그리고 네덜란드와 영국을 성공사례로 꼽았다. 서구 국가들이 근대에 강대국으로 등장하지만, 이들이 모두 시장경제제도를 창출하는 데 동일하게 기여한 것은 아니다. 서구 강대국 중에도 시장경제 발전에 역행한 나라도 있었다.

[도표 6]은 서기 1세기부터 1998년까지 세계 평균 1인당 GDP의 추세를 보여주고 있다. 이 데이터는 앵거스 메디슨Angus Maddison이 추계한 연구를 바탕으로 한 것이다. 메디슨은 1900년도 달러로 환산했을 때 서기 1년의 세계 평균 GDP를 444달러로 추정하였다. 중세가 융성기에 들어가던 1000년경에는 오히려 세계의 GDP가 435달러 수준으로 약간 하락하였는데, 1500년경에 이르러서야 565달러 수준으로 약간 상승하였다. 그런데 영국에서 산업혁명이 완성되었던 1820년경에 이르러 667달러 수준으로 늘었다가 그 이후 폭발적으로 상승하여 1870년경에 867달러로 증가했고, 제1차 세계대전이 발발하기 직전 해인 1913년에는 1,510달러, 그리고 1950년에 2,114달러, 1973년에 4,104달러, 그리고 1998년에는 5,709달러로 증가했다.

[도표 6] 세계 평균 1인당 GDP(인플레이션 조정치, 400~2000년) (단위: 1900년 달러)

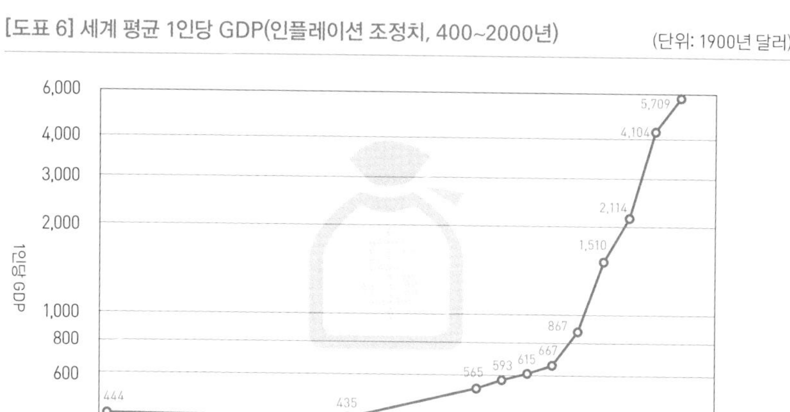

주: 메디슨(Maddison), 2006, The World Economy: a millennial perspective(Vol.1), 264.
자료: 번스타인(Bernstein), 2004, 39, 그림 1-4.

이렇게 영국의 산업혁명 이후에 놀라운 속도로 경제가 성장했기 때문에, 경제사학자들은 영국의 산업혁명 이후를 '근대적 성장기'라고 부르며, 영국의 산업혁명을 근대적 성장의 분기점으로 인식한다. 마르크스도 이 산업혁명으로 인해서 자본과 노동계급이 생겼으며 자본주의 생산양식이 나타났다고 보았다.

캘리포니아대학(데이비스 캠퍼스)의 그레고리 클라크Gregory Clark에 의하면 1800년경 사람들의 생활수준이나 고대 인류의 생활수준이나 큰 차이가 없었다. 전 세계적으로 볼 때 1800년대경 대부분의 사람들은 고대 인류보다 오히려 더 가난하게 살았다. 특히 동양인들은 근근이 생계를 이어가는 수준이었으며, 오히려 석기시대인들보다 못살았다. 1800년경 영국의 노동자들이 누리는 것에 비해서 석기시대의 사람들이 오히려 더 다양한 음식은 즐겼다. 평균수명도 석기시대는 30세였으나 1800년경에는 35세로 크게 늘지 않았다. 이렇게 산업혁명이 시작되기 이전에 지구의 대부분의 사람들은 '맬서스의 덫Malthusian Trap'에서 벗어나지 못했다. 그래서 세계경제사는 어이없을 정도로 간단하게 두 시기로 나눌 수 있다. 첫 번째 시기는 맬서스의 덫에서 헤어 나오지 못한 산업화 이전의 시대이고, 두 번째 시기는 기술진보로 인해서 이 덫에서 빠져나온 산업혁명 이후의 시기이다.[1]

영국 고전학파 경제학자인 맬서스는 『인구론*An Essay on the Principle of Population*』에서 인구는 기하급수적으로 증가하는 데 반해 이에 필요한 식량생산은 산술급수적으로 증가할 수밖에 없어서, 식량수요가 식량공급을 초과하면 식량부족이 발생해서 전쟁이 일어나고, 전쟁으로 인해서 농토 관리가 안 되어 기근이 발생한다. 그리고 영양이 부족하게 되어 인체가 질병에 대처할 수 없어 전염병이 만연하여, 결국 다시 인구가 감소된다는 점을 지적했다. 맬서스의 덫은 이렇게 인구증가를 가로막는 세 가지 요소인 '전쟁', '기근', '질병'을 뜻한다. 맬서스는 이 세 가지 외에도 여러 가지 인구증가를 억제하는 요인에 대해서 언급했으며, 후진 문명지역이나 근대 유럽의 인구억제 요인이 무엇이었는지 설명하였다.[2] 전근대 시대에는 기술진보 속도가 연간 0.05퍼센트로 현대의 13분의 1에 불과했다.[3] 맬서스의 암울한 미래에 대한 예언이 실현되지 않은 이유는 바로 기술진보 때문이라고 한다. 그런데 이 기술진보가 1800년경 산업혁명 시대에 갑자기 나타난 것인가?

[도표 6]을 주의 깊게 보면 산업혁명이 일어나기 수백 년 전인 15세기 중세 말기부터 미약하지만 서서히 1인당 GDP가 증가하고 있는 것을 볼 수 있다. 이 시기에 지중해 연안의 몇몇 도시국가를 중심으로 자본주의의 씨앗이 자라고 있었다. 중세시대에 대부분 유럽지역들은 장원 중심의 농업에 종사했는데, 지중해를 고속도로로 삼아서 이슬람권과 기독교권의 중계무역을 하며 상업을 발전시킨 해상 강국들이 있었다.

그렇다면 효율적인 시장경제제도가 서구에서 어떠한 과정을 통해서 발전되었을까? 먼저 이 장에서 법과 질서의 중요성, 문화 극복과 자본시장의 발전, '신뢰'라고 하는 사회적 자산의 중요성 등을 살펴보고, 다음 장에서 영국 산업혁명의 핵심인 '기업의 출현'을 살펴본다.

베네치아
: 효율적인 제도 창출의 시작

제도성장의 꽃, 베네치아

근대적 경제성장의 꽃을 피운 지역은 서유럽이었지만 시장경제제도의 출발점은 남유럽지역에 속하는 북이탈리아에서 찾아야 한다. 중세 유럽이 자급자족체제에 있을 때 베네치아나 제노바 등 북이탈리아의 해양국들은 지중해를 통해서 동서양의 중계무역을 하고 있었다.

제노바와의 경쟁에서 승리한 베네치아는 14세기 초부터 지중해 해상무역의 중심지로 부상했다. 특히 15세기 중반 이후 지중해 제해권을 두고 터키와 200년 동안 일곱 차례나 전쟁을 치를 정도였다. 시오노 나나미는 르네상스의 꽃은 단테나 레오나르도 다 빈치, 미켈란젤로를 낳은 피렌체가 아니라 베네치아라고 했다. 베네치아는 나라의 이름이 바뀌지 않고 천 년 이상 지속되었는데 유럽에서 이렇게 오래 지속된 나라는 동로마제국을 제외하고는 베네치아밖에 없다.[4]

인류 역사상 최고의 번영을 이루었던 나라는 어디일까? 혹자는 로마를 꼽을 수도 있을 것이고, 혹자는 중국의 송나라를 꼽을 수도 있을 것이다. 그런데 《뉴욕타임즈*The New York Times*》는 인류 역사상 최고의 번영을 누렸던 나라를 베네치아로 꼽았다. 그만큼 베네치아는 화려했고, 르네상스 시대에 유럽에서 가장 소득수준이 높은 나라였다.

그런데 베네치아는 유럽의 다른 도시와 달리 로마시대에 없었던 도시다. 유럽의 큰 도시들은 로마시대부터 발전해왔지만, 베네치아는 5세기에 서로마제국이 몰락한 후, 훈족의 침략을 피해 석호lagoon 지역으로 피난을 가서 세운 공화정 국가이다. 훈족은 항복을 해도 죽였기 때문에 항복조차 할 수 없었다. 오직 할 수 있는 일은 쫓아올 수 없는 곳으로 도망가는 것이었다. 그래서 베네치아는 말발굽이 빠져서 쫓아올 수 없는 석호지역으로 도망가서 만들어진 나라이다. 석호 위에 흩어져 있는 150개가 넘는 섬, 180개의 운하, 400여 개의 다리로 구성된 특이한 나라이다. 석호는 지반이 약하기 때문에 썩지 않는 백향목을 뾰족하게 깎아서 박아 넣어 지반을 단단하게 하고, 그 위에 화강암 기초를 쌓고 돌로 건물을 지었다. 지금은 1500년의 세월 동안 지반이 내려가서 대부분의 도시가 바다에 잠겨 보트로 왕래하는 특이한 구조를 가지고 있다. 시오노 나나미는 '바다의 도시'라고 불렀고, 로저 크롤리Roger Crowley는 '바다 나라'라고 불렀다.

베네치아의 인구는 약 17만 명에 불과했고, 전성기에도 약 19만 명

[지도 2] 베네치아의 해상 네트워크와 오스만제국

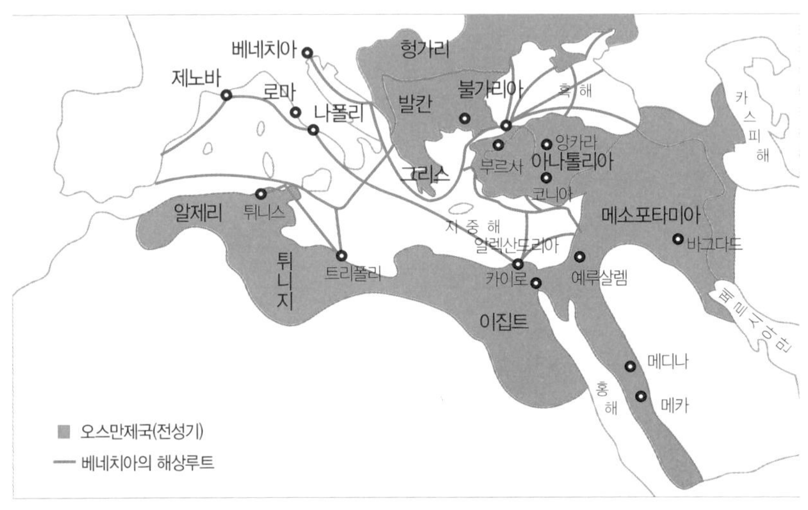

을 넘지 않았다. 이렇게 작은 나라가 어떻게 15세기 중반 이후 강대국 오스만제국과 200년 동안 일곱 차례에 걸친 큰 전쟁을 치르고도 살아남을 수 있었을까? 오스만제국은 1453년 5월 29일에 콘스탄티노폴리스를 함락시키고, 당시 서방 세계의 최강대국이었던 신성로마제국의 수도 빈을 한 달 반이나 포위해 공격한 나라였다. 이슬람 내분으로 인해서 신성로마제국을 함락시키지는 못했지만, 이렇게 막강한 오스만제국에 베네치아는 지중해무역을 빼앗기지 않았다. 그로써 베네치아는 이슬람 세력을 약화시키고 서방세계를 보호하는 데 큰 역할을 감당했다. 특히 베네치아는 동로마제국이 멸망한 이후에 서방세계의 보호자 역할을 자처해서 500년 동안 '기독교 세계의 수호자'였고 '동부 지중해의 지배자'였다. 그리고 이슬람과 진지하고 지속적으로 관계를 맺은 첫 번째 유럽 강대국이었다. 그래서 베네치아를 '유럽과 동방의 두 경제체제를 돌아가게 하는 톱니바퀴'라고 부르기도 하고 '세계를 소통케 하는 통역자'라고 부르기도 했다.

베네치아는 5세기에 국가가 출발할 때부터 상업에 집중했다. 석호라는 지역적 특수성 때문에 자급자족할 수 있는 것은 생선과 소금밖에 없었다. 그래서 나머지 물품들은 수입해서 충당해야만 했다. 베네치아에서 영웅은 상인이었다. 베네치아는 상인들의 노력으로 활발한 무역활동이 이뤄졌다. 중세 유럽은 자급자족적 경제체제 아래 있었으며, 동로마제국도 토지를 소유하는 것을 천박한 상업에 종사하는 것보다 더 영광스럽게 생각했다.[5]

이런 시대에 베네치아는 강대국이었지만, 대륙을 식민지로 삼지 않았다. [지도 2]에서 보는 바와 같이 오직 무역에 필요한 거점이 되는 항구, 요새, 섬들만 지배했다. 이렇게 베네치아는 세계 최초로 '가상경제virtual economy'를 만들어냈다. 당시 지중해는 해양 고속도로였다. 육로로 몇 달씩 걸리는 거리를 배로는 불과 한두 주일 만에 갈 수 있었다. 그래서 베네치아는 해상 고속도로의 디딤돌이 되고 정보의 감청기지가 되는 아드리아해 입구의 코르푸 섬과 크레타 섬을 사들이고, 모노네와 코로네를 해적들로부터 빼앗았다.

베네치아의 성공 요인

베네치아의 성공 요인을 로저 크롤리는 『부의 도시-베네치아』에서 경제에 맞추어진 정부를 보유했기 때문이라고 평가했다. 이 나라는 정치인과 상인 계층 사이에 구분이 없었으며, 기업가들이 자신들을 위해 운영하는 나라였다. 크롤리에 따르면 베네치아에서는 권력의 3대 기구가 모두 상업 규칙을 누구보다 잘 이해하는 집단에 의해서 운영되었다. 이들은 수요와 공급 법칙을 잘 알았고, 소비자 선택의 필요성 또한 잘 이해했다. 안정적인 통화, 상품의 적기 공급, 합리적인 법과 세금제도 등의 중요성을 잘 알고 있었다. 그래서 일관되고 통제된 장기적인 정책을 실시했다. 베네치아에서는 지배계층이 중세의 영웅적인 기사가 아니라 영웅적인 사업가였다.[6]

베네치아의 또 다른 성공 이유는 셰익스피어의 『베니스의 상인*The Merchant of Venice*』에서 찾아볼 수 있다. 베네치아의 가장 신망 높은 기독교인이자 귀족 상인이었던 안토니오는 벨몬트의 거부 상속인 포셔와 결혼하려 하는 친구 바사니오를 위해 3,000두카트Ducat에 대한 보증을 선다. 유대인 고리대금업자 샤일록은 채무불이행을 하면 가슴에서 가까운 부위의 살을 한 근 떼어 갖기로 약속한다. 그런데 채무변제일에 베네치아 항구에 폭풍으로 인해서 배가 들어오지 못하게 되고 안토니오는 하루 늦게 지체한 보상금으로 2배의 돈을 들고 샤일록을 찾아간다. 그러나 샤일록은 돈은 필요하지 않으니 계약서에 적힌 대로 하자고 요구한다. 결국 이들은 법정에 서게 된다.

셰익스피어 작품의 위대한 점은 여러 가지 해석이 가능하다는 것이다. 다른 작품과 마찬가지로 이 작품도 여러 가지 해석이 가능하

[그림 3] 베네치아의 두카트 금화

다.[7] 유대인의 탐욕을 그렸다는 등 윤리적 해석이 많았지만, 마르크스는 샤일록에게서 근대 자본가의 모습을 읽었다.[8]

2005년에 마이클 래드포드Michael Radford 감독이 만든 영화 〈베니스의 상인〉은 이를 새롭게 해석한다. 이 영화의 특징은 모든 대사를 셰익스피어 희곡의 원작 대사를 그대로 각색하지 않고 사용했다는 점이다. 그런데 처음 도입 부분은 원작과 다르게 시작된다. 첫 장면은 유대인의 사회적 신분에 대한 다음과 같은 자막으로 시작한다.

가장 자유로운 나라였던 베네치아에도 반유대인 감정이 팽배했으며, 유대인들은 벽으로 격리된 낡은 공장이나 게토ghetto라는 집단 주거지에서 기독교인들의 감시하에 살고 있었다. 낮 동안에 게토를 떠나는 사람은 누구나 유대인임을 표시하는 붉은 모자를 써야 했다. 그들은 부동산을 매입할 수 없어 고리대금으로 업을 삼았는데, 고리대금은 기독교 법을 어기는 것이었다. 그러나 현실적인 베네치아인들은 상관하지 않았지만, 종교적인 열정이 많은 기독교인들은 유대인들을 증오했다.

이어서 고리대금업을 했다는 이유로 유대인을 리알토 다리에서 바다로 빠뜨리고, 안토니오가 샤일록의 얼굴에 침을 뱉는 장면이 이어진다.

래드포드 감독은 왜 도입 부분에서 유독 유대인의 사회적 신분을 자상하게 소개했을까? 이는 16세기 베네치아 사회가 사회적으로 천시받고 때로 테러를 당할 정도로 지탄의 대상이 되는 유대인조차도 계약서 한 장을 가지면, 기독교인이며 베네치아에서 가장 신뢰받는 귀족 상인의 목숨마저도 요구할 수 있을 정도로 법치가 세워져 있었다는 사실을 강조한 것으로 보인다.

당시 대부분의 지역에서 법이란 국민의 평등한 권익을 지켜주기 위한 것이 아니라 통치를 위한 수단이었다. 그런데 베네치아에서는 가장 천대받고 차별대우를 받는 사람조차도 계약서 한 장을 근거로 사람의 목숨을 요구할 수 있는 놀라운 사회였다는 것을 강조한 것이다. 베네치아 공화국은 개인들 사이의 계약을 엄격하게 지켜주는 사회임을 알 수 있다.

베네치아의 평등한 법치주의는 다른 나라에도 널리 알려져 외국인들도 베네치아에서 재판을 받고 싶어 할 정도였다. 그리고 베네치아 금화 두카트는 함유량이 일정하기 때문에 가장 신용 있는 국제통

화였으며 멀리 인도에서도 통용되었다.[9]

'은행bank'은 15세기 이탈리아의 유대인 강제 거주지역인 게토누보 Ghetto nuovo에서 탄생했다. 오늘날 은행의 유래는 환전상들이 사용하던 '탁자banco'라는 이탈리어에서 나온 것이다. 베네치아에서는 고리대금업이 금융업으로 발전되었다.

베네치아는 해상왕국인 만큼 정부의 요직도 상인의 장악하에 있었는데, 정부는 상인의 활력을 누르지 않으면서도 적절하게 개입해 질서를 유지했다. '무다Muda'라고 하는 국유 상선단의 정기 항로는 베네치아만이 가진 특수한 제도였다. 이 무다를 통해서 해양무역에 많은 시민이 참여할 수 있었다. 그리고 '콜레간차'라는 한정 합자회사를 만들어서 자본을 확보해 위험을 분산하게 했다.

시장경제가 발전하려면 먼저 법이 공평하고, 개인들 사이의 사적 계약이 지켜져야 한다. 그래야 약속어음이나 환어음 등이 돌고, 더 나아가 각종 효율적인 제도가 발전하게 된다. 최근 학자들의 연구에서도 이런 사실이 밝혀졌다. 대런 애쓰모글루 등도 실증분석을 통해서 공평한 사법제도의 확립과 집행은 장기 경제성장을 촉진한다는 사실을 밝혔다.[10]

문화의 극복과 종교개혁

어느 사회에서나 새로운 사회 질서가 생겨나려고 할 때 그것을 가로막는 문화적 장벽이 있게 마련이다. 유교 문화권에서는 선비를 가장 존중하고, 농업을 중시 여긴 반면에 상업은 천하게 여겼다. 그래서 돈을 좀 모은 사람들은 지주가 되어 신분을 상승시키려고 했다. 장터에는 항상 가장 낮은 신분의 사람들이 모여들었고, 거기에는 질서가 형성되기 어려웠다. 그래서 상업발전이 더딜 수밖에 없었다. 농업도 도구나 영농기술의 개량으로 어느 정도 생산성을 높일 수는 있지만, 그 정도가 크지 않았다. 서구에서는 해외무역을 통해서 부를 축적하고, 그 잉여자본으로 공장을 세우는 등 제조업에 투자하여 놀라운 생산성의 향상을 일구어냈다. 이렇게 산업혁명에 필요한 자본축적은 상업의 발전을 통하여 이룩되었는데, 상업을 천하게 여기는 문화에서는 자본축적이 안 되어 자본주의적인 발전이 어려웠다.

물론 유교의 모든 측면이 자본주의 발전에 불리하게 작동하는 것은 아니다. 제2차 세계대전 이후에 일본, 한국, 대만, 홍콩 등 유교권의 나라들이 고도 성장함에 따라 유교문화가 경제성장에 긍정적인 영향을 미친다는 주장도 제기되었다. 예를 들면, 유교의 높은 교육열이 인적자본의 질을 높인다는 견해도 있고, 현세에 관심을 갖는 유교는 다른 종교에 비해서 물질생활에 대한 관심을 높여준다는 견해도 있다. 이렇게 유교가 자본주의적 발전에 반드시 부정적인 역할만 하는 것은 아니지만, 어떤 전통적 사회에서 새로운 질서가 발생할 경우 항상 문화적 장벽이 있다는 것은 사실이다.[11]

서양의 기독교문화도 마찬가지였다. 기독교사회에서 자본주의적 발전을 가로막는 장벽들은 이자금지제도나 노동을 천시하는 것 등이다.[12] 사실 자본주의 이전 시대는 열심히 땀 흘려서 일하는 걸 미덕이라고 생각하지 않았다. 그저 용맹함이 미덕이었다. 그 이유는 수천 년 동안 전쟁을 통해서 남을 지배하고 더 높은 경제적 지위를 누렸기 때문에 잘 싸우는 사람이 국민적 영웅이지, 똑똑한 사람이 영웅이 아니었다. 머리 쓰고 계산하는 것은 노예를 시키면 됐다. 이렇게 용맹이 미덕인 사회에서 자본주의가 등장하기 위해서는 노동을 귀하게 여기고 세속적인 직업도 소명calling 즉, 신으로부터 받은 소명이라는 지위까지 끌려 올려야 했다. 이러한 신학적 변화를 이끈 사람들은 루터나 칼뱅 등의 종교개혁자들이다.

중세에 이자가 금지된 이유

자본시장의 발달이 없는 자본주의는 있을 수 없다. 그런데 자본시장의 발달을 가로막고 있는 장벽이 이자금지제도였다. 서구는 고대시대부터 이자를 금기시했다. 아리스토텔레스는 "고리대금업은 가장 미움을 받는다. 그것이 미움을 받는 데에는 마땅한 이유가 있다. (…)

왜냐하면 화폐란 교환하기 위한 것으로서 사용되는 것이지 이자를 불리기 위해서가 아니기 때문이다"라고 주장하며 '이자 불임설'을 주장했다. 이렇게 고대인들도 교환수단인 돈으로 이윤을 남기는 것은 부도덕한 것으로 생각했다.

또 서구는 기독교문화권이기 때문에 기독교가 이자금지제도에 영향을 미쳤다. 성경에는 "네가 만일 너와 함께한 내 백성 중에서 가난한 자에게 돈을 꾸어 주면 너는 그에게 채권자 같이 하지 말며 이자를 받지 말 것이며"라고 하여, 이자를 받지 말라고 명시하고 있다.[13]

A.D. 325년에 열린 니케아 회의에서 성 제롬St. Jerome en lat. Hieronymus(340~420)이 모든 사람에게 고리대금을 금해야 한다고 주장한 후에 모든 기독교인들에게 이자를 받지 못하도록 했다. 그리하여 775년에 니케아 종교회에서 고리대금업을 법으로 금지하였다. 중세의 대표적 스콜라 철학자이며 신학자인 토마스 아퀴나스Thomas Aquinas(1224/25~1274)도 이자는 불로소득이며 신에게 속하는 시간을 파는 행위라고 여겼다. 그러나 현실적으로 고리대금업의 필요성이 점차 높아지자 교황 니콜라스 5세Nicolaus PP. V(재위 1447~1455)는 유대인에게 한하여 고리대금업을 허용했다.[14] 기독교인들은 하나님의 아들 예수를 십자가에 달아서 죽인 유대인들은 어차피 지옥에 갈 것이라고 생각했기 때문에 유대인들에게는 고리대금업을 허용한 것이다.

유대인들도 모세의 율법을 엄격하게 지키고 있었는데, 이들이 성경의 명령을 어기고 고리대금업을 영위한 이유는 율법에 이자를 금지하는 것은 같은 민족에게만 국한된 것이었지, 이방인에게는 상관이 없었기 때문이다.[15] 그래서 유대인들은 기독교인들을 대상으로 이자를 받아도 죄가 되지 않는다고 생각했다. 이는 유대인들이 중세에 부를 축적할 수 있는 기반으로 작용했다.

근대사회의 도래와 종교개혁

그런데 근대사회에 상업이 발달하게 되면서 자본거래의 필요성이 부각되었다. 종래에는 귀족들이 전쟁을 수행하기 위해서 대부를 많이 했지만, 부르주아 계층이 나타나면서 대부시장의 필요성이 더 확대되었다. 그리하여 세속적인 통치자들은 이자를 허용했지만 교회는 여전히 이자를 금지하고 있었다.

제네바에서 목회를 하고 있던 종교 개혁가 장 칼뱅Jean Calvin (1509~1564)은 성경에서 이자를 금지하는 것은 '소비대부'에 국한된 것이라고 설교했다. 소비대부란 가난한 사람이 먹을 식량이 부족해서 부자에게 식량을 빌리는 경우와 같은 소비 목적의 대부를 말하는 것이다. 성경에서 이자를 금지한 이유는 돈을 빌리는 사람이 가난하기 때문이었다. 예를 들면 흉년이 들어서 굶어 죽게 된 가난한 사람들이 부자들에게 식량을 빌릴 경우에 구제를 위해서 거저 주지는 못할망정 이자까지 받는다는 것은 성경에서 강조하는 이웃사랑의 정신이 아니라는 것이다. 모세의 율법이 기록되던 B.C. 14세기에는 오늘날과 같은 사회적 안전망이 전혀 없었기 때문에 율법이 최소한의 사회적 안전망 역할을 한 것이다.[16] 예를 들면 성경에는 떨어진 열매도 알뜰하게 거두어가지 말고 가난한 사람이 먹도록 남겨두라고 기록되어 있다.[17] 또한 곡물을 벨 때 밭모퉁이까지 알뜰하게 베지 말라는 율법이 있는데, 이것도 가난한 사람과 지나가는 여행객들이 먹을 수 있도록 남겨두라는 것이다.[18]

이자금지에 관한 율법도 가난한 사람들을 위한 사회적 보호장치라는 맥락에서 해석된다. 당시 고대 근동지방의 이자제도는 이자를 못 갚으면 원금이 2배가 되고, 또 못 갚으면 다시 2배가 되어서 채무자는 결국은 채무노예로 전락하고 말았다. 이때 가난한 사람들을 보호하기 위해서 생긴 것도 이자금지제도였다.[19]

그런데 대항해시대가 열리면서 상업이 크게 발전했고, 상업으로 돈을 버는 사람들이 많아졌다. 부유한 상인들 사이에 대부거래가 많았는데, 이들 사이에 이자를 받지 않고 돈을 빌려줄 수는 없었다. 돈을 빌려줄 경우 빌려간 사람이 죽으면 원금을 잃어버릴 위험이 있어, 위험을 부담하는 대가로 이자를 받는 것은 극히 당연했다. 각 지역의 통치자들은 현실적으로 이자지급의 불가피성을 인정하고, 지나친 고리대만 규제했지만, 여전히 로마 교황청은 이자를 금지했다. 상인들은 상업 현실과 이자를 받으면 지옥에 간다는 교회의 명령 사이에서 전전긍긍하고 있었다. 이런 상태에서 칼뱅 등 종교개혁가들은 이자를 받아도 지옥에 가지 않는다고 성경을 새롭게 해석한 것이다. 그러자 많은 부유한 상인계층들은 종교개혁가들이 성경을 바르게 해석했다고 판단하여 신교로 개종했다.

피렌체 이야기

물론 이자금지제도가 있다고 해서 금융업이 없었던 것은 아니었다. 베네치아와 함께 북이탈리아의 중심 도시였던 피렌체는 단테, 레오나르도 다 빈치, 그리고 미켈란젤로 등을 낳은 '천재들의 도시' 또는 '꽃의 도시'라고 불렸다. 여기에는 메디치 가문의 역할이 컸다. 메디치 가문은 1400년경부터 약 400년 동안 두 딸을 왕실로 시집을 보냈고, 레오 10세Leo PP. X(재위 1513~1521) 등 세 명의 교황이 이 가문에서 나왔다. 또한 미켈란젤로부터 갈릴레오까지 지원함으로써 르네상스 문화를 꽃피우는 데 결정적인 역할을 한 피렌체의 군주나 다름없었다.

메디치 가문이 이렇게 발전할 수 있었던 것은 고리대금방지법을 피할 수 있는 회계법을 고안했기 때문이다. 환전 수수료나 가불 수수료 등의 명목으로 이자를 받았으며, 규모를 확장하고 각 지역에 지점을 개설하여 위험을 분산시킴으로써 금융업의 기초를 세웠다. 그러나 고리대금 금지법을 우회하는 방법은 어디까지나 편법이었다. 자본시장 발전의 장애가 되던 이자금지가 해결되면서 더욱 시장경제로의 항해는 순풍의 돛을 달게 되었다.

베버 명제

막스 베버는 종교개혁 당시 부유한 상인들 중에 구교보다 신교를 선택한 사람이 압도적으로 많다는 사실에 주목했다. 또한 종교개혁 이후 250년 동안 유럽 국가들의 경제성장률을 비교한 결과 스페인, 프랑스, 이탈리아 등 구교 국가들의 경제성장률보다 네덜란드, 영국, 독일 등 신교 국가들의 경제성장률이 훨씬 빠르다는 사실도 발견했다. 그리하여 그는 종교개혁과 자본주의의 발전 사이에 어떠한 상관관계가 있을 것이라는 것을 깨닫고 『프로테스탄트 윤리와 자본주의 정신(1905)』을 발표했다. 그는 『사회경제사』, 『경제와 사회』 등의 저서를 통해 사회를 움직이는 힘은 종교라고 주장했다. 『힌두교와 불교』라는 저서를 통해서는 인도제국이 서구의 식민지가 된 이유를 인도의 종교인 힌두교와 불교에서 찾았다. 또 저서 『유교와 도교』를 통해서는 중세시대까지 찬란한 문명을 이룩했던 중국이 근대 이후에 낙후된 이유를 중국의 종교 유교와 도교에서 찾았다.

막스 베버는 "직업적으로 체계적이고 합리적으로 정당한 이윤을 추구하는 정신적 태도" 즉 오늘날의 자본주의 정신이 프로테스탄티즘의 경제윤리에서 시작되었다고 주장했다.[20] 그는 자본주의 정신의 사례로 선대제 상인을 꼽았다. 선대제란 자본의 여유가 있는 부유한 상인이 모직물의 원료를 대량으로 구입한 후에 농촌지역에서 가내수공업에 직조공을 엄선해서 노동자로 교육시켜 직조하게 하고, 자신은 도시에 와서 고객을 확보하여 농촌에서 생산된 면직물을 고객에게 전달하는 생산의 합리화 과정을 통해서 생겨난 생산방식이다. 이것이 가내수공업에서 공장제로 가는 중간단계의 모습이었다. 이를 통해 상인은 거액의 재산을 모았는데 이 상인은 번 돈을 소비하지 않고 또 다시 사업에 계속 투자함으로써 더욱 큰 재산을 이루어갔다. 베버는 이러한 선대제 상인을 자본주의 정신의 예로 들었다. 전자본주의 시대에는 이렇게 돈벌이에 헌신하는 행위를 이해할 수 없었는데, 자본주의 정신이란 돈을 열심히 버는 것을 소명으로 받아들이는 것을 말한다.

중세에는 하나님으로부터 부여받은 소명은 신부들에게 국한된 것이라고 생각했지만, 루터는 상인과 같은 세속적인 직업도 성실하게 이행하면 그것이 바로 하나님께 부여받은 소명이라고 인식했다.[21] 루터는 구약성경의 잠언(22:29)에 나오는, "네가 자기의 일business에 능숙한 사람을 보았느냐 이러한 사람은 왕 앞에 설 것이요 천한 자 앞에 서지 아니하리라"라는 말씀을 근거로 삼았다. 그는 세속적인 직업 노동을 이웃사랑으로 여겼으며, 이러한 세속적 의무를 이행하는 것은 신을 기쁘게 하는 유일한 방법이며, 모든 직업은 신 앞에서 절대적으로 동일한 가치를 가진다고 보았다.[22] 중세에는 수도승적 금욕을 통해서 세속적 도덕을 능가한다고 생각했지만 루터는 하나님으로부터 받은 세속적인 직업을 통해서 자신의 의무를 완수하는 것이 소명이라고 해석함으로써 자본주의 정신이 나타날 수 있는 토양을 제공했다.

그리고 예정론을 주장한 칼뱅은 인간이 하나님께 선택되었다는 것을 확신할 수 있는 가장 좋은 방법은 부단한 직업노동이라고 주장했다. 즉 "세속적 직업이 이른바 종교적 불안감을 진정시키는 데 적합한 수단"이라고 했다.[23] 이렇게 금욕주의적 프로테스탄티즘의 직업 개념이 내세를 지향하면서 세속적 생활양식을 합리화했다.[24]

이렇게 세속적 직업의식을 강조하면서 다른 한편으로는 소유하고 있는 재산에 안주하여 부를 향락하고 태만과 육욕에 빠지는 것을 경계했다. 그래서 시간 낭비를 모든 죄 가운데 가장 무거운 죄로 여겼다.[25] 그리고 노동을 가장 중요한 금욕의 수단으로 인정했고, 그래서 "네 직업에서 열심히 일하라"라는 것을 강조했다.

또한 이윤에 대한 인식이 바뀌게 된 것도 기독교에서 신학의 변화와 관련이 있다. 종교개혁가들은 직업의 유용성을 측정하는 척도 중의 하나를 이윤이라고 보았다. 물론 도덕적 평가가 가장 중요하지만, 그 직업을 통해 생산하는 재화가 사회적으로 어느 정도 유용한지와 '이윤성'도 중요한 평가 기준으로 보았다. 즉 하나님이 어떤 신자에게 이윤의 기회를 준다면 거기에는 그 나름의 이유가 있다고 보고, 그러한 기회를 이용하여 신의 부름에 따라야 한다는 것이다. 이렇게 이윤 창출의 기회를 하나님이 축복하신 것으로 인정하고 사업가들을 윤리적으로 신성시했다. 그래서 신의 섭리를 따라 이윤 창출에 성공하면, "신이 그의 사업을 축복하신다"고 말했다.[26]

신뢰: 비공식적 제도의 중요성

신뢰와 거래비용

『역사의 종말: 역사의 종점에 선 최후의 인간*The End of History and the Last Man*』으로 유명한 미국 존스홉킨스대학 프랜시스 후쿠야마 Francis Fukuyama 교수는 『트러스트: 사회도덕과 번영의 창조*TRUST: The Social Virtues and the Creation of Prosperity*』를 통해서 '신뢰'가 사회적 자산이라고 했다. 그는 국가들을 '고高신뢰 사회'와 '저低신뢰 사회'로 구분했다. 고신뢰 사회란 신뢰가 혈연을 넘어서 사회 구성원들 사이에 넓게 확대되어 있는 사회를 말하고, 저신뢰 사회란 혈연관계에 있는 사람들만 신뢰할 수 있는 사회를 말한다. 저신뢰 사회에서는 기업이 발전하더라도 혈연의 벽을 넘지 못하기 때문에 대기업이 발전하기 힘든 반면에, 고신뢰 사회는 대기업을 만들어낼 수 있다.

유럽에서는 독일이 고신뢰 사회이고, 이탈리아가 저신뢰 사회다. 독일은 고신뢰 사회이기 때문에 대기업이 발전했고, 이탈리아는 저신뢰 사회이기 때문에 가문 중심의 중소기업 중심으로 발전했다. 이탈리아의 베네통Benetton이나 구찌Gucci 등 명품 업체들도 가족경영으로 성공한 기업이다.

신뢰가 사회 발전에 꼭 필요한 사회적 자산이라는 후쿠야마의 주장은 설득력이 있다. 시장경제가 발전하는 데도 신뢰가 매우 중요하다. 장사를 할 때 상법전서를 펴놓고 장사하는 사람은 없다. 분쟁이 발생했을 때 이를 해결할 법이나 내규처럼 형태를 갖춘 '공식적 제도formal institutes'도 중요하지만, 일정한 형태가 없는 '비공식 제도informal institutes', 즉 도덕, 관습, 문화 등 정형화되지 않은 제도도 중요하다. 신뢰는 그중에서도 자본주의가 작동하는 데 중요한 역할을 한다. 경제 행위 가운데 상당히 많은 것이 신뢰에 기초해 있다.

우리가 인터넷으로 거래를 할 때에 물건을 받기 전에 돈을 보내는 것은 상대방이 약속을 지키고 물건을 보내줄 것이라는 신뢰가 있기 때문이다. 일상적인 경제활동의 많은 부분들이 이러한 신뢰를 바탕으로 일어난다. 택시 운전사가 승객이 목적지에 도착해서 돈을 내지 않고 달아날지도 모른다고 염려한다면, 아마 선불을 받아야 데려다 줄 것이다. 그러나 그렇게 하지 않는 것은 거래 시 상호 간에 믿음이 있기 때문이다.

이와 같이 시장참여자들의 신뢰는 시장경제의 원활한 작동에 매우 중요한 역할을 한다. 상대방의 계약 파기나 사기 가능성을 염려할 필요 없이 거래를 진행하게 한다. 신뢰는 투자를 자극하고, 저축률을 높이는 역할을 한다. 이러한 상호 신뢰를 제공하는 것이 도덕성이다.

시장경제제도를 도입하는 많은 제3세계 국가에서 시장경제가 적절하게 작동하지 않는 이유는 바로 이 보이지 않는 비공식적 제도가 제대로 갖추어지지 못했기 때문이다.

네덜란드의 성공 요인

신뢰가 한 사회의 발전에 어떻게 영향을 미칠 수 있는지 네덜란드 역사를 통해서 살펴보자.

네덜란드는 풍차, 나무신발 클룸펜Klompen, 둑으로 유명하다. '네덜'은 낮다는 의미이고, '란드'는 영어의 '랜드land' 즉 땅이라는 의미다. 그러므로 네덜란드라는 국가 명칭은 '낮은 땅'이라는 뜻이다. 네덜란드는 전 국토의 4분의 1이 해수면보다 낮아, 농경시대에는 살기 척박한 땅이었다. 암스테르담, 로테르담 등 주요 도시 이름이 '댐dam'으로 끝난다. 비가 오고 나면 빗물이 빠져나가지 못해 사람들은 나무 신발 클룸펜을 신었다. 또 물이 바다로 빠져나가지 않아서 바람의 힘을 이용해 풍차로 물을 퍼내야 했다. 이 풍차를 이용해서 나무도 잘랐다. 네덜란드는 오랫동안 물과의 전쟁으로 인해서 터득한 각종 지혜로 기업가정신이 가장 왕성한 나라이다.

우리나라가 강대국 사이에 끼어 있듯이, 네덜란드도 독일, 프랑스 등 강대국 사이에 끼어 고난의 역사를 겪었다. 홀란트 백작의 영지인 북부 지방의 이름을 따서 '홀란드'라고 부르기도 하는 네덜란드는 14세기에는 프랑스 부르고뉴 공작의 지배하에 있었다. 15세기에는 오스트리아 합스부르크 가문의 지배를 받았고, 16세기에는 스페인의 지배를 받았다.

16세기 네덜란드는 스페인 치하에서 핍박을 받았다. 네덜란드 북부의 7개 주가 칼뱅의 종교개혁을 받아들여 개신교가 다수를 차지하자 가톨릭 신자인 스페인의 필립페 2세는 가톨릭을 강요하면서 거래세 10퍼센트, 부동산보유세 1퍼센트, 양도세 5퍼센트의 무거운 세금을 강요했다.[27] 이에 1568년부터 독립전쟁이 시작되어 마침내 1581년에 북부 7개 주는 위트레흐트 연합Union de Utrecht을 결성하고 독립을 선언했다.[28] 그리고 네덜란드는 1588년에 영국과 연합하여 스페인의 무적함대Armada Invencible를 궤멸시켰다. 결국 1648년까지 80년간 스페인과 전쟁을 벌여서 네덜란드 연방 공화국이라는 이름으로 독립을 쟁취했다.

현재의 벨기에와 룩셈부르크를 포함하는 이 네덜란드 연방공화국은 17세기에 패권국가가 된다. 예일대학 임마누엘 월러스틴 교수는 『자본주의 세계체제』에서 패권국가란 자신의 이익에 따라 세계 질서를 주도할 수 있는 힘을 지니는 국가라고 정의했다. 그리고 세계 역사상 3대 패권 국가를 꼽으라면 20세기의 미국, 19세기의 영국, 그리고 세 번째를 16세기의 스페인이 아니라, 17세기의 네덜란드를 꼽아야 한다고 주장했다.

인구도 영국의 절반밖에 안 되는 작은 규모에 17세기 중반까지 식민지였으며, 80년 동안이나 독립전쟁을 해서 간신히 독립했고, 땅이 척박한 네덜란드가 식민지에서 패권국가로 부상할 수 있었던 요인에는 여러 가지가 있다. 청어잡이라는 중요한 산업이 있었고, 스페인에서 이주해온 유대인도 큰 역할을 했다. 그리고 가장 중요한 점은 신뢰를 기초로 지중해에서 발전된 효율적인 제도를 계승했다는 것이다. 이 요인들을 자세히 살펴본다.

1) 유대인과 네덜란드의 부흥[29]

예루살렘 성전을 파괴한 로마의 디도Titus(39~81) 장군은 이스라엘이 얼마나 철저하게 파괴됐는지 보라고 벽 하나만 남겨놨는데, 이것이 바로 '통곡의 벽'이다. 이스라엘 사람들은 그렇게 나라를 잃고 약 2,000년을 뿔뿔이 흩어져 살았다.

대항해시대가 열리기 직전인 14~15세기경에 유대인이 가장 많이 살았던 나라는 스페인이었다. 622년 이후 이베리아 반도를 지배하던 아랍인들은 기독교인들은 배척했지만, 유대인들에게는 관대했기 때문에 많은 유대인들이 이베리아 반도로 이주했다. 그런데 11세기에 알모하드Almohad 왕조가 이슬람 근본주의를 받아들이면서 유대인까지 탄압했다. 1066년에는 유대인이 봉기를 해서 5,000명이 학살을 당하기도 했다. 그래서 유대인들은 기독교 국가인 스페인 북부의 카스티야Castilla 왕국으로 피신했다. 카스티야 왕국의 알폰소 10세Alfonso X는 학문을 사랑해서 학자 양성에 힘을 썼는데 이때 유대인들은 선진 아랍문명을 기독교에 전하는 역할을 했다. 그리고 유대인이 가진 네트워크와 상업의 힘을 빌려 지중해의 패권을 장악하는 데 크게 도움을 받았다.[30]

당시 가톨릭교도는 문맹률이 98퍼센트에 이를 정도였으며 일반 평신도들은 성경을 소유할 수 없었고, 성경을 소유하기만 해도 종교재판에서 화형선고를 받았다. 이런 일이 500년 동안 지속되면서 문맹률이 높아졌다.

반면에 유대인들은 성인식 때 모세 5경이라고 불리는 창세기, 출애굽기, 레위기, 민수기, 신명기 중의 한 권을 암기해야 하기 때문에 글을 읽을 줄 알았다. 그래서 유대인들은 기독교 사회에서 거의 유일하게 글을 아는 계층이었고, 따라서 관공서 문서 등을 읽고 대필해주거나 상품 목록을 작성하는 등의 서기관 역할을 담당했다.

당시 스페인의 인구 약 700만 명 중에 약 7퍼센트에 해당되는 50만 명이 유대인이었다. 특히 유대인들은 주로 금융업과 상업에 종사하면서 도시지역에 거주했기 때문에 유대인 공동체가 있는 도시가 44개나 되었다. 그리고 주요 도시는 인구의 약 3분의 1이 유대인일 정도로 유대인의 비중이 높았다. 스페인이 통일되고 그들은 이슬람에게 점령당한 이베리아 반도를 되찾기 위해 '레콘키스타(재정복) 운동'을 했는데 여기에 유대인이 기여한 부분도 많았다. 유대인 덕분에 스페인이 경제적으로 잘살게 되어 그 결과 군사력이 강해졌기 때문이다.

그럼에도 유대인과 기독교인들 사이에 갈등이 잦았고, 마침내 1348년에 스페인의 아라곤Aragón 왕국에서 유대인에 대한 폭동이 일어나 대대적 학살이 있었다. 이런 일은 주기적으로 반복되었다. 가톨릭교도인 이사벨 여왕Isabel I(재위 1474~1504)은 1480년에 톨로노 칙령을 내려 유대인들에게 개종하든지, 아니면 해외로 이주할 것을 명령했다. 또 국가 종교재판소를 세웠는데, 1480~1530년 사이에 약 2,000건의 처형이 이 국가 종교재판소를 통해 이루어졌다. 약 3세기 동안 유대인 희생자는 약 34만 명에 달했다. 그중 3만 2,000명이 화형을 당했다. 명분은 종교 문제였지만 속셈은 유대인 재산을 몰수하는 것이었다.[31]

콜럼버스가 신대륙을 발견한 1492년에도 알함브라Alhambra 칙령에 의해 또 대대적인 유대인 추방이 있었다. 이때 17만 명이 한꺼번에 추방되었는데, 1480년에 종교재판을 피해 나간 사람까지 합하면 26만 명에 달한다. 당시 3만 명을 넘는 도시가 별로 없었는데, 이는 대단한 숫자였다. 한쪽에서는 추방당한 유대인들이 배에 오르고, 다른 한쪽에서는 콜럼버스가 산타마리아호에 오르고 있었다. 결국 이 콜럼버스가 북미대륙을 발견하는데, 훗날 유대인들은 맨하탄Manhattan의 월스트리트WallStreet 지역을 차지하면서 오늘날 미국을 강대국으로 성장시키는 데 큰 역할을 한다.[32]

유대인들이 한꺼번에 나가자 스페인은 경제력에 큰 타격을 입었다. 가겟세가 반으로 폭락했고, 전성기에 300개의 작업장이 있던 바로셀로나Barcelona의 면직물 산업이 15세기 중엽에는 10개밖에 안 남을 정도로 축소되었고, 은행들이 대거 파산했다. 스페인이 급속하게 몰락하고 17세기에 패권을 네덜란드에 빼앗기는 이유에는 잦은 전쟁 탓도 있었지만 유대인들을 추방시켜서 경제가 급속하게 위축된 원인도 있었다. 향신료 무역을 담당하던 유대인의 유통망은 붕괴되었다.

[지도 3] 북동항로와 인도양 항로 비교(울산-로테르담)

주: 북동항로 이용 시 약 1만 3,000킬로미터, 수에즈 운하 통과 시 약 2만 킬로미터

이때 스페인과 포르투갈에서 추방된 유대인들이 가장 많이 간 곳이 네덜란드의 브뤼헤Brugge와 벨기에의 안트베르펜Antwerpen과 안트워프Antwerp였다. 그들은 금과 은을 가져갈 수 없었기 때문에 보석을 많이 가지고 갔는데, 그들이 정착한 곳이 곧 보석시장을 이루었다. 안트베르펜의 경우 유대인의 유입으로 인구가 급증하여 이 도시의 인구 절반이 유대인이 되었으며, 국제적 항구가 되었고, 유럽 5대 도시의 하나가 되었다. 1585년에 스페인이 안트베르펜을 탈환하자 유대인들이 암스테르담Amsterdam으로 이주하여 암스테르담 상권을 완전히 장악했다.

200년 동안 유럽 최고의 기업이었던, 네덜란드 동인도회사의 17인 주주위원회 중 과반이 유대인이라는 사실만을 보아도 유대인이 네덜란드 재건에 큰 역할을 했다는 것을 알 수 있다.[33]

그뿐만 아니라 유대인들은 네덜란드의 금융업을 발전시켜 자본주의 발전에 큰 영향을 미쳤다. 은행은 11세기에 베네치아에서 처음 시작되었지만, 금융업은 1609년에 탄생한 암스테르담 은행이 개척자였다. 당시 유럽에는 주화의 종류가 1,000개가 넘었기 때문에 표준통화가 필요했는데, 암스테르담 은행이 처음으로 화폐를 만들어 세계 최초의 기축통화를 만들었다. 그럼으로써 환전으로 인한 거래비용을 없앴다. 암스테르담 은행은 후에 영란은행과 미국 연방은행제도에도 영향을 미친다. 17세기에 네덜란드가 상업과 무역의 패권을 장악한 또 다른 이유는 세계 최초로 지폐를 대량 유통시켰기 때문이다. 그런데 기축통화를 발행한 암스테르담 은행도 유대인이 주도하는 민간은행이었다.[34]

2) 바렌츠 선장 이야기

네덜란드를 패권국가로 올려놓는 데 유대인들의 역할도 컸지만, 네덜란드에서 효율적인 각종 제도가 발전할 수 있었던 것은 네덜란드 상인과 선원들이 신뢰(신용)를 중요하게 여겼기 때문이기도 하다. 네덜란드인들이 신뢰를 어느 정도로 중요하게 여겼는지를 빌렘 바렌츠 Willem Barentsz 선장 이야기로 이야기해보자. 바렌츠 선장은 1596년에 북극해의 노바야잼랴 섬을 경유해서 극동지방으로 오는 북동 항로를 개척하려고 시도했다가 실패했다. 이 항로는 2009년 7월 23일에야 처음으로 성공했다.[35]

네덜란드 동인도 회사의 하멜Hendrik Hamel(1630~1692)이 제주도에 표류하기 약 50년 전인 1596년 여름에 바렌츠 선장은 암스테르담 항구를 출발해 북동항로의 개척을 시도했으나 실패했다. 이들은 빙하에 갇혀 영하 40도까지 내려가는 혹한의 추위 속에서 8개월을 버텼는데, 그러는 동안 추위와 굶주림으로 18명의 선원 가운데 8명이 죽었다. 하지만 바렌츠 선장은 고객들의 화물은 건드리지 못하게 했고, 부하 선원들은 선장의 명령을 따랐다. 겨울이 지나가고 빙하가 조금씩 움직이면서 틈이 벌어졌다. 1597년 6월 13일, 작은 배 두 척에 나눠 타고 빙하를 빠져나와 50일 뒤 러시아 상선에 구조되었다. 바렌츠 선장은 귀항길에 사망했고, 그 해역은 오늘날 그의 이름을 따라 바렌츠해라 불린다. 이들은 귀국 후에 자신이 고객들에게 위탁받은 화물을 손상없이 그대로 주인에게 돌려주었다. 선원들은 혹한과 기아와 싸우며 죽어 가면서도 고객의 화물에 손을 대지 않았던 것이다.[36]

바렌츠호 선원들은 자신의 목숨보다 고객의 화물을 더 귀하게 여긴다는 것을 증명함으로써 네덜란드 선원들에게 자부심을 불어넣었다. 이 소문으로 네덜란드 배의 수요가 폭증했다. 또한 네덜란드인들은 위는 좁지만 밑은 뚱뚱해, 화물을 옮기는 데 유리한 플루트Fluyt선을 개발해 운임비를 낮췄다. 조선술이 발달하면서 배를 만드는 데 드는 제작비를 절반으로 떨어뜨리게 된다.[37] 북해지역은 스칸디나비아 반도에 침엽수림이 많기 때문에 목재 조달이 용이하다. 풍차를 이용해서 나무를 자르는 등의 방법으로 비용을 절감시켜서 17세기 전반에 전 유럽 대형 범선 2만 척의 80퍼센트인 1만 6,000척을 네덜란드가 보유할 정도였다.[38] 그리고 네덜란드에서 가장 많은 부가가치가 해상무역에서 생겨났다.

이처럼 네덜란드의 성공 요인은 '신뢰'였다. 네덜란드 사람들은 신뢰를 바탕으로 정기적으로 열리는 상설시장, 거래소 등을 개설하여 탐색비용을 줄임으로써 더욱 거래비용을 줄였다. 표준 영업 관행이 정착되고 견본품을 이용한 판매도 시작하여 쌍방 간의 협상비용을 줄이게 되었다. 또한 정부가 상업분쟁의 중재역을 담당하거나 공증제도 같은 것을 발전시켜 이행비용을 줄이기도 했다. 거래소가 등장하고, 배서제도나 양도증서가 발전되면서 자본시장이 발달하였다. 그리고 종신연금제도까지 만들었다. 이러한 제도적 발전과 함께 앞에서 언급한 바와 같이 스페인에서 쫓겨난 유대인을 수용함으로써, 디아스포라diaspora 유대인 무역망의 도움을 받으면서 네덜란드는 17세기 중반 이후에 유럽의 패권국가로 등장하게 된 것이다. 흔히 자본주의를 신뢰와 관계없는 정글의 약육강식에 비유하곤 하는데 그건 잘못된 비유다. 네덜란드와 바렌츠 선장 이야기에서 알 수 있듯이 자본주의는 신뢰의 기초 위에 발전된다.

스위스의 성공 요인

스위스도 네덜란드처럼 신뢰를 목숨처럼 여기는 나라다. 스위스는 국토의 25퍼센트만 경작이 가능했다. 농경시대에 농사를 지을 땅이 적어 나라가 너무 가난했기 때문에 용병, 즉 인간 무기를 유럽 여러 공작들에게 팔아서 먹고 살았다. 스위스는 독일, 프랑스, 이탈리아 세 강대국 사이에서 중립국을 유지하며 오늘날도 정치적으로 독립되어 있다. 그런 스위스가 경제적으로 부유한 것은 기적과 같은 일이다. 독일어, 프랑스어 등 국민들이 사용하는 언어도 제 각각인 스위스가 어떻게 부유한 나라가 되었을까?

노벨상에 버금갈 정도의 큰 상금을 수여하는 발찬상Premio Balzan[39]을 수상한 중세 미시경제사학자인 카를로 치폴라Carlo Maria Cipolla는 『중세 유럽의 상인들』에서 14세기 이탈리아의 피렌체 상인, 그리고 17세기 후반의 스위스 제노바 상인, 그리고 18세기 프랑스 상인의 모습을 아주 자세하게 묘사했다. 그는 "스위스 국민은 솔직담백하고 믿을 만하며 대담하기로 유명하다"고 기록했다.[40] 스위스 용병과 신뢰에 대한 일화를 소개한다.

스위스 용병은 그들이 고용된 반대편에는 군역을 제공하지 않는 원칙을 지켰다. 스위스 용병을 고용한다는 것은 상대국이 스위스 용병을 고용하지 못한다는 뜻이었다. 그들은 이것이 자신들을 고용한 나라에 보여주는 신뢰라고 믿었다. 치폴라는 "스위스인은 정직했고 한 번 한 말은 꼭 지켰으며, 충견처럼 신뢰할 만했다"고 적었다.[41]

스위스 루체른Luzern의 중심에 있는 빙하공원 절벽에 길이 10미터, 높이 6미터인 '빈사의 사자상'이 있다. 이 사자상의 아래에는 용병들의 이름이 새겨 있고, 그 동굴 위에는 라틴어로 "Helvetiorum Fidei

[그림 4] 스위스 루체른의 사자상

ac Virtuti"라고 쓰여 있는데, 이는 "스위스의 충성심과 용기를 위하여"라는 의미이다.

이 사자상은 프랑스 대혁명 후인 1792년 8월 10일, 루이 16세Louis XVI(1754~1793)와 마리 앙투아네트Marie Antoinette(1755~1793)가 머물던 튈르리 궁전을 지키다가 전사한 786명의 스위스 용병을 기념하여 덴마크 조각가 베르텔 토르발센Bertel Thorvaldesen이 디자인을 하고, 독일 석공인 루카스 아호른Lucas Ahorn이 21년에 걸쳐 제작한 것이다.

스위스 용병들은 17세기 초부터 프랑스 왕궁에 고용되었는데, 프랑스 대혁명 때, 스위스 용병들은 루이 16세와 왕비 마리 앙투아네트와 함께 파리의 튈르리 궁전으로 강제 이주를 당했다. 프랑스 대혁명이 유럽으로 확대되는 것을 우려하여 마리 앙투아네트의 친정인 오스트리아 등 유럽 연합군이 프랑스를 침범했고 프랑스군이 불리하게 되자 성난 프랑스인들은 왕족들을 처단하라고 파리의 튈르리 궁전으로 몰려왔다. 수천의 성난 군중을 몇 백 명의 용병들로 막을 수 없다는 것을 안 루이 16세는 용병 대장에게 자신의 근위병들도 다 도망갔으니, 해산해도 좋다고 지시했다. 그러나 786명의 스위스 용병들은 끝까지 싸우다 죽었다. 이들이 포위망을 뚫고 나갈 수 있었음에도 불구하고, 도망가지 않고 끝까지 임무를 완수하다가 죽음을 선택한 이유는 자신들이 도망갔다는 사실이 알려지면 후손들에게 이 직업을 더 이상 떳떳하게 물려줄 수 없었기 때문이었다. 그 소식을 들은 고향의 가족들은 당시 전사한 786명의 용병을 기념해서 사자상에 이름을 새겼다. 극작가 마크 트웨인Mark Twain은 이를 "세계에서 가장 애절하고 감동스러운 돌로 만든 작품"이라고 했다.

이렇게 스위스인들은 신용과 신뢰를 소중한 자산으로 여겼다. 스위스가 여러 악조건 속에서 오늘날 경제적으로 성공을 이룬 비결도 고객의 신용을 얻었기 때문이다. 오늘날 스위스 은행은 예금주의 비밀을 철저히 보장해주는 것으로 유명하다.

네덜란드가 패권국가로 성장할 수 있었던 것은 고객의 신뢰를 얻어 해운업에서 성공을 했기 때문이듯 산악지대로 둘러싸인 스위스가 오늘날의 부유한 나라로 발전한 것도 역시 고객과의 신용을 중요시했기 때문이다.

세계은행 수석연구원 스티븐 낵Stephen Knack과 필립 키퍼 Philip Keefer는 1980~1992년 동안 경제성장률과 신뢰와의 관계를 추정했는데, 신뢰 지수가 10퍼센트 증가하면 연평균 경제성장률이 0.8퍼센트 증가한다는 사실을 밝혔다.[42] 이처럼 시장경제는 신뢰를 기초로 발전한다.

6장

영국 산업혁명과 기업의 발달

- 영국 산업혁명의 원인
- 명예혁명과 효율적인 제도
- 기업의 출현과 확산
- 대항해시대: 기업의 출현
- 산업혁명과 기업의 확산

영국 산업혁명의 원인

자본주의 발전 과정에서 빼놓을 수 없는 것이 영국의 산업혁명이다. 마르크스나 영국의 경제사학자 토인비Toynbee(1852~1883)[1]는 '산업혁명을 자본주의의 시작'이라고 생각했다.[2] 그 이유는 앞의 [도표 6]에서 보았듯이 근대적 성장이 이때부터 시작했기 때문이다. 그런데 산업혁명이 왜 영국에서 가장 먼저 일어났는지는 아직까지 논란이 되는 주제이다. 경제사학자들은 일반적으로 영국의 산업혁명은 1760~1770년대부터 시작해서 1830~1840년대에 끝났다고 본다.

오랜 세월동안 영국은 유럽의 변방이었다. 로마시대에는 물론이고, 중세 천년 기간 동안에도 섬나라 영국은 곡물 생산에 적합한 지역도 아니고, 잉글랜드와 스코틀랜드, 웨일즈와 분리되어 있었다. 14~15세기에 잔다르크의 프랑스와 백년전쟁에서 패배했고, 30년 동안 전개된 장미전쟁(1455~1485)을 통해 귀족들이 몰락하고 일찍 중앙집권체제를 이룩했다. 그럼에도 포르투갈과 스페인에 의해서 시작된 대항해시대에도 영국은 영향력이 미약했다. 영국은 동인도회사를 네덜란드보다 2년 빠른 1600년에 세웠지만, 그 규모는 네덜란드 동인도회사의 10분의 1밖에 되지 않았다. 인구 면에서 볼 때도 당시 프랑스 인구는 1,000만 명이 넘었고, 스페인은 본국만 해도 700만 명이었던 시대에 영국의 인구는 잉글랜드와 웨일즈를 합해도 400만 명도 되지 않았다.[3]

이렇게 유럽의 변방이었던 영국은 16세기에 네덜란드와 힘을 합쳐서 스페인을 물리쳤고, 17세기에는 청교도혁명English Civil War, (1642~1651) 이후 강력한 해군을 양성해서[4] 1652~1654년, 1665~1667년, 1672~1674년 3차례의 영란전쟁에서 승리하여 네덜란드를 물리쳤다.[5] 그리고 18세기 후반에 가장 먼저 산업혁명을 시작했다. 19세기 초 나폴레옹의 프랑스를 물리쳤으며 세계 최초로 산업혁명을 완성한 영국은 1848년에 전 세계 철강 생산량의 절반을 차지했다. 그리하여 19세기 전반기에 125퍼센트, 19세기 후반기에는 214퍼센트의 역사상 유래 없는 경제성장을 달성했다. 그리하여 1933년에 영국은 대영제국으로 발전하여 전 세계에 흩어진 5억 2,000만 명의 인구와 세계 지표의 23.85퍼센트를 지배했는데, 이는 로마제국의 4.5배에 달하는 영토였다.

공급과 수요 측면에서 보는 영국의 산업혁명

영국이 경제적으로 성공하게 된 원인에는 산업혁명이 주요했다. 산업혁명기에 경제성장률이 높아진 원인을 공급 측면과 수요 측면으로 나누어 설명할 수 있다. 공급 측면에서 보면 앞의 4장에서 간단히 언급한 바와 같이 노동 투입이 증가하고, 공장을 세울 수 있는 자본의 양이 증가하고, 기술이 혁신되어 생산물을 공급할 수 있는 여력이 늘어나 경제성장이 빨라졌다는 것이다. 수요 측면에서 보면 가계에서 소비가 증가하고, 기업들의 투자가 확대되었으며, 해외에서 영국산 제품에 대한 수요가 증가해 총 수요가 늘어나 경제가 성장했다는 것이다.

공급 측면 : ① 인구증가, ② 자본축적, ③ 기술혁신
수요 측면 : ① 소비수요, ② 투자수요, ③ 해외수요

1) 공급 측면

한 경제의 총생산을 증가시킬 수 있는 첫 번째 방법은 생산요소의 투입을 늘리는 것이다. 생산요소란 노동, 자본, 토지 등의 생산물을 생산하는 데 꼭 필요한 요소를 말한다. 농경시대에는 토지와 노동이

중요했지만, 산업시대로 넘어오면서 점차 토지보다는 자본이 중요한 역할을 하기 시작했다. 자본이 있어야 공장도 지을 수 있고, 자본이 있으면 토지도 살 수 있다. 그래서 토지는 자본 속에 포함시켰다. 신고전학파 경제학에서는 생산함수를 다음과 같이 표현한다.

생산량 = f(노동, 자본)

즉 생산량은 노동투입량이나, 자본투입량에 달려 있다는 것이다. 먼저 자본투입량의 증가는 산업혁명을 일으키는 데 큰 역할을 했다. 마르크스가 산업혁명 발생의 원인으로 강조했던 것은 자본의 '원시적 축적'이다. 산업을 일으키기 위해서는 공장을 세워야 하는데, 오늘날처럼 은행의 산업자본대출이 발달되기 전에는 개인 자본으로 공장을 세울 수밖에 없었다.

영국의 농민들은 산업혁명 이전에 200년 동안 모직물 산업으로 부유해졌다. 목양에 유리한 환경을 가지고 있었기 때문에 양을 키워서 양모를 생산해 수출도 하고, 그로 인해 농촌에 수공업이 발달하기도 했다. '인클로저enclosure 운동'이 전개되면서 토지의 근대 법적 사유재산권이 확립이 되었고 부유한 농민이 많이 발생했다. 영국 농민이 부유하게 되었다는 것도 다른 나라에 비해서 일찍 산업혁명이 일어나게 한 중요한 요인이다.

자본뿐만 아니라 노동투입량의 증가도 생산량을 늘리는 효과가 있다. 인구가 증가하거나, 같은 인구라도 노동시간을 늘리면 생산이 증가한다. 이것이 노동이라는 생산요소 투입량의 증가에 의한 성장이다.

유럽에서 산업혁명이 일어나는 시기에 인구도 함께 증가했다. 소득이 증가해 영양상태가 좋아져서, 출산율도 높아지고, 영아사망률이 떨어졌다. 이러한 결과로 인구가 증가했다. 인구가 증가하면 공장에 신규 노동인력의 공급량이 증가해서 임금이 낮아져 공장에서 고용이 쉬워진다. 모직물 공업이 발달하자 농경지가 목양지로 변하면서 농토를 잃은 농민들이 도회지로 몰렸다. 그로 인해 더욱 저렴한 노동력이 공급되었고 이것이 산업혁명이 일어나는 데 도움을 주었다.

이렇게 인구가 증가해서 노동공급이 원활해지고, 200년간 모직물 산업이 발달하면서 자본이 축적되었다. 가장 중요한 두 생산요소인 노동과 자본의 투입량이 증가해 결국 생산량이 증가하게 되었다. 이러한 성장을 '생산요소 투입에 의한 성장'이라고 한다.

•기술혁신

그런데 주류경제학자들은 산업혁명의 원인으로 생산요소 투입의 증대가 아니라 '기술혁신'을 강조했다. 산업혁명 당시의 기술혁신은 섬유산업, 제철공업, 광산업에서 연속적으로 일어났다.

우리나라의 공업화도 역시 1960년대에 노동집약적인 섬유산업에서 시작되었듯이, 영국도 섬유산업에서 산업혁명이 시작되었다. 원래 영국의 전통적 섬유산업은 면직물이 아니라 모직물 산업이다. 모직물의 원료인 양모는 양털에서 나오는데 너무 보드라워서 기계화가 어려웠다. 비단도 마찬가지이다. 그런데 목화에서 나오는 면직물은 기계화에 용이했다. 그래서 면직물 공업의 천을 짜는 방직weaving 부문과 실을 뽑는 방적spinning 부문에서 기술혁신이 교대로 일어났다.

초기에 이 기계들은 나무로 제작되었기 때문에, 같은 동작을 반복하다 보면 쉽게 마모되었다. 이를 쇠로 대체하니 철공업이 발달하고, 제철 수요가 늘어났다. 그런데 당시는 목탄으로 제철을 하던 시대여서, 나무가 귀해지면서 제철비의 80퍼센트를 목탄비가 차지했다. 목탄은 너무 쉽게 타버려서 주철을 만드는 데는 적합하지 않았고, 따라서 비용도 매우 많이 들었다. 용광로 1개가 1년 동안 필요한 목재의 양은 4제곱킬로미터 숲에 달했다. 목재가 부족했던 영국은 목재가 풍부한 스웨덴과 러시아에서 철강의 절반 이상을 수입했다. 당시에는 석탄은 난방 원료로만 사용되었을 뿐 제철에는 사용하지 못했다. 석탄을 사용하면, 제련을 할 때 석탄에 포함된 황 등의 불순물로 인해 쇠의 질이 떨어졌다. 이러한 현상을 '철강의 아버지'라 불리는 에이브러햄 다비Abraham Darby가 '코크스 제련법'[6]을 발견하면서 해결한다. 이는 석탄을 미리 가열해 불순물을 제거한 고체탄소연료인 코크스를 먼저 만들고, 이것으로 철을 만드는 것이다.

코크스 제련법으로 석탄산업의 발전이 시작됐다. 이로 인해서 석탄의 수요가 증가하므로, 노천 광산을 다 소진하고 나니 땅속의 석탄을 채굴해야 했다. 그러자 지하 광산에 가스가 차서 폭발 사고가 자주 일어났다. 이 문제를 해결하다가 발명된 것이 증기기관이다.

증기기관에 크랭크를 통해 바퀴와 연결하여 동력으로 사용할 수 있게 되었다. 이에 따라 공장이 도시로 들어오게 된다. 수력의 힘으로 방적기를 돌릴 때는 강의 낙차가 큰 산속에만 수력방적기를 설치할 수 있었기 때문에 부득이 공장이 대부분 숲 속에 있었다. 당시 노동자들은 대부분 여자나 아이들이었기 때문에 이들을 숲 속의 공장으로 데려오기 쉽지 않아 공장이 발달하지 못했다. 그런데 증기기관이 발명된 후 공장이 도시에 설립되자 노동력 공급이 쉬워져서 공장이 급속하게 확산되었다.

증기기관은 공장의 동력으로 사용될 뿐 아니라, 차량의 동력으로 사용되어 교통혁명이 시작되었다. 증기기관차가 발명되면서 철도건설과 함께 막대한 제철수요를 야기했다. 철강이 저렴하게 공급됨으로 인해 기계공업이 더욱 발전하게 되었고, 이는 제철공업을 발전시켰다.

이러한 과정들이 연쇄적으로 일어나 소비재산업인 섬유산업과 생산재산업인 제철공업, 기계공업 등이 상호 시너지 효과를 주면서 균형적으로 발전했다. 이것이 영국 산업혁명이다.

노벨경제학상 수상자인 폴 크루그먼Paul Krugman은 1994년에 「아시아 기적의 신화」에서 "일본이나 한국을 비롯한 아시아 국가들의 성장은 생산성의 향상이 아닌 생산요소 투입량의 증가에 의해 이루어졌다"고 주장을 하면서, "앞으로 아시아지역에서 생산성이 향상되지 않으면 성장이 한계에 다다를 것"이라고 예측했다. 그는 기술혁신으로 생산요소의 생산성을 높여야 진정한 경제성장이 이뤄진다고 주장했다. 서구의 경제성장은 산업혁명 이후에 계속 기술혁신에 의한 성장이었다고 주장했다. 산업혁명 당시의 영국이나, 19세기의 독일이나, 20세기의 미국처럼, 새로운 아이디어에 기초한 성장이 진정한 성장이라고 했다. 전기, 내연기관, 자동차, IT, 인터넷 등의 기술혁신으로 인한 성장이 지속가능한 성장이라는 것이다.[7]

크루그먼의 이러한 주장에 대해 아시아지역, 특히 일본에서 반발이 심했다. 일본 학자들은 세계 특허 건수 등을 국제적으로 비교하면서 일본의 성장은 크루그먼이 말한 바와 같은 요소투입량을 늘리는 성장이 아니라고 반박했다. 그런데 크루그먼의 주장이 있은 지 3년이 지난 1997년에 아시아에 외환위기가 왔다. 아시아 각국은 크루그먼의 주장을 인정하지 않을 수 없었다. 최근 한국 정부가 강조하고 있는 창조경제는 결국 생산요소 투입에 의한 성장의 한계를 인정하고, 기술혁신과 새로운 아이디어를 통한 성장을 달성하겠다는 의지의 표현이다.

2) 수요 측면

대부분의 경제현상은 수요와 공급의 상호작용에 의해서 발생한다. 영국에서 산업혁명이 가장 먼저 발생할 수 있었던 요인 중에는 공급 측면뿐만 아니라, 수요 측면도 있었다.

수요 측면은 앞에서 설명한 바와 같이 가계의 소비 수요나, 기업의 투자 수요 또는 해외 수요가 증가하는 것을 말한다. 먼저 소비 수요가 산업혁명에 미친 영향을 보면, 당시 영국 국민들은 유럽에서도 가장 잘살았기 때문에 공장에서 생산되는 비싼 제품을 살 수 있는 여유 있는 국민들이 많았다. 그리고 인구의 증가는 공급 측면에서 볼 때 노동력을 공급하지만, 수요 측면에서 볼 때 생산물을 구매하는 계층이 증가하는 것이다. 이러한 소득수준의 향상과 인구의 증가는 모두 가계의 소비 수요를 증가시키는 역할을 했다.

그리고 기업들의 투자 수요도 한몫했다. 새로운 기술이 발명되고, 기업이 늘면서 부르주아들이 투자를 확대했다. 기업가정신이 투철한 자본가들이 많아지면서 이들은 이익을 재투자했다.

이렇게 가계 수요와 기업의 투자 수요를 합친 국내 수요 이외에 해외 수요도 있다. 레닌 등 마르크스주의자들은 해외 식민지 개척을 통해서 해외 수요가 증대했다는 것을 강조한다. 그러나 앞의 5장에서 지적한 바와 같이 해외 수요도 어느 정도는 역할을 했지만, 이것만으로 영국이 다른 나라보다 더 일찍 산업혁명을 할 수 있었다고 보기는 어렵다.

효율적인 제도와 산업혁명

산업혁명의 원인으로 지금까지 논의되었던 자본축적, 인구증가, 기술혁신들은 앞에서 언급한 바와 같이 모두 산업혁명의 원인이라기보다는 경제성장의 내용이며 결과이다. 사실 기술이 혁신되면 성장하는 것은 지극히 당연하다. 경제성장이 일어나는 더 근본적인 뿌리와 같은 원인을 밝히는 것이 중요하다.

산업혁명 당시에 있었던 여러 가지 기술혁신 그 자체도 중요하지만, 더 중요한 것은 그러한 기술혁신을 가능하게 한 제도적 변화가 무엇인가 하는 것이다. 예를 들면 앞에서 설명한 바와 같이 대항해시대를 가능하게 한 나침반이나 대형 범선은 이미 중국 사람들이 일찍부터 가지고 있었다. 그런데 왜 서구가 먼저 대항해시대를 열었는가? 그것은 중국과 서구의 정치적 상황이 달랐고, 그로 인해서 형성된 제도가 서로 달랐기 때문이다. 서구에서는 새로운 항로를 개척해야 하는 정치적 필요가 있었고 항로 개척의 비용을 줄이기 위해서 경도 발명자에게 주는 현상금 제도 덕분에 특별한 기술혁신이 나타났다. 그렇다면 영국에서 산업혁명을 가능하게 한 효율적 제도는 어떠한 것이 있을까?

명예혁명과 효율적인 제도

영국의 산업혁명을 가능하게 한 효율적인 제도 중에 가장 많이 언급되는 것이 명예혁명 등 정치적 요인이다. 대런 애쓰모글루와 제임스 로빈슨은 『국가는 왜 실패하는가』에서 영국의 성공요인 중 가장 핵심을 명예혁명이라고 했다. 영국은 가장 먼저 왕권이 제한되고 의회 민주주의가 형성된 나라이다. 영국은 절대왕권도 가장 먼저 형성되었지만, 왕실의 힘이 약했고, 그래서 1215년에 왕의 항복 선언인 '마그나카르타'[8]가 조인되었다. 그리고 이를 지키지 않는 왕에 대해서 약속을 지킬 것을 요구할 수 있는 힘을 의회가 갖기 시작해서 명예혁명(1688)을 통해서 의회민주주의가 확립되었다. 민주주의로 인해서 개인이 부당하게 공권력으로부터 간섭을 받지 않을 자유가 보장이 되었고, 자유로운 분위기 속에서 개인이 자기의 창의력을 최대로 발휘할 수 있는 시스템이 형성되었다. 이것이 생산력 향상을 가져왔다.

마르크스도 역시 명예혁명을 중요한 요인으로 강조했으나 맥락은 상당히 다르다. 앞에서 설명한 바와 같이 마르크스는 역사발전을 가져오는 원동력인 생산성의 향상은 당연한 것으로 보았다. 사람도 태어나면 자라는 것이 당연하듯이 생산성의 향상도 당연하다는 것이다. 키가 자라면 그에 따라 맞는 옷을 바꾸어 입어야 하듯이, 생산성이 향상됨에 따라 그에 맞는 생산양식으로 바뀌어야 하는데, 기득권 세력은 이를 허용하지 않기 때문에 역사는 혁명에 의해서 새로운 생산양식으로 바뀐다고 생각했다. 그래서 역사발전의 과정은 혁명을 통해서 일어난다고 보았다. 중세 봉건제 사회가 근대 부르주아 자본제 사회로 이행하기 위해서 부르주아혁명이 필요했는데, 영국에서는 청교도혁명과 명예혁명에 의해서 부르주아혁명이 일어났다고 보았다. 이런 맥락에서 마르크스는 명예혁명을 중요하게 인식했다.

그런데 진보주의 사상가들이 생각하는 것처럼 과연 생산성의 향상이 저절로 일어날 수 있는 것일까? 노스는 생산성의 향상은 저절로 오는 것이 아니라고 주장했다. 어떤 나라는 성장하지만, 또 어떤 나라는 쇠퇴한다. 그래서 노스는 마르크스가 "경제성장에 필연성이 없다는 점을 알지 못했다"고 비판했다.

애덤 스미스는 영국 산업혁명 태동기에 현장을 두루 다니면서 바늘공장 방문 등의 현장경험을 토대로 『국부론』을 저술했기 때문에 산업현장에 나타난 효율적인 제도에 대해서 언급을 많이 했다. 그 예 중의 하나가 사유재산권과 인센티브에 대한 것들이다. 그러나 애덤 스미스는 시장이 작동되기 위해서는 효율적인 시스템이 필요하다는 것까지는 이야기했지만, 효율적인 시스템을 어떻게 만드는지에 대해서는 생각하지 않았다. 더글러스 노스는 애덤 스미스가 재산권 체계를 유지해줄 수 있는 효율적인 정부를 어떻게 확보하는지를 얘기하지 않았다고 비판했다.[9]

사실 애덤 스미스도 마르크스와 마찬가지로 경제성장의 원인에 대해서는 별로 언급하지 않았다. 애덤 스미스는 계몽주의의 마지막 사조인 진보사상이 지배하던 시대를 살았다. 이때는 인간 이성의 힘으로 진보를 이룩할 수 있다고 생각했기 때문에 진보의 결과로 유토피아가 가능하다고 믿었다. 로버트 오언Robert Owen(1771~1858), 생시몽

Saint-Simon(1760~1825) 등 많은 유토피아 사상가들이 등장한 시기가 이때다. 이들은 사회에 질서가 잡히고 올바른 이론을 적용하면 진보가 이룩될 것이라고 믿었던 진보사상가들이었다. 그래서 네덜란드의 경제사학자인 하웃즈바르트Goudzwaard는 『자본주의와 진보사상』에서 마르크스도 진보사상가의 한 사람으로 간주했다. 그래서 하웃즈바르트는 고전학파 경제학과 마르크스주의 경제학은 서로 갈등하는 두 자매와 같다고 비유했다.[10]

당시 진보사상의 영향을 받은 마르크스는 명예혁명을 효율적인 제도의 출발점으로 본 것이 아니라, 부르주아 계급이 정치적 힘을 갖게 된 사건으로 인식했다. 명예혁명이 중요한 이유는 각종 효율적인 제도를 발생시켰기 때문이다. 명예혁명을 통해 정치 시스템이 변화되어 국민국가가 실현되었다. 영국의 왕은 왕실재판권도 빼앗기고, 조세권도 의회에 빼앗겨서, 무모한 전쟁을 벌일 수도 없었고, 전쟁을 위해서 국채를 발행하려고 해도 의회의 승인이 필요했다. 영국의 국채는 반드시 갚는다는 신뢰가 있었기 때문에 인기 있는 상품이었다. 그리고 각종 규제가 철폐되어 경제적 자유가 증가했다.

명예혁명 이후에 네덜란드의 총독인 오라녜 공작 빌럼 1세Willem I(1533~1584) 부부가 영국의 공동왕위를 갖게 되면서, 영국은 전 세계를 개척했던 네덜란드의 무역망을 다 인수하게 된다. 그리하여 영국은 네덜란드의 효율적인 시스템을 그대로 수용한다. 더글러스 노스는 이것을 영국이 산업혁명을 세계 최초로 이룩한 가장 중요한 요인으로 보았다.

명예혁명 이전에 청교도혁명 당시에는 크롬웰이 다른 귀족들의 반대를 무릅쓰고 1656년에 유대인의 이주를 허용했다. 유대 금융인들이 청교도혁명 당시에 크롬웰을 적극적으로 도왔기 때문이다. 그리하여 크롬웰은 교회와 귀족들에게 몰수한 토지를 유대인에게 재분배하는 등 파격적인 특혜로 보답했다. 특히 런던의 구도심 지역 2.6제곱킬로미터를 경제 특구로 지정해서 유대인의 금융업이 군주나 귀족에게 침해받지 않게 보호해주었다. 그 지역이 런던 속의 런던이라고 불리는 지금의 런던시티The City가 되었다.[11] 그리하여 네덜란드로 이주한 유대인들이 영국의 자본시장에 대거 진출했다. 스페인에서 네덜란드로 이주한 유대인들이 청교도혁명과 명예혁명 당시에 다시 영국으로 이주한 것이다. 빌럼 왕을 따라서 영국으로 건너간 민간인 가운데 반 이상인 8,000여 명이 바로 유대인들이었다. 영국은 관용법을 통과시켜 비국교도에게 신앙의 자유를 인정했고 영국은 그 후 200년 이상 지구에서 가장 관대한 관용정책을 펼쳤다.[12] 이로 인해서 유대인들은 네덜란드에서 발전된 각종 효율적인 제도들을 영국에 이식하여 금융과 산업혁명에서 중요한 역할을 담당했다.

애쓰모글루와 로빈슨은 『국가는 왜 실패하는가』에서 효율적 제도라는 용어 대신 '포용적 제도'라는 용어를 사용하면서 착취적 제도를 운영하는 나라는 실패하고, 포용적 제도를 운영하는 나라는 성공했다고 주장했다.

지금까지 영국에서 산업혁명이 가장 먼저 일어날 수 있었던 여러 가지 요인들 중에 효율적인 제도에 대해서 설명했다. 명예혁명 이외에도 산업혁명에 미친 제도적 영향은 많다. 예를 들면 영국은 유럽에서 가장 먼저 국민국가가 수립되었기 때문에 국내시장이 처음으로 통합되어 국내 지역관세가 철폐되었다. 전국이 하나의 경제권으로 형성되어 시장경제 발전에 기여하였고, 도량형이나 화폐 등이 가장 먼저 통일되어 이 또한 경제발전에 크게 기여했다.

또한 영국 산업혁명에 큰 영향을 미친 제도로는 다음 장에서 설명할 인클로저 운동을 들 수 있다. 영국에서 일어난 인클로저 운동을 통해서 토지에 대한 사유재산권이 확립되었다.

기업의 출현과 확산

이러한 여러 가지 제도의 발전이 영국에서 산업혁명을 촉진시키는 데 크게 기여했지만, 가장 큰 역할을 한 것은 기업의 출현과 확산이다.

마르크스도 기업의 중요성을 강조했다. 그런데 마르크스는 기업이라는 측면보다 기업의 생산양식에 초점을 맞추어 '공장제 기계공업'이라는 특징에 주목했다. 즉 각 가정에 흩어져서 생산하는 가내공업이 아니라 공장이라는 곳에 모여서 집중적으로 생산하는 방식에 주목했다. 그리고 그곳에서 기술자들이 생산의 주역이 되는 것이 아니라, 그저 기계의 부품이 되는 보조적인 역할만 하고 단순한 반복 동작을 하는 기능으로 전락된 측면을 강조했다. 그래서 별다른 기술도 없이 생산에 동원되는 노동자라는 계층이 출현한 것을 산업혁명의 특징이라고 보았다. 이로 인해서 종전에는 기술자들이 자기 집에 마련된 작업장에서 자신의 숙련된 기술로 물건을 생산하다가 돈을 가진 자본가들의 밑에 와서 단순 노동력만 제공하게 되었다. 이렇게 노동자들이 자신의 일터를 잃어버려 자본가가 소유한 공장의 부속이 되어버린 자본과 노동의 분리를 자본주의의 가장 큰 특징이라고 파악했다. 기업을 이렇게 규정한 마르크스는 기업 생산방식의 특징을 강조한 것이다.

또 주류경제학자들이 산업혁명의 가장 중요한 요인으로 꼽은 기술혁신이라는 것도 기업의 활동이다. 새로운 기술이 끊임없이 일어남으로 인해서 공장의 규모가 커지고, 생산성이 올라갔다. 이러한 기술혁신 자체는 발명가들이 한 것이지만, 이러한 기술을 도입한 것은 공장을 운영하는 기업들이다. 또한 대부분의 발명가들은 동시에 기업인이었다. 따라서 기술혁신 역시 기업에 관련된 한 측면일 뿐이다.

기업도 제도다

영국에서 가장 먼저 산업혁명이 발생한 요인 중에 명예혁명과 같은 정치적 변화도 있지만, 밑에서부터 오랜 세월을 거쳐서 형성된 제도적 요인도 있다. 그중의 하나가 바로 '기업'이라는 제도이다.

많은 사람들은 기업이 제도라고 하는 사실을 잘 모른다. 왜냐하면 주류경제학에서는 기업을 이윤 극대화의 주체라고 인식하기 때문이다. 기업을 다룰 때 기업이 본질적으로 무엇인가 하는 기업의 본질에 관심을 갖기보다는 생산의 주체인 기업이 이윤을 어떻게 극대화하는가 하는 원리를 설명하는 데만 주력한다. 그것을 설명하기 위해서 앞에서 언급했던 생산함수에 자본과 노동을 투입하면 항상 동일한 산출물이 나온다고 가정한다. 그런데 사실 같은 양의 노동과 자본을 투입한다고 해서 같은 산출물이 나오는 것이 아니다. 똑같은 재료를 사용해도 어떤 요리사는 맛있는 요리를 만들지만, 어떤 요리사는 그렇지 못한 것처럼, 기업도 똑같은 비용을 들여도 생산하는 제품의 양과 질이 다른 것이다. 이렇게 주류경제학에서는 기업이 본질적으로 어떤 존재인지 설명하지 않고, 투입량에 따라 반복해서 똑같은 결과를 낳는 기계와 같이 취급한다. 그리고 그 기계 안에 어떠한 일이 벌어지는지는 설명하지 않는다.

경영학에서도 마찬가지이다. 경영학이 주로 관심을 갖는 영역은 경영관리, 재무관리, 인사관리, 마케팅 등 기업이 하는 일에 관심을 갖는 것이지, 기업이 본질적으로 어떤 존재인지는 설명하지 않는다. 대부분 기업의 본질에 대해서 관심을 갖지 않기 때문에 기업이 어떤 과정을 통해서 사회 전체의 효율성에 기여하는지 모르는 경우가 많다. 세계 각 국의 기업은 지난 2009년을 기준으로 전 세계 생산의 94

퍼센트를 창출했고, 세계 인구의 81퍼센트에게 일자리를 제공했다. 농민이나 자영업자처럼 개인이 생산하는 경우도 있지만, 대부분의 생산은 기업이라는 조직에 의해서 일어난다.

세계 100대 경제주체 가운데 51개가 기업이고, 49개가 국가였다. 세계 10대 기업의 매출액 합계가 하위 100개 국가의 GDP 합계보다 더 크다.[13]

대부분의 사회 구성원들은 기업이 생산한 부가가치를 나누어 갖는다. 먼저 기업에 종사하는 구성원들이 그 부가가치를 나누어 갖고, 그들이 받은 소득으로 자녀들 학비를 내면 교직에 근무하는 자들은 그것으로 소득을 삼는다. 개인들이 내는 소득세와 기업이 내는 법인세 등으로 경찰, 군인 등 공무원들이 소득을 얻는다. 국세 가운데 법인세의 비중이 25퍼센트 정도 되고, 부가가치세, 개인소득세 등을 합치면 4분의 3이 이런 곳에서 발생하는 세금이다. 결국 단계만 다를 뿐 사회 구성원들은 대부분 기업들이 생산하는 부가가치를 나눠 갖는 것이다.

이렇게 기업의 사회적 기여가 막대함에도 불구하고 기업의 사회적 역할에 대한 오해가 많다. 특히 기업에 대한 부정적인 인식이 크다. 마르크스는 자본가가 노동자를 착취하는 생산양식을 자본주의라고 이해했기 때문에 기업을 노동 착취 수단처럼 이해했다. 그리고 전통적으로 이윤을 추구하는 행위를 곱지 않은 시선으로 보았는데 기업은 이윤 극대화의 주체라고 생각했기 때문에 기업에 대한 이미지가 부정적이었다. 그렇기 때문에 기업의 대체 생산수단을 찾는 노력이 많았다. 공산주의도 그러한 사례 중 하나이고, 유고슬라비아 등에서 추구했던 노동자 소유 기업이나, 협동조합 운동도 그러한 사례이다. 최근에 한국 사회에서도 협동조합법이 통과되고, 사회적 기업이 관심을 끌고 있는 것도 다 같은 맥락이다.

기업은 최고의 발명품

그럼에도 불구하고 기업은 최고의 발명품이다. 하버드대학 닐 퍼거슨도 기업을 역사상 최고의 발명품이라고 손꼽았다. 그는 화폐 부문의 혁신과 채권시장의 탄생 다음으로 중요한 것이 공동 소유에 기반을 둔 유한책임회사의 출현이며, 이에 더욱 힘을 실어준 것이 주식시장이라고 했다.[14] 미국의 철학자로서 컬럼비아대학 총장을 역임한 노벨평화상 수상자인 니콜라스 버틀러Nicholas Butler(1862~1947)도 "주식회사야말로 근대사에 있어서 가장 뛰어난 걸작품이다"라고 했다.[15] 1993년에 노벨경제학상을 수상한 로버트 포겔Robert Fogel(1926~2013) 교수도 서양이 동양을 앞서게 된 이유도 주식회사와 시장경제 시스템이라는 두 조직의 발명 때문이라고 했다.[16]

기업의 본질

기업은 본질적으로 어떤 존재인가? 기업만이 생산의 주체가 될 수 있는가? 개인은 시장을 활용해서 생산을 못하는가?

출판사 운영을 생각해보자. 요즈음은 혼자 출판사를 운영하는 소위 1인 출판사가 많다. 이들은 대부분 서비스를 아웃소싱한다. 대표는 어떤 책을 발행할 것인지 결정하고, 그 원고를 청탁하거나 또는 번역자를 선정한다. 원고가 나오면, 전문 교정자를 섭외해서 교정을 부탁하고, 디자인도 고르고 인쇄·배본·마케팅까지 모두 시장에서 적당한 회사나 전문가를 선택해 출판한다.

그렇다면 혼자서도 출판이 가능한데, 왜 출판사 즉 회사를 설립할까? 그 이유는 출판 규모가 커지면서 모든 절차를 일일이 시장에서 아웃소싱으로 조달하는 데 시간도 많이 소요되고, 사소한 여러 가지 비용이 소요되기 때문이다. 아예 교정자나 심부름할 사람을 직원으로 고용해서 밑에 두고 일하면 일이 쉬워지고, 효율성이 올라간다. 이렇게 직원을 두려면 컴퓨터도 필요하고, 함께 일할 사무실도 필요하다. 이 지점에서 바로 기업이라는 조직이 출현하는 것이다.

그런데 개인이 시장을 활용한 아웃소싱의 방법으로 출판할 때는 의사결정 기준이 시장에서 형성된 시장가격이다. 그 시장가격과 비교해서 자신이 구입하려고 하는 교정이나 디자인 서비스가 품질과 대비해 얼마나 저렴한가를 선택의 기준으로 삼는다. 시장에서 필요한 서비스를 제공받기 위해서는 어디에서 어느 정도의 가격으로 구매할 수 있는지, 각종 정보를 쉽게 구할 수 있어야 한다. 이런 조건이 충족되지 않으면 아웃소싱을 할 수 없다. 이러한 역할을 하는 곳을 시장이라고 하고, 이 시장에 의해서 시장가격이 형성되어 자원과 생산물은 분배된다. 이를 애덤 스미스는 '보이지 않는 손'이라 했다.

반면에 기업이 만들어지면, 그 기업에서 구성원의 의사결정이 중요해진다. 사람마다 생각과 견해가 다르다. 서로 의견이 충돌할 경우 기업조직에서 상급자가 최종적으로 결정한다. 이렇게 기업의 의사결정 기준은 '지시와 명령'이다. 출판사 사장은 자신의 판단에 따라 디자이너와 교정자에게 무슨 일을 먼저 할 것인가 지시한다. 기업 안에서 이러한 행위가 이행되기 위해서는 조직체계가 필요하다. 즉 기업의 본질은 위계조직hierarchy이다. 이 조직체계는 눈에 보이기 때문에 '보이지 않는 손'에 대비해서 '보이는 손'이라고 표현을 한다. 이것이 바로 시장과 대칭적으로 설명되는 기업의 본질이다.

기업을 이런 식으로 이해하는 뿌리는 마르크스로 거슬러 올라간다. 마르크스는 기업을 "시장이라는 무정부 상태anarchy 속에 존재하는 질서order의 섬"이라고 불렀다. 그는 "경제주체 간의 상호의존이 증대하면서, 시장을 통한 사후적 조정market coordination보다는 기업 내부의 사전적인 위계적 조정hierarchical coordination이 점차 더 효율적이 된다"고 하면서 기업이 등장하게 된 이유를 설명했다.[17]

그런데 시장에 대비하여, 기업을 표현한 것은 1991년에 노벨경제학상을 받은 로널드 코즈이다. 그는 1937년에 발표한 「기업의 본질」이라는 논문에서 이러한 주장을 했다.

코즈는 어떤 경우에는 '가격기구price mechanism'에 의해서 자원배분을 위한 조정이 이루어지고 또 어떤 경우에는 '기업가entrepreneur'

에 의해 이루어지는지 의문을 가졌다. 즉 왜 하나의 통합하는 힘(기업가)이 다른 통합하는 힘(가격 메커니즘)을 대체해야 하는가를 설명해야 진정으로 기업의 존재 의미를 설명할 수 있게 된다고 생각했다.

이렇게 기업을 시장의 대안으로 간주할 수 있다면, "왜 기업이 존재하는가?"라는 질문은 "왜 시장에서 자원배분이 이루어지지 않고 기업에서 이루어지는가?"라는 질문이나 마찬가지이다. 따라서 어떤 경우에 시장에서 자원배분이 이루어지고, 어떤 경우에 기업에서의 자원배분이 일어나는지 이유를 설명하면 기업이 왜 존재하는지 알 수 있다.

먼저 시장에서 어떻게 자원이 배분되는지 살펴보자. 시장에서는 상대가격이 변동하게 되면 각 재화의 생산량이 변하게 된다. 건설시장을 예를 들면 과거에 대형아파트 가격이 많이 오를 때는 대형아파트의 공급이 늘어나고, 소형아파트 공급은 별로 늘어나지 않았다. 그러다가 다시 소형아파트가 부족하게 되어 소형아파트의 가격이 대형아파트에 비해 상대적으로 더 많이 오르게 되자, 다시 소형아파트의 공급이 늘어났다. 이런 식으로 시장에서는 상대가격의 변동이 생산을 지시한다. 그런데 기업 내부에서는 기업가가 생산을 지시한다. 즉 기업가는 생산을 조정하는 하나의 대체 방법이라는 인식을 코즈가 최초로 했다. 이렇게 그는 자원배분에서 기업과 시장을 경쟁 관계에 있는 제도로 파악했다. 즉 기업의 가장 두드러진 특징을 가격 메커니즘의 대체substitutes라고 인식했다. 그가 초점을 맞춘 것은 시장은 가격기구에 의한 자원배분이 일어나는 곳인 반면에 기업에서는 기업가와 계층조직을 통한 자원배분이 일어나는 곳이다. 그래서 어떠한 경우에 가격기구에 의한 조정을 하고, 어떤 경우에 계층조직에 의해 조정하는가? 즉 어떤 경우에 시장에서 구입하고, 어떤 경우에 자체 생산하느냐는 질문에 대한 답이 바로 기업의 존재 이유를 설명하는 것이라고 보았다.

그렇다면 분업화로 전문화된 자본주의 교환경제에서 기업이 등장한 이유는 무엇인가? 이 질문에 대해 코즈는 기업이 존재하는 이유는 시장을 이용하는 비용이 들기 때문이라고 답변한다. 가격기구를 이용하여 경제행위를 수행하기 위해서는 계약자를 찾고, 계약자와 협상하고, 계약을 수립하고, 계약의 이행여부를 점검하는 데에 여러 가지 종류의 비용이 소요된다. 이런 비용을 고려할 때 기업 내부의 위계질서를 통한 명령체계를 사용하는 것이 시장가격기구를 사용하는 것보다 더 경제적일 수 있다.

인간이 완벽하게 합리적인 존재이고 모든 정보가 충분하다고 하는 신고전파의 가정하에서는 거래비용이 존재하지 않으므로, 미래의 모든 상황 변화를 예측해 그에 대비하는 완벽한 계약이 체결될 수 있고, 이에 따라 모든 경제적 행위는 시장가격기구를 통해 수행될 수 있다. 그러나 인간이 완벽하게 합리적이지 못하기 때문에 미래를 정확히 예측하는 것이 불가능한 상황에서 완벽한 계약을 작성하려면 엄청난 비용이 소요될 것이다. 이러한 세계에서는 고정된 위계질서 hierarchy를 가진 항구적인 집단(기업)을 만들어 계약에 명시되지 않은 상황이 발생할 경우 미리 정해진 상급자가 하급자에게 지시를 내릴 수 있도록 하는 것이 더 효율적일 수 있다는 것이다.

코즈는 계약의 수립과 집행에 드는 이러한 비용들은 "가격기구를 사용하는 비용costs of using the price mechanism", 혹은 "판매비용marketing cost"이라 불렀는데, 이 개념은 그의 또 다른 노벨상 수상 논문인 「사회적 비용의 문제*The Problem of Social Cost*」에서 거래비용이라 불렸다. 이렇게 4장에서 설명한 거래비용 때문에 기업이 발생했다는 것이다.

거래비용이라는 개념은 캘리포니아대학(버클리 소재 University of Berkeley) 윌리엄슨Oliver Williamson (1932~) 등에 의해서 확산되어서 오늘날 거래비용학회가 만들어지는 계기가 되었다. 윌리엄슨은 이 거래비용 개념을 더욱 활용하여 기업이론을 발전시켰으며, 그도 역시 노벨경제학상을 수상(2009)하게 되었다. 그는 기업을 '보이는 손visible hand'이라고 불러, 애덤 스미스의 '보이지 않는 손invisible hand'에 대비시켰다.

대항해시대: 기업의 출현

오늘날에는 세계 최고의 기업이 애플과 같은 제조기업이지만, 기업이 처음 등장하던 시대에는 세계 최대 기업은 해운회사였다. 대항해시대 해운회사를 통해 기업의 출현을 살펴보자.

서구 국가들은 대항해시대 삼각무역을 통해서 많은 이익을 남겼다. 삼각무역은 여러 가지 형태가 있지만 그중 대표적인 형태는 유럽과 아프리카 그리고 신대륙을 잇는 무역이다. 유럽의 특산물인 유리 세공품, 면직물, 무기 등을 싣고 아프리카에서 노예와 바꾼다. 아프리카는 부족 간의 전쟁이 많아 전쟁포로가 많았는데 이를 노예로 팔았다. 반면에 제조업이 발달되지 않은 아프리카에선 무기나 유럽 제품의 인기가 높았다. 이 거래는 주로 아프리카 서해안의 노예해안이라고 부르는 지역에서 이루어졌다. 이 노예를 싣고 카리브해 지역 등 신대륙에 오면 비싼 가격에 팔 수 있었다. 왜냐하면 신대륙은 유럽인들이 옮긴 흑사병, 천연두 등 때문에 원주민들의 90퍼센트가 죽어 노동력이 부족해 아프리카 노예들을 비싼 가격에 샀기 때문이다. 당시 카리브해 연안은 세계에서 제일 잘사는 지역이었다. 카리브해의 자메이카 항구도시 포트 로얄Port Royal은 영화 〈캐리비안의 해적-세상 끝에서〉에 나오는 항구도시의 모델인데, 17세기 무렵에 '세계에서 가장 부유하고 가장 타락한 도시'로 불렸다. 1692년 6월 7일에 일어난 대지진으로 바다에 가라앉기 전에는 이곳의 땅값은 런던보다 비쌌다.[18] 멕시코 지역과 카리브해의 도시들에는 설탕 생산을 위한 사탕수수 플랜테이션 등에서 많은 노동력이 필요했다. 노예를 판 돈으로 금과 설탕을 싣고 유럽으로 돌아오면 큰 이익이 남았다. 노예무역은 다른 무역들의 원천이자 부모라는 말까지 있었다.[19]

[지도 4] 삼각무역

자료: 기와기타 미노루(川北稔), 2003, 59.

마젤란 이후에 태평양을 돌아서 인도, 중국, 동남아시아를 거쳐서 유럽으로 돌아오면 더 큰 이익이 생겼다. 인도네시아의 섬들에서 후추, 육두구, 정향, 향료 그리고 중국의 차 등과 교환하면 더 이익이 컸다. 세계일주 무역을 최초로 성공해서 1580년에 살아 돌아온 사람이 영국의 프란시스 드레이크Francis Drake 경이다. 그는 스페인에서는 해적으로 알려져 있지만, 영국에서는 영웅이었다. 드레이크는 1588년에 네덜란드와 연합하여 스페인의 무적함대를 화공으로 무찌르는 데 크게 기여했다. 드레이크는 자신의 배에 투자한 영국의 투자자들에게 4,700퍼센트의 이익을 남겨주었다. 드레이크 배의 상품의 절반을 투자한 사람은 엘리자베스 여왕이었는데, 엘리자베스 여왕이

자기 몫으로 받은 16만 3,000파운드는 당시 영국 왕실의 1년 예산에 해당되는 거금이었다. 당시의 기록을 보면 한 번 배가 나갔다가 성공해서 돌아오면 배 한 척 값이 이윤으로 남을 정도였다고 하니, 당시 항해가 얼마나 큰 수익이 남는 사업이었는지 알만하다. 네덜란드 동인도회사의 첫 번째 항해에 나섰던 선단은 265퍼센트의 수익을 기록했다.[20]

해운회사가 등장한 과정

해운회사가 존재하지 않았던 시절에는 파트너십에 의해서 해운업이 이루어졌다. 선주, 선장, 상인 등 여러 주체들이 서로 파트너가 되어 협동을 통해 시너지를 창출했다. 당시는 배가 워낙 고가였기 때문에 공동으로 배를 소유하고 운영했다. 수십 명의 상인들이 투자해 상선을 보냈고 배가 무사히 돌아오면 그 수익금과 원금을 나누어 갖고 파트너십은 해체되었다.

이것은 오늘날의 시장을 활용하는 아웃소싱과 비슷하다. 상인의 입장에서는 배와 선장을 아웃소싱하는 것이나 마찬가지이다. 즉 시장을 이용하는 것이다. 이 파트너십은 단점이 있었는데, 그것은 동업이 쉽지 않다는 것이었다. 어쩌다가 동업을 해서 한 번 잘되었다고 해도, 다음에 같은 사람들과 다시 동업을 한다는 보장이 없었다. 파트너십은 회사와 달리 일회적이다. 상인과 선주와 선장이 합의해서 파트너십을 성사시켰다가 배가 돌아오면 그 원금까지 다 나눠서 갖고 파트너십은 해체되는 것이다. 그 다음에도 같은 사람들이 모인다고 요구 조건이 항상 같을 것이라는 보장이 없다. 예를 들면 선장의 입장에서는 자신은 목숨을 걸고 항해를 했음에도 여전히 가난한데, 상인과 선주는 부자로 사는 것을 보면, 선장은 일전에 자신들이 몫을 너무 적게 받았다고 생각해서 다시 파트너십을 이룰 때 자신의 몫을 더 올려달라고 요구할 수 있다. 그러나 선주나 상인도 쉽게 자신의 몫을 양보하지 않을 것이다. 선주는 지난번에 배 수리비가 많이 들었다는 핑계를 대면서 양보를 하지 않으면 상인도 양보할 리 없다. 삼자가 팽팽하게 양보하지 않으면, 결국 협상은 깨지는 것이고 시너지를 낼 기회는 사라진다. 요즘 같으면 기간이 몇 달이 걸리더라도 협상이 이루어질 때까지 기다리겠지만, 당시는 바람을 타고 움직여야 하는 범선이었기 때문에 계절풍의 바람이 바뀌기 전에 협상이 끝나야 했다. 결국 계절풍이 끝날 때까지 협상이 안 되면 그 파트너십은 이루어지지 못했고, 당사자들은 각자 다른 상대를 찾아 해산할 수밖에 없었다.

이렇게 자발적 협상을 통해 시장에서 시너지를 얻을 기회를 상실하는 것을 '시장실패'라고 한다. 그리고 이 시장실패의 원인은 바로 선장과 선주 그리고 상인이 생산에 기여한 정도를 측정할 수 없기 때문이다. 저마다 자신이 기여한 점이 크다고 생각하면 협상이 잘 안 되고 시장실패로 이어지는 것이다. 이렇게 생산에 기여한 정도를 측정하는데 소요되는 '측정비용'이 많이 소요될 뿐만 아니라 '협상비용' 등 각종 암묵적 비용도 들기 때문이다. 이것이 앞의 4장에서 설명한 거래비용이다. 거래비용을 물류비용과 혼동하는 경우가 있는데, 물류비용은 창고비, 운반비 등을 말한다. 그것은 생산비용의 일종이다. 반면에 거래비용은 서로 협상하는 데 소요되는 협상비용처럼 시장을 이용하는 데 소요되는 잘 드러나지 않는 암묵적 비용이다. 바로 이 거래비용 때문에 시장실패가 발생한다.

이러한 시장실패를 해결하기 위한 방법은 무엇인가? 오늘날은 노사 간에 협상에 실패하면 정부가 나서서 조정하고 중재해도 협상타결이 쉽지 않다. 그런데 당시에는 그런 중재자마저도 없었다. 그때 등장한 것이 해운회사라고 하는 기업이었다. 기업이 바로 거래비용이라고 하는 비용 문제를 해결하기 위한 한 방법으로 출현한 것이다.

어떤 과정을 통해서 파트너십이 해운회사로 변하게 되는지 살펴보자. 어떤 상인 대표가 바람의 방향이 바뀔 때까지 협상이 안 끝나면 지난 몇 주간 끌어온 협상이 물거품이 될 것이라 생각할 것이다. 그는 협상이 깨지면 또 다음 계절풍이 불 때까지 배를 띄울 수 없다는 것을 염려해서 상인들을 소집한다. 그리고 이번 기회에 배를 구입하자고 상인들에게 제안한다. 상인들은 모두 제안을 받아들인다. 상인 대표는 선주를 찾아가 배값을 흥정했고, 선주는 배를 팔았다. 배를 구입한 상인 대표는 이번에는 선장을 찾아가 선장에게 새로운 방식으로 제안한다. 그전에는 배가 무사히 돌아오면 사후적으로 수익의 일정 부분을 나누는 방식으로 선장과 선원들의 몫을 지불했다면,

이후에는 선장과 선원의 몫을 사전에 미리 주는 대신에 몫을 이전처럼 좀 적게 받으라고 제안한다. 선장은 돈을 미리 받을 경우에 자신은 이번 항해에서 못 돌아오더라도 자신의 가족들은 그 돈으로 생활할 수 있을 것이므로 제안을 받아들인다. 이렇게 되면 선주와 선장은 자신의 몫을 다 챙겼으므로 더 이상의 협상이 필요 없다. 배가 난파를 당해도 모두 상인들이 손해를 보는 것이고, 큰 이익이 남더라도 선주와 선장은 제 몫은 이미 다 챙겼으니 상인들끼리 나눠 가지면 된다. 상인들끼리는 투자자금에 비례해서 이익을 나누면 되기 때문에 협상비용이 거의 들지 않는다.

이런 경우 파트너십의 한 부분을 담당하던 상인들은 해운회사의 주주가 되었고, 상인 대표는 이 회사의 최고 경영자가 되었다. 최고 경영자는 항로와 상품 목록을 주고 선장에게 언제 출항하라고 명령만 하면 선장은 그 지시에 따르면 되었다. 배가 돌아올 때쯤 되면 최고 경영자가 된 상인 대표는 새로운 선장과 선원들을 준비시키고, 새로운 상품을 부두에 준비해두었다. 배가 돌아오면 상품을 내리자마자 바로 배를 수리하고, 상품들을 다시 선적해서 또 출항했다. 그리고 주주가 된 상인들은 그 수익금만 나누고, 원금은 다시 생산에 투입됐다. 그리고 선박이 하릴없이 부두에 정박해 있는 기간이 짧아지고, 바람이 허용하는 한 효율적으로 사용되었다. 이렇게 해운회사가 등장하고 나면 이 회사는 계속적으로 상업을 영위하는 영속적인 특징을 갖게 된다.

이것이 바로 동인도회사 같은 해운회사가 등장한 배경이다. 그런데 1600년에 시작된 '영국 동인도회사'는 주식회사가 아니라, 런던 무역상들의 연합체였다. 2년 후인 1602년에 출범한 '네덜란드 동인도회사'는 최초의 순수 주식회사였다. 주식을 발행하여 자본을 조달했기 때문에, 귀족뿐만이 아니라 유대인이든, 평민이든 누구든지 돈만 내면 주식을 살 수 있었다. 이렇게 주식을 발행하여 자금을 동원하니 훨씬 더 많은 돈을 모을 수 있어서 네덜란드 동인도회사는 자본금이 약 50만 파운드로 영국 동인도회사보다 10배나 규모가 더 컸다. 이 네덜란드 동인도회사는 17세기 네덜란드를 패권국가로 견인하는 데 결정적으로 기여했다. 네덜란드 동인도회사는 200년 동안 세계 최대의 기업으로 17세기에만 무려 1,500척의 상선을 건조했다.[21]

산업혁명과 기업의 확산

산업혁명이 완성된 시점은 1830~1840년대인데, 이때가 회사법이 개정되어 영국에서 회사가 많이 생겨난 시기이다. 결국 산업혁명이 완성된 시점은 영국이 회사라고 하는 효율적인 시스템에 의해서 생산되는 시점이다. 따라서 산업혁명의 원인은 기술혁신이 아니라 기업의 확산으로 설명된다.

1720년에 영국에서 '남해회사Southsea Co. 주식거품사건'이 발생했다. 주식발행이 많아지고 증권거래소에서 주식이 거래되자, 남해회사라는 회사가 상장되어 주식가격이 오르게 된다. 그런데 주식이 팔리고 나자, 이 회사는 부도가 나고 많은 투자자들이 손해를 입게 되었다. 이 사건으로 인해 영국 정부는 거품법Bubble Act(1720)을 제정해 주식회사 설립 요건을 까다롭게 만들었다. 이 회사법은 투자자들을 보호하기 위한 조치였지만, 회사 설립이 까다롭게 되어 영국에서 확산되던 회사 설립에 찬물을 끼얹게 되었다. 1825년에 이에 대한 여론이 들끓어 거품법이 폐지되고 개정회사법이 제정된다. 종전에는 회사를 신설하려면 각종 까다로운 심사를 받아야 했지만, 이후에는 회사를 설립하고 등록만 하면 되므로 회사 설립 요건이 매우 쉽게 완화되었다. 이로 인해서 회사들이 급격히 확산됐다. 이 시기가 바로 영국에서 산업혁명이 완성된 시점이다. 그리고 1856년에는 다시 회사법이 개정되어 투자자와 기업가가 모두 의회법의 인정을 받아야 한다는 장애물이 제거되었다. 즉 경제사학자들이 일반적으로 영국에서 산업혁명이 완성되는 시점이라고 하는 1830~1840년대는 영국에서 기업이 보편화되는 시기와 일치한다.[22]

협동과 경쟁 그리고 기업

사회적 효율을 높일 수 있는 방법에는 크게 두 가지가 있다. 하나는 '협동'이고 다른 하나는 '경쟁'이다. 이 두 가지 모두 사회적 효율을 높이는 데 큰 역할을 한다. 협동을 하면 시너지가 발생되는 것은 말할 필요도 없다. 특히 서로 다른 생산요소가 결합하면 훨씬 더 큰 협동 효과가 나타날 것이다. 경쟁도 마찬가지로 시너지가 생긴다.

사회주의는 협동을 강조하고 자본주의는 경쟁을 강조한다는 생각이 일반적이다. 사회주의에서는 협동농장 등을 통해서 생산을 하기 때문에 경쟁보다는 협동을 더 강조하는 것은 사실이다. 그런데 과연 자본주의에는 협동 메커니즘이 없을까?

그렇지 않다. 시장경제의 가장 큰 특징이 '자발성'이라고 했다. 시장경제 자체가 바로 협동 메커니즘이다. 소비도 협동 메커니즘이다. 생산도 마찬가지이다. 공장에서의 분업이 바로 협동 메커니즘이다. 애덤 스미스의 『국부론』 제1장 1절에 바늘공장의 분업이 등장한다. 바늘을 혼자 만들면 숙련공이라고 할지라도 하루에 기껏해야 20개밖에 만들지 못한다. 그런데 바늘 만드는 공정을 18개로 나누어서 분업하면 노동자 한 명이 하루에 4,800개를 생산한다는 것을 기록하고 있다.[23]

분업을 통한 협동에서도 매우 높은 시너지 효과를 얻을 수 있다. 기업도 분업과 마찬가지로 협동 메커니즘이다. 그러므로 자본주의는 경쟁만을 활용하는 것이 아니라 협동과 경쟁이라는 두 발을 모두 사용한다. 협동이라는 한쪽 다리로만 뛰는 공산주의보다 협동과 경쟁이라는 두 발로 뛰는 시장경제가 훨씬 더 효율적일 것이라는 점은 의심의 여지가 없다.

7장

독일과 미국의 발전

- 19세기 후반 떠오르는 신흥세력
- 독일의 경제성장
- 미국의 경제성장
- 제2차 경제혁명
- 서구 국가들의 성공 비결

19세기 후반 떠오르는 신흥세력

프랑스와 스페인은 절대주의 시대 초기에는 유럽의 패자였으나, 절대왕정이 개인의 자유를 지나치게 억압해 영국이나 독일에 비해서 근대화에 뒤처졌다. 영국이 한참 산업혁명을 일으키고 있던 18세기 후반에, 프랑스에서는 대혁명(1789)이 일어나 혼란기를 맞이했다. 프랑스 대혁명이 유럽으로 확산될 것을 염려한 유럽 대륙은 프랑스와 전쟁을 일으켰고 이때 등장한 나폴레옹이 대대적인 전쟁을 일으키면서 19세기 전반기에 유럽 대륙은 영국에 비해서 산업화에 뒤처졌다.

그런데 19세기 후반에 독일과 미국은 영국을 추월했다. 독일은 20

[도표 7] 세계의 공업생산(1840~1913년)

년	영국	프랑스	미국	독일	러시아
1840	45	13	11	12	-
1850	39	10	15	15	-
1860	36	12	17	16	4
1870	32	10	23	13	4
1880	28	9	28	13	3
1890	22	8	31	14	3
1900	18	7	31	16	6
1910	14	7	35	16	5
1913	14	6	36	16	6

자료: 김종현, 1984, 표 7-4, 180.

세기에 유럽 전체를 재패할 목적으로 두 차례의 전쟁을 일으킬 정도로 강대국으로 성장했다. 이러한 사실은 강대국들의 공업생산비중을 보면 잘 알 수 있다. [도표 7]은 1840년부터 제1차 세계대전 직전인 1913년까지 미국, 독일, 영국, 프랑스의 공업생산량이 전 세계 공업생산에서 차지하는 비중을 나타내고 있다. 이 표에서 보듯이 1840년대에는 세계의 공장이라고 불리던 영국의 비중이 전 세계 공업생산의 45퍼센트를 차지할 정도로 압도적이었다. 반면에 19세기 초에 영국이 산업혁명을 완성할 때 독일은 후발주자였다. 미국은 18세기 중엽인 1776년에 독립했지만, 19세기 중엽에는 남북전쟁American Civil

War(1861~1865)에 시달리고 있었다. 그런데 제1차 세계대전 발발 직전인 1913년에는 영국 공업생산비중이 14퍼센트로 하락한 반면에 독일이 16퍼센트로 영국을 추월했고, 미국은 36퍼센트를 차지할 정도로 크게 발전했다.

이러한 공업생산능력을 기초로 20세기에 들어서서 독일은 유럽을 재패하려고 두 차례에 걸쳐서 전쟁을 일으켰고, 이를 저지시킨 것은 신흥국 미국이었다. 어떻게 후발주자인 독일과 미국은 산업시대의 새로운 강자로 부상을 했을까?

독일의 경제성장

독일은 유럽에서도 가장 낙후된 지역이었고, 통일도 가장 늦었다. 1850년에 프랑스 파리 한 도시의 인구가 100만 명인 데 비해 독일은 12개 도시 인구를 다 합쳐도 134만 명에 불과할 만큼 발달하지 못했다.

독일의 산업혁명은 루르지방의 탄광이 집중적으로 개발되는 1850~1860년대에 본격화되었다. 이는 영국보다 약 80년, 프랑스보다 약 30년 늦은 것이다.[1] 이렇게 독일은 영국이나 프랑스에 비하여 산업혁명의 시작은 늦었지만 진행속도는 빨랐다. 19세기 중엽부터 독일 영방 중에서 가장 강력한 프로이센(프러시아)을 중심으로 급속히 발전해서 19세기 말에는 프랑스를, 20세기가 시작될 무렵에는 영국을 추월하면서 미국과 함께 선진 자본주의 수준에 도달했다.

유럽의 여러 나라가 일찍부터 국민국가를 형성하고 절대주의 체제하에서 중상주의를 통해 경제발전이 추진되고 있었는 데 비해, 독일은 신성로마제국(962~1806)하에서 유럽 최대의 영토를 갖고 있었지만 통일 왕국이 형성되지 못했다. 30년 전쟁(1618~1648, 독일의 종교전쟁)의 격전지였던 독일은 막대한 피해를 입고, 1648년에 베스트팔렌 조약[2]으로 300여 개의 소국가와 자치도시로 구성되었다. 17세기 말에서 18세기에 프로이센이 북쪽에 출현하여 후에 독일이 통일되는데 중심적 세력이 되었다.

나폴레옹전쟁(1803~1815) 후 비인 회의(1815)에서 독일은 39개 영방領邦으로 재편성되고, 이를 중심으로 독일 영방이 형성되어 있었으나, 통일은 되지 못했다. 각 영방은 독자적인 관세제도와 화폐·금융제도를 가졌기 때문에 독일은 경제적으로도 분열되어 있어 자유로운 상품 유통이 안 되고 있었다. 그뿐만 아니라 사회경제적 측면에서도 독일은 매우 후진 상태에 있었다. 도시에는 길드제, 농촌에는 농노제 등 봉건적 관습이 잔존해 경제자유가 제약되었다. 엘베Elbe 강 서부지역에서는 프랑스나 영국과 같이 영주의 권한이 축소되고 농민의 해방이 이루어졌다.[3] 그러나 엘베 강 동쪽에서는 영주가 상품경제에 적응하여 농장영주제가 발전되면서, 농민은 더욱 가혹한 신분적 예속 상태에 있었다.[4]

독일은 일반적으로 길드제도하의 수공업적 단계를 벗어나지 못하고 있었고, 상업조직도 전통적인 대시大市 또는 지방시장이 중심이었다. 대항해시대가 열리면서 대서양 무역이 성행하자 푸거 가Fugger Family 등 대상들이 활동하던 아우구스부르크의 상업적 지위도 약화되었다. 국민국가를 배경으로 한 서유럽의 국민적 상업의 대두와 함께 라인강에서 발트해와 북해에 걸쳐 북유럽과 동유럽의 중계무역을 담당하던 한자동맹Hanseatic League의 지위도 약화되었다.

독일 영방 가운데 가장 컸던 프로이센은 나폴레옹전쟁에 패배하여 국토의 절반을 잃었고, 막대한 전쟁배상금을 지불하게 되었다. 프랑스혁명과 나폴레옹의 자유주의 사상에 영향을 받은 프로이센의 정치인들은 농노해방을 통해 농지개혁을 단행하고, 길드제를 폐지하고 영업의 자유를 확립하였으며, 자유무역을 옹호하는 관세개혁 등의 자유주의적 개혁을 단행하였다.

독일이 짧은 기간에 발전할 수 있었던 중요한 요인은 프로이센의 관세개혁 덕분이다. 분열되어 있던 독일에서 관세통합의 발판을 마련한 인물은 애덤 스미스의 자유주의적 견해를 받아들였던 프로이센의 조세청장 마아센Carl Georg Maassen이다. 그는 1818년에 프로이센의 관세법을 제정했다. 요즈음에는 관세가 세금을 걷기 위해서가 아니라, 산업을 보호하기 위해서 부과되지만, 당시에는 소득세 등이 없었기 때문에 전체 세입의 3분의 1이 관세에서 발생했다. 관세가 너무 높으면 밀수가 늘어나므로 너무 높일 수도 없고, 너무 낮추면 세입

조달에 문제가 되었다. 따라서 관세는 밀수 유혹이 생기지 않으면서 모든 지방이 부담할 수 있는 수준으로 낮으면서도, 국고 수입을 보장할 수 있을 정도는 되어야 했다. 존 클라팜Sir John Clapham(1873~1946)은 마아센의 관세법을 가장 현명하고 과학적인 관세라고 평가했다.[5] 마아센의 관세개혁은 원료에 대해서는 거의 면세에 가깝게 낮은 관세율을 적용하고, 공업제품에 대해서는 10퍼센트의 낮은 관세율을 적용하는 것이었다. 이는 영국보다도 먼저 자유무역정신을 실현한 것이었다.[6] 당시 독일에는 먼저 산업혁명을 이룩한 영국의 면직물 등 영국 상품이 범람하고 있었으나, 인접 영방의 엄격한 수입금지 조치 때문에 독일의 농산물을 수출하기도 어려운 현실이었다. 대농장을 경영하며 농산물을 수출하고 공산품을 수입하던 농업자본가이며 토지귀족인 융커Junker계급은 자유무역을 원했다. 반면에 상공업자 등 신흥시민계급은 자국 산업을 보호하기 위해서 고율의 관세를 유지하는 보호무역을 요구하고 있었다. 마아센의 자유주의적인 관세개혁은 융커계급에게 유리한 것이었다.

내륙지방이어서 교통이 불편하여 교역이 어려웠던 독일은 이 관세개혁과 철도건설로 크게 발전하기 시작했다. 그리고 관세동맹의 관세는 대부분의 서유럽 국가들보다 낮았기 때문에 프로이센에서 시작된 이 관세개혁으로 인해서 주변 영방들이 관세동맹에 가입하게 만들었다. 프로이센의 관세개혁으로 프로이센 안에서는 관세가 철폐되지만, 프로이센을 통과하는 상품에 대해서는 높은 세율의 관세를 부과함에 따라 인접 영방들이 프로이센의 관세동맹에 가입하게 된 것이다. 그리하여 39개의 영방으로 나뉘어 있었던 독일은 프로이센의 주도하에 남부 관세동맹, 북부 관세동맹 등 지역적 통합을 거쳐서 1834년에 17개의 영방의 독일 관세동맹을 성립시킴으로써 경제적으로 통합되어 자유무역체제를 이룩했다. 독일의 산업은 1835년 이후에 완만하지만 활발해졌고, 1845년부터는 뚜렷하게 발전했는데 이는 관세동맹의 창설이 독일의 산업발달에 크게 기여했다는 것을 말해준다.

관세동맹에 의해서 시작된 독일경제의 통합은 철도건설로 완성된다. 1835년에 철도가 처음 개통된 이후 1850년에 약 5,900킬로미터의 철도를 건설했다. 같은 시기의 프랑스에 비해 약 2배 정도 길었다.[7]

그리고 1862년에 프랑스-프로이센 통상조약을 체결하고 후에 관세동맹회원국들도 이 조약을 받아들였다. 또한 스페인 왕위 계승문제로 발발한 프랑스와의 전쟁(보불전쟁, 1870~1871년 1월)에서 승리함으로써 50억 프랑에 달하는 막대한 전쟁보상금을 받아 철도건설에 투자했다. 이때 철과 석탄 광산이 풍부한 알자스·로렌 지방Elsaß-Lothringen을 프랑스로부터 획득하여 더욱 공업화를 추진할 수 있었다.

관세동맹은 1871년에 독일의 정치적 통일을 가능하게 하는데 결정적인 영향을 주었다. 독일 통일의 경쟁자였던 오스트리아는 보호무역주의를 고수하고 있었기 때문에 프로이센은 오스트리아에 비해서 정치적으로 유일한 입장이 되었다. 결국 오스트리아가 중심이 되어 신성로마제국의 영토를 회복하려고 했던 '대大독일주의' 대신 프로이센을 중심으로 독일 민족 위주의 통일을 추구한 '소小독일주의'가 승리를 거두었다. 그리하여 독일은 프로이센을 중심으로 1871년에 통일되어 독일제국이 형성되었다. 독일제국은 미터법을 도입하여 도량형을 통일하고, 1873년에는 마르크화를 신화폐 단위로 만들었다. 그리고 금본위제를 도입하였으며, 국립 제국은행을 설립했다.

독일의 주요 산업

영국에서는 면직물공업에서 산업혁명이 시작되었다. 독일의 경우, 1850~1860년대에 수입대체산업으로 면방직공업이 발전했지만, 산업혁명을 주도하지는 못했다. 독일 산업혁명을 주도한 산업은 철도의 건설과 전기, 화학 및 기계공업이었다. 1871년에 프랑스로부터 합병한 알자스·로렌 지방은 세계 최대의 염을 함유한 철광석 광산을 가지고 있었으나, 그것을 제련할 수 있는 기술이 없었다. 그러다가 1878년에 영국에서 발명된 염기성 베세머 제강법이 도입되면서부터 루르Ruhr 탄전의 코크스와 결합되어 철강생산이 급격히 증가했고, 독일의 철강공업은 비약적으로 발전하게 되었다.

독일은 당시의 최첨단 산업이라고 할 수 있는 전기와 화학공업에서 발전이 특히 두드러졌다. 전기공업의 경우 1874년에 지멘스Werner Siemens와 할스케Johann Halske가 전신기계 제조회사를 설립했으며, 1883년에 설립된 A.E.G는 1907년에 유럽 최대의 전기회사가 되었다.

그리하여 1913년 세계 전기제품의 35퍼센트를 독일이 차지했다. 당시 미국은 29퍼센트, 영국은 16퍼센트에 불과했다.

특히 화학공업은 과학기술을 응용해야 발전할 수 있는 분야이다. 독일은 1830년대부터 대학에 화학연구소를 설치하고 연구하여 1880년 이후 화학공업에서 세계 선두를 달렸다. 1880년 뮌헨대학의 바이어A. Baeyer에 의해서 인디고indigo 등 자연염료를 인조염료로 대체했으며, 1890년에 영국을 능가해 염료생산은 전 세계의 80퍼센트를 차지했다. 그리고 1913년에 독일의 화학공업은 바스프B.A.S.F, 바이엘BAYER, 획스트HOECHST 등 기업들을 배출하면서 세계 최고의 위치에 올랐다. 독일은 비료의 원료인 천연 칼리 매장량이 풍부해서 1880년대에 세계 칼리 생산의 96퍼센트를 점유하는 독점국이 되었다. 독일 기업들끼리의 경쟁으로 인해서 1887년에 칼리가격이 50퍼센트 이하로 하락되자, 정부의 권유로 1888년에 164개의 칼리 생산업자들은 독일 칼리신디케이트를 만들었다. 1910년에 독일제국은 미국 수출가격을 유지하기 위해서 칼리카르텔 강제령을 내려서 칼리의 독점가격을 유지하려고 하기도 했다. 독일의 화학공업은 특히 카르텔 조직이 많았는데, 생산, 가격, 판매 등을 통제하는 카르텔이 1905년에 46개가 있었다.

독일의 성공 요인

후발주자 독일이 이렇게 19세기 후반에 급속하게 발전할 수 있었던 요인으로 후발주자의 이점, 기업의 규모가 컸다는 점, 대기업과 은행이 밀접하게 연결되어 있었다는 점 등을 꼽을 수 있지만, 가장 중요한 요인으로 언급되는 것은 기술혁신과 기술인력의 확충을 가능하게 한 국민교육과 기술교육이다.

독일을 통일로 이끈 프로이센의 일부 지방에서는 이미 1717년에 의무교육이 최초로 도입되었으며, 1763년에는 전국적으로 초등학교 과정(6~14세)에 대해 의무교육을 실시하였다. 그리하여 초등학교 진학률이 1860년에 97.5퍼센트에 달했다. 반면에 영국은 이때 절반 정도밖에 초등학교에 진학하지 않았으며, 전국적인 의무교육은 프로이센보다 무려 백년 이상 뒤진 1880년에야 실시되었다.[8] 1913년에 독일의 문맹률은 유럽에서 가장 낮았다. 또한 정부는 1887년에 유럽 최초의 국립물리과학연구소를 설립하였다.[9] 이러한 영향으로 독일은 19세기 후반에 신공업이 발전하면서 기술인력 부족을 쉽게 극복할 수 있었다. 그뿐만 아니라 독일은 하층민들에게 교육기회를 제공해서 가난의 굴레를 벗고, 계층 간 부의 세습 고리를 끊어서 독일경제에 안정을 가져왔다.

정부의 이러한 높은 교육열과 함께 독일의 기업들도 기술인력을 확보하기 위해서 산학협동체제를 구축해 기업이 공업전문대학이나 상업전문대학의 설립을 돕는 등 기술인력 확보에 적극적이었다. 그리고 현장실습을 중요시하는 영국의 기업들과 달리, 독일의 기업들은 전문교육을 받은 인력을 더 선호하였다.

독일의 연구개발을 위한 정부지출액은 영국과 비교할 때, 1870년까지는 예산대비 연구개발비 지출이 압도적으로 많은 비중을 차지하고 있었다. 그 이후에는 정부의 예산에서 정부지출액은 줄어든 대신 대학의 과학기술 연구개발비가 영국에 비해서 압도적으로 많았다. 그래서 1880년대 이후에는 정부와 대학의 연구개발비를 합친 지출총액이 영국보다 많았다. 독일의 공업화 과정에 시장이 원활하게 작동하도록 정부가 질서를 확립하는 데는 기여했으나, 연구개발이나 기업을 직접 지원하는 데는 국가의 개입이 미온적이었다.[10] 정부지출에서 차지하는 연구개발비의 비중은 영국보다 적었다. 다만 대학의 연구개발비를 합친 총액이 영국보다 많았을 뿐이다.

그리고 독일의 화학, 전기, 기계, 철강 산업에서 대기업의 수직적 통합이 발달되어 영국에 비해서 효율적인 경영을 했다.[11] 영국이 19세기 후반에 독일이나 미국에 비해서 낙후된 요인이 기업가정신이 약화되어서 그런가 하는 문제는 아직 학자들 사이에 논란이 되고 있는 문제이다. 그러나 독일과 비교해볼 때 확실히 독일의 기업가활동이 영국의 기업가들에 비해서 새로운 환경에 적응을 잘한 것으로 평가되고 있다. 독일 기업가들의 학력도 영국에 비해서 월등히 높았고, 외국 기술의 획득에 열심을 보였으며, 장기적인 안목도 훌륭했다. 선발주자인 영국이 위험부담이 높은 첨단산업을 회피한 반면에 후발주자인 독일의 기업가들은 적극적으로 신산업에 진출하고 신기술을 채용하여 기업의 경쟁력을 높였다.[12] 이는 마치 일본에 비해서 후발주자인 한국이 디지털 기술 등에서 과감한 투자를 통해 일본을 극복한 것과 유사한 면이 있다.

이와 같이 독일이 영국을 추월할 수 있었던 요인은 관세개혁을 통한 경제적 통일과 정치적 통일, 그리고 교육개혁 등 제도개혁과 이에 따른 기술혁신 및 기업가정신을 꼽을 수 있다.

미국의 경제성장

미국이 오늘날 세계 최고의 강대국이 된 것은 넓은 국토와 풍부한 자원 덕분으로, 당연한 것처럼 생각하는 경향이 있다. 그러나 국토가 넓고 자원이 많다고 다 잘사는 것이 아니다. 러시아나 인도, 브라질도 국토가 넓고 자원도 많다. 호주나 뉴질랜드, 캐나다, 아르헨티나 등도 국토면적이 넓지만, 미국만큼 강대국이 되지 못했다. 국민 1인당 국토면적이 넓은 나라들은 공업국가보다는 농업국가가 되기 쉽다. 그리고 작은 나라가 잘사는 것이 비교적 쉽다. 1인당 국민소득 면에서 상위에 있는 나라들은 네덜란드, 벨기에, 싱가포르 등 적은 규모의 나라들이다. 오히려 미국처럼 국토면적이 넓고 인구도 많은 나라가 잘사는 것은 쉽지 않다. 또한 유럽이민자들 때문에 잘사는 것도 아니다. 중남미 국가들도 마찬가지인데, 오늘날 북미에 비해서 낮은 소득수준에 머물러 있다.

그러면 미국은 어떻게 농업국가를 넘어서 공업국가로, 그리고 오늘날 세계 최강대국으로 비약적인 발전을 했는가? 봉건잔재가 거의 없었던 미국에서는 독립전쟁을 거치고, 남북전쟁 이후 공업화가 급속하게 일어났다. 19세기까지 미국의 공업화 과정을 살펴보기 위해서, 먼저 영국의 13개 식민지부터 살펴본다.

식민지 시대 미국, 남부 식민지

최초의 북미 식민지는 버지니아Virginia의 제임스타운Jamestown이다. 영국 런던의 버지니아주식회사는 1607년에 제임스 요새를 건설했다. 이들은 원주민들로부터 담배 재배를 배웠다. 제임스타운은 1616년부터 1699년까지 83년간 식민지의 수도였다.

디즈니 애니메이션 영화 〈포카혼타스Pocahontas〉는 제임스 타운 근처 포우하탄Powhatan 동맹의 왕인 와훈수나콕, 대추장의 딸 포카혼타스Pocahontas(1595~1617)와 존 스미스John Smith 대위와 사랑을 소재로 한 것이다.[13]

원래 버지니아 회사는 제임스 타운을 통해서, 스페인의 아즈테크와 잉카에서 왕을 사로잡아 원주민을 지배했듯이, 북미 인디언을 지배하려고 했다. 그러나 존 스미스는 여러 부족으로 나누어져 있는 북미 대륙에서는 이것이 불가능하다는 것을 가장 먼저 알아차렸다. 그리고 식민지가 살아남기 위해서는 이주민들이 스스로 노동을 해야 한다고 주장했다. 결국 버지니아 화사는 식민지 정착민들에게 땅을 나누어 주고 일할 인센티브를 주었으며 1619년에 식민지의회General Assembly까지 발족시켜 민주적으로 운영했다.

그 후 볼티모어경 세실리우스 캘버트Cecilius Calvert는 1629년에 영국 찰스 1세로부터 체서피크만 북부를 개발할 수 있는 특허장을 받아 영국국교회의 영향이 강한 버지니아에서 쫓겨난 가톨릭 신자들을 위한 피난처를 만들기 위해서 버지니아 북부에 메릴랜드Maryland 식민지를 설립했다. 그리고 영국 왕 조지 2세의 명령에 따라 버지니아 남쪽에 캐롤라이나 식민지가 만들어졌다. 그리고 스페인의 플로리다 식민지에서 자주 충돌이 일어나자 제임스 오글토프 장군이 죄수들을 이끌고 1732년에 조지아 곳곳에 기지를 설치하면서 조지아 식민지가 건설이 되었다.

남부 식민지는 주로 영국의 회사와 국왕의 명령에 의해서 세워졌다. 이들 남부식민지들은 모두 엘리트 위주의 계급사회를 건설하려고 했으나 실패했다. 그 이유는 인구가 희소한 북미 대륙에서는 정착민들을 엄격한 계층사회에 예속시키는 것이 불가능했기 때문이다. 정착민들이 자발적으로 일할 인센티브를 주지 않으면 일을 시킬 수 없었다. 결국 영국의 식민지들은 모두 버지니아의 경우처럼 민주적인 자치 식민지로 발전했다.[14] 비옥한 토지와 열대기후 등으로 인하여 곡물보다는 담배, 차, 목화 등 열대환금 작물을 재배하여 영국으로 수출하는 플랜테이션plantation 농업을 중심으로 발전했다. 노예농장주인 플랜터planter들이 중심이었는데 노동력은 초기에는 주로 7

년 계약의 백인노예를 활용했으며, 후에 백인노동력의 유입이 적어지면서 흑인노예 노동에 의지했다. 버지니아, 메릴랜드, 캐롤라이나 식민지는 주로 담배 플랜테이션을 했으며, 조지아 식민지는 면화생산을 위한 목화 플랜테이션으로 발전했다.

북부 식민지(뉴잉글랜드 지방)

영국의 북부 식민지는 주로 청교도들에 의해서 건설되었다. 남부 식민지보다 10여 년 후인 1620년에 영국에서 출발한 필그림파더(Pilgrim Fathers 또는 Pilgrims)라고 불리는 102명의 청교도Puritan들이 매사추세츠Massachusetts 주 플리머스Plymouth에 도착했다. 이들 청교도들은 엘리자베스 1세(재위 1558~1603)가 발표한 영국의 모든 예배와 기타 모든 의식을 규정한 통일령Act of Uniformity(1559)에 순종하지 않은 사람들이다.[15] 이들은 영국국교회의 예배 제도와 의식儀式을 배척하며, 칼뱅주의에 투철한 개혁을 주장하며, 도덕을 엄격하게 준수하고 주일主日을 엄수하며, 각종 향락을 제한하는 것을 특징으로 한다. 이들은 자유로운 종교의 성지를 세우기 위해서 영국 국교회에서 나와 미국이나 네덜란드 등으로 자유를 찾아 떠났다.

메이플라워 호를 타고 떠난 이들은 윌리엄 브레드포드William Bradford와 존 카버John Carver의 지도에 따라 메이플라워 호에서 신대륙에 도착하면 어떻게 자치제도를 운영할 것인지에 관해서 41명의 성인 남성들이 1620년 11월 11일에 서약을 했다. 이 메이플라워서약은 미국 최초의 정치협약 문서가 되었다.[16] 이들은 열흘 후인 21일에 66일간의 항해를 마치고 매사추세츠주 플리머스에 도착하여 자치단체를 결성하고 존 카버를 최초의 지사로 선출했다.

그 후 1628년에 2만 명의 청교도들이 매사추세츠만주식회사Massachusetts Bay Co.의 지원하에 매사추세츠만에 도착해서, 플리머스 북쪽의 보스톤과 세일럼에 매사추세츠만 식민지Massachusetts Bay Colony를 건설했다. 존 윈스럽John Winthrop의 지도하에 건설된 이 식민지의 특징은 청교도 교회의 일원이 아닌 가톨릭, 국교회, 루터파 등은 투표권을 가지지 못하게 했으며, 매우 엄격한 청교도 윤리를 강요했다. 이러한 특징은 훗날 다른 북부 식민지에도 영향을 미쳤다.

이러한 청교도적인 생활태도에 반발을 한 로저 윌리엄스Roger Williams와 그 추종자들은 1635년에 플리머스 남쪽의 로드아일랜드Rhode Island로 축출되어 프로비던스Providence 식민지를 건설해서 청교도 이외의 사람들도 북부 식민지에 정착할 수 있게 했다. 그리고 토마스 후커Thomas Hooker 청교도 목사가 다른 무리를 이끌고 매사추세츠 남쪽에 코네티컷Connecticut 식민지를 건설했다. 그리고 매사추세츠 북쪽에 뉴햄프셔New Hampshire 식민지가 건설되었다.

이들 북부 식민지들은 날씨와 척박한 환경으로 인해서 플랜테이션 작물을 심을 수 없었다. 따라서 이들은 상공업 중심으로 발전했다. 영국의 공업제품에 대응할 상품이 없었으므로 보스턴항을 중심으로 삼각무역이 발달했는데, 서인도제도와 남유럽으로 어류와 럼주 등을 수출하고, 그곳 특산품을 다시 영국에 재수출했다. 제조업으로는 풍부한 목재를 이용한 조선업이 발달했다. 영국과 경합되지 않는 조선, 선박용품제조, 모피 공업 등이 발전했다. 매사추세츠에서는 철공업이 성장했다. 농업의 경우 수출할 특산품도 없었기 때문에 주로 자급자족적인 독립 자영농을 중심으로 발전했다. 식민지 당국은 농민들에게 일정한 토지를 집단적으로 분양한 후 개발해서 개별적으로 분할·소유하도록 타운시스템Town System을 운영하였으며, 이런 방식으로 자작농이 육성되었다.

중부 식민지

뉴욕을 중심으로 하는 중부 식민지는 네덜란드인들이 시작했다. 영국의 탐험가 헨리 허드슨Henry Hudson(1550~1611)은 네덜란드 동인도회사의 명령으로 동북항로를 개척하라는 임무를 받고 1609년에 아메리카의 동해안에 도달하여 강과 맨해튼Manhattan 섬을 발견하고 그 강을 허드슨Hudson 강이라고 불렀다. 1612년에 네덜란드 동인도회사는 이곳에 뉴암스테르담을 건설했다. 영국과 달리 네덜란드는 종교의 자유를 인정했기 때문에 다양한 부류의 사람들이 몰려들었다. 뉴암스테르담에서는 프랑스 예수회 선교사의 기록에 의하면 항구에서 18가지 언어가 들렸다고 한다.[17]

네덜란드는 1621년에 아메리카 항로를 전문적으로 담당하는 서인도회사De West Indische Compagnie, DWIC를 세워 카리브해의 서인도제도西印度 諸島와 서부아프리카의 무역독점권을 주었다. 서인도회사는 뉴암스테르담, 뉴욕 일부, 코네티컷, 델라웨어 및 뉴저지 주州 일부를 포괄하는 뉴네덜란드를 세웠다.

그리고 1626년에 네덜란드인들은 카나로시Canarsie 원주민들에게서 맨해튼을 24달러(60길더)짜리 유리구슬을 주고 샀다. 원주민들은 자신들이 아주 좋은 거래를 했다고 생각했다. 그 이유는 당시 맨해튼 섬은 뱀과 흡혈 동물들이 우글거리는 황무지였기 때문이다. 그런데 1626년의 24달러를 복리 6퍼센트의 이자로 불렸다면 현재 가치가 얼마였을까? 맨해튼 고층건물을 포함해서 맨해튼 전체를 2배 사고도 10억 달러를 남길 만한 금액이다.[18]

영란전쟁에서 영국이 승리하게 됨에 따라 맨해튼이 1664년에 영국이 지배하게 되었다. 영국왕 찰스 2세는 동생 요크York에게 이 지역을 선물로 주어, 뉴암스테르담이 그의 이름을 따서 뉴욕New York으로 바꾸었다. 그리고 뉴네덜란드는 1667년 영국에 넘어갔다.

네덜란드에는 후원자제도가 있었는데, 이는 한 후원자가 북미 대륙으로 50명 이상의 인원을 수송시킬 능력이 되면 150에이커의 토지를 무상으로 주는 제도였다. 이 제도로 인해서 작은 델라웨어Delaware 식민지가 생겼다. 그리고 허드슨 강을 따라서 뉴저지New Jersey 식민지가 생겼다. 그리고 영국에서 가장 부유한 가문 중의 하나인 윌리엄 펜 주니어William Penn Jr.에 의해서 1681년에 펜실베니아 식민지가 생겼다. 영국의 국왕 찰스 2세가 그의 부친에게 많은 빚을 지고 있었는데, 윌리엄 펜이 퀘이커교도가 된 이후에 미국으로 이주하면서 찰스 2세에게 빚을 갚는 대신 신대륙에 땅을 보장해달라고 하여 그의 이름에 숲이라는 의미의 실바니아Sylvania를 붙여 펜실베니아 식민지가 만들어졌다. 이곳은 철강 매장량이 많아 제강산업이 발달했다.

중부 식민지는 농업이 발달했다. 토지도 비옥하고 기후도 온화해서 밀을 생산하기에 적합했다. 이 중부 식민지에서는 곡물을 생산해서 대량으로 수출을 했다.

영국의 식민지 운영

이렇게 형성된 동부의 13개 식민지 운영 방식이 스페인 등 다른 나라와 다른점은 자치권을 인정한다는 것이었다. 영국 정부는 미국 식민지에 자치 정부를 만들어서 식민지 주민들이 정치에 능동적으로 참여하도록 자유를 주었다. 국왕이 임명하는 총독이 통치하고 있었지만, 식민지 의회는 거의 자주적으로 운영하고 있었다. 이렇게 미국은 자치권을 중요시하고 중앙권력의 집중을 견제하는 방식이 이미 건국되기 100여 년 전에 확립되어 있었다.

바로 이 점이 스페인과 포르투갈의 식민지인 중남미지역과의 차이점이다. 사실 1700년경에 소득수준이 가장 높은 지역은 카리브해 도서 지역이었다. 이 지역은 당시 영국 식민지였던 미국보다 소득수준이 약 50퍼센트 더 높았다. 그리고 멕시코는 영국 식민지 미국과 같은 수준이었다. 1800년까지 카리브해 지역이 지구상에서 가장 부유한 지역이었다.

남미의 서부지역은 멕시코의 아즈텍 문명과 페루의 잉카문명이 있었으며, 이들 문명에는 축적된 부를 보유하고 있었는데, 이 지역들은 모두 스페인이 차지했다. 남미의 동부지역은 문명은 없었으나, 열대 작물 재배에 적합했는데, 이 지역은 포르투갈이 차지했다.

북아메리카 대륙을 쓸모없는 땅으로 생각했다. 최초의 세계대전이라고 불리는 '7년 전쟁(1756~1763)'[19]에서 승리한 영국은 전리품으로 563평방 마일에 불과한 카리브의 과들루프Guadeloupe 섬을 차지할 것인가, 아니면 캐나다를 택할 것인가를 놓고 논쟁할 정도로 북미는 불모지대였다. 영국은 결국 캐나다를 선택했는데, 프랑스의 볼테르는 몇 에이커의 눈 덮인 땅을 놓고 싸우는 미친 짓이라고 비판을 했다.[20]

오늘날 북미와 중남미의 경제적 격차가 이렇게 벌어지게 된 근본 원인을 살펴보자. 먼저 식민 동기를 보면 북미지역은 종교적 동기나 생계형 자발적 이민이 주를 이루었다. 반면에 중남미의 경우에는 스페인과 포르투갈의 국가주도의 기업형 해외투자가 주요한 식민의 동기였다.

그리고 식민지 시대의 경제정책에서도 큰 차이가 있다. 영국 왕실이 북아메리카 식민지들에 대해서 초기에 무관심했으며, 그래서 간섭을 하지 않았다. 대부분의 영국인들은 북미 식민지를 도둑, 파산자, 매춘부들을 위한 덤핑시장 정도로 여기고 관심이 없었다. 이것을 후에 역사학자들이 '유익한 방치Salutary Neglect'라고 불렀다. 그 결과 북미의 영국 식민지들은 정치적 자치와 자유로운 경제활동을 누리고 있었다.[21] 영국은 18세기부터 경쟁을 제한하는 중상주의 정책을 추진하려고 했지만, 북미 식민지들에서는 실패했다. 이렇게 미국 식민지에서는 경제활동을 규제할 수 없었기 때문에 그 결과로 토지배분 상황이나 산업구조가 중남미지역과 확연하게 달랐다. 게다가 북미에서는 종교의 자유가 있었기 때문에 이민과 자본을 끌어들이기 유리했다. 종교적으로 미국 식민지는 청교도, 칼뱅의 개혁파, 루터파, 장로교파, 감리교 등의 프로테스탄트가 주류를 이루고 있어 신앙의 자유와 양심의 자유정신이 왕성하였다.[22] 또한 18세기의 자연법 사상, 천부인권사상, 특히 루소의 자유평등사상과 사회계약설, 존 로크의 민권사상 및 주권재민사상, 몽테스키외의 삼권분립사상 등이 식민지에서 더 환영을 받아 미국독립의 사상적 기반이 되었다. 미국 식민지에는 처음부터 봉건적 요소인 계급제도나 신분제도 그리고 세습제도 등이 없었다. 위와 같은 자유정신과 자치적 전통으로 공동체적 유대감을 가질 수 있었기 때문에 단결하여 영국에 투쟁할 수 있었다. 이러한 자유로운 경쟁적 환경으로 인해서 해외 기업들이 투자하고, 기술을 개발하고 혁신할 유인을 제공했다. 또한 이들에게는 정치적 자유와 신앙의 자유를 찾아 건너간 지식인과 종교인들이 많았기 때문에 개척자정신frontier spirit이 충만했다.

반면에 스페인과 포르투갈이 통제하던 중남미지역에서는 경제활동을 엄격하게 규제하여, 특혜 받는 생산자들은 최소화된 경쟁하에서 장기간에 걸쳐 독점적 이득을 누릴 수 있었다.

결국 북미와 중남미의 성패가 갈라진 이유는 경제주체들의 기회주의적 독점적 행태를 용납하는 체제를 구축했느냐 아니냐의 차이였다.

'유익한 방치' 정책의 변화

이렇게 17세기에 영란전쟁으로 네덜란드를 몰아내고 18세기 중엽에는 7년 전쟁으로 프랑스의 영향력을 몰아낸 후에 영국식민지의 영토가 4배로 늘어났다. 그리고 식민지의 중요성을 인식하면서 식민지에 대한 간섭을 하기 시작했다. 먼저 '1763년의 선언선Proclamation Line of 1763'을 설정하여 13개 식민지가 서쪽으로 팽창하는 것을 막았다. 이는 현지 원주민과의 평화로운 타협을 위한 것이었으나 식민지인들의 반발이 컸다.

그리고 항해법Navigation Acts을 엄격하게 적용하여 식민지인들은 영국 외의 지역과 무역하기 위해서는 본국을 반드시 경유하도록 했다.[23] 원래 이 항해법은 1660년에 제정이 되었으나 그동안 미국을 방치했었기 때문에 미국 식민지가 아프리카를 통한 삼각무역을 하는 것에 대해서 영국은 간섭하지 않았다. 그런데 7년 전쟁 후에는 항해법을 미국 식민지에도 엄격하게 적용하였다. 이로 인해서 미국 식민지인들은 반발을 하면서 밀수를 하기 시작했다.

게다가 영국은 전쟁 이후에도 정규군을 그대로 유지했고, 그 비용을 식민지에서 부담하도록 했다. 이 비용을 조달하기 위해서 1764년 제국의회는 설탕법Sugar Act을 제정해 식민지에 들어오는 모든 설탕에 관세를 매겼다. 이는 13개 식민지에 적용된 최초의 세법이었다. 그리고 1765년에는 숙사할당법Quartering Act을 재정해 영국군 병사가 원하면 민간인 집에서 먹여주고 재워주도록 했다. 이는 엄청난 반발을 받았으며, 후에 미국 헌법이 제정될 때 헌법으로 금지되었다.

그리고 인지세법Stamp Act(1765)은 상업상의 수표·증권을 위시한 각종 증서·광고·책자·팜플렛·신문·캘린더 등에 일정액의 인지(최하 0.5펜스에서 최고 20실링)를 첨부케 하여 식민지인 전체에게 강요하였기 때문에 큰 반발을 야기했다. 게다가 이는 법률가, 출판업자, 편집자, 공증인 등 지식인들에게 부과하는 세금이어서 더 반발이 컸다. 인지세법 반대 운동을 벌이며 강력하게 항의하자 영국은 1766년에 인지세를 취소하는 대신에 선언법Declaratory Act을 통과시켰다. 이는 식민지에 과세할 권리는 자치 정부가 아닌 대영제국 정부에 있고, 필요하면 언제든지 13개 식민지를 통합시킬 수 있다는 것을 선언한 것이다.

게다가 1767년에 대영제국의 재무장관 찰스 타운센드Charles Townshend가 후에 타운센드법Townshend Acts이라고 후에 불리게 되는 간접세를 종이, 납, 차, 페인트 등에 부과하였다. 이 타운센드 재무장관은 자기 재혼녀의 아들들의 가정교사로 애덤 스미스를 채용한 인물이다.

이렇게 반발하자 영국 본국은 뉴욕식민지에 대해 자치령을 일시 중단했다. 자치령이 중단되었다는 것은 외국이 침공을 해도 영국 군대가 보호해주지 않는다는 것을 의미했다. 그리고 보스톤에서는 영국 보초에게 시비를 건 건달들에게 총격을 가해 5명이 죽고 6명이 부상을 당하는 소위 '보스톤 학살' 사건이 발생했다.

이런 반발이 일어나자 타운센드의 후임으로 부임한 프레데릭 노스Frederick North 경은 타운센드 법안이 실익이 없으면서, 식민지인의 불만만 키운다고 판단하고 간접세를 철폐하였다.

그러나 그는 차Tea에 대한 세금만은 남겨둘 수밖에 없었다. 그 이유는 재정난을 겪고 있는 영국동인도회사를 살리기 위해 북미시장에서의 차 무역 독점권을 동인도회사에게 부여하기 위해서였다. 이로 인해서 '보스톤 차 사건Boston Tea Party'이 발생하게 된다. 1773년 12월에 매사추세츠에서 급진파 두목 새뮤얼 애덤스Samuel Adams 무리들은 보스톤 항구로 가서, 동인도회사 선박에 실린 342상자의 차를 바다에 버렸다. 이에 대해서 영국은 매사추세츠의 식민지 자치령을 취소하고, 보스톤 항구법을 만들어 차값을 보상할 때까지 보스턴 항을 봉쇄하며, 식민지 범죄자를 영국 본토로 소환해서 비밀재판을 받는다는 법을 통과시켰다. 이 법들을 훗날 억압법Repressive Acts, 또는 불관용법Intolerable Acts(1774)이라고 불렀다.

이러한 강경한 대책을 보고 놀란 식민지인들은 1774년 9월 펜실베니아의 필라델피아에서 제1차 대륙회의를 개최하여 공식적인 항의

서한을 보내고, 식민지인들의 권리를 확인하는 권리선언The Declaration of Right을 했다. 이것이 후에 독립선언서The Declaration of Independence와 헌법 그리고 권리 장전의 토대가 되었다.

1775년 4월에 매사추세츠 식민지의 렉싱턴과 콩코드에서 식민지 민병대와 영국군 사이에 무력 충돌이 일어나게 되고, 결국 1775년 5월에 열린 제2차 대륙회의에서 대륙군을 창설하고, 조지 워싱턴을 총사령관으로 임명하여 독립전쟁이 발발하게 된다. 마침내 1776년 7월 4일에 독립선언서를 발표하여, 미합중국을 결성하고 대영제국으로부터 자유를 선언한다. 프랑스는 미국의 독립정부를 승인하고 동맹을 체결한 후 곧 영국에 선전포고하였으며, 이어 스페인과 네덜란드가 1779년에 미국과 동맹을 맺고 독립군을 원조하였다.[24] 마침내 미국은 8년간(1776~1781)의 긴 전쟁 끝에 독립을 달성했고, 1783년에 베르사이유 평화조약에서 국제적으로 승인되었다.

미국의 독립선언서에는 인간이 태어날 때부터 모두 평등하며, 생명권, 자유권, 행복을 추구할 권리가 포함되어 있다.[25] 미국의 맨해튼 앞의 자유의 여신상Statue of Liberty은 미국의 상징이 되었다. 미국 독립은 세계에서 가장 의의가 깊은 사건으로 평가되고 있다. 그 이유는 독립선언서의 사상은 계몽사상의 자유정신을 기본으로 하는 인간의 자연권과 주권재민사상 그리고 인민의 혁명권을 명시하여 근대 시민사회의 정치원리를 확인한 것이며, 중상주의에 대한 반항이며, 국가적 압제에 대한 자유정신의 발현이었기 때문이다. 이것은 10

년 후에 프랑스 대혁명의 인권선언으로 계승되었고 나폴레옹전쟁 이후 1848년의 여러 혁명을 통해 유럽의 자유주의와 시민적 민주주의의 발전을 가져왔다. 따라서 미국 독립은 단순한 독립전쟁이 아니라 사회적, 지적 각성운동이라고 평가된다.

건국 후 미국의 경제(1780~1820년대)

미국 식민지는 100여 년 동안 대영제국 보호와 자유무역체계 아래서 발전했다. 북부식민지는 상공업, 중부 식민지는 농업, 그리고 남부 식민지는 플랜테이션농업을 중심으로 성장했다. 독립 후 영국의 도움 없이 어떻게 생존하느냐가 문제였다. 독립한 13개 주는 연방정부도 통일된 화폐도 없었다. 이에 1787년 필라델피아에서 55명의 대표 개국 원로들이 워싱턴을 의장으로 선출하여 필라델피아 제헌회의를 개최했다. 마침내 1787년 9월 17일에 최초의 연방헌법이 완성되고 국왕으로 모시겠다는 사령관들의 제안을 거부하고 마운트 버논의 농장주 생활로 돌아갔던 조지 워싱턴 장군을 제1대 대통령으로 선출했다.

연방헌법은 국가의 주권은 연방정부가 갖지만, 각 주는 자치권을 가지고 연방정부가 간섭하지 못하게 했다. 그리고 마침내 통일된 화폐, 조세제도 그리고 시장을 갖게 되었다. 영국의 자유주의제도를 그대로 반영하여 금융과 재정제도를 만들었으며, 1792년 2월에 최초의 전국적 규모의 은행이 만들어졌다.

미국 정부수립 후 초대 재무장관인 알렉산더 해밀턴Alexander Hamilton은 미국 자본주의의 발전을 위한 기초를 놓았다. 먼저 1789년에 관세법을 제정하였다. 1790년에는 독립전쟁 기간에 발행된 공채를 장기공채로 전환하여 상환했으며, 1791년에 소비세법을 제정했다. 그리고 같은 해 제1차 합중국은행을 설립하여, 은행권을 발행하고, 1792년의 주화법으로 미국의 화폐단위를 '달러'로 결정했다. 이러한 일련의 정책들을 '해밀턴 체제Hamilton System'라고 불렀다.

이러한 와중에 프랑스에서 1789년에 대혁명이 일어나 미국은 영국의 해안봉쇄와 프랑스의 대륙봉쇄로 인해서 유럽과 교역할 수 없었다. 그러나 이는 미국이 농업국가에서 공업국가로 탈바꿈하는 결정적인 계기가 되었다. 나폴레옹 전쟁기간 동안 유럽으로부터의 수입이 안 되자 제조업이 발전했다.

미국의 독립을 인정한 1783년의 베르사이유 평화협약에 의해 서부가 미국 연방정부에 국유지로 귀속되었다. 18세기 말과 19세기 초에 미국은 스페인으로부터 플로리다와 루이지애나를 구입했으며, 1812년에 인디언 토벌을 계기로 서부 개척지를 확보했다. 그리고 1848년에는 멕시코를 무력으로 합병시키고, 유타, 애리조나, 뉴멕시코, 캘리포니아를 구입했으며, 오래곤 지방을 영국으로부터 영유했다. 이렇게 하여 대서양에서 태평양에 이르는 광대한 미국이 탄생했다.

이렇게 방대하게 창출된 서부의 공유지에 국민들을 이주시키는 공유지정책이 필요했다. 먼저 1785년에 연방정부에 편입된 서부의 토지를 처분하는 방법과 조건을 규정하는 토지조례Land Ordinance를 제정했다. 1841년에 정부가 측량하기 전에 점유한 토지는 이주농민이 경매가격이 아닌 최저가격으로 선매할 수 있는 권리를 부여했으나, 가난한 소농민이 토지를 구입하여 자작농이 되는 것이 현실적으로 어려웠기 때문에 투기업자들이 많은 토지를 구입하자, 농민들은 토지를 무상으로 나누어줄 것을 요구했다. 그리하여 연방정부는 남북전쟁 중인 1862년에 자작농장법Homestead Act을 제정해서 서부 토지를 무상으로 분배했다. 21세 이상의 성인 남자 1인당 160에이커(약 65만 제곱미터)의 한도 내에서 먼저 선점을 하고 5년을 경작하면 10달러의 등록세만 받고 소유권을 넘겨주었다.[26] 게다가 1848년에 캘리포니아에서 금광이 발견되면서 태평양연안 극서부로의 이주가 더욱 가속화되었다.

이러한 공유지정책에 힘입어 많은 농민들이 미개척토지를 향유할 수 있었으며, 서부의 인구가 폭발적으로 증가했다. 미국에서는 출생률도 높았고, 유아생존율도 높았다. 당시의 미국의 인구증가율은 국내 출생인구만으로서도 25~30년마다 인구가 2배씩 증가되었다. 여기에 이민이 늘어나 인구는 더욱 빠르게 늘어났다. 그리하여 미국의 인구가 3,000만 명으로 증가해서 1860년에 대부분의 유럽 국가들의 규모를 추월했다. 유럽의 이민자들이 대거 미국에 진입해서 노동시장의 노동을 공급했으며, 생산기술도 이민자에 의해서 유입되었다.

미국 산업혁명의 전개(1820~1860년대)

미국의 산업혁명은 1820년대부터 남북전쟁(1861~1865)에 이르기까지 점진적으로 진행되었다.[27] 이 시기에 미국에서 산업혁명이 발생할 수 있었던 주된 요인은 시장경제가 발달했기 때문이다. 남부의 면화수출로 인해 해외시장이 확대되었고, 이에 따라서 국내시장의 규모도 확대되었다. 남부는 북서부로부터 곡물 및 가축을 공급받았고, 북서부는 북동부로부터 공업생산물을 구입했다. 이렇게 시장경제가 활성화됨에 따라 화폐소득이 증대되고, 특화와 분업이 전개되어, 지속적 성장을 가능케 하는 연쇄작용이 일어났기 때문이다.

미국 공업화의 독특한 특징은 대량생산 방식의 전개이다. 미국은 국토와 자원에 비해서 노동력이 부족하므로 노동을 절약하는 기술혁신이 많이 나타났다. 독일이나 프랑스는 기술의 도입이 주를 이루었으나 미국에서는 도입된 영국의 기술을 개량하거나 새로운 기술로 발전시켰다. 예를 들면 엘리 휘트니Eli Whitney는 1793년에 세계 최초로 면의 씨앗을 빼내는 조면기를 만들어서, 수동으로 하던 작업을 자동화하여 면화생산에 획기적인 기여를 했다. 이밖에도 사이먼 노스Simon North는 부품 표준화와 호환성 부품제interchangeable part system에 의한 대량생산방식을 고안했으며, 일관작업방식moving assembly line system은 제분공업과 정육업 등에서 발전했다. 1846년에 일라이어스 하우Elias Howe는 1분에 300땀의 봉제가 가능한 재봉기sewing machine를 발명해서 의복제조에서 혁신을 이뤘다. 싱어I.M.

Singer는 이것을 개량해, 가정용 재봉기를 만들었는데 1860년에 11만 대의 재봉기를 제작하였다. 이러한 발전에 힘입어 1860년의 공업생산 총액은 19억 달러로 1850년의 2배, 그리고 1810년과 비교하면 10배에 달하는 규모로 성장했다.[28] 1860년대까지는 주로 소비재 생산부문을 중심으로 발전했으며 생산재 산업부문은 1870년대 이후 급속히 발전했다.[29]

또 미국은 국토가 넓기 때문에 교통수단의 발달이 경제성장에 매우 중요한 역할을 했다. 이 점은 비슷한 환경을 가진 러시아도 마찬가지였다. 미국에서 교통수단의 발달은 서부 이주를 촉진시켰고, 국내시장을 확대시키고, 자원개발을 촉진시켜, 공업발전의 기초 조건을 형성했다. 특히 동부의 인구밀집지역과 중서부의 토지 및 자원을 연결시키는 데 교통의 발전이 매우 중요한 역할을 했다.

자동차가 발명되기 이전에 최초로 경제적인 운송수단을 제공한 것은 운하였다. 1825년에 이리Erie 운하가 완성되면서 운하의 황금기를 맞았다. 이리 운하는 허드슨 강과 이리 호를 연결한 것으로 전장이 363마일이나 되었다. 동부에서 에팔레치아 산맥을 넘어 내륙지방으로 들어가기 위해서는 육로 교통수단이 비경제적이기 때문에 이것을 극복하기 위해서 허드슨 강과 앨바니Albany, 버펄로Buffalo를 경유해서 이리 호수를 연결하는 운하를 건설할 필요가 있었다. 당시의 이리 운하를 통한 상품의 양은 1836년부터 1854년 사이에 무려 9배나 증가했다는 사실로도 이리 운하의 비중이 얼마나 큰가를 알 수 있다. 그리고 여행 시간도 20일에서 6일로 줄어들었다. 이 이후에 미국은 1820~1830년대에 소위 운하광canal maniac 시대를 맞았다. 운하는 그 자체가 대단위 토목공사였기 때문에 경기부양에도 큰 효과가 있었다.

철도건설과 철도 논쟁

운하에 이어 1840년대 이후에는 철도광 시대가 도래한다. 1830년에 미국에서 최초로 건설된 볼티모어~오하이오 철도가 완성되었다. 그리고 1850년대 이전에는 대서양 연안과 중부·북부지방에 집중적으로 건설되었다. 그런데 1850년대 이후에는 서부로 연결되는 철도 건설이 크게 진전되어 뉴욕 센트럴 철도는 뉴욕을 5대호와 연결시켰고, 1853년에는 미시시피 강을 연결시켰다. 1860년대 이후 더욱 발전하여 1869년에 최초의 대륙횡단 철도가 완성되었다. 대륙횡단 철도는 새로운 시장을 서부지역에 연결시킴으로써 미국경제는 폭발적으로 확장되었다. 그리고 1880년대에 미국 대간선 철도의 대부분이 완성되었다. 남북전쟁 전까지 3만 마일의 철도가 건설이 되었고, 1862년에는 운하와는 비교가 안 될 만큼 큰 영향력을 가지게 되었다. 서부개척 시대에 인디언의 위협 등 여러 어려움을 이기고 경제적 기반을 마련할 수 있었던 것도 철도 덕분이었다. 철도로 인해 마차로 통행하던 때보다 안전하게 되었고 자연히 상권을 형성할 수 있었다. 또한 철도는 막대한 신규 일자리를 창출했다.

슘페터나 월트 로스토우Walt Rostow(1916~2003)는 철도가 미국경제 성장에서 없어서는 안될 필수불가결의 역할을 했다고 주장했다. 로스토우는 1960년에 『경제발전 단계론*A Stage Theory of Economic Growth*』에서 미국경제를 도약단계take-off로 발전시킨 선도산업leading sector은 철도산업이라고 주장했다. 즉 철도라는 경제적 수송수단의 등장으로 광활한 미국 대륙의 싼 요소들이 결합되어 미국 생산물의 국제경쟁력을 높일 수 있었고, 전국적 단일 시장권이 형성되어 시장이 넓어지게 되었을 뿐만 아니라, 철도건설 자체가 큰 수요를 부추겨 미국경제의 발전에 결정적인 역할을 했다는 주장이다. 이러한 견해들로 인해 미국 19세기 급속한 경제성장은 철도가 없었다면 불가능했을 것이라는 주장이 통설이었다.

그러나 이 주장은 포겔Fogel[30]과 피쉬로우Fishlow[31]에 의해서 반박되었다. 포겔은 철도가 미국경제의 성장에 미치는 영향이 얼마나 컸는가를 수량적으로 측정해보았다. 그는 철도가 가장 중요한 운송수단으로 자리 잡은 1890년에 철도가 없었다면 어떤 일이 발생했을 것인가를 상정해보았다. 철도가 부설되지 않았다면 제철수요가 줄었을 것이므로 그 제철수요 감소량을 계산했다. 또 철도가 없었다면 운하나 도로교통을 이용했을 것이고 그렇게 되면 운송비가 증가했을 것이므로 그럴 경우 운임이 얼마나 오르게 되는지, 그리고 경제가 얼마나 위축되는지 계산했다. 그리고 시장이 좁아질 경우에 어떤 결과가 올지 추계했다. 이러한 것들을 계산한 후에 이것과 실제 철도비용과 차이를 계산해서 철도의 경제적 효과를 계산한 결과 철도가 경제발전에 미친 영향이 5퍼센트 정도에 불과하다는 결론을 내리게 되었다. 따라서 철도가 19세기의 미국경제가 성장하는 것에 공헌하긴 했지만 그 영향이 혁명적이라든가 결정적인 것은 아니었다는 결론을 내리고, 전통적인 경제사학자들의 통설에 반박했다.[32]

남북전쟁, 제2차 아메리카 혁명

미국은 독립선언서에 명시된 바와 같이 자유와 평등의 이념 위에 성립되었지만, 앞에서 설명한 바와 같이 남부지역은 흑인노예에 기반한 플랜테이션 농업을 유지하고 있었다. 이것은 미국의 자유주의 이상에 모순된 것이었다.

제헌회의에서 노예제 폐지가 논의되지 못한 이유는 연방제도 형성에 방해가 되기 때문이었다. '백색황금'이라고 불린 목화는 남부의 플랜테이션 농업의 가장 중요한 산업이었고, 이를 위해서 노예는 반드시 필요했다. 95퍼센트의 흑인이 남부에 살았고, 남부 전체 인구의 3분의 1이 흑인인 반면 상공업이 발달해 흑인노예의 필요성이 낮았던 북부에서는 흑인인구가 1퍼센트 정도에 지나지 않았다. 따라서 독립 당시에 노예제도가 독립정신에 위반된다는 사실을 알면서도 연방의 존립에 관한 문제였기 때문에 이 문제를 거론할 수 없었다. 게다가 플랜테이션 작물인 목화나 담배 등은 지력이 빨리 쇠하므로 끊임없이 새로운 토지가 필요했다. 이에 따라 남부 플랜터들은 서부지역이 새로 승격하면 그곳에도 노예제를 운영할 것을 요구하며, 노예제 확산운동에 총력을 기울였다. 그러나 이에 대해서 북부 산업자본가들은 반대했다. 따라서 노예문제는 남부의 플랜터와 북부의 산업자본 간의 투쟁이었으며, 언젠가는 터질 수밖에 없었던 문제였다.

북부와 남부는 노예제뿐만 아니라 여러 가지 문제로 대립했다. 정치적으로 볼 때 북부는 연방을 찬성하는 연방주의자가 많았던 반면에 남부는 분리주의자들이 많았다. 또 관세문제에서도 남부와 북부는 대립했다. 남부 플랜터들은 영국 등 유럽에 수출을 많이 했기 때문에 자유무역을 주장한 반면에, 북부의 산업자본가들은 영국 등 선진국으로부터 미국시장을 보호하기 위해서 보호무역을 주장했다.

또한 금융문제에서도 이해관계가 갈라졌다. 수출을 많이 한 남부는 인플레이션과 평가절하가 유리했다. 달러화가 약세이면 같은 수출을 하더라도 달러화로 환산하면 더 많은 수입을 얻을 수 있었다. 따라서 연방정부가 은행을 통제해서 인플레이션을 막는 것을 반대했다. 그래서 연방정부에 의한 국립은행의 설치를 반대했다. 또 국립은행으로서 제2합중국은행의 특허갱신을 저지했다. 이에 비해서 보호무역을 옹호하던 북부 산업가들은 금융의 안정을 위해서 국립은행 설치에 찬성했다.

당시 미국은 남부가 더 귀족적이었고, 부유했으며 정치적으로도 우세했다. 남부는 잭슨 대통령 이후 링컨Abraham Lincoln(1807~1865) 대통령 전까지 32년간 행정부를 장악했고, 상·하원과 최고 재판소를

20년간 장악했다. 그러나 1850년대 말 서부와 연합한 북부의 공화당에게 패배하여 1860년에 에이브러햄 링컨의 공화당 정권이 탄생되었다. 링컨은 선거에서 노예제도 폐지를 공약했으며, 1861년 3월 4일에 링컨은 대통령에 당선되었다. 그러자 링컨이 취임하기 전에 사우스 캐롤라이나, 미시시피, 플로리다, 앨라배마, 조지아, 루이지애나 그리고 텍사스 등 7개의 딥 사우스 코튼Deep South Cotton 주들은 이 순서대로 연방으로부터 탈퇴를 선언하고, 1861년 2월에 남부동맹Confederate States of America을 결성했다. 그리고 별이 7개가 있는 남부연합 국기와 함께 '아메리카 연합국'을 제정하고 협상을 추진했다. 링컨은 이 '아메리카 연합국'의 실체를 인정하지 않고, 1861년 4월 대통령 취임사에서 결속을 호소했으나 결국 4월 12일에 남부연합의 공격으로 남북전쟁의 첫 전투가 발발했다.

전쟁에는 막대한 비용이 소요되었다. 군비지출은 하루 100만 달러가 넘었고, 초기에는 부유한 남부연합이 연승했다. 당시 미국연방정부의 채무는 6,000만 달러를 넘었다. 부족한 자금을 마련하기 위해서 연방정부는 300달러만 내면 징집을 면해주는 법안을 제정했다. 그러자 국민들은 강제징병에 반감을 느껴 1863년 7월 13일 뉴욕 맨해튼에서 폭동을 일으켰고, 그 사상자 수가 2,000명을 넘을 정도였다. 전쟁자금 마련책을 위해 연방정부는 5,000만 달러의 전쟁채권을 판매해 처음으로 채권의 판매 대상을 일반 국민에게까지 넓혔다. 1860년대 주식을 보유한 사람이 1퍼센트에도 못 미쳤는데 남북전쟁이 끝나갈 무렵 일반 국민의 5퍼센트가 전쟁채권을 구매했다. 남측의 대형 농장주들은 전쟁자금 조달방법을 적시에 수립하지 못했다. 그래서 북군 병사들에 의해 패한 것이 아니라, 금융에 패한 것이라는 말도 있다. 남북전쟁을 거치면서 그동안 주목받지 못했던 월스트리트는 런던에 버금가는 세계 제2의 금융시장이 되었다.[33]

당시 34개의 주 가운데, 23개 주는 미연방에 남아 있었다. 링컨은 서부를 포섭하기 위하여 남북전쟁이 시작된 직후인 1862년에 앞에서 언급한 자작농 설치법Homestead Act을 5월 20일에 서명했다.

당시 서부의 토지문제에 대해서도 남부와 북부의 이해관계가 달랐다. 초기에는 남부가 지력고갈 작물인 면화 경작지를 확보하기 위해서 서부 공유지를 대단위로 싸게 구입할 수 있도록 요구했다. 그래서 서부 공유지의 염가매각을 요구했다. 그러나 1850년대 이후에 남부는 서점운동이 남부의 정치적 지위를 저하시킬 것이라고 보고 서부토지불하조건의 완화에 반대했다. 이것은 서부 주들의 이해에 반대되는 것이었다. 북부의 공화당은 서부 공유지의 무상 분여를 약속해 서부와 북부의 동맹이 실현되었다.

링컨은 남북전쟁 중인 1863년 1월 1일에 흑인노예 해방을 선언하였다. 흑인노예 수십만 명은 자유를 찾아 북군 지역으로 탈출했다. 남부는 영국과 프랑스가 전쟁에 개입하여 자신들을 지지해주기를 원했다. 그래서 유럽에 목화수출을 금지해서 유럽 대륙의 개입을 유도했다. 그러나 이집트와 인도에서 대체할 수 있었기 때문에 면화외교도 실패했다. 반면에 유럽에 흉년이 들어서 북부로부터 옥수수 수입이 더 절실했다. 그래서 영국이나 프랑스는 남북전쟁에 개입하지 않았다. 마침내 1865년 4월 9일에 남군의 사령관 리 장군이 북부의 그랜트 장군에게 항복함으로써 전쟁은 끝났다.

남북전쟁의 결과로 미국 산업자본의 발전에 대한 제약이 사라졌다. 북부의 산업을 보호하기 위해서 보호관세정책이 도입되었고, 국립은행제도가 도입되었다. 이에 따라 1865년에 주립은행권은 불법화되었다. 그리고 공유지의 불하가 촉진되고 철도토지가 대규모로 불하되어 서부 개발이 촉진되었다. 노예제를 기반으로 한 남부의 면화왕국은 무너지고, 미국은 동질적인 사회경제체제를 가지게 되었다. 이 남북전쟁을 전후한 시기에 급속한 경제성장을 이룩한 미국은 1890년경에 세계 최고의 공업국으로 성장했다.

미국 남부 노예제에 대한 논쟁

포겔과 스탠리 엥거만Stanley Engerman은 1974년에 발표한 『고난의 시대: 미국 흑인노예의 경제학*Time on the Cross: The Economics of American Negro Slavery*』에서 노예제도는 효율적이었으며, 노예제도가 철폐된 것은 정치적인 이유 때문이라고 주장했다.[34] 이전에는 그리스나 로마의 노예제가 비효율적이었던 것처럼 미국 남부의 노예농업도 비효율적이었다는 것이 일반적인 견해였다. 그래서 남북전쟁이 없었더라도 결국 남부의 노예제 농업은 생산성이 떨어지므로 언젠가는 사라졌을 것이라고 보고 남북전쟁은 이 시기를 앞당겼을 뿐이라는 견해가 정설로 받아들여졌었다. 그런데 포겔과 엥거만이 남부와 북부의 노동생산성을 계산한 결과 흑인노예의 생산성이 북부 노동자보다 35퍼센트나 더 높았으므로 노예제도는 효율적이었다는 결론을 얻었다. 그리고 남부 노예들의 노동조건이 북부 공업단지의 노동자보다 오히려 좋았다고 주장하였다. 그래서 남부의 경제발전이 북부보다 빨랐고, 따라서 노예제도는 경제적 이유가 아니라 정치적인 이유에 의해서 붕괴되었다고 주장하였다.

이러한 주장은 미국사회와 학계에 큰 반향을 일으켰다. 수십 편의 논문이 발표되면서 포겔 등이 사용한 자료와 논리 전개에 대한 비판과 재반론이 있었다.[35] 그 논쟁의 결과 '고난의 시절'의 주요 발견점인 남부의 노예농업은 북부의 자유농업과 이윤율이나 능률 면에서 큰 차이가 없다는 사실이 현재는 일반적으로 수용되고 있다.

남북전쟁 이후 산업의 발전

남북전쟁 이후 1870년대 말에 에디슨이 증기동력을 대체해 새로운 에너지원 전력을 탄생시켰다. 전기는 미국의 경제성장의 강력한 에너지원이 되었으며, 제2차 경제혁명을 가능하게 했다. 1,000여 개의 발명을 한 에디슨도 수많은 발명가 중 한 명일 뿐이다. 1865~1900년 중에 공식적으로 등록된 발명 건수가 64만 건에 달했는데, 미국은 이 눈부신 기술을 바탕으로 제2차 산업혁명의 선두에 서게 되었다.

미국이 이렇게 성공한 이유는 창의적인 문화와 제도 때문이다. 1802년에 미국은 상무부하에 특허국을 세워, 과학과 실용기술의 보급을 촉구했다. 링컨은 "특허제도는 천재의 발명이 가져올 이익에 연료를 제공하는 것이다"라는 말을 했다.

특허권 보호는 16세기에 영국에서 시작되었으나 미국이 최초로 법으로 보호하기 시작했다. 미국에서는 1787년 헌법이 처음으로 특허권을 인정하면서, 수많은 발명가들이 새로운 기술과 상품을 개발하기 시작했다. 즉 미국은 헌법으로 발명과 창조를 보호한 셈이다. 초기 특허는 모두 워싱턴 대통령이 직접 서명했다. 그리고 독립선언서를 초안한 3대 대통령 토마스 제퍼슨Thomas Jefferson(1743~1826)이 국무장관으로 있을 때 최초의 특허 심사위원이 되었다. 여기에다가 J.P. 모건John Pierpont Morgan(1837~1913) 등의 금융가들은 발명가가 발명에 전념할 수 있도록 자금지원을 통한 수익배분 사업에 참여해서 창조적 열정을 불러일으켰다.

사실 모건의 자본이 없었으면 에디슨이 전구를 발명하기 어려웠다. 에디슨의 전등 발명에는 매주 800달러에 이르는 연구비가 소요되었다. 이는 당시 중산층 가정의 1년 소득이 넘는 금액이었다. 에디슨은 모건에게 전구개발 프로젝트에 투자를 요청했다. 이에 모건은 에디슨에게 자신의 호화 저택에 전기 조명을 설치해보라고 했다. 에디슨의 연구원들은 모건의 지하실에 발전기를 설치하고 저택에 385개의 전등을 장식했다. 1882년 여름, 매디슨 거리에 있는 모건의 호화저택에 사람들이 몰려들었고 이 점등식 장면을 참관했다. 1840년대 미국은 가스등이나 석유등을 사용하고 있었다. 이는 유독가스도 나오고 화재의 위험도 있었다. 에디슨의 백열등은 이를 대체했다. 모건은 200만 달러를 투자해서 에디슨과 합작으로 전등회사를 설립했다. 전등의 발명은 사람들을 늦게까지 일할 수 있도록 했고, 상점은 밤에도 영업이 가능했다. 은행가 모건과 발명가 에디슨의 합작은 전구발명을 넘어서 미국 전역에 전력망까지 구축하기에 이르렀다. 전기를 생산하려면 발전기를 돌려야 하고, 이는 규모의 경제가 큰 사업이었기 때문에 대규모 투자가 필요했다.[36]

이러한 특허권제도나 금융제도 등은 전기혁명으로 대표되는 제2차 산업혁명을 촉진시켜서, 앞의 [도표 7]에서 보는 바와 같이 1880년 미국의 공업생산량은 영국과 같은 세계총생산량의 28퍼센트를 차지하게 되었다. 그리고 1894년에 미국은 탄생한 지 118년 만에 세계 최고의 경제강국으로 부상했다.

제2차 경제혁명

노스는 산업혁명이 역사가들에 의해서 너무 과대평가되었다고 생각했다. 앞에서 설명한 바와 같이 노스는 산업혁명보다 경제혁명을 더 중요하게 꼽았다. 첫 번째가

제1차 경제혁명, 즉 신석기혁명이고, 제2차 경제혁명이 19세기 말에 있었던 독일과 미국의 발전을 가져온 혁명적 변화다.

현재 우리가 누리는 물질문명은 19세기 초에 영국 산업혁명 때 발명된 증기기관이 아니라 전기, 자동차, 화학공업 등의 기술들이다. 1867년 파리 엑스포에서 내연기관이 처음 등장한 이후에 1876년에 독일의 오토N. A. Otto에 의해서 가스기관이 발명되었다. 1883년 다이믈러Daimler에 의해서 가솔린 내연기관이 발명되었고, 1892년에 독일의 디젤Rudolf Diesel에 의해서 디젤 엔진이 발명되었다. 그리고 1892년에 미국의 찰스 두리예이Charles Duryea 형제가 자동차를 발명하였다. 그들은 모델을 개발해서 1896년에 13대를 판매했고, 그해 32세의 헨리 포드Henry Ford는 4기통 자동차quadricycle를 처음으로 판매했다.[37] 포드는 1913년 8월에 처음으로 컨베이어벨트 포드식 생산방식을 도입하고 표준화와 어셈블리 라인이 하나로 통합된 대규모 생산을 시작했다. T형 자동차를 연 2,500대 생산하기 위해서 8만 명을 고용했다. 1924년에 1,000만 번째 T형 자동차가 생산되면서 800달러였던 자동차값이 290달러로 대폭 인하되어 '마이카 시대'가 열렸다.

영국의 산업혁명 당시에 있었던 기술혁신은 개량기술이다. 거기에는 과학이 거의 필요 없었고, 다만 숙련공들이 기존의 기술을 약간 개량해서 생산성을 높였다. 과학이 필요했던 예외는 증기기관뿐이었다. 그것도 혁신적인 발전이었지만, 19세기 말과 20세기 초에 미국과 독일이 발전시킨 산업들은 과학이 없으면 불가능했다. 비행기, 전화,

전기, 화학공업 등은 과학을 기초로 만든 것이다. 따라서 이 당시 발명은 그 이전의 발명과 질이 다르다. 백년이 지난 지금 우리가 누리고 있는 물질문명들은 거의 대부분 이러한 것이다.

제2차 경제혁명을 특징짓는 기술혁명은 첫째, 자동화 기계의 발전이다. 산업혁명에서 시작해 노동 분업과 특화의 결과로 기계가 등장했다. 조면기를 발명한 엘리 휘트니의 호환성 부품제의 발전, 헨리 포드의 어셈블리 라인, 그리고 가장 근대적인 컴퓨터 등이 그 예이다.

두 번째는 새로운 에너지원이 사용되었다는 것이다. 이것도 역시 산업혁명에서 시작되었는데, 증기기관은 곧 내연기관, 전기, 그리고 핵에너지로 대체되었다.

그리고 마지막으로 재료혁명이었다. 과거에는 청동기에서 철기로 변화되었는데, 석유가 석탄을 대신하고, 19세기 화학혁명이 일어났다. 그리고 물리학, 유전공학 등은 더욱 인류의 물질을 변화시키는 능력을 크게 강화시켰다.[38]

제2차 경제혁명과 지적재산권

제2차 경제혁명의 중요한 점은 새로운 지식의 공급곡선에서 '변곡점inflection'의 변화가 있었다는 것이다. 즉 지식의 공급곡선이 체감적이 아니라 체증적으로 늘어났다는 것이다.[39] 그리고 이것이 가능했던 이유는 바로 재산권의 변화 때문이다. 즉 잠재된 생산력을 실현시키기 위해서는 재산권을 근본부터 재구성해야 한다. 이를 구체적으로 살펴보자.

앞에서 제1차 경제혁명이 가능했던 것은 배타적 공동재산권 exclusive communal property right이 발생했기 때문이라고 했다. 마찬가지로 제2차 경제혁명을 가져오는 데도 재산권 혁명이 중요한 역할을 했다.

노스는 제2차 경제혁명이 바로 발생한 것이 아니라 오랜 세월 동안 여러 단계를 거치면서 발전되었다고 설명했다. 그 첫 번째 단계가 '과학 훈련의 발달'이다. 중세시대에 유럽에서는 아이디어를 교회가 독점적으로 보유했다. 그런데 종교개혁으로 인해 이러한 아이디어의 독점현상이 완화되었다. 갈릴레오Galileo, 코페르니쿠스Copernicus, 케플러Kepler, 특히 뉴턴Newton 등 과학자들이 일으킨 과학혁명이 이러한 현상의 시작이었다. 두 번째 단계가 '산업혁명'이다. 산업혁명은 발명과 과학 사이의 지적인 교류를 가져왔다. 그러나 이것으로 끝난 것이 아니라, 진정한 변화는 세 번째 단계인 재산권 혁명에서 완성되었다. 사적 수익을 사회적 수익에 근접시킨 재산권 혁명이 가장 중요한 역할을 했다. 과학의 발전이 사회적 수익을 매우 높인다는 것을 인식하게 된 정부는 발명과 혁신에 대한 재산권을 부여하는 특허권제도를 만들어내고, 정부가 재정을 지원하여 연구를 장려하게 되었다.[40]

제1차 경제혁명이 눈에 보이는 생산물에 대한 배타적 재산권을 인정해준 것이라면, 제2차 경제혁명은 눈에 보이지 않는 지적 재산에 대해서 재산권을 준 것이다. 이렇게 각종 재화에 대한 재산권이 확대되어온 것이 경제성장의 역사이다.

영국의 인클로저 운동도 이런 관점에서 볼 때 부동산에 대해 사유재산권을 인정하는 과정이었다. 영국에서 산업혁명이 일어나기 이전인 16세기 이후부터 산업혁명 시기인 19세기 중엽까지 오랜 세월에 걸쳐서 점진적으로 인클로저 운동이 일어나면서 근대법적인 일물일권적 토지소유권제도가 확립되었다. 재산권에는 '소유권' 이외에도 원하는 방식으로 이용하거나 처분할 수 있는 '처분권', 타인에게 교환을 통해 양도하거나 증여할 수 있는 '양도권', 이용해서 얻는 소득을 전유할 수 있는 '전유권' 등으로 구성되어 있다. 일물일권적 권리라는 것은 소유자가 처분권, 양도권 그리고 전유권까지 동시에 가진다는 것이다. 이러한 근대적인 재산권이 확립되기 이전에는 동서양을 막론하고 대부분의 지역에서 가장 중요한 생산요소인 토지에 대해서는 여러 가지 권리들이 나뉘어 있었다. 영국 등 유럽에서도 중세 봉건시대에는 영주가 토지를 소유하고 있었지만 상당히 많은 공유지가 있어서 함께 방목도 하고, 땔감도 구했다. 그런데 모직물산업이 발전하면서 영국에서는 밀농사보다 양을 키워 모직물의 원료인 양모를 생산하는 것이 더 이익이 크다는 사실을 발견하고 울타리를 쳐서 양을 키우고 그 안의 농민들을 몰아내기 시작했다. 이로 인해 토마스 먼 Thomas Mun 등에 의해서 많은 비난을 받았다. 그래서 영국 의회는 인클로저로 인한 사회적 문제를 해결하기 위해서 인클로저법을 만들어서 점진적으로 토지소유권제도가 발전되었다.

이러한 인클로저 운동이 수 세기 동안 지속되면서 자연스럽게 토지의 경계가 발생하고 오랜 법적 공방을 거쳐서 토지의 사유재산제가 확립되었다. 이 과정을 통해 토지의 소유권자는 양모값이 상승할 때는 목양을 하고, 밀의 가격이 상승할 때[41]는 밀농사를 짓는 등 토지 소유자의 판단에 따라 토지를 효율적으로 이용할 수 있는 길이 열렸다. 이렇게 농업부문에서 부가 축적되어 영국에서 가장 최초로 산업혁명이 발생할 수 있었다. 마르크스는 이를 '자본의 원시적 축적'이라고 불렀다. 상업과 제조업이 발전하기 이전에 가장 중요한 생산요소가 토지였는데, 이 토지를 가장 효율적으로 활용할 수 있는 길이 열리게 된 중요한 원인이 바로 토지에 대한 사유재산제도 때문이다.

공산주의 국가인 중국도 시장경제로 전환하면서 많은 부문에서 사유재산권을 인정하고 있지만, 부동산에 대해서는 개인에게는 소유권을 주지 않고 사용권만 주었다. 소유권을 갖지 못한 사용자가 그 토지에 자본을 투자하지 않아 건물이 신축되지 않는 등 토지가 비효율적으로 활용되자 최근에 들어서야 토지에 대한 사유재산권을 인정하기 시작했다. 이렇게 오래전에 생산물에 대한 사유재산권을 인정했지만, 땅에 대한 사유재산권을 인정하는 데에는 저항도 많고 오랜 세월이 걸렸다.

그런데 그것보다 더 어려운 것이 눈에 보이지 않는 지적재산권을 인정하는 것이었다. 19세기 말에 지적재산에 대해서 재산권을 인정해주기 시작했다. 그리하여 비로소 과학을 산업에 응용하는 데 열심을 보이기 시작했다. 19세기 말 독일과 미국에서 비약적으로 과학혁명이 일어나는 이유는 바로 이 나라들이 다른 나라들보다 먼저 지적 재산권을 인정했기 때문이다. 결국 제1차 경제혁명과 제2차 경제혁명의 핵심 동인은 재산권 대상이 확산된 것이다. 이처럼 자본주의의 발전은 재산권과 매우 중요한 관계가 있다.

서구 국가들의 성공 비결

지금까지의 설명을 요약하면, 서구에서 시장경제 발전에 기여한 나라들은 유럽에서 가장 작고, 변방에 있었던 열악한 나라에서부터 자본주의의 맹아가 자랐다. 인구가 17만 명밖에 안 됐던 베네치아 등 이탈리아 반도의 몇몇 도시 국가들이었다. 그 다음이 네덜란드였다. 그리고 바다 건너 변방이었던 영국 섬나라에서 자본주의라고 불리던 시장경제가 꽃을 피웠다.

반면에 스페인의 카를로스 1세나 펠리페 2세 그리고 프랑스의 루이 14세Louis XIV(1638~1715)와 루이 16세 등은 동양식으로 절대 군주제를 만들려고 노력했다. 그러나 프랑스는 대혁명으로 인해 루이 16세가 단두대에서 처형된 이후 영국의 제도를 도입했다. 그리고 그 우측에 있던 독일은 이를 지켜보면서 계몽군주인 빌헬름 1세Wilhelm I 가 일어나 비스마르크를 기용해서 영국식의 자본주의를 도입하였다. 그러나 러시아 같이 너무 멀리 있었던 나라들은 유럽에서 일어나는 변화를 몰랐고, 일부 귀족들이 실시한 개혁이 실패하였다. 그래서 결국 1917년에 볼셰비키 혁명이 일어나 공산화되었다.

일본은 바다 건너 멀리 있었지만 일본 열도의 가장 남쪽에 있는 조슈 번長州藩과 사쓰마 번薩摩藩이 17세기부터 네덜란드 상인들과 빈번하게 교류하면서 유럽의 변화를 알게 되었다. 이곳을 중심으로 메이지 유신이 일어났고, 막부를 타도하고 메이지 천황을 형식적으로 옹립하고 입헌군주제를 도입했다. 그래서 일본은 유럽식 시장경제로 개조됐다. 일본의 초대 총리들은 대부분 혼슈 서쪽 끝에 위치한 조슈 번이나 규슈 남쪽에 위치한 사쓰마 번 출신들이다.

결국 유럽에서 시장경제가 발전되었지만 유럽의 모든 나라가 기여한 것이 아니다. 지중해 연안과 북해 연안의 몇 나라들이 만들어냈다. 그리고 후발주자들이 그것을 따라서 배운 것이다. 먼저 배울 수록 먼저 발전했다. 기타 유럽의 여러 나라들은 시장경제를 발전시켰던 나라들과 이웃했기 때문에 이들로부터 배운 학습효과로 먼저 시장경제를 도입했고, 이로 인해 유럽의 각국이 다른 지역의 나라들보다 먼저 발전할 수 있었다.

따라서 시장경제란 마르크스주의자들이 말하는 것처럼 '이념(주의, -ism)'이 아니다. 마르크스주의는 만든 사람이 있으므로 이념, 즉 이데올로기지만, 시장경제는 이데올로기가 아니라, 오랜 세월을 거쳐 발전된 인류의 문화유산이고 자생적 질서spontaneous order이다.

하이에크는 질서의 유형을 세 가지로 분류했다. 첫 번째는 자연적 질서natural order인데, 이는 약육강식의 질서이다. 정글, 동물, 조폭의 질서이다. 두 번째 질서는 인위적 질서artificial order이다. 인위적 질서는 법처럼 인위적으로 만든 것을 말한다. 마지막으로 자연적인 것도 아니고, 인위적도 아닌 제3의 질서가 있는데, 이것이 바로 자생적 질서다. 누군가가 인위적으로 만든 것도 아닌데 질서가 생성된다. 자생적 질서의 대표적인 것이 '언어'이다. 언어는 만든 사람이 없다. 세종대왕이나 집현전 학자들이 만든 것은 언어가 아니라 '문자'이다. 언어처

[지도 5] 메이지 유신을 주도한 조슈 번과 사쓰마 번

럼 만든 사람이 없고 저절로 생겨난 질서를 자생적 질서라고 말한다.

자생적 질서의 또 다른 특징은 변한다는 것이다. 언어는 아무런 이유 없이 세월의 흐름에 따라 조금씩 변한다. 이런 자생적 질서의 다른 예는 스포츠이다. 축구, 농구, 배구, 골프 등 스포츠도 만든 사람이 누구인지 정확하지 않고, 그 게임의 법칙은 조금씩 변한다. 이런 것들을 자생적 질서라고 하며, 우리 사회를 끌고 가는 데에는 법과 같은 인위적 질서뿐만 아니라 자생적 질서도 매우 중요하다. 사실 인간사의 많은 부분이 이런 자생적 질서에 의해 움직이고 있다.

자본주의 시장경제도 마찬가지다. 자본주의는 만든 사람이 없다. 애덤 스미스가 만든 것도 아니다. 시장경제의 자생적 질서는 애덤 스미스보다 훨씬 이전에 이미 르네상스 시대부터 지중해 연안의 몇몇 도시국가에 자라나고 있었고 영국에서 꽃을 피운 것이다. 이것을 꽃 피우기란 결코 쉬운 일이 아니다. 모든 나라에서 일어나는 것도 아니고, 저절로 일어나는 것은 더욱 아니다.

여기에서 얻을 수 있는 결론은 각국의 흥망성쇠의 원인은 시장실패 요인의 제거에 성공하느냐 아니냐에 달려 있다. 서구에서는 시장경제가 작동하도록 법과 질서를 세우는 데 성공했다. 화폐제도가 발전하면서 자발적 교환이 촉진되고 시장이 확산되었다. 그리고 기업제도의 발전으로 자발적 협동이 더욱 촉진되고 시장이 확산되었다. 불확실성을 제거할 수 있는 각종 시장경제제도의 발전은 더욱 기업활동을 촉진시켰다. 이와 같이 제도의 발전이 서구 경제성장의 원동력이었다.

영국의 제도 실패: 붉은 깃발 법

제도란 항상 발전만을 가져오는 것이 아니다. 제도는 때때로 발전의 족쇄가 되기도 한다. 가장 먼저 산업혁명을 이룩한 영국도 제도가 발전을 가로막은 사례가 있다. 영국에서 먼저 증기기관이 나왔는데 왜 영국은 자동차가 발달하지 못했을까? 영국 자동차는 과거 롤스로이스가 있었지만, 지금은 독일과 미국에 자동차 강국의 자리를 넘겨주고 이어 일본, 그리고 한국이 차지했다. 영국의 자동차산업이 발달하지 못한 이유도 역시 제도에서 답을 찾을 수 있다. 당시 영국은 '붉은 깃발 법Red Flag Act(1865~1896)'이라는 잘못된 규제를 가지고 있었다.

당시의 주요 교통 수단은 말과 마차였다. 귀족들의 상당수가 마차 운송업에 개입하고 있었다. 최초의 버스는 증기기관으로 만들어졌는데 증기기관을 탑재한 버스가 나타나니 마차 운송업이 제일 먼저 타격받았다. 마차 운송업을 운영하던 귀족들은 '붉은 깃발 법'을 통과시켰다. 그 내용은 증기기관을 탑재한 버스가 복잡한 시내를 주행하려면 시민들의 안전을 위해서 반드시 세 사람의 운전사를 의무적으로 사용해야 한다는 것이었다. 한 사람은 55미터 앞에서 빨간 깃대(야간에는 등불)로 선도하면서 뒤에 버스가 온다는 것을 미리 알리고, 다른 한 사람은 운전대를 잡고 또 한 사람은 석탄을 넣는 화부이다. 붉은 깃발 법에서는 증기기관 버스의 최고 속도를 6.4킬로미터로 제한했고, 시가지에서 시속 3.2킬로미터 이상 못 달리게 규정했다. 이는 사람이 걷는 속도인 시속 4킬로미터보다 느린 것이다. 이것은 국민과 런던 시내를 위한 제도가 아니라 운송업자 자신들을 위해 세운 제도였다. 영국은 이 제도 때문에 결국 자동차 발전에 저해를 받았다. 그 사이에 독일과 미국이 앞서 나갔다. 제도의 발전이 기술의 발전을 제약한 것이다. 이처럼 제도가 뒷받침되지 않으면 기술의 발전도 경제적 성과에 영향을 미치지 못한다.

8장

제도 실패의 역사적 사례들

– 국가 실패의 원인과 제도

– 스페인의 실패

– 프랑스의 실패

– 19세기 말 영국 경제성장률 둔화의 원인

– 빈국의 첫 번째 이유: 시장경제를 거부해서

– 빈국의 두 번째 이유: 시장경제가 작동되지 않아서

– 19세기 조선이 실패한 이유

국가 실패의 원인과 제도

지금까지 서구 선진국들이 강대국으로 발전한 이유가 시장경제제도를 만들어내는 데 성공했기 때문이라고 했다. 그리고 르네상스 시대의 베네치아 등 지중해 상업국가들, 그리고 네덜란드와 영국으로 이어지는, 시장경제제도가 성공적으로 창출되는 과정을 살펴보았다.

이번 장에서는 실패사례들을 살펴본다. 대항해시대를 열었던 스페인과 포르투갈은 왜 산업화의 선두주자가 되지 못했는가? 중세 유럽의 중심지였던 프랑스는 왜 영국에 뒤지게 되었는가? 그리고 영국은 왜 19세기 이후에 독일과 미국에 선두주자의 자리를 내어주는가?

왜 오늘날 여전히 많은 나라들이 가난에서 벗어나지 못하는가? 그리고 15세기에 발전했던 조선은 왜 19세기에 쇠퇴하여 20세기에 들어서서 일본에 나라를 빼앗기는가? 오늘날 아프리카 국가들은 왜 그토록 낙후되었는가?

성공의 요인을 제도창출에서 찾았다면 이러한 실패의 원인도 제도실패로 설명할 수 있어야 한다. 먼저 프랑스, 스페인, 19세기 말 영국 등 서구 선진국들의 제도 실패사례를 살펴보자.

국민국가의 형성

유럽 각국은 시장경제가 확대되면서 보다 넓은 지역에 영향을 미칠 수 있는 정부가 필요했다. 또한 대포 등 새로운 전쟁기술이 발전되면서 신식무기를 갖추는 데 소요되는 군사비가 증가하자 국방 서비스 역시 규모의 경제가 작용해서 정치단위의 적정 크기가 증가했다. 그 결과 정치권력의 수를 줄여야 했고, 약 1,000개에 달했던 유럽의 봉건제후국들이 국민경제로 통합되어갔다.[1] 봉건제후들은 이 경쟁에 필요한 군비지출의 재원을 마련하기 위해서 교역을 촉진시켜야 했고 그리하여 넓은 지역을 통합한 정치연합이 출현했다. 이로써 상업의 확대에 필요한 항로들을 더 효과적으로 보호할 수 있었다. 이렇게 봉건질서가 새로운 국민국가로 형성되는 과정에 온갖 음모, 연합, 배신, 몰수, 조약, 새로운 과세체계 등이 있었으며 그 결과로 영국, 네덜란드, 프랑스, 스페인 등의 국민국가가 형성되었다.

초기의 강국은 스페인과 프랑스였다. 반면에 영국이나 네덜란드는 유럽의 변방이었다. 그런데 근대 후기에 성장이 계속되었던 지역은 네덜란드였고, 산업혁명을 주도한 것은 영국이었다. 앞의 장에서 영국의 경제적 성공 요인 가운데 중요한 제도적 변화가 명예혁명이라고 설명했다. 명예혁명으로 인해서 영국에서 가장 자유적인 정부가 태어났기 때문이다. 미국 식민지도 역시 영국 정부의 '유익한 방치' 정책 덕분에 자치를 누렸고, 독립 후에도 미국은 가장 자유스러운 분위기 속에서 경제가 발전했다. 독일의 경우에는 프로이센의 자유주의적 관세개혁으로 인해 경제적 통일이 이루어지고, 이어서 독일의 정치적 통일을 가져왔고, 이것이 독일의 경제적 발전을 이끌었다는 것을 설명했다. 그런데 스페인과 프랑스에서는 이와 정반대의 일이 일어나고 있었다. 스페인과 프랑스에서는 효율적인 재산권이 정착하지 못했다.

스페인의 실패

스페인이 강대국으로 부상하게 된 것은 결혼, 왕위 세습과 전쟁, 그리고 약탈의 결과였다. 이는 교역과 산업의 발달로 강대국으로 발전된 근대시대와 달리, 고대 로마나 동방의 제국들과 비슷했다.

1469년에 카스티야 왕국의 이사벨 1세와 아라곤Aragón 왕국의 페르난도 2세Fernando II(1479~1516)가 결혼함으로써 이베리아 반도의 두 기독교 왕국이 통합되어서 스페인이 통일되었다. 이 통일이 가능했던 것은 스페인 국민들이 귀족들의 분쟁에 염증을 느껴 의회기구인 코르테스Cortes가 제 기능을 포기하더라도 분쟁이 끝나기를 원했기 때문이다. 통일이 된 이후에 이 의회는 거의 소집되지 않았고, 절대왕정이 형성되었다. 네덜란드와 영국에서는 대의기구가 국왕에 대한 통제권을 확보하는 데 성공했지만, 스페인과 프랑스에서는 그렇지 못했다.[2] 그리고 이 스페인 통일 왕국은 그라나다 왕국의 무어인들을 마지막으로 이베리아 반도에서 이슬람세력을 완전히 몰아냄으로써 레콘키스타(재정복)를 완성했다.

그리고 이사벨과 페르난도의 둘째 딸인 공주 후앙Juana(후아나 또는 요한나)이 신성로마제국의 황제인 오스트리아의 막시밀리안 1세Maximilian I의 아들인 미남왕 펠리페 1세Felipe I(1478~1506)와 결혼해, 오스트리아와 스페인은 합스부르크Habsburg 왕가에 의해서 왕조통일을 이룩했다. 이들의 아들 카를로스 1세Carlos I(1500~1558)는 불과 16세인 1516년에 왕위를 이어받았다. 그리하여 외할아버지 페르난도 1세로부터 물려받은 스페인 본토 아라곤 왕국과 남부 이탈리아의 시칠리아와 나폴리, 그리고 외할머니 이사벨 1세로부터 물려받은 카스티야왕국과 아메리카 신대륙 식민지, 할아버지 막시밀리안 1세로부터 상속받은 오스트리아, 할머니로부터 물려받은 부르고뉴공국(현재 네덜란드) 등을 포괄하는 막대한 영토의 스페인이 탄생했다. 1519년에 카를로스 1세는 할아버지로부터 신성로마제국 황제 자리를 이어받아 카를 5세(독일어 Karl V, 또는 샤를 5세)가 되어 유럽에서 가장 강력한 국가의 황제가 되었다. 그와 포르투갈의 마누엘 1세Manuel I(1469~1521)의 딸 이사벨 사이에서 태어난 펠리페 2세Felipe II de Habsburgo(1527~1598, 재위 1556~1598)는 1556년에 왕위에 올랐는데, 포르투갈의 왕위까지 계승하고, 잉글랜드의 여왕 메리 1세Mary I(1516~1558)와 결혼하여(1554) 잉글랜드까지 공동으로 통치했다.

이렇게 결혼과 세습으로 대제국을 형성한 스페인은 경제적으로는 잘못된 결정을 계속했다. 먼저 앞에서 언급한 바와 같이 스페인을 부강하게 만들어준 유대인들을 박해했다. 그뿐만 아니라 가장 선진적인 문명을 보유하고 있었던 이슬람 세력을 쫓아냈다. 알람브라 궁전(1323) 등 세련된 이슬람 문화를 이베리아 반도에 꽃피웠던 그라나다Granada 왕국의 마지막 왕 무하마드 11세Muhammad X I(1482~1492)는 이슬람 교도들에게 종교적 자유를 약속받고 저항 없이 이베리아 반도를 떠났다. 그러나 스페인의 종교재판소는 이 약속을 폐기하고 이슬람 교도들을 기독교로 개종하도록 강요했다. 이때 개종한 이들의 후손을 모리스코인으로 불렀는데, 1609년에 결국 이들을 모두 북아프리카로 추방했다. 무어인과 모리스코인들은 정교한 관개사업을 통해 포도, 베리, 쌀, 설탕 등을 생산했는데, 이들의 추방으로 이베리아 반도에서 농업 생산이 크게 줄어들었다.[3]

스페인의 정복과 약탈

스페인을 통일한 페르난도 2세는 신세계에서 가능한 많은 금을 가져오라고 명령했다.

스페인의 정복 목적은 금과 은을 확보하는 것이었다. 멕시코에서 아스텍 사람들은 금이나 은을 화폐가 아니라 장신구로 사용했을 뿐이므로, 황제가 축적해놓은 금이나 은이 없다는 것을 알게 되자 황제를 압박해서 금과 은을 약탈했다. 피사로는 잉카의 아타우알파 Atahualpa 황제를 사로잡아 그의 몸값으로 가로 17피트, 세로 22피트, 높이 9피트의 방을 가득 채운 황금으로 된 물건을 요구했다. 그리고 약속을 지키지 않고 황제를 목매달아 죽였다.

그 다음에는 금과 은을 찾아나섰다. 처음에는 히스파니올라(지금의 아이티와 도미니카 공화국)에서 약간의 금과 은을 발견했다. 그리고 앞의 3장에서 언급한 바와 같이 멕시코와 안데스 산에서 많은 금과 은을 가져왔다. 카를로스 1세가 신성로마제국의 황제를 물려받아 카를 5세가 된 1519년부터 신대륙에서 금은보화가 밀려 들어오기 시작했다.

그의 아들 펠리페 2세는 1556년에 왕위에 올랐다. 그는 교황 비오 5세Pius V(1566~1572)와 베네치아와 신성동맹을 맺고 1571년에 레판토Lepanto 해전에서 열세에도 불구하고 오스만터키의 함대를 무찌르고 무적함대란 별명을 얻었다. 이로써 스페인은 지중해의 패권을 장악하고 로마를 오스만터키의 침략으로부터 보호했다. 교황 비오 5세

Pius V는 이 승리가 성모 마리아의 덕분이라고 하고, 이를 기념하여 10월 7일을 '승리의 성모 기념일'로 선포했다. 펠리페 2세는 1580년에 조카인 포르투갈의 세바스티앙Sebastian(1554~1578)이 후사를 남기지 못하고 서거하자 포르투갈 왕국을 상속하여,[4] 남아메리카, 필리핀, 밀라노공국, 보르네오, 말라카, 아프리카 남서부, 필리핀 등 포르투갈의 식민지들을 속국으로 하여 4개 대륙에 걸친 지상 최대이며 최초의 '해가 지지 않는' 스페인제국을 이룩하여 스페인의 최전성기를 이룩했다.[5]

스페인의 몰락

이렇게 상속과 결혼 그리고 정복으로 해가 지지 않는 제국을 건설한 스페인의 영광은 오래 지속되지 못했다. 카를 5세는 신대륙에서 밀려들어오는 금은보화를 믿고, 가톨릭의 수호자로 자처하며 수많은 종교전쟁에 가담했다. 마틴 루터의 종교개혁 선언(1517)에 대해서 카를 5세는 가톨릭의 보호자로 자처하면서 종교재판을 열어 개신교도들을 화형에 처하는 등 탄압을 하자 종교전쟁이 시작되었다. 카를 5세는 1555년에 아우크스부르크 화의Augsburg Settlement를 선언하고 물러났다. 그러나 그의 아들 펠리페 2세는 네덜란드에서 개신교도들이 성당과 성물을 우상이라고 파괴하자 1567년에 알바Alva 공작 페르디난도 알바레즈 톨레도Ferdinando Alvarez de Toledo(1507~1582)와 2만 명에 달하는 정예병을 파병하여 칼뱅파 목사 등 약 2,000명을 처형했다. 이로 인해서 네덜란드에서 반발이 심해졌다.

막스 베버의 추계에 의하면 스페인은 국가 수입의 70퍼센트를 전쟁으로 낭비했다. 카를 5세는 즉위했던 40년(1516~1556) 동안 늘어난 빚 4,000만 두카트를 아들 펠리페 2세에게 물려주었는데, 이는 같은 기간 동안 신대륙에서 들어온 세금(3,500만 두카트)보다 더 많은 금액이었다. 그뿐만 아니라 스페인의 연간 총 세입의 다섯 배가 되었으며, 1543년에는 경상수입의 65퍼센트가 이자로 지불되기도 했다.[6] 펠리페 2세는 즉위한 후 1년 만인 1557년에 파산선언을 선택했다.[7] 그는 차입금을 장기공채로 전환한다고 선언하고 재정위기를 모면하려고 했다. 이로 인해서 푸커 가 등 남부 독일의 금융가들이 몰락했다. 그 후 스페인은 1571년에 오스만 터키를 상대로 레판토 해전에서 승리했지만, 막대한 전쟁비용이 소요되어 1575년과 1576년에 파산을 선언했다.[8] 그 뒤로도 1607년, 1627년, 1647년 등 20년마다 한 번 꼴로 채무불이행을 선언했다.[9]

복권에 당첨된 부자가 열심히 일하기 어렵듯이 스페인 국민들도 마찬가지였다. 스페인에 몰려온 부로 인해서 스페인 사회는 노동윤리가 땅에 떨어졌다. 스스로 일하여 생계를 유지하는 것을 굴욕으로 생각했고, 차라리 헐벗음과 비참함을 택할 정도로 상업적 본능과 노동 의욕을 잃어버려 부의 저주가 임했다.[10] 반면에 프랑스 노동자들이 피레네 산맥을 넘어와 일을 독차지해서 스페인의 금은보화는 프랑스인들이 차지했다. 스페인 본토는 제국 소득의 10분의 1밖에 생산

하지 않았다.[11]

스페인 국왕의 가장 중요한 세입원 중에 가장 중요한 것은 세 가지였다. 첫째는 앞에서 언급한 신세계에서 들어오는 귀금속이다. 둘째는 저지대 국가 즉 네덜란드나 기타 식민에서 들어오는 세금이었다. 그중에서도 가장 중요한 지역은 저지대 국가에서 들어오는 수입이었다. 이 지역에서 들어오는 세입은 다른 지역들보다 약 10배 이상 큰 비중을 차지했다. 네덜란드의 개신교도들을 진압한 알바 공작은 네덜란드 국민들에게 매우 과중한 세금을 부과했는데, 특히 10퍼센트의 거래세는 반발이 심했다. 당시 네덜란드 상인들은 유통에 종사하는 인구가 많았기 때문에 더욱 반발이 심했다.[12]

그리고 셋째는 양목업자 길드에서 거두어들이는 세금이다. 스페인에서는 간접세인 알카발라alcabala와 거래세인 시사sisa 등도 있었지만, 가장 중요한 비중을 갖는 것은 양목업자 길드에서 나온 세금이었다.[13] 알카발라는 동산이나 부동산을 양도할 때 양도가액의 10퍼센트를 내는 양도세이다. 이 세금은 양도단계마다 부과하기 때문에, 중간단계 사업자에게는 공제해주고, 최종 공급가액에 대해서만 부과하는 오늘날의 부가가치세와 다르다. 알카발라는 매 유통단계마다 부과되었기 때문에 물가를 급격하게 오르게 했으며 재화의 유통을 방해했다. 이러한 간접세의 경우 탈세액이 많아서 실제로 징수율은 10퍼센트에 불과했고 밀수가 성행했다. 또한 세금을 피해 신대륙으로 도피하는 인구도 많아 인구가 크게 감소했다.[14]

이렇게 당시에는 세금을 거두는 것이 어려웠기 때문에, 세금을 쉽게 거두는 방법을 고안했다. 그 방법의 하나로 프랑스에서는 징세청부업자를 두었는데, 스페인에서는 세금을 걷기 쉬운 세원을 확보했다. 스페인에서 목양업이 그랑디(grandees: 대공)라고 불리는 24개 정도 되는 대토지 소유 가문의 지배하에 들어갔다. 13세기에 왕은 이들의 길드에게 독점권을 부여하고 세금을 거두었다. 국왕은 농부들에게 조세를 매기는 것보다 이들에게 세금을 걷는 것이 훨씬 쉽다고 생각했다. 후에 이들은 메스타Mesta라고 불렸다. 무어인과 모리크스인이 추방된 이후에 경작을 하는 사람이 없어 거대한 면적의 농지가 휴경지가 되었다. 메스타는 이 지역이 겨울 방목을 위해서 적격이라고 판단하고 왕에게서 이 지역에서 방목할 특권을 매입했다.[15] 프랑스는 영국과 마찬가지로 모직물 공업이 발달했는데, 여름을 북부의 고지대에서 보내고, 겨울을 남부의 저지대에서 보내는 식으로 양치기 패턴이 형성되었다.

신대륙에서 들어오던 금과 은이 다 소진되고, 네덜란드의 식민지가 독립하면서 제국으로 들어오는 수입이 줄어들자, 메스타에서 들어오는 수입이 중요한 세원이 되었다. 1723년에 메스타는 왕실에 상당액을 납부하고 가축이 이동 중에 농산물에 피해를 주더라도 그 피해를 보상주지 않아도 되는 권리를 획득했다.[16] 게다가 메스타는 방목에 방해가 되지 않도록 공유지에 대한 인클로저를 금지시켰고, 목축을 위해서 이동하면서 양들은 주변의 목초지를 황폐화시켰다. 이에 그치지 않고 목동들은 목초지를 확보하기 위해서 나무를 태우고 이는 광대한 토양침식을 야기했다. 이로 인해서 스페인에서는 농업이 피폐하게 되었다. 메스타를 통한 조세는 국왕의 입장에서는 조세를 안정적으로 거둘 수 있다는 장점이 있었지만 농업을 위기에 빠뜨려, 장기적으로는 경제 전체에 부정적인 영향을 미쳤다. 영국에서는 인클로저를 통해서 토지의 사적소유제가 확산되면서 토지를 더 효율적으로 활용했던 것에 반해서 스페인에서는 효율적인 토지소유권이 도입되지 못했다.[17]

게다가 스페인 왕실은 국내나 해외에서 정복을 통해 얻은 광대한 토지를 공신들에게 보상으로 하사했는데, 그 토지는 상속은 가능했지만, 매각은 할 수 없게 했다. 그 결과 거대한 영지를 수 세기 동안 묵혀두고 효율적으로 이용할 수 있는 사람에게 팔지도 못하게 되었다.

막대한 빚을 상속한 펠리페 2세는 귀족의 작위도 팔고, 상인들이 해외에서 송금받은 은을 몰수하고 국채인 유로스juros로 보상한 후에 지급정지를 남발하였다. 이로써 스페인의 상인공동체가 왕에게 등을 돌리고 왕실에 물품을 납품하던 상업체계가 몰락했다.[18] 네덜란드에서 독립전쟁(1568~1648)이 일어나고 1581년에 북부 7개 지역이 독립하자 더욱 수입이 줄어들었다. 네덜란드의 독립전쟁을 지원하고, 카톨릭 교도인 스코틀랜드의 여왕 메리 스튜어트Mary Stuart, Mary I(1542~1587)를 처형한 영국을 응징하기 위해서 1588년에 무적함대를 파병했으나 궤멸되었다.

그리고 성직자와 귀족, 군인들에게 세금을 면제하자 더 많은 사람들이 성직과 작위를 매입하게 되고, 이로 인해서 세원이 줄어들게 되었다. 세율을 더욱 높여서 농부나 상인들은 인센티브가 없어졌다. 사람들은 학생이나 수도사, 거지 또는 군인이나 관료 외에는 할 것이 없었다.[19] 스페인은 재정위기를 해결하기 위해서 가격통제, 조세인상, 그리고 몰수를 반복했다.

신대륙에서 들어오던 금과 은이 16세기 말에 사라지자, 왕은 저급한 동전을 주조했지만, 아무도 그것을 신뢰하지 않았다. 이렇게 왕의 반복적인 채무불이행, 화폐 악주惡鑄로 인해서 이자율이 올라 스페인의 이자율은 10퍼센트가 넘었다. 왕은 부채에 대해서 40퍼센트의 이자를 지급했기 때문에 민간부문으로 흘러들어갈 자본이 없었다. 당시 네덜란드에서는 3퍼센트에 돈을 빌릴 수 있었던 것에 비하면 스페인은 이자율이 너무 높아서 기업을 영위할 수 없었다.[20]

종교전쟁을 하기 위해서 막대한 경비가 소요되자, 스페인 교회는 십일조의 3분의 1을 정부에 세금으로 내야 했다(테르시아스 레알레스 Tercias Reales).[21] 그리고 교회 전체 수입의 일정액을 또 납부해야 했다(숩시디오, Subsidio). 네덜란드에서 신교도들의 반란이 일어나자 이 전쟁경비를 충당하기 위해 교구에서 가장 값비싼 재산에 대해서 세금을 내는 엑스쿠사도Excusado라는 세금도 만들었다.[22] 이외에도 십자군이라는 의미의 크루사다Cruzada라는 세금이 있었다. 이는 레콘키스타에 필요한 경비를 마련하기 위해서 교황이 스페인의 왕에게 허용한 것으로 레콘키스타가 끝난 이후에는 국왕의 수입이 되었다.

게다가 스페인의 종교재판소는 교황의 감독에서 독립해서 스스로 재원을 조달할 정도의 힘을 가진 강력한 관료 기구가 되었다. 종교재판소는 유대인과 이슬람교, 프로테스탄트들을 공격했으며, 후에는 계몽주의 철학자나 과학자들도 비판했다. 그리하여 스페인에서는 17세기에 과학적 합리주의가 확산되지 못했다.

그리고 지리적으로 스페인은 불모의 산악지형이 많아서 수로교통이 거의 불가능했다. 섬나라이며 내륙 깊숙이 발달된 하천으로 인해서 수송에 어려움이 없었던 영국과는 달리 스페인은 지리적으로 수송에 매우 불리한 입장이었다. 그런데 펠리페 2세는 내륙 한복판에 있는 마드리드Madrid로 수도를 이전했기 때문에 마드리드에서 대서양 연안의 리스본을 이어주는 타구스Tagus 강에 수송을 의지했다. 새로운 수도 마드리드로 물자를 운송하기 위해서 이 타구스 강을 준설했는데, 후에 이 강의 깊이가 낮아져서 항해할 수 없을 정도가 되어도 성직자들은 "만약 신께서 강을 연결시킬 의도가 있었다면, 그가 그렇게 했을 것이다"면서 이 운하 프로젝트를 거부했다. 스페인 사람들은 노새와 좁은 도로를 선호했으며, 신대륙 식민지에서도 이러한 운송 수단을 사용했다.[23]

이렇게 스페인에서는 왕과 교회의 잘못된 판단으로 인해서 최악의 결정을 연속해서 내림으로써 시장경제와는 매우 먼 길을 걸어갔다. 이러한 비효율적인 제도들로 인해서 스페인은 쇠퇴할 것이라는 것을 국왕과 관료조직이 자각했음에도 불구하고 그 경로의 방향을 바꿀 수 없었다. 17세기 한 세기만에 스페인은 서구세계에서 로마제국 이래 가장 강력한 국가에서 2류 국가로 쇠퇴했다.[24]

스페인 왕위계승전쟁(1701~1714)으로 합스부르크 왕조가 부르봉왕조로 바뀌었지만, 큰 차이는 없었다. 스페인 의회기구 코르테스가 각종 개혁을 시도했지만, 왕이 번번이 그것을 폐지시켰다. 1930년까지도 스페인에서는 인구의 0.1퍼센트에 불과한 지주가 농지의 3분의 1을 소유했고, 4퍼센트의 지주가 농지의 3분의 2를 소유했다.[25]

프랑스의 실패

프랑스는 로마의 유산으로 도로가 발달되어 있었고 운하 시스템은 영국보다 우수했다. 그리고 중앙집권적 정부와 체계화된 사법체계도 가지고 있었다. 앙리 4세Henri IV(1553~1610)가 즉위한 1589년 즈음에 프랑스에서는 이미 봉건제가 소멸되고 재산권도 명백했으며 양도가 가능한 소유권도 널리 확산되어 상업도 성장하고 있었다.[26] 또한 데카르트Descartes(1596~1650)와 파스칼Pascal(1623~1662) 등 과학적 계몽주의를 탄생시켰다. 그럼에도 불구하고 왜 프랑스는 산업혁명에서 영국에 뒤처졌을까? 그 이유는 국민국가 형성을 위한 경쟁을 하는 과정에서 왕에게 과세권이 넘어가고, 지대추구 활동이 보편화되어, 효율적인 제도를 창출하지 못했기 때문이다. 그 과정을 살펴보자.

프랑스는 영국과의 영토분쟁과 왕위계승으로 인한 백년전쟁(1337~1453) 기간 중에 영국군과 용병들의 약탈로 인해서 피폐해졌다. 백년전쟁 후반기인 1420년에 영국의 왕 헨리 5세Henry V(1386~1422)는 트루아조약Treaty of Troyes으로 프랑스 왕 샤를 6세Charles VI(1368~1422) 사후에 프랑스 왕위 계승자임을 약속받고 샤를 6세의 딸인 캐서린Catherine of Valois(1401~1437)과 1420년에 결혼했다. 그런데 사위가 된 헨리 5세는 아들 헨리 6세Henry VI(1421~1471)가 태어난 후 1년 만인 1422년에 35세의 나이에 뜻밖에도 병으로 죽고 말았다. 그리고 2달 뒤에 또 장인이 된 프랑스 왕 샤를 6세도 잇달아 서거하면서, 트루아조약에 따라 갓난아기인 외손자 영국왕 헨리 6세가 프랑스 왕이 되었다. 그러나 프랑스의 황태자 샤를 7세Charles VII(1403~1461)가 영국의 젖먹이에게 순순히 프랑스를 내주려 하지 않고 프랑스의 귀족들도 샤를 황태자를 지지하자, 영국은 프랑스를 침공했다. 잔다르크Jeanne d'Arc(1412~1431)의 도움으로 1422년에 즉위한 샤를 7세는 영국의 침략자들로부터 농촌지역을 보호한다는 명목으로 세금을 부과할 수 있는 지위를 얻었다. 그리고 1430년대에 샤를 7세는 의회의 동의 없이도 간접세를 부과할 수 있는 권한을 얻었다. 이렇게 과세권을 가진 샤를 7세는 프랑스에서 영국군을 몰아내기 위해서 20개의 정규 무장기병조직을 상비군 체제로 운영하고 다량의 대포와 포병을 수입하여 마침내 백년전쟁에서 승리하고 1453년에 영국을 프랑스 지역에서 물리쳤다.

15세기의 왕위계승전쟁에 이어 16세기에 프랑스에서의 종교전쟁인 위그노Huguenot 전쟁(1562~1598)이 일어나면서 다시 프랑스는 무정부 상태가 되었다. 이러한 혼란으로 인하여 프랑스 국민들은 평화를 위해서 왕에게 조세권을 다시 부여하게 되었다. 이렇게 프랑스에서는 혼란기에 전쟁에 지친 국민들이 국왕에게 과세권을 주더라도 빨리 전쟁을 끝내고 싶어 했다. 그리하여 1302년에 시작된 귀족, 성직자, 평민의 대표자로 구성된 대의 기구인 삼부회États généraux는 조세에 대한 통제권을 포기하고, 왕의 행동에 대한 아무런 정치적 제약을 가하지 못했다. 삼부회는 1614년 이후 175년이나 열리지 않았다.

이렇게 프랑스 왕은 영국 왕에 비해 국민에 대한 통제력이 훨씬 강했다. 이로 인해서 왕이 자의적으로 국민의 재산을 조세라는 명목으로 유린했고, 국민들은 재산권을 보장받지 못했다. 그 결과 프랑스 경제는 침체되었다. 그 과정을 살펴보자.

왕권이 확립되고 나자 조세가 크게 증가했다. 루이 11세Louis XI(1423~1483)의 통치기간인 1461년부터 1483년 사이에 조세가 4배 증가했고, 다시 16세기 초인 프랑수아 1세Francis I의 통치 시기(1515~1547)에 다시 크게 증가하여 르네상스 시기(14~16세기) 동안 인두세가 실질가치로 약 2~3배 상승했다.[27]

또 샤를 7세는 공직 판매도 시작했다. 중앙집권을 이루어가는 과정에서 관료주의를 확대했는데, 특히 프랑수아 1세 시절에는 공직 판매에서 오는 수입이 재정의 가장 중요한 비중을 차지했다. 심지어는 일거리도 없는 공직도 판매되었는데, 공직자들은 인두세, 간접세, 염세를 면제받았기 때문에 아무 일거리가 없는 공직도 큰 가치를 지녔다.[28]

게다가 프랑스 국왕들은 과세권을 기초로 사치를 일삼았다. 궁정의 사치에 직접 소요된 금액만 국가예산의 6퍼센트에 달했으며, 간접적인 경비는 이것보다 더 많았다.[29] 5살에 즉위하여 무려 72년을 왕위에 있어 "짐이 곧 국가"라고 했던 루이 14세Louis XIV(1638~1715)는 왕이 사냥할 때 잠시 머무는 여름 휴가지인 베르사유Versailles에 왕의 부와 권력을 과시하기 위해서 매년 무려 2만 5,000~3만 6,000명의 인부를 동원하여 호화로운 궁전을 건설하고, 파리의 루브르에서 베르사이유로 옮겨서 1682년부터 이곳을 궁전으로 사용했다. 이 궁전에는 약 1만 명의 귀족들이 숙식하고 있었고, 이 모든 비용을 왕실의 재정에서 지출했다.

통제적 체제

르네상스 시기에 형성된 프랑스의 재정체계가 17세기에 절대주의 체제, 즉 앙시앵 레짐Ancien Régime에서 국왕의 절대적인 과세통제권이 더욱 강화되어, 시장을 철저히 통제했다. 이 시기에 프랑스는 약 30개 이상의 지역시장으로 구분되어 있었다. 이렇게 나뉘어진 시장에서 자급자족이 형성되었고, 그 안에서 길드가 독점적 특권을 누렸다. 국왕은 이 길드에게 독점을 허락하는 대가로 세금을 거두었다. 앙리 4세 시대(1589~1610)에 수공업 길드는 독점권을 받고 경쟁을 질식시키고 혁신을 가로막았다. 그 이후 200년간 지속적으로 이러한 정책이 유지되었다.

왕정은 길드를 통해서 산업의 생산과정도 지배했다. 예를 들면 옷감 염색을 규정하는 조항이 317개나 되었는데, 규제조항을 길드 임원에게 문의해서 만들어졌다. 보통 옷감도 여섯 번이나 검사를 거쳐야 했다.[30] 이 규제에 따라 3개의 염색업자가 정해지고 이들은 자신의 길드를 만들었다. 심지어는 어떤 옷은 1,376개의 실로 만들어야 했고, 어떤 옷은 2,368개의 실로 만들어야 한다는 정도의 세세한 부분까지 규제했다. 재상 콜베르Jean-Baptiste Colbert(1619~1683) 시대(1655~1683)에 44개의 법전을 출판했는데, 한 글자도 틀리지 않도록 하기 위해서 감독관도 임명되었다. 콜베르 말기에는 15개의 독립된 감독원단이 있었고, 그의 사후 1754년에는 감독원단의 수가 64개로 늘어났다. 길드들도 단속에 동참했다. 예를 들면 뼈로 만들게 되어 있는 단추를 다른 소재로 제작한 것이 발견되면 벌금을 부여할 뿐만 아니라 수색하여 처벌하게 했다. 양털은 반드시 5~6월에만 깎을 수 있고, 검은 양은 도살할 수 없었으며, 톱날의 숫자도 규정했다.[31]

영국에서 1760년경에 산업혁명이 시작될 때 도화선은 면방직공업의 방적기였다. 그런데 프랑스에서는 모직물산업을 보호하기 위해서 면직물산업을 규제했다. 염색된 면직물의 생산, 수입은 물론 심지어는 착용까지 금지시켰다. 18세기에 이러한 면화규제를 위반했다는 이유로 1만 6,000명 이상을 교수형과 능지처참으로 처형했다.[32]

프랑스에서 재산권을 확립하는 방향으로 나가기는 했지만, 새로운 발명이 기존의 독점권을 손상시키지 않는 범위 내에서만 허용되었다. 그래서 발명이 장려되지 못했다. 그리고 노동 이동도 제한되었고, 산업의 새로운 진입도 어려웠으며 자본의 이동도 제한되었다. 옷감의 가격마저도 고정되어 있었다. 이렇게 왕실의 감시와 길드 통제 등이 프랑스의 경제발전을 저해시킨 요인이다. 즉 프랑스의 "불완전한 재산권" 제도가 산업혁명 시대에 일등 국가로 비약하는 길을 가로막았다.

물론 영국이나 네덜란드에서도 독점권이 판매되었지만, 이들은 독점에 대한 대가로 상당한 위험도 감수했어야 했다. 그리고 잉글랜드에서는 1624년에 독점법이 제정되어서 국왕이 자의적으로 독점권을 부여하지 못하게 되었다. 반면에 프랑스의 경우 1789년 대혁명 이후에도 독점이 사라지지 않았다.[33]

통제적인 특징은 경제뿐만 아니라 종교나 과학기술적 진보에 대해서도 마찬가지다. 신교도 집안에서 태어난 앙리 4세가 1589년에 부르봉 왕가로 프랑스의 첫 왕이 될 때 그가 신교도라는 이유로 반발이 심했다. 이러한 반발을 무마하기 위해서 그는 가톨릭으로 개종했다. 후에 그는 프랑스의 신교도들인 위그노를 보호하기 위해서

1598년에 낭트칙령을 발표해서 종교로 인한 차별을 철폐했지만, 루이 14세는 다시 1685년에 이를 무효화시켰다. 이로 인해서 많은 위그노 상공인들은 개종하거나 이주할 수밖에 없었다.

프랑스 국왕은 위그노들에게는 관직을 팔지 않았기 때문에 그들은 금융업과 상공업에 전념할 수밖에 없었고, 이로 인해서 프랑스의 상공업에서 신교도들이 차지하는 비중이 매우 높았다. 그런데 위그노를 다시 차별하자 이들이 프랑스를 떠나 영국과 네덜란드로 이주해서 프랑스경제에 큰 타격을 입혔다. 이때 탁월한 과학자들과 장인들이 대거 해외로 이주했다. 그중에는 최초의 증기엔진 모델을 제작한 드니 파팽Denis Papin(1647~1712)도 있었다. 왕은 개종을 하고 프랑스에 남아있는 자들에게도 해외 가족과의 접촉조차 금지시켰다.[34]

종교개혁가 장 칼뱅은 프랑스인이었으나 프랑스를 떠날 수밖에 없었다. 그는 제노바에 가서 성경의 이자금지법이 가난한 사람들 사이의 소비대부에만 국한된 것이고, 그외에는 이자를 주고받는 것이 비성경적인 것이 아니라고 주장해서 프로테스탄트 은행들이 발전했다. 그런데 이들이 프랑스를 떠남에 따라 프랑스의 자본시장 발전에도 나쁜 영향을 미쳤다.

영국에서는 과학자와 엔지니어들 사이의 교류가 자유로웠다. 초기 산업혁명 시기의 발명가는 과학자보다는 숙련 기술자들의 개량기술에 의지했다. 따라서 과학자와 기술자들의 자유로운 교류는 산업혁명 초기에 기술을 혁신하는 데 매우 중요한 요소였다. 그런데 프랑스의 과학자들은 엘리트 계급으로서 국왕의 비호를 받으며 아카데미 속에 안주하고 있었다.[35] 그래서 데카르트, 파스칼, 베이컨 등 지적인 발전이 영국보다 뒤처지지 않았다. 과학적 계몽주의를 주도했던 프랑스가 이러한 지식분야에서 이룬 성과를 경제적 성취로 연결시키지 못한 이유가 바로 이러한 불관용의 사회 분위기 때문이었다.

이러한 불관용성은 자본시장에도 영향을 미쳤다. 프랑스의 성공한 사업가들은 제조업에 뛰어들기보다는 국채인 렝떼renties나 해외에 투자하여 금리소득을 얻는 것을 더 선호했다. 이런 것을 더 귀족적이라고 생각했다. 19세기 프랑스의 투자자들은 저축의 75퍼센트를 금융에 투자했다.[36]

프랑스의 중상주의

스페인과 마찬가지로 프랑스도 중상주의적 사고에 머물러 있었다. "아는 것이 힘이다"라는 유명한 말을 남기고, 근대 과학정신의 기초를 낳은 귀납법적 관찰법을 강조했으며, 대법관과 법무장관을 역임한 프랜시스 베이컨Francis Bacon(1561~1626)도 중상주의자였다. 그는 "모든 재산의 증가는 외국인들에게 달려 있음이 틀림없다"라고 할 정도였다.[37] 그리고 루이 14세의 재정장관 장 바티스트 콜베르는 프랑스를 강대국으로 만들려고 노력했으나, 그는 근본적으로 중상주의자였으므로, 국력이 금에서 나온다고 믿었다. 금을 최대한 많이 확보하기 위해서는 수출을 많이 하고, 수입을 억제해야 한다고 생각했다.

그리고 무역은 제로섬 게임zero-sum game이라고 생각했기 때문에 대등한 위치에 있는 선진국끼리는 무역하기 어려우므로 식민지 경영을 통해 경제적 이익을 얻어야 한다고 생각했다. 무역이 제로섬 게임이 아니라 상호 간에 이익을 주는 포지티브섬 게임positive-sum game이라고 주장한 애덤 스미스의 『국부론』이 등장하기 100년 전이었기 때문에 국부의 원천에 대한 인식이 잘못되어 있었다. 콜베르는 1667년에 가혹한 수입관세를 부과했고, 노동자들에게 파업을 금지시켰고, "노동자들의 가슴에 공포를 심어주라"고 명령했다.[38]

프랑스에서의 지대추구

프랑스 조세의 주된 원천은 직접세인 '타이유taille'였다. 이는 지역별로 과세방법이 달랐다. 북부지방에서는 납세자의 소득에 대해서 과세했기 때문에 '인적 타이유'라고 불렀다. 세율은 10분의 1이었다. 남부지역에서는 부동산 수입에 대해서 과세되었기 때문에 '물적 타이유'라고 불렀다. 귀족과 성직자들은 이 타이유가 면제되었고, 농민과 소규모 사업자들에게만 부과되었다. 또 다른 직접세로 1701년에 도입된 인두세가 있다. 이는 모든 프랑스인들을 22등급으로 나누어 등급에 따라 부과했다. 그러나 성직자들은 면세되었다. 그리고 또 직접세로 20분의 1세가 1749년부터 부과되었는데, 이는 부동산, 상업, 지대 등의 수입에 대해서 과세되었다. 타이유에 부가되는 세금이었다. 이것도 역시 성직자와 대부분의 귀족들에게는 면세였고, 평민들만 납

부했다.[39]

공직자들은 인두세뿐만 아니라 간접세, 소금세인 가벨gabelle 등을 면제받았다.[40] 그래서 돈이 있는 사람들은 귀족 신분이나 성직을 매입하려고 했다. 어느 마을에서는 한 세대 만에 세금명부에 있는 성씨 중의 80퍼센트 이상이 면세자가 되는 경우도 있었다.[41] 귀족 신분을 매입할 돈이 없는 사람들은 세금을 피하기 위해서 토지를 귀족들에게 매각하고 소작농이 되었다. 그 결과 토지가 부재 귀족지주들에게 넘어가 루이 14세 말기에 프랑스는 다시 봉건시대로 후퇴했다. 이것이 후에 대혁명의 원인이 되었다.

이렇게 세원이 부족해지자 정부는 더욱 세율을 높였고, 이에 따라 국민들은 생활이 더 어렵게 되었다. 세율을 높여도 세수가 부족하자 세금을 증액시키기 위해서 소금세, 에데aides(와인, 비누, 양초 등 사치품에 대한 조세) 등 간접세를 부과했다. 소금세는 지역에 따라 차별적으로 과세되어 불만이 많았다.

직접세는 국왕의 행정조직에 의해서 징수되었으나 간접세는 더 효율적으로 걷기 위해서 징세구별로 민간인 조세징수청구업자가 거두었다. 콜베르 재상 시절에는 5대 징세청부지방이 있었고, 1726년 이후에 하나로 통합되었다. 향후 거둘 세금예상액을 민간업자들이 입찰에 붙여서 가장 많은 금액을 써낸 업자에게 6년간 징세업무를 맡겼다. 낙찰금액의 상당 부분을 미리 선금으로 왕에게 미리 바친다는 조건하에 약 10퍼센트의 수수료를 챙겼는데, 이러한 것이 더욱 조세부담을 높게 하고 생산의욕을 떨어뜨렸다. 이는 돈이 많은 사람만이 할 수 있었기 때문에, 주로 유대인들이 이 업무를 했다. 징세청부업자는 왕에게 어음을 주었고, 왕은 이를 채무상환에 사용하였다. 이 어음은 다시 징세청부업자에게 할인하여 현금화했는데, 징세청부업자들의 신용은 매우 좋았고, 전국의 금융을 손에 쥐고 있었다.[42]

징세청부업은 매우 인기 있는 직업이었다. 네덜란드나 영국의 젊은이들은 제조업자나 상인 또는 금융업에 종사하기를 원했지만, 프랑스의 젊은이들은 징세청부업자나 정부관리가 되는 것이 꿈이었다. 자수성가한 사람들도 자신의 장자가 관직을 얻기를 바랐다. 고위층의 사람도 아들이 회계법원 참사원이 되기를 바랐고, 하층민들은 자기 아들이 서기가 되기를 바랐다.[43] 오늘날에도 프랑스인들은 공무원을 선호한다.

루이 14세가 서거하고, 5살이란 어린 나이에 즉위한 루이 15세Louis XV(1710~1774)를 대신해서 섭정을 한 고모부 오를레앙Orléans 공작 필리프 2세Philippe II는 막대한 국가의 부채문제를 해결하고, 세금징수 청부제도를 근본적으로 개혁하기 위해서 스코틀랜드 출신의 금융가 존 로John Law를 기용하여 1718년에 왕립은행을 설립했다. 존 로는 네덜란드의 암스테르담 은행과 같은 왕립은행을 만들어서 은행권을 발행하여 화폐를 매개로 하는 신용사회를 건설하려고 했다. 정부의 빚을 은행주식으로 전환하고, 절대군주에게 신용을 집중시켰다. 그리고 영국이나 네덜란드의 동인도회사와 같은 독점무역회사인 미시시피주식회사를 만들어 대표이사로 취임했다. 이 회사는 오늘날 미국 영토의 4분의 1을 차지하는 루이지애나 식민지의 무역독점권을 얻었다. 또한 그는 세금징수 청부제도를 폐지시키고, 국가 전체의 조세징수청부권을 미시시피주식회사가 가졌다. 왕실의 입장에서도 국가의 공공부채를 독점무역권과 세금 징수권을 가진 미시시피주식회사의 주식으로 전환할 수 있으니 거절할 이유가 없었다. 대중들은 이 미시시피주식회사의 주식투기에 몰두했고, 주식가격은 폭등했다. 1716년 9월 4일 주가는 액면가의 10배인 5,000리부르를 넘어섰고 1719년 12월에는 1만 리부르에 이르렀다. 이때 처음으로 프랑스에서 백만장자라는 말이 사용되기 시작했다. 이들 백만장자 가운데 존 로가 가장 부자였다. 그는 "내가 곧 경제다"라고 말을 할 수 있을 정도의 지위에 올랐다. 게다가 그는 프랑스 재무장관에 임명되었다. 간접세의 징수권, 국가부채관리, 26개 넘는 조폐창의 감독, 아사아와 아프리카 지역, 그리고 루이지애나 식민지의 무역독점권을 가진 미시시피주식회사의 운영까지 맡고 있었다.

이렇게 해서 1720년대 초 프랑스는 미시시피 거품에 휩싸였다. 존 로는 미시시피주식회사를 통해서 루이지애나 개척민을 모집해서 수천명을 루이지애나로 보냈다. 그러나 그곳은 늪지대였고, 1년이 지나지 않아 이민자의 80퍼센트가 황열병 등 전염병과 기아로 숨지게 되고, 이러한 소문이 퍼지자 미시시피주식회사 주가는 폭락해서 휴지

가 되었다. 그리고 존 로는 베네치아로 도망가서 1729년에 사망했다.[44]

결국 이러한 존 로의 독주는 기존의 금융시스템을 장악하고 있었던 세금징수 청부업자들과 재무부관리, 금융가 등으로부터 철저히 배격 당했기 때문에, 그리고 국민들이 환상에서 벗어나면서 실패했다. 존 로 이후에 프랑스의 세금징수업무는 다시 옛날로 돌아가서 세금징수업자의 손에 들어갔고, 프랑스 대혁명이 일어날 때까지 이들의 손에 장악되었다.[45] 징세청부업자들은 파리로 들어오는 성문 앞에서 파리로 들어오는 모든 물자에 대해서 간접세인 '입시세Octroi'를 부과했다. 그러자 이 세금을 내지 않기 위해서 야밤에 굴을 파서 물건을 들여오기도 하고, 성안으로 자루를 던지는 등 여러 방법으로 물건을 들여왔다. 그러자 징세청부업자들은 파리 전체 시가지에 높이 3미터에 23킬로미터 길이의 성벽을 쌓았는데, 이것을 '징세 청부인의 벽'이라고 불렀다. 이 성벽은 프랑스 대혁명 때 파괴되었다. 세금 징수업자들은 프랑스 대혁명 당시에 대부분 잡혀 단두대에서 목이 잘렸다.

프랑스 대혁명이 발생한 이유는 세금과 관련이 많다. 프랑스는 영국과의 7년 전쟁에서 많은 돈을 쓰고도 북아메리카 식민지를 다 잃었다. 그리고 미국의 독립전쟁을 지원하느라 많은 전쟁경비를 사용했으나 신생 독립국 미국에게 아무런 보상도 요구하지 않았기 때문에 막대한 재정적자가 발생했다. 이 두 차례의 전쟁에다가 1785년 이후 8년 동안이나 흉년이 지속되었다. 이러한 요인들로 인한 파산 직전의 재정상황을 극복하기 위해서 삼부회를 소집해서 호소했다. 당시 성직자로 구성된 제1계급과 귀족계급인 제2계급은 전체 토지의 35퍼센트를 소유했으나 세금은 10퍼센트만 부담했다. 이렇게 성직자와 귀족들은 다양한 면세 혜택으로 인해서 세금부담이 적었다. 반면에 제3계급인 평민들은 토지의 50퍼센트를 보유했으나 세금의 80퍼센트를 부담했다.

왕실의 재정을 공개해서 국민들에게 인기가 있었던 제네바 은행 총재 출신의 네게르Jacques Necker(1732~1804)를 루이 16세는 재무대신으로 임명해서 재정적자를 해결하려고 했다. 1789년에 삼부회를 소집해서 세금징수에 대해서 동의를 구했으나, 제3계급 대표들과 특권계급층은 의견이 너무 달랐다. 제3계급은 국민의회를 구성하고 "대표자 없는 곳에 조세없다"는 원칙을 주장하며 새로운 헌법 제정을 요구했다. 왕이 삼부회를 휴회시키자 이들은 테니스장에 모여서 유명한 '테니스장 선언'을 했다. 그리고 시민들을 위해 노력하던 네게르 재무장관을 파면했다는 소문이 나고 진압군을 보낼 것이라는 소문이 나자 이들은 스스로를 보호하기 위해서 무기고를 탈취하고 프랑스 대혁명이 시작되었다. 결국 프랑스 대혁명은 재정적자를 해결하기 위한 세금문제가 도화선이었다.

통행세

도로교통이 발달하지 않았던 시대에 섬나라인 영국은 수송 측면에서 유리한 반면, 내륙국인 스페인과 프랑스는 물류 면에서 불리했다. 그러나 스페인과 달리 프랑스는 도로건설을 열심히 추진하여 프랑스는 내륙 운송 면에서 최고의 도로를 갖추었다. 절대왕정에 의해서 운하건설에도 힘을 기울였다. 특히 앙리 4세의 재무장관 쉴리공 막시밀리앙 드 베튄Maximilien de Bethune, duc de Sully(1560-1641)과 루이 14세의 재무장관 콜베르는 센 강과 루아르 강을 연결하는 운하건설을 추진했다. 지중해와 대서양을 가로지르는 운하는 1691년에 완성했지만 100개의 갑문을 유지하는 비용이 너무 많이 소요되어 경쟁력이 없었다.[46]

이러한 노력들은 있었으나 국내 관세traites로 인해서 상업이 발전하기 힘들었다. 징세 청부업자들이 이를 관리하면서 더욱 관세가 높아졌다. 소금의 경우 통행세가 소금원가의 4배에 달했다. 프랑스는 30개의 관세지대로 분할되어 통일된 시장을 이룩하지 못했기 때문이다. 그래서 운하나 도로가 건설되어도 결국 국내 관세로 인해서 수송의 효과가 상쇄되었다. 게다가 콜베르 사후 루이 14세 말기에 통행세가 2배로 또 인상되어, 그야말로 프랑스 국민들의 징세청부조합 치하에서 착취당하고 있었다.[47]

이러한 국내 통행세는 프랑스 대혁명 이후에 일소되었다. 소작농에게 토지소유권이 주어졌고, 공유지의 인클로저도 허용되었다. 그러나 관세는 19세기 말까지도 낮추지 않았다. 곡물수입에서는 9배, 소 수입은 40배의 관세가 부과되었다. 이러한 보호주의와 작게 나누어진 비효율적인 농업으로 인해서 프랑스에서는 산업이 발전하기 어려웠다.

7년 전쟁의 패배로 식민지가 줄어든 프랑스는 영국시장을 확보할 목적으로 1786년에 나폴레옹 3세Charles Louis Napoléon Bonaparte(1808~1873)는 영국과 1786년에 최초의 국가 간 자유통상협정인 영국프랑스통상조약(이든Eden조약)을 체결했다.[48] 애덤 스미스 이전에 이미 경제학자economist라고 불렸던 프랑수아 케네François Quesnay(1694~1774)를 비롯한 프랑스 중농학파가 자유무역을 옹호했기 때문에 이든조약의 체결이 가능했지만 기대했던 포도주 등 프랑스 제품의 수출은 크게 늘어나지 않았다. 반대로 영국산 면직물만 프랑스로 유입되어 오히려 프랑스의 실업률만 높이게 되었고, 이것도 프랑스 대혁명의 한 요인이 되었다.

이러한 정치적 혼란을 겪으면서 언제가 산업혁명 시기인지 논란이 분분할 정도로 천천히 산업화가 전개되었다.[49] 그리고 프랑스는 기업의 규모가 작다는 것이 특징이어서, 쁘띠小 부르주아 사회라고 부른다. 1906년의 조사에 따르면 공업부문 기업들의 71퍼센트가 가족노동만으로 운영되었으며, 이들 기업들은 대개 전통적 수공업에 종사했고, 도시에 집중되기보다는 소도시, 촌락, 심지어 농촌에 널리 분산되어 있다. 그 이유는 프랑스는 석탄이 부족해서 수력에 주로 의존하였으므로, 지리적 입지의 영향을 많이 받아 도시화율이 낮았으며, 지역적으로 분산되고 기업규모도 작아졌기 때문이다.

19세기 말 영국 경제성장률 둔화의 원인

지금까지 근대 초기에 유럽 최강대국이었던 스페인과 근대 계몽주의의 선두에 있었던 프랑스가 왜 산업화에는 영국에 뒤지게 되었는지를 살펴보았다. 이 역사적 경험에서 얻은 교훈은 각국의 경제성장은 통치자가 자신의 재산권 설정 권한을 남용하지 않도록 억제시킬 수 있는 제도, 즉 표용적 제도를 만들어내느냐의 여부가 중요했다는 것이다. 영국이나 네덜란드와 달리 프랑스와 스페인에서는 국민국가를 형성하는 정치적인 경쟁에서 효율성을 높일 수 있는 재산권 제도를 창출하지 못해서 경제가 정체하고 말았다. 프랑스와 스페인에서는 군주가 절대권력을 차지했는데, 앞에서 살펴본 바와 같이 당시 절대주의 왕실은 도덕적인 왕보다는 마피아 두목에 가까운 존재였다. 전쟁, 약탈, 침략의 위협에 시달린 국민들은 조세를 대가로 치안과 보호라는 공공재를 구입했다. 왜냐하면 비록 전제군주에게 세금을 내는 한이 있더라도, 재산권 보장이 전혀 안 되는 영주들 간의 전쟁으로 인한 무정부 상태보다는 훨씬 나은 것이었기 때문이었다. 이렇게 조세권을 확보한 왕은 더 많은 조세를 걷기 위해서, 지역 독점을 촉진하고 혁신이나 요소 이동을 방해했으며, 생산적인 경제활동을 위축시키는 경제구조를 창출했다. 이러한 정부 실패가 제도 실패를 낳았고, 그 결과 경제적으로 낙후되어 스페인과 프랑스는 영국과 네덜란드에 뒤처졌다.

산업혁명을 먼저 달성한 영국은 자국의 공산품을 수출하기 위해서 1860년대에 유럽 선진국들과 자유무역체제를 형성했다. 먼저 영국은 자국의 중상주의적 보호제도인 항해법을 1822년에 폐지하고, 이어 1846년에 곡물법Corn Laws을 철폐했다. 그리고 1860년에 영국과 프랑스 간 이든조약이 체결되고, 이어 유럽 선진국들은 상호 자유무역협정을 맺으면서, 제1차 세계화의 물결이 일어난다.

그런데 이렇게 18세기에 산업혁명을 먼저 시작하고, 19세기 후반에 세계화 물결을 일으킨 영국의 경제성장률은 1850년부터 1914년 사이에 독일이나 미국에 비해서 둔화되었다. 특히 신공업이라고 불리던 화학공업이나 전기공업 등에서 미국과 독일에 크게 뒤처지게 된다. 그 원인은 무엇인가?

그 원인을 기업가정신의 후퇴에서 찾는 견해가 있다. 이 시기에 영국에서 기업가정신이 후퇴하여 기업의 운영을 전문경영자에게 맡기고 자기들은 여유 있는 신사들의 생활양식을 택함으로써 영국 기업이 새로운 첨단산업의 도입에 소극적으로 되었기 때문이라는 주장이다. 그래서 중요한 발명의 대부분이 영국인에 의해서 이루어졌음에도 신산업 분야에 기업가들이 수동적으로 대처하여 영국의 성장이 낙후되었다는 것이다.[50] 그 예로 철공업의 경우 인燐, phosphorus 성분이 포함된 철광석을 제련하는 공법이 영국인 토마스Sidney Thomas와 길크리스트Gilchrist에 의해서 발명되었지만 영국에서 이 공법을 도입하지 않았다. 그래서 막대한 양의 철광석을 보유하고 있음에도 불구하고, 20세기 초엽에는 철광석의 3분의 1을 스페인에서 수입해왔다. 반면에 독일은 이 공법덕분에 1871년에 병합한 알자스·로렌지방의 철광석을 제련할 수 있게 되어 제철공업의 비약적 발전을 이룩했다. 독일은 루르Ruhr 탄전의 코크스를 이용해서 1894년에는 영국의 철강생산을 앞질렀으며, 1913년에는 영국의 2배에 달하게 되었다.[51] 이와 같이 기업가정신의 퇴조가 19세기 말 낮은 영국 성장률의 주된 원인이라는 것이었다.

그러나 이 주장은 경제사학자들의 논란 끝에 비판적인 견해가 더 힘을 얻었다. 실증분석 연구 결과 오늘날에는 영국의 경제성장 둔화가 기업가정신의 상실 때문이라는 견해는 일반적인 견해로 받아들여지지 않고 있다.[52]

올슨의 집단행동 이론

그것보다는 각종 이익집단의 축적으로 외부여건의 변화에 신속히 대응하는 유연성을 잃었기 때문에 산업혁명 이후에 영국의 산업발전이 둔화되었다는 멘슈어 올슨Mancur Olson의 견해가 더 타당하다.[53] 올슨은 『집단행동의 논리*The Logic of Collective Action(1971)*』에서 집단을 분석 단위로 하는 집단의 이론을 전개하면서도, 그 집단의 구성원인 개인은 자신의 이익을 우선시하는 합리적인 경제인을 가정했다. 상술하면, 주류경제학에서는 분석 단위가 개인이다. 각 개인은 자신의 이익을 집단의 이익보다 우선시한다고 가정한다. 반면에 마르크스는 분석 단위를 계급으로 하고, 개인은 집단의 이익을 위해서 헌신한다고 가정한다. 예를 들면 노동자 개인들은 자기가 속한 노동계급의 이익을 위해서 파업에 적극적으로 참여할 것으로 가정했다. 그러나 올슨은 집단에 대한 분석이 매우 중요하다는 것을 인정하면서도, 그 집단에 속한 개인은 자기 집단의 이익을 위해서 자신을 희생하는 것이 아니라, 반대로 자신의 이익에 따라 행동한다는 주류경제학의 가정을 수용했다. 이러한 가정이 옳다면 인간의 집단행동에는 역설이 나타난다. 즉 개인은 집단의 이익보다는 개인의 이익을 더 중요시하므로 많은 경우 파업에 참여하지 않는 등 집단의 이익을 위해서 행동하지 않는다. 그 이유는 집단행동의 이익은 공공재와 비슷하기 때문이다. 예를 들면 임금인상을 위해서 노동자들이 파업을 해서 임금상승을 쟁취했을 경우에 그 임금인상의 혜택은 파업에 가담한 노동자나 가담하지 않은 노동자에게나 동일하게 돌아간다. 즉 집단행동에 가담하지 않은 개인을 집단행동으로 인한 혜택에서 배재할 수 없기 때문에 집단행동의 역설이 발생한다.[54]

따라서 합리적인 개인이라면 쉽게 집단행동을 하지 않을 것인데, 왜 현실사회에는 집단이 존재할까? 올슨은 합리적인 개인이 집단을 형성하는 이유는 각 집단마다 독특한 유지방법이 있기 때문이라고 주장했다. 예를 들면 사회 집단 중 가장 크고 영향력 있는 것이라고 볼 수 있는 정부가 존속할 수 있는 이유는 과세라고 하는 강제적인 방법에 의해서 정부가 제공하는 혜택에 대한 대가를 모두가 치르게 하고 있기 때문이다. 국가 이외의 다른 집단들이 존속할 수 있는 것은 그 집단이 제공할 수 있는 혜택 때문이 아니라 '구별 인센티브 selective incentive' 때문이다. 구별 인센티브란 혜택에 대한 대가를 치른 사람과 치르지 않은 사람을 구별할 수 있는 수단을 말한다.

인센티브는 긍정적인 것도 될 수 있고, 부정적인 것도 될 수 있다. 부정적인 것은 그 집단행동에 공헌하지 않는 사람, 즉 대가를 치르지 않는 사람에게는 제재를 가하는 것을 말하고, 긍정적인 인센티브는 대가를 치른 사람에게 혜택을 베푸는 것이다. 예를 들면 정부가 제공하는 공공재에 대한 대가인 조세를 납부하지 않는 사람에게는 벌과금을 부여하는 것은 부정적인 구별 인센티브이다. 노동조합 역시 존립을 위해서 두 가지 인센티브를 모두 사용하는데, 일반적으로 부정적 인센티브에 의해서 유지되고 있다. 사회 전체에 영향을 주는 대규모 집단에서도 구별 인센티브가 존재한다. 존경, 명예 또는 불명예 등이 그 예가 된다. 그런데 집단의 규모가 커질수록 구별 인센티브를 적용하기 어렵다. 왜냐하면 이질성이 크거나 규모가 클수록 그 집단을 하나로 묶을 수 있는 인센티브를 발견하기 어렵기 때문이다. 결론적으로 구별 인센티브를 줄 수 있는 집단이 그렇지 못한 집단보다 집단행동을 할 가능성이 높으며, 소규모 집단이 대규모 집단보다는 집단행동을 할 가능성이 높다.

올슨은 이러한 집단행동의 기본 논리를 바탕으로 『국가의 흥망성쇠(1982)』에서 이익집단이 많을수록 경제가 효율성을 상실한다고 주장했다. 그리고 사회가 장기적으로 안정될 수록 이익집단의 숫자가 늘어난다. 그러면 그 사회는 더욱 경직되고, 그것은 국가의 흥망성쇠와 밀접한 관계에 있다.

중국도 상인들의 동업조합을 강하게 통제했다. 예를 들면 금박 제조 길드의 경우 황제의 물품을 구매하는 것까지 자기들의 통제하에 있었기 때문에 이 집단을 탈퇴한다는 것은 추운 겨울에 외투 없이 광야에 서 있는 것과 같았다고 할 정도로 구성원들은 집단에서 탈퇴할 수 없었다. 이 동업조합은 산업이 발전하는 데 걸림돌이 되었다. 서양의 경우 중세사회에서 11세기부터 형성된 길드의 경제통제로 말미암아 도시에서 생산자들이 창의력도 없었고 여러 경제활동에 제한을 받았다. 길드는 동업자들의 상부상조를 위한 조합이었으므로 원료도 공동구매하고 서로 간에 경쟁을 금지했다. 이웃 동업자의 고객을 빼앗기 위한 호객행위도 금지되었다. 새로운 기술을 개발해도 독점하면 안 되고, 길드 구성원과 공유해야 했다. 이러한 각종 길드의 규제를 위반하면 처벌받았다. 중세 말기에 장인master의 숫자가 너무 많아지자 경쟁을 제한하기 위해서 직인journeyman을 장인으로 승진하지 못하게 자격요건을 강화했다. 그로 인해 평생 직인의 신분을 벗어나지 못하는 직인도 생겼다. 이러한 길드의 폐쇄성이 증가하면서 이에 반발한 직인들이 농촌으로 이주하여 농촌 수공업이 발전하게 되고, 영국의 농민들이 부유해짐으로써 산업혁명에 필요한 자본 형성이 가능하게 되었다고 보았다.

그러나 영국이 산업혁명의 선두주자였음에도 불구하고 19세기 말에 미국, 일본, 독일 등에 비해 크게 경제력이 약화된 이유는 각종 이익집단의 축적으로 외부 여건의 변화에 신속히 대응하는 유연성을 잃었기 때문이라고 올슨은 주장했다. 그리고 올슨의 논리에 의하면 제2차 세계대전 이후 일본이나 독일의 경제성장률이 영국이나 미국의 경제성장률보다 높은 것도 역시 제2차 세계대전의 패배로 인하여 이익집단의 힘이 승전국들에 비해 상대적으로 약해졌기 때문이다. 최근에 선진국 중 가장 낮은 성장률을 보이고 있는 미국과 영국에서 강력한 이익집단들이 형성된 것은, 독일이나 일본에서와 같은 세계대전에서의 패배라는 큰 사회적 변혁이 없이 안정된 사회에서 민주주의 꽃을 만발시켜온 역사적 배경에서 유래한다. 선진국들의 경제성장 둔화뿐만 아니라, 가난한 나라들의 빈곤의 원인도 역시 제도로 설명할 수 있다.

빈국의 첫 번째 이유: 시장경제를 거부해서

경제체제나 제도가 경제성장에 미친 영향을 이야기할 때 가장 좋은 사례가 남한과 북한의 경제적 격차다. 지난 2013년을 기준으로 남한의 경제규모는 북한의 43배이고, 남한의 1인당 소득은 북한의 20.8배이다.[55] 반세기 만에 동일한 인종과 역사를 가진 두 나라에 이렇게 큰 격차가 발생한 이유는 두 사회가 각각 선택한 체제의 차이 외에는 설명이 안된다. 한 마디로 북한이 가난하게 된 이유는 자본주의 시장경제를 거부하기 때문이다.

이제는 북한을 제외하고 대부분 공산주의 국가들은 공산주의 통제경제를 포기하고 시장경제로 전환했다. 대표적인 나라들이 중국, 베트남, 라오스, 쿠바 등이다. 이 나라들은 시장경제체제를 받아들이기 시작하면서 차츰 경제적으로 나아지고 있다.

북한 이외에 공산주의를 택해 경제적으로 큰 어려움을 맞았던 나라의 사례로 짐바브웨를 예로 들어 설명해보자. 짐바브웨는 과거 로마, 아테네, 콘스탄티노플, 바빌론 등과 함께 세계에서 가장 위대한 역사 도시 베스트 10위에 속하는 나라였다.[56] 온화한 기후와 한반도의 2배나 되는 면적에 경작지가 50퍼센트에 이를 정도여서 농업 잠재력도 매우 높아 '아프리카의 빵바구니'로 불렸던 나라이다. 나이아가라, 이과수 폭포와 함께 3대 폭포로 꼽히는 빅토리아 폭포가 잠비아와 짐바브웨에 걸쳐 있다. 짐바브웨는 이와 같은 세계적 관광지뿐만 아니라 다이아몬드, 금, 백금, 에메랄드 등 200여 종의 다양한 광물자원을 풍부하게 보유하고 있다. 영국의 식민지였기 때문에 국민들이 영어를 사용하고 문맹률도 10퍼센트 이하로 매우 낮아 인적자원도 좋다. 그래서 1980년에 영국으로부터 독립할 당시에 영국 파운드화와 동등한 환율을 유지했었다. 짐바브웨는 '아프리카의 진주' 또는 '아프리카의 스위스'로 불리면서 아프리카에서 가장 잘살았던 나라였다.

그런데 1980년 이후 2015년 현재까지 34년간 짐바브웨를 통치하고 있는 로버트 무가베Robert Mugabe 대통령에 의해 상황은 달라졌다. 그는 모택동주의자로 알려진 공산주의자로서, 김일성과도 친한 사이였다. 그는 계획경제를 실시했으며, 백인들의 농장을 몰수하여 자신의 지지자들에게 나눠주었다. 그리고 무력을 사용해서 제조업자들에게 절반 가격에 물건을 팔라고 강압했고, 그 결과 기업들이 줄줄이 도산했다. 이러한 정부의 정책으로 인해서 백인들이 다 빠져나가자 농장경영의 경험이 없는 흑인들이 운영하는 농장은 생산성이 하락했다. 기업들도 대부분 도산해 결국 1,300만 인구의 95퍼센트가 실업자 신세로 전락했다.[57]

그래도 무가베는 공산주의를 포기하지 않고, 계속 화폐를 찍어서 위기를 모면하려고 했다. 결국 2008년의 경우 물가상승률이 300만 퍼센트에 달하게 되었다. 그리하여 2008년에는 액면가 100조 달러 은

행권도 발행했다.[58]

통화증발로 인하여 하이퍼인플레이션이 발생하여 계란 3개가 1,000억 짐바브웨달러에 달할 정도였다. 심지어 나중에는 종이가 부족해서 화폐를 발행하지 못하는 웃지 못할 사태까지 발생하였다. 마침내 2009년 9월 24일에 짐바브웨는 짐바브웨달러를 포기하고 유로화 등 외국 통화를 유통시켰다. 그리고 결국 높은 인플레이션으로 인해 국가 통제경제를 포기하고 시장경제를 받아들였다.

빈국의 두 번째 이유: 시장경제가 작동되지 않아서

가난한 나라들이 가난을 벗어나지 못하는 두 번째 이유는 시장경제체제가 작동하지 않기 때문이다. 시장경제체제를 채택했다고, 다 잘사는 것은 아니다. 많은 나라들이 자본주의 시장경제체제를 수용했지만 여전히 가난에서 벗어나지 못하고 있다. 그 이유는 무엇일까?

지난 2004년에 《타임》지가 '세계에서 가장 영향력 있는 100명의 인물'로 선정하여, 20세기를 대표하는 남미 최고의 경제학자로 선정한 페루 출신의 경제학자 에르난도 데 소토Hernando de Soto는 『자본

의 미스터리: 왜 자본주의는 서구에서만 성공했는가?』를 통해서 오늘날 제3세계의 나라들이 자본주의체제를 선택했음에도 불구하고, 여전히 가난한 이유에 대해서 설명했다. 그는 많은 제3세계 국가들이 공장을 세울 자본이 부족해서 경제성장을 못한다고 호소하지만, 그것이 가난의 원인이 아니라고 주장한다. 자본주의체제를 채택한다고 해서 저절로 체제가 잘 돌아가고 그로 인해 부유해지는 것이 아니다.

서구 국가들이 근대 이후에 자본주의 시장경제를 창출해내는 데 성공해서 경제가 성장했다면, 그리고 한국 등 동아시아 국가들이 시장경제를 채택해서 서구 선진국들을 추격했다면, 왜 다른 나라들은 자본주의 시장경제체제를 채택해도 여전히 가난의 늪에서 벗어나지 못할까? 데 소토는 이런 문제의식을 가지고 약 100여 명의 연구팀과 5년 동안 필리핀, 이집트, 아이티, 페루 등 4개국에서 연구를 진행했다. 이 나라들은 나름대로 시장경제체제를 수용했음에도 불구하고 여전히 경제가 성장하지 않은 나라들이다.

먼저 데 소토 연구팀은 이들 나라들이 가난한 이유가 과연 자본이 부족해서인지 초점을 맞추었다. 가난한 나라라고 하더라도 토지와 건물이 있으므로 부동산을 담보로 자본을 창출할 수 있다. 이를 통해 그 사회가 필요한 자본을 형성할 수 있을 것이다. 그럼에도 그들은 보유하고 있는 부동산을 기초로 자본을 창출하지 못하는 이유가 무엇인지에 관심을 가졌다.

이들이 연구한 결과 이 4개국의 경우 부동산 자산의 약 80퍼센트가 불법 자산이라는 사실이 밝혀졌다. 이를 기초로 제3세계와 과거 사회주의 국가들에서 가난한 사람들이 보유한 불법 자산의 규모를 추정한 결과, 최소한 9조 3,000억 달러에 이르는 것으로 나타났다. 이 금액은 미국 유통 화폐의 약 2배이며, 세계 20대 선진국의 증권거래소에 등록된 모든 회사 자산총액과 맞먹는다. 그리고 1989년 이후 10년 동안 제3세계에 유입된 해외직접투자 총액의 20배를 넘고, 지난 30년 동안 세계은행이 대출한 모든 대출금의 46배, 그리고 그 기간 동안 선진국의 원조 총액의 93배에 달하는 엄청난 규모라고 한다.[59]

그들은 왜 그토록 막대한 자산을 보유하고도, 유동자본으로 전환시키지 못했을까? 데 소토 연구팀은 축적된 자산에서 자본으로 전환시킬 수 있는 명시화된 과정이 없기 때문이라고 결론을 내렸다. 즉 재산권 제도가 확립되지 못했기 때문이었다.

그렇다면 왜 제3세계 국가들이 선진국의 제도를 모방해서 재산권 제도를 도입하지 않았을까? 데 소토는 이것이 바로 '자본의 미스터리'라고 했다. 이들이 발견한 재산권 제도가 확립되지 못한 가장 중요한 이유는 부정부패 때문이었다. 데 소토 팀이 실제로 관찰한 바에 의하면 필리핀에서는 개인 소유의 집을 지으려면 168단계의 절차가 필요하고, 공공기관을 53군데 거쳐야 했다. 그리고 이집트에서는 뇌물을 주지 않고 정상적인 절차를 통해서 농지에 지은 주택을 등록하려면 6년에서 11년이 걸린다는 사실을 알았다. 그래서 이집트에서는 470만 명이 불법 주택에 거주하고 있었다. 윌리엄 번스타인William Bernstein의 『부의 탄생』에는 페루의 라마에서는 집을 한 채 구매하는 데 심지어 728가지 절차가 필요하다고 밝히고 있다.[60]

이러한 부정부패를 막지 못한 제도의 실패로 인해서 많은 자산이 자본으로 유동화되지 못하고, 그 결과로 공장 등 산업시설을 세울 수 있는 자본이 부족해서 해외 자본에 의존하게 된다. 기업가정신과 경영능력이 부족해서 이윤을 창출하지 못하는 것도 문제이지만 이익이 발생해도 결국 이자 지급으로 해외로 이익이 유출되어 빈곤이 계속 반복되고 있다는 것이다.

결론적으로 오늘날 제3세계의 많은 나라들이 가난에서 벗어나지 못하는 이유는 시장경제를 채택하지 않았거나, 시장경제를 채택했더라도 작동이 안 되기 때문이다. 결국은 국가가 실패하는 이유는 제도 실패 때문이다. 서구 선진국이 오늘날의 복지국가로 성장할 수 있었던 것이 시장경제라고 하는 효율적인 제도를 최초로 창출하는 데 성공했기 때문인 것과 마찬가지로 오늘날 가난의 원인도 역시 제도의 실패 때문이다. 이처럼 효율적인 제도를 모방해도 제대로 시행한다는 것은 어려운 일이다.

19세기 조선이 실패한 이유

15세기에 과학과 문명이 발전했던 조선이 왜 19세기에 쇠락의 길에 접어들어서고, 결국 20세기 초에 일본의 식민지로 전락하게 되었는가?

고려팔만대장경의 인쇄 기술 등을 물려받은 조선의 기술 수준은 상당한 수준이었다. 중국인들은 고려 종이를 세계 최고의 종이로 평가하여 '금령지金齡紙'라고 불렀다. 세계에서 1,000년을 견디는 종이는 고려 종이뿐이다. 세종 말기인 1430년에 완성되었던 대신기전大神機箭은 사정거리가 3킬로미터나 되던 세계 최초의 장거리 미사일이다. 유럽에서는 350년이 지난 1799년에 이르러서야 이와 비슷한 것을 만들었다. 〈병기도설〉에 기록된 바에 따르면 대신기전은 1592년 임진왜란 당시 거북선과 함께 비장의 무기로 활용되었다.[61] 이밖에도 만 원짜리 지폐에서 볼 수 있는 물시계 자격루自擊漏는 세종 14년(1432)에 장영실에 의해 만들어진 것으로 세계 최고의 수준을 자랑한다. 또한 조선조 의관인 전순의가 작성한 생활과학서 산가요록(1459年刊)에 동절양채冬節養菜라는 온실 설계가 있는데, 이는 서양 최초의 온실인 영국의 에너린Enelyn(1691)보다 170여 년이나 앞선 기술이다.

이렇게 조선 초기의 과학기술과 문화 수준은 당시 세계 최고였던 중국에 필적할만한 수준이었으나 조선은 19세기에 들어서면서 침체하기 시작한다. 정치적 이유로는 순조, 헌종, 철종 등 어린 왕의 등극과 안동 김씨와 풍양 조씨의 외척 정치로 인해서 세도 가문의 일족이 요직을 독점하여 정치 기강이 문란해지고 뇌물, 매관, 매직 등 부정부패가 심해짐에 따라 지방 관리들도 권력을 남용하여 삼정三政의 조세 수납체계가 문란해지면서 불만이 누적되었다. 1811년의 홍경래의 난과 1862년 진주 농민항쟁, 천주교 박해로 인한 서구열강의 침입 등으로 인하여 국력이 약화되면서 조선의 발전이 정체되어갔다. 그리하여 19세기 말 서구 열강의 문호 개항 요구에 적절하게 대응하지 못하면서 근대화의 기회를 잃어버리고 먼저 서구의 근대 문물을 수용한 일본의 식민지로 전락하고 말았다.

그런데 외척들의 매관매직으로 인하여 관리들의 가렴주구苛斂誅求

[그림 5] 세계 최초의 온실, 동절양채

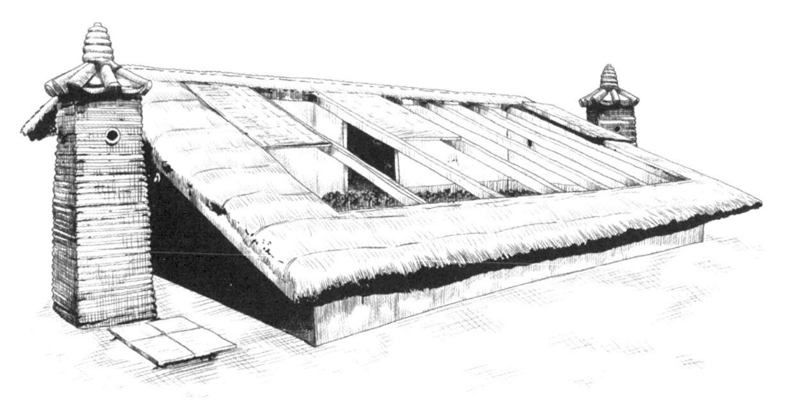

가 심해지고, 이로 인해서 농업생산성이 크게 떨어졌다는 논리만으로는 조선경제가 피폐해진 것을 온전히 설명하지 못한다. 서구가 대항해시대 이후에 무역을 확장하면서 부를 축적했고, 시장경제가 원활하게 작동하도록 많은 제도가 개선된 것과 견주어 조선후기의 경제적 후퇴를 제도와 관련하여 설명하고자 한다.

그 이유를 크게 세 가지로 정리하면, 첫째는 독점 지향적인 조선 정부, 둘째는 재산권 보호에 취약한 점, 마지막으로는 유교문화의 영향으로 상업을 천하게 여긴 점 등을 들 수 있다.

독점 지향적인 조선 정부

조선시대의 통치 원리인 성리학에 의하면 왕은 신성불가침의 권리를 가지고 있었다. 그러므로 왕과 그 가신들로 구성된 조정이 국가이며 관리들은 오직 종묘와 사직을 위하여 인생을 살았다. 〈조선경국대전〉에 의하면 백성을 전부佃夫라고 불렀는데, 이는 밭 전田 자에 사람 인人 변을 붙여서 '밭을 경작하는 사람'이라는 의미이다. 즉 왕은 국토의 주인이고 백성들은 모두 그 소작농이라는 의미이다.

이러한 인식은 대한제국大韓帝國(1897.10.12~1910.8.29)시대에도 변함이 없다. 대한제국 헌법 제2조에 의하면 "대한제국의 정치는 전제정치이다"라고 명시적으로 규정하고 있어서 근대적 개혁을 하려고 했지만, 근본적으로 국가의 본질은 변함이 없다. 그래서 대한제국에서도 토지소유자를 시주時主 즉 임시 주인이라고 규정했는데, 본주는 바로 고

종황제를 의미했다.

이렇게 정도전의 민본주의를 실현하기 위해서 세워졌다는 조선시대에서 대한제국 시기까지 국가의 주인은 왕이고, 백성은 한낱 소작인에 불과한 봉건적 소작제의 모습을 지녔다. 소작인이나 마찬가지인 백성들이 작은 규모로 농업을 영위하는 체제였던 것이다.

조선후기로 가면서 공신들에게 나누어준 사전이 확대되었지만, 토지 소유권은 일물일권적인 서구의 근대법 토지소유제도와는 거리가 멀었다. 제사를 중요시하는 유교의 영향으로 제사의 의무를 가지는 장자에게 토지가 상속되었다. 장자는 토지소유자라 할지라도 함부로 토지를 매각할 수 없었다. 토지는 문중의 제사를 위한 기초가 되기 때문이다. 이로 인해서 토지매매문서田畓賣買文記에는 토지 판매자가 왜 이 토지를 팔 수밖에 없는지 그 사연이 자세하게 쓰여 있다. 이렇게 불가피하게 토지를 팔 수밖에 없는 이유를 밝히지 않으면 문중의 비난을 면할 수 없었기 때문이다. 이는 역으로 보면 토지 소유자가 토지를 효율적으로 활용하지 못했다는 것을 말해준다.

모든 토지는 왕에게 속하지만, 공신들에게 토지를 나눠주어서 사전이 발생하고, 이 사전을 모두 직접 경작할 수 없으니 소작인들에게 경작을 시켰다. 또한 홍수나 전란으로 황폐한 황무지를 개간하는 과정에서 기여한 농민들이 소작권 상속을 보장받으면서 조선에서도 왕의 소유권과 양반 권문세가의 수조권, 그리고 소작인의 소작권 등으로 중층적으로 나뉘어졌다. 게다가 앞에서 설명한 장자 상속 과정에서 문중의 눈치도 봐야 하는 구조가 되면서 토지를 둘러싼 여러 가지 권한이 존재했다. 이것이 근대법적 토지소유제로 바뀐 시점은 일제시대인 1912년부터 1918년까지 실시한 토지조사사업과 1912년의 조선민사령이었다. 요약하면 조선시대에는 농업을 가장 중요하게 여겼음에도 토지가 소유자에 판단에 따라서 효율적으로 경작되기 어려웠고, 그 결과 생산성이 낮을 수밖에 없어 성장이 정체되었다. 일부에서는 이러한 법령들이 토지의 소유권만을 신성불가침의 권리로 보장하여 소작인의 권리를 보호하지 않고, 한국농민을 수탈한 기본적 악법이라는 시각도 있다.[62] 영국과 같이 점진적으로 소유권 관계가 형성되지 않아 소작인들의 권리가 무시된 측면이 있으나 근본적으로 근대법적 소유권의 확립은 토지 이용을 효율적으로 하게 된 단초가 되었다.

조선시대에는 국가가 농업뿐만이 아니라 상업과 공업에도 개입했다. 상업의 경우 가장 중요한 비단, 종이, 어물포 등의 물품에 대해서는 육의전 상인들에게 독점적 특권을 주어 국가가 엄격히 통제했다. 국제무역도 마찬가지로 국가가 독점을 해서, 특권 시전인에게 위탁했다. 예를 들면 가장 대표적인 홍삼무역의 경우, 임상옥의 의주 만상에게 청나라와의 홍삼무역 독점권을 맡겼다. 이런 방식을 통해서 조세 수입을 확보했다.

공업도 관장제도를 원칙으로 하여, 정부가 필요한 수요를 관영공장에서 조달했다. 정부재정도 주로 현물공조에 의존했고, 자급자족

경제이므로 화폐는 발달하지 못했다.

이렇게 중앙정부가 정치뿐만 아니라 경제 영역도 지배하고 있었기 때문에 백성의 창의성을 극대화시킬 수 있는 자유가 없는 체제였다. 자유가 없기는 양반들도 마찬가지였다. 조선시대에 당쟁이 심했던 것도 신분을 보장받지 못한 양반들이 자신의 가문을 지키기 위한 방편의 하나였다고 볼 수 있다. 조선의 양반 관리들은 서구의 귀족들과 달랐다. 봉건시대의 서구 귀족들은 자신의 군대를 보유하고 왕도 거두어들일 수 없는 신분의 보장을 받고 있었지만, 조선의 양반 관리들은 그렇지 못했다. 권력이나 왕의 총애를 잃으면 하루아침에 역적으로 몰려서 귀양도 가고 멸문지화도 초래될 수 있었다. 그래서 마르크스는 이러한 아시아적 생산양식을 총체적 노예제라고 불렀다. 즉 왕 한 사람만 자유인이고 양반이나 평민이나, 노비나 모두가 자유가 없는 노예와 다름없다는 의미이다. 그래서 양반 관리들은 스스로의 가문을 지키기 위해서 편을 지어서 파당을 만들어 스스로를 보호하려고 했다. 16세기 임진왜란을 전후한 시기에 동인·서인, 남인·북인의 갈등에서도 이런 모습을 볼 수 있다. 특히 왕의 힘이 약화된 19세기 이후에 이러한 경향이 심해지면서 외척정치가 시작되었다.

오늘의 관점에서 보면 정부의 기능이 강한 중상주의적인 정부의 모습과 가깝다. 강력한 중앙정부가 정치, 경제, 문화 모든 측면을 독점적으로 장악하고 있는 것은 서구의 중상주의 시대와 유사하고, 공산주의의 전제정치와 유사하다. 이러한 상황에서 자율적인 경제활동은 보장이 안 되었고, 자생적인 시장의 발전이 어려웠다.

재산권 보호 취약

정부의 역할이 강하더라도 백성의 권리를 잘 보호할 경우에 경제적 발전을 기대할 수 있다. 조선후기로 가면서 외척정치로 인해서 정치의 규율이 무너졌다. 조세체계가 문란해짐에 따라 민본의 이념 위에 세워진 조선이 가렴주구로 인해서 그 이념이 퇴색되었으며, 그 결과 경제의 효율성은 떨어졌다.

이러한 현상은 영국인 여류 학자 이사벨라 버드 비숍Isabella Bird Bishop(1831~1904)이 쓴『한국과 그 이웃나라들*Korea and Her Neighbors*』에 잘 나타나 있다.[63] 그녀는 여성으로서는 최초로 영국의 왕실 지리학회 회원이 되었고, 1894년부터 1897년까지 네 차례에 걸쳐 조선을 여행했다. 이사벨라는 조선의 자연은 매우 아름답지만, 백성들은 게으르고 도로망은 매우 미비되어 있고 거리는 매우 지저분하다고 적었다. 뗏목을 타고 남한강과 북한강을 다니면서 조선의 풍물을 조사하고 조선 가옥의 구조 등을 면밀하게 기록했다. 그녀가 조선 사람들을 게으르게 본 이유는 많은 땅이 경작되지 않았기 때문이었다. 그런데 그녀는 만주에 방문하고 나서 이러한 생각을 바꾸었다. 만주에서는 조선족들이 가장 부유하게 살았는데 그 이유는 농민들의 소출을 빼앗아가는 탐관오리들이 만주에는 없었기 때문이었다. 결국 조선 백성들이 노는 땅을 두고도 경작하지 않던 이유는 그들이 게으르기 때문이 아니라 농사를 지어봤자 결국 탐관오리들에게 다 빼앗겼기 때문이라는 사실을 알았다고 적고 있다.

이러한 사실은 영국의 〈데일리 메일*Daily Mail*〉 조선 특파원이었던 매캔지McKenzie의 기록에도 나온다. 매캔지는 조선 사람들에게 "농사를 짓지 않고 땅을 놀리냐"고 묻자 백성들은 "누구 좋은 일 시키려고 저 땅에 농사를 짓겠느냐"고 답했다고 한다.

정약용은 목민심서에서 "양반 관료들이 백성을 밭으로 갈아 먹는다"는 표현을 쓰기도 했고, 양반 관료를 '면허 받은 흡혈귀'라고 묘사하기도 했다. 이와 같이 정부의 무능과 부정부패로 인하여 백성들은 기본적인 재산권을 보호받지 못했다.

지나친 세금과 부역을 피하기 위해서 투탁하는 사례도 많았고, 그래서 학자에 따라서 조선시대에 노비의 비중이 전체 인구의 3분의 1에서 심지어 3분의 2에 이른다고 주장하기도 한다.[64] 이렇게 많은 노예가 존재하기 때문에 한국은 세계에서 가장 발달된 대규모 노예제 사회로 평가되고 있다.[65] 조선시대에 노비는 재물로 취급되어 상속의 대상이었고, 형법상의 지위도 양인보다 낮았다.[66] 이런 면에서 노비는 노예와 다르지 않았다. 그러나 노비는 법률적으로 재산을 소유할 수 있고, 심지어 노비도 다른 노비를 소유할 수 있었기 때문에 조선시대의 노비는 노예가 아니라 중세 유럽의 농노에 해당하는 신분이라는 주장도 일리가 있다.[67]

미국인 한국학자 제임스 팔레James Palais는 조선을 노예제 국가로

규정했다. 고려는 노예를 금지했으나, 조선은 양반, 양인, 노비의 신분제 사회로 노예를 합법화했다.[68]

노예제 연구가인 스탠리 엥거만은 경제사학회 초청으로 한국에 방문했을 때 한 강연에서 한국의 노예제도는 세계적으로 유래가 없는 특징을 지녔다고 했다. 그것은 노예의 대부분이 동족이라는 사실이다.[69] 채무에 의해서 노예로 전락하는 경우도 있으나, 대부분의 나라에서 노예는 주로 전쟁 포로 등 피정복지의 이방 민족이었다. 특히 이슬람이나 유대인 사회는 율법으로 동족을 노예로 사용하는 것을 금했다. 그러나 조선은 이웃 나라를 침공한 경우가 거의 없었기 때문에 노예로 쓸 수 있는 전쟁 포로나 이방 민족이 거의 없었다. 그런데 누군가는 사회의 허드렛일을 해야 하기 때문에, 조선은 노비계층을 안정적으로 공급받기 위해서 노비의 자녀는 다시 노비가 되도록 『경국대전』을 통해서 신분제를 확립했고, 노비의 매매를 인정했다.[70] 『반계수록』의 저자 유형원처럼 노비제 사회를 비판하는 유학자들도 있었지만, 이러한 노비 규정은 조선왕조의 마지막 법전인 『대전회통』까지 지속되었다. 노비 이외에 광대, 공장, 백정, 기생, 무당, 상여꾼, 천민, 하천배 등을 상놈이라고 불렀는데, 다 합치면 그 숫자가 전 인구의 70퍼센트 정도였다. 이렇게 하층민의 숫자가 많았기 때문에 노비의 가격은 조선 내내 조랑말 한 마리의 절반 수준이었다.[71] 1801년에 순조 임금이 노비안을 모두 불태워버리라고 명했으나, 공노비에 한정된 것이었다. 1894년 갑오개혁에서 신분제가 철폐되었지만, 땅 한 마지기 없는 농민은 노비나 다를 것이 없었다. 이렇게 백성의 많은 비중이 상놈 신분이었던 조선시대에 생산성의 상승을 기대하기는 어려웠다.

상업 천시의 유교 문화

현실에 대한 관심이 적은 불교나 도교 문화도 조선문화와 경제에 영향을 미쳤으나, 무엇보다 유교가 가장 큰 영향을 미쳤다. 유교 문화권인 일본, 한국, 대만, 홍콩, 싱가포르 등이 1970년대 이후 7~8퍼센트의 경제성장을 기록하면서 이들 유교 국가들의 경제적 성취의 원인이 유교와 어떠한 관계에 있는가 하는 것에 학자들의 관심이 많다.[72]

경제성장과 문화의 관계는 막스 베버 이후로 많은 논란이 있었던 주제다. 단기간적인 경제적 성취에 대해서는 문화적 요인을 구체적으로 가려내기 어렵지만, 장기적인 경제적 성취는 문화적 요인과 관련이 있다. 서구는 상업을 통해서 자본주의 시장경제라고 하는 새로운 체제를 만들어내는 데 필요한 부를 축적했다. 반면에 박지원의 『허생전』에서도 보듯이, 유교사상가들은 상업을 통해 생긴 이윤을 정의롭지 못한 독점으로 인한 이익이라고 생각하고 상업을 천시했다. 이로 인해서 상업이 발전하기 어려웠다. 상업을 중앙집권적인 정부가 관장한 것도 원인이지만, 이윤을 정의롭지 못한 것으로 인식하고 상업을 천시한 것도 중요한 원인이 된다.

상업을 천시했기 때문에 상업에서 자본을 축적한 사람들은 양반이나 지주가 되어 상업에서 벗어나려고 했고, 그 결과 상업이나 상업 발전의 근간이 되는 각종 효율적인 제도들이 만들어지기 어려웠다. 그 사례 중의 하나가 조선시대 최고의 부자였다고 하는 의주 만상 임상옥(1779~1855)이다.

임상옥은 아버지의 빚을 갚기 위해서 의주 만상의 집에 노비로 가서 말단 점원으로 시작해서 후에 오늘날 총수에 해당하는 대방 위치에 오른 입지전적인 인물이다. 그는 개경의 송상, 한양의 경상, 동래의 내상을 물리치고 세도가 이조판서 박종경으로부터 홍삼무역 독점권을 10년간 보장받으면서 조선 최고의 부자가 되었다.[73] 연암 박지원의 『열하일기』에 의하면 사신들이 노잣돈으로 인삼을 가져가 팔아서 경비를 마련할 정도로 홍삼은 조선 최고의 무역상품이었다. 임상옥은 흉년이 들었을 때 궁휼미와 구황염을 베풀고, 홍경래의 난이 일어났을 때 관군에 군량미를 제공하여, 순조로부터 1832년에 곽산 군수로 제수되고, 다시 1834년에 귀성 부사에 올랐다.

소설가 최인호는 소설 『상도』 서문에서 임상옥이 말년에 자신의 전 재산을 사회에 환원했다는 이유로 임상옥을 상업에서 도道를 이룬 성인聖人으로 평가하고, 오늘날 기업인들의 사표師表로 부각시키기 위해서 임상옥의 생애를 다룬 이 소설을 썼다고 밝혔다.[74] 그러나 사실 쌀을 국가에 헌납하여 관직에 오른 것은 '상도'라기보다는 정경유착이다. 임상옥의 후손들은 그 재산을 보존하기 위해서 왕자의 궁원에 속한 전답인 궁장토에 편입시켜 지주의 삶을 살았다.[75] 서구에서는 상인자본의 선대제를 거쳐서 산업자본으로 발전이 되었지만, 조선에서는 상인을 천시했기 때문에 상인자본이 지대를 추구하는 지주자본으로 변화되면서 자본주의적 발전이 더디었다.

구한말 조선 정부는 경복궁 중건 사업을 하느라 국가 재정이 휘청거렸고, 고종이 군함을 한 척 사느라 군인들 월급을 줄 돈이 없어서 임오군란이 일어났다. 앞에서 설명한 바와 같이 근대에 유럽 각국의 절대군주들도 잦은 전쟁으로 비슷한 재정위기를 겪었다. 그중에 재정위기를 극복한 정권은 통일을 이룩하는 데 성공했는데, 많은 경우에 상인들의 재력에 의지했다. 우리는 국채보상운동도 일으켰지만, 결국 일본에 빚이 많다는 핑계로 전쟁도 한 번 못해보고 나라를 빼앗겼다. 임상옥과 같은 거상들이 더욱 큰 기업을 이루어서, 조선 정부가 신무기나 군함을 사는 데 필요한 재정의 일부를 담당했다면 조선 왕조가 그렇게 총도 한 번 못 쏴보고 나라를 빼앗기는 수모를 당했을까?

요약하면 과거 조선이 침체된 이유는 독점지향적인 왕권체제로 말미암아 백성들의 경제활동에 대한 인센티브가 없었고, 그나마 있는 재산권에 대한 보장도 거의 받지 못했기 때문이다. 거기에다가 유교 등 전통 종교의 영향으로 상업을 천시했기 때문에 상업에서 재물을 모은 자들은 농토를 구입해 지주가 되어 양반 행세를 하고, 장터에는 사회의 가장 낮은 계층의 사람들만 모여서 상업자본의 축적이 저해되었다. 서구에서 산업혁명이 일어나기 전에 무역을 통해서 상업자본이 형성되었다. 서구에서는 자본을 축적한 이들은 부르주아로 발전해서 귀족들을 견제하면서 자본주의 시장경제라고 하는 새로운 시스템을 창출해내는 데 성공했지만, 조선시대에는 이것에 실패했다. 일본과는 달리 서구의 발전상을 제대로 인식하는 데도 실패한 조선의 지도부는 결국 나라를 빼앗기게 되었다.

9장

한강의 기적과 시장경제

- 한강의 기적
- 일제시대의 유산
- 이승만 대통령의 건국과 시장경제
- 박정희 정부의 정부주도 공업화와 시장경제
- 한국의 경제성장에서 기업의 역할

한강의 기적

대한민국은 서구열강의 개입으로 해방을 맞이했지만, 냉전의 틈바구니에서 전쟁의 참사로 세계에서 가장 가난한 나라 중의 하나로 전락했었다. 그랬던 대한민국이 어떻게 20세기 후반에 극적인 발전을 하게 되었을까? 서구경제 발전의 원인이 효율적인 제도 때문이라면, 한국의 경제성장도 역시 제도변화로 설명할 수 있어야 한다. 이 장에서는 한국경제 성장의 원인을 제도 측면에서 살펴보자.

대한민국과 콩고민주공화국의 차이

박정희 대통령이 경제개발을 시작하던 1961년에 한국의 1인당 국민소득은 92달러였다. 당시 콩고민주공화국(Democratic Republic of Congo, 구 자이르공화국Republic of zaire)의 1인당 국민소득은 2배가 넘는 199달러였다. 콩고민주공화국의 면적은 약 234만 제곱킬로미터로 남한의 23배가 넘는다. 특히 동부지방은 다이아몬드, 금, 코발트, 구리, 주석 등 매장량이 많은 자원의 보고다. 지난 2008년 대한민국의 1인당 국민소득은 콩고민주공화국의 182달러의 11배에 달하는 1만 9,115달러였다. 대한민국의 국토 면적은 아프리카 대륙의 320분의 1에 불과하지만, 대한민국이 한 해 생산하는 국내총생산의 규모는 아프리카 대륙의 53개국의 8억 인구가 생산하는 것보다 더 많다.[1]

또한 우리나라는 지난 2012년에 20-50클럽에 7번째로 가입했다. 인구가 5,000만 명을 넘는 나라 중에 1인당 국민소득이 2만 달러를 넘는 7번째의 나라가 된 것이다. 1996년에 영국이 이에 가입하고 16년 만에 처음 있는 일이었다. 시카고대학의 로버트 루카스는 이러한 한국의 경제성장을 '기적'이라고 표현했다. 2014년 기준 1인당 GNI는 2만 8,180달러 수준이며,[2] 대한민국의 물가를 반영한 1인당 실질구매력 GDP(2013년 기준)를 IMF는 3만 3,156달러로 일본(3만 7,135달러, 20위), 프랑스(3만 5,680달러, 22위)에 이어서 24위라고 발표했다.[3]

한국은 그동안 일본을 따라잡는 캐치업catch-up 전략을 폈는데, 세계 국가의 경쟁력 순위를 발표하는 스위스의 국제경영개발연구소IMD에서는 지난 2011년에 이미 한국의 국가경쟁력을 22위로 평가해, 26위인 일본을 추월했다고 밝혔다.[4]

불리한 조건을 극복하고 이룬 성과

한국의 이러한 성취가 불리한 조건을 극복하고 이루어졌기 때문에 세계는 더욱 높이 평가하고 있다. 한국의 경제성장이 불리했다고 보는 이유는 첫째, 자본과 자원이 거의 없는 상태에서 경제개발을 시작했기 때문이다. 지하자원은 거의 대부분 북한에 매장되어 있어, 남한에는 거의 없다. 게다가 일제의 수탈과 6·25전쟁으로 인해서 생산시설마저 다 파괴된 상태에서 출발했다. 두 번째 이유는 세계에서 가장 호전적인 북한과의 대치 상황에서 한때 GDP의 6퍼센트에 달하는 국가 예산의 3분의 1을 국방비로 지출할 정도의 큰 부담 속에서 이룬 성과이기 때문이다.

그래서 피터 드러커Peter Drucker는 『자본주의 이후의 사회』에서 "한국은 부존자원이 없는 후진국이 산업사회로 도약한 대표적 사례로 한국의 놀라운 경제성장을 제외하고는 20세기의 경제발전사를 논할 수 없다"고 적었다.

2011년 노벨경제학상 수상자인 토머스 사전트Thomas Sargent는 2013년 3월에 서울대 경제학부에 오면서, "한국은 경제학자라면 꼭 한번 연구해보고 싶은 국가"이며 "한국의 역사와 경제는 기적 그 자체"라고 말했다. 프랑스 문명비평가 기 소르망Guy Sorman은 "한국의 경제발전사는 인류의 소중한 문화유산"이라고 극찬했다. 그리고 과거에 "오랜 세월 동안 한국인이라는 것은 고생을 의미했지만, 오늘날 한국에서 태어난다는 것은 일종의 특권"이 되었다고 했다.

한강의 기적이 일어난 동인

한국경제가 이러한 불리한 조건을 극복하고 세계사에 드문 경제적 성취를 이룩한 원인은 무엇인가? 여건이 좋았기 때문인가? 대한민국의 경제적 성취를 깎아내리는 사람들은 한국이 공업화에 들어섰던 1960년대는 세계가 제2차 세계대전에서 회복되던 시기였기 때문에 자본 도입이 용이한 시기였다고 한다. 그러나 이러한 경제적 환경은 다른 나라도 마찬가지였음에도 불구하고 왜 한국 등 몇 나라만이 유독 경제성장을 이뤘는가? 제2차 세계대전 이후 147개국이 독립했으나 성공한 나라는 소수에 불과하다. 대부분의 국가들의 1인당 소득은 2,000달러 이하이다.

또 한국이 성공한 이유를 헝그리 정신이나 부지런하고 똑똑하기 때문이라고 하며 국민성에 초점에 맞추기도 한다. 한국의 아이큐가 세계에서 가장 높은 것은 사실이다. 하지만 이마저도 북한과 한 역사와 문화를 공유한 한민족인 것을 감안하면 이유가 충분하지 않다. 북한은 '새벽별 보기 운동', '천 삽 뜨고 허리 펴기 운동', '천리마 운동' 등을 하면서 경제성장을 위해 나름대로는 열심히 노력했다. 게다가 남한과 북한이 나뉘기 이전에는 북한 지역의 1인당 국민소득이 남한보다 높았다. 일제시대에 북한 지역의 1인당 국민소득은 남한 지역보다 약 20퍼센트 이상 높았다. 지하자원과 공업시설도 대부분 북쪽에 있고, 인구 대비 국토 면적도 북한이 남한의 2.5배나 된다. 그럼에도 남북한의 격차가 오늘날 이렇게 벌어진 이유는 무엇인가? 남북한을 비교해보면 국민의 근면성이나 아이큐, 문화, 지정학적 위치 등 남북한이 공유하고 있는 어떤 특질에서 그 원인을 찾는 것은 무의미해진다.

이밖에 일본처럼 벤치마킹하기 좋은 국가가 있었기 때문이라거나 유교문화의 영향으로 교육열이 높았기 때문이라든지, 지도자를 잘 만났기 때문이라는 견해들이 있다. 이러한 모든 견해들 중에 한국경제 성공의 가장 중요한 요인은 시장경제를 채택했기 때문이라는 데 이견이 별로 없을 것이다.

서구가 16세기 이후 세계를 지배한 이유가 시장경제체제를 만드는 데 성공했기 때문이듯이, 오늘날 싱가포르나 홍콩 등 시장경제를 채택한 나라들이 부유한 것도 역시 시장경제를 잘 활용했기 때문이다. 이와 마찬가지로 한국도 한국의 실정에 맞는 시장경제제도를 창출하는 데 성공했기 때문에 경제성장을 이룰 수 있었다. 그렇다면 어떠한 과정을 걸쳐서 효율적인 시장경제 창출에 성공했는지 살펴보자.

일제시대의 유산

식민지를 경험했던 나라들은 한국도 식민지였다는 이유로 한국에 대해서 호감을 갖는다. 사실 오늘날 개도국들이 경제성장을 하지 못하는 이유로 자주 거론되는 것이 식민지의 유산, 전쟁, 군사독재 등을 꼽는데, 한국은 이 세 가지를 다 경험하고도 선진국의 문턱에까지 도달했다. 개인도 역경을 극복하고 성공할 때 더욱 그 성공이 빛나듯이 나라도 마찬가지이다. 넓은 국토와 많은 자원 덕분에 잘살게 된 나라에 비해서, 고난의 역사와 역경을 극복한 대한민국의 성공에 세계의 관심이 쏠리는 것은 당연하다. 이러한 한국의 성공에 일제시대는 어떤 영향을 미쳤는가?

일제시대에 대한 학계의 평가는 식민지 수탈론과 식민지 근대화론으로 나뉜다. 일반적으로 역사학계가 주로 지지하는 '식민지 수탈론'은 조선에 자생적으로 자본주의적 발전을 할 수 있는 맹아가 싹트고 있었는데, 일제가 식민통치를 해서 그 싹을 잘라버렸으며, 그로 인해서 조선은 경제성장이 왜곡되었다는 것이다. 이 학설의 지지자들은 식민지 기간 중에 잉여를 수탈당했기 때문에 공장설립을 위한 자본축적이 불가능했고, 산업구조가 쌀농사 중심 등 식민지형으로 왜곡되었다고 주장한다. 이로 인해서 조선의 발전이 저해되었고, 남북분단에 이르게 되었으며, 동족상잔의 전쟁까지 경험하여, 대한민국의 근현대사에 나타난 고난의 가장 근본적인 원인을 일제가 제공했다고 주장한다. 일본은 한반도를 영구적으로 합병하기 위해서 한글을 없애려고 했고, 만주를 침략하기 위해서 북부에 공장들을 설립했으며, 민족혼을 말살시키기 위해서 신사 참배를 강요하고 산에 말뚝까지 박는 등 각종 나쁜 짓을 했다는 사실 등을 강조한다.

반면에 '식민지 근대화론'은 일본에 의해서 단행된 여러 근대화 조치들은 식민지 통치를 위한 것이었지만, 결과적으로 해방 이후 한국이 빠른 속도로 경제성장을 이루는 데 도움이 되었다고 하는 주장이다. 식민지 근대화론은 원래 일본 학자들이 주장하던 것으로, 일제시대 중에 조선인의 생활수준이 개선되었으며, 일본이 조선에 이식한 근대적 민법 및 토지조사사업을 통한 근대법적 토지소유권의 확립 등은 조선의 근대화에 기여했다는 주장이다. 경제사학자들 가운데 상당수는 이러한 식민지 근대화론을 수용하고 있다. 일본이 조선에 철도, 도로, 항만 등을 건설하고 발전소나 비료공장 등을 건설한 것은 식민지 통치를 위한 제국주의적 목적 때문이었지만, 결과적으로 조선의 발전에 기여한 것도 사실이라고 인정하며, 이를 제국주의의 이중성이라고 해석한다.

이 논쟁은 일본에 합병되기 이전에 조선에 자생적으로 자본주의를 이룩할 수 있는 맹아가 싹트고 있었는가, 조선 왕실은 자주적으로 근대적 개혁을 할 수 있는 역량이 있었는가, 일제시대에 조선의 생활수준은 개선되었는가 등 여러 형태로 전개되었다. 아직도 역사학계와 경제사학계에서는 학술적인 논란이 계속되고 있다. 식민지 수탈론자들은 식민지 근대화론자들을 친일파로 규정하고 비난을 서슴지 않는다.

일본이 조선의 민족혼을 말살시키기 위해서 일본어 사용을 강제하고 한글 사용을 금지한 행위 등은 한민족의 입장에서 결코 용서할 수 없는 일이다. 그러나 일본이 통치를 목적으로 실시한 근대적 개혁과 금융제도 등을 통한 자본주의체제 이식, 그리고 도로, 철도, 통신, 항만, 저수지 등 하부구조 건설이 실제로 한국경제의 발전에 긍정적인 영향을 미쳤는가는 별도의 문제이다. 즉 의도가 나쁘더라도 좋은 결과가 있을 수 있고, 의도가 좋더라도 결과가 나쁠 수 있는 것이다. 일본의 조치가 우리에게 도움이 되었다고 감사할 필요는 없지만, 그것의 효과를 부정하는 것 또한 사실을 왜곡하는 것이다.

일제시대에 조선인의 생활수준이 나빠졌는지, 나아졌는지는 아직도 논란이 있지만, 부정하기 어려운 한 가지는 그 시기에 인구가 늘었다는 것이다. 1910년 한일합방 후 조선총독부는 징병과 과세 등을 위해 『조선의 인구 현상』을 발행했는데, 이 자료에 의하면 1904년 당시 조선의 인구는 592만 명이었다. 그러나 최초의 근대적 인구 센서스가 시작된 1925년 이전의 자료는 소량의 거시자료를 근거로 무리한 가정하에 추계된 것으로 신빙성이 낮다. 최근 차명수의 추계에 의하면 우리나라 총 인구 수는 1910년의 1,646만 7,610명에서 1925년에는 1,952만여 명으로 증가했으며 해방 직전인 1944년에는 2,590만여 명으로 증가했다. 여기에 해외 이주자가 약 300만 명이었다. 1910년부터 1940년까지 인구는 연평균 1.3퍼센트로 증가하여 30년 만에 거의 1.5배 증가했다.[5] 이는 19세기에 인구가 줄어든 것에 비하면 큰 변화다.[6]

경제사에서 인구 변화는 생활수준 변화를 판단하는 가장 중요한 근거 중의 하나이다. 일제시대에 인구가 증가한 것이 여러 통계자료

[도표 8] 일제시대의 인구 변화 (단위: 만 명)

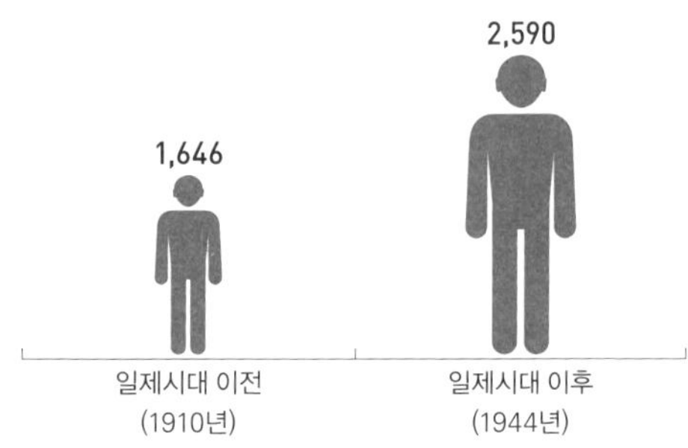

에서 확인되기 때문에 이 사실을 부정하기는 어렵다.

『한국의 장기통계: 국민계정 1911~2010』(2012년판)에 의하면 1910~1940년 동안 조선의 경제는 연평균 3.6퍼센트가량 성장한 것으로 조사되었다. 인구증가율을 고려하면 이 기간 중에 조선의 1인당 실질소득은 연평균 2.3퍼센트 증가한 셈이다.[7] 당시 세계 경제는 대공황 등으로 인해 주요 자본주의 국가들은 정체와 위기의 시대를 보냈다. 그로 인해 1913~1950년 기간 동안 세계 전체의 1인당 생산은 0.91퍼센트 증가하는 데 그쳤다. 이에 비하면 식민지 조선의 경제성장률은 세계적으로 높은 수준이었다.[8]

또 한 가지 고려해야 할 것은 대한민국에 시장경제제도가 들어온 시기는 해방 이후가 아니라 일제시대라는 사실이다. 일본은 메이지유신을 통해서 서구의 자본주의를 이식했다. 그리고 조선을 합병(1910)하기 이전인 1905년(1월 18일)에 이미 조선에 화폐정리사업을 시작했다. 농공은행(1906), 지방금융조합(1907), 동양척식회사(1908) 등을 설립해서 조선을 일본과 동일한 경제권으로 통합할 준비를 했다. 독일이 동서독을 통합할 때 가장 먼저 했던 것이 화폐통합이었듯이, 이질적인 두 경제권이 통합되기 위해서 가장 먼저 이루어져야 하는 것이 화폐통합이었기 때문이다. 그뿐만 아니라 1906년에 이미 재정기구를 정비해서 왕실재정과 국가재정을 분리하고, 왕실재정을 대폭 축소시켜 국가재정으로 귀속시켰다. 그리고 식민통치에 필요한 철도, 항만, 도로, 통신을 위한 재정 지출의 기초를 수립했다. 또한 한일합방(1910) 이전에 이미 경부선(1905)과 경의선(1906)을 완공하고, 합방 직후에 평남선, 경원선, 호남선, 함경선을 건설하고, 압록강 철교도 개통시켜 1910년대에 철도의 길이를 2배로 확장시켰다. 그리고 1905년에 토지조사사업을 준비해서 한일합방 직후인 1912년에 바로 토지조사사업을 실시했다. 그리고 1914년에 지세령地稅令을 공포했다. 이를 통해서 근대법적 토지소유제도를 확립하고 지세 체계를 정비했으며 광대한 국유지를 만들어서 식민지 통치의 기틀을 마련했다. 그리고 1912년에 조선민사령을 발표해서 사유재산제도하에 '사적 자유의 원칙'을 세웠다. 즉 재산권에 관한 근대 민법의 기본 원리인 소유권은 절대적이며, 국가도 이를 임의적으로 침해하거나 제한할 수 없다는 '소유권 절대의 원칙'과 재산권을 양도하거나 처분함에서 소유자의 자유의사에 기초한 계약만이 법적으로 유일하게 유효하다는 '계약자유의 원칙'을 확립했다. 모든 재산권은 국가가 정한 법에 따라 등기되어야 한다고 규정하고 1912년 '조선부동산등기령'을 시행했다. 그리고 1920년까지 대부분의 관세를 폐지시켜 조선과 일본을 한 경제권으로 만들었다.

그리하여 조선과 일본 사이에 무역이 크게 늘고, 많은 자본이 일본으로부터 조선에 투입되어 농토를 개간하고 많은 공장을 세웠다. 이를 식민지 수탈론에서는 일본자본에 의한 조선 수탈로 파악하는 반면에, 식민지 근대화론에서는 요즈음 해외시장이 확대되고, 해외자본을 유치하면 경제발전에 도움이 된다고 인식하듯이 시장확대와 투자라는 관점으로 파악하여, 조선은 수탈이 아니라 투자를 통해 일본과 하나의 경제권이 되어갔다고 본다.

일본이 조선을 실질적으로 지배한 1905년 이후 40년의 기간 중에 내선일체內鮮一體라는 구호를 내걸고 민족말살정책을 실시한 것은 1937년 중일전쟁 이후의 일이다. 1930년대는 세계대공황을 계기로 세계적으로 블록화가 진행되던 시기이다. 일본은 1931년에 만주사변을 일으켜 만주족의 나라인 청나라 마지막 황제 선통제宣統帝 부의溥儀를 내세워 만주국을 설립하고, 1937년에 한족 군벌들이 지배하던 중국 대륙을 침략해 중일전쟁을 일으켰다. 1938년 11월에 정부 성명으로 공식적으로 대동아 공영권이라는 블록을 형성했다. 이를 위해서 만주사변 이후 조선을 대륙 침략의 전진 병참기지로 만드는 데 주력하면서 군수공업을 일으키고 광업개발에 열을 올렸다. 1938년부터 조선어도 폐지시키고, 일본식 성명을 강요했다(1940. 2). 중요 산업을 통제하기 시작한 것도 1937년의 일이다. 1938년에 시국대책 조사회를 열어서 통제를 강화하고 1939년에는 쌀을 강제로 공출하고, 배급을 실시했다. 이렇게 일본이 국가 총동원법을 발동해서 총동원체제로 들어간 것은 중국과 본격적으로 중일전쟁을 벌인 1937년 이후였다. 일본은 1931년 만주사변 이후 패망에 이르는 1945년까지를 '15년 전쟁기'로 표현하는데, 실제적으로 일본이 조선에 대해 통제경제를 실시한 시기는 1937년 또는 1938년 이후 약 7~8년 기간이다.

따라서 일제시대 전체를 동일하게 보아서는 안 되고, 1905년부터 1937년까지는 시장경제체제가 작동되었고, 1937년 이후 군국주의자들이 일으킨 전쟁으로 인해서 통제경제체제에 들어간 것으로 봐야 한다. 실질적으로 해방 이후에 남한에서는 이 시장경제를 계승했고, 북한 지역에서는 통제경제를 계승했다고 볼 수 있다.[9]

대한민국 건국헌법 부록 101조에 '이 헌법에 위배되지 않는 한, 기존의 모든 법령은 유효하다'고 하여, 남한은 통제경제 시대 이전에 만들어진 일본의 법과 제도를 계승했다. 그러나 북한은 1946년의 '건국 20개 조항'에 '일본이 통치의 목적으로 시행한 모든 법을 폐지한다'고 하여 일본의 제도를 부정했으나, 실제적으로 통제경제를 계승했다.

1905년 이후 식민지 근대화가 시작된 이후 현재에 이르기까지 110년의 역사를 보면 1937년 이후 7~8년간의 통제경제 기간과 해방 직후 1945년부터 1948년까지 3년간 미군정에 의한 통제경제 기간이 있었다. 그리고 1950년 6·25전쟁 발발로 인한 3년간의 통제경제 시기가 있었을 뿐이다. 이 13년을 제외하고는 서양에서 도입된 시장경제 하에서 경제가 발전되어온 것이다. 이런 점에서 볼 때 한반도 남쪽에서 시장경제체제가 성립되어 발전된 것이 1960년대 압축성장기에만 이룩된 것이라고 보기 어렵다. 시장경제에 필요한 제도적 틀은 일제시대부터 형성되었던 것으로 보아야 한다.

이승만 대통령의 건국과 시장경제

해방 이후 일본군의 무장해제를 위해서 38도선을 경계로 북쪽에는 소련군이, 남쪽에는 미군이 진주했고, 결국 이로 인해서 남한에서는 미국식 자본주의체제가, 북한에서는 소련식 공산주의체제가 형성되었다. 우리나라는 3년 동안 미군의 관리 아래 운영되다가 1948년에 건국에 성공했다. 유엔군의 도움을 받아 6·25전쟁에서 남한을 공산세력으로부터 지켜내어 자본주의 시장경제체제가 존속하게 되었다. 오늘날 대한민국이 시장경제체제하에서 경제적 성취를 이룩하게 만든 기초를 제공했다는 점에서 이승만 대통령은 건국 대통령으로 높이 평가되어야 한다.

한국의 건국 당시는 세계적으로도 자유주의 시장경제에 대한 확신이 약했던 시대였다. 19세기 말부터 20세기 초(1890~1920)는 가장 자유주의적인 나라인 미국에서조차 '진보의 시대Progressive Era'라고 불릴 정도로 자유주의가 비판받는 시기였다. 그리고 1929년 대공황이 최악의 상황이었던 1933년에 출범한 프랭클린 루즈벨트Franklin Roosevelt 행정부가 소련에 시찰단을 보낼 정도로 소련의 계획경제가 매력적으로 보이던 시기였다. 이러한 세계적인 조류에 따라 조선의 지식인들도 대부분 사회주의나 공산주의에 매력을 느끼던 시기에, 미국의 지원이 있다고 하더라도 자유주의적인 정부를 수립한다는 것은 쉬운 일이 아니었다. 이러한 시대에 이승만 대통령은 자유민주주의의 우월성에 대한 확고한 신념을 가지고 자유주의 시장경제체제를 기초로 한 대한민국을 건국하는 데 성공했다. 제2차 세계대전 이후에 독립한 나라 가운데 40개국은 건국에 실패했다는 사실을 고려할 때, 한국의 건국을 당연시해서는 안 된다.

한국이 경제적으로 성장했고, 세계가 부러워하는 나라가 됐음에도 아직도 한국 사회 내부에서는 한국 정부 수립의 정통성에 대한 시비가 끊어지지 않는다. 2008년 8월 15일에 열린 건국 60주년 기념행사에 대부분의 야당 의원들이 불참했고, 그뿐만 아니라 대한민국 임시정부 기념 사업회 등 55개 단체와 야당의원 74명은, 대한민국 건국 60년 기념사업위원회의 건국 60주년 기념행사에 대해 헌법소원심판을 청구했다. 이들은 상해 임시정부가 수립된 1919년 4월 13일이나 국내외 임시정부가 통합된 1919년 9월 16일이 대한민국 건국기념일이 되어야 한다고 주장한다. 그래서 이영훈은 『대한민국 역사』에서 대한민국은 "국민이 모두 공유하는 역사가 없다"고 했다.[10] 제2차 세계대전 이후 식민지에서 독립한 나라 가운데 경제성장과 민주화에 가장 모범적으로 성공한 대한민국에서 이렇게 국민이 공유하는 역사가 없다는 것은 참으로 아이러니가 아닐 수 없다.

임시정부는 국가의 3요소인 국민, 주권, 영토 중 적어도 영토와 주권은 없었으므로 국가로 볼 수 없다. 또한 세계 어느 나라로부터도 인정받지 못했다. 일부에서는 한국 헌법이 임시정부의 독립정신을 계승한다고 했으므로 건국을 임시정부 설립 시점으로 해야 한다는 주장도 있지만, 개인의 출생일을 임신 시점으로 삼는 것이 아니듯이 한국의 건국 시점을 임시정부 수립일이라 할 수 없다. 그리고 미군정 시절 역시 진정한 건국이 이루어진 것으로 보기 어려우므로 1948년 8월 15일을 건국의 시점으로 삼는 것이 옳다.

학계에서도 식민지 시절뿐만 아니라 해방 전후 시대에 대해 첨예한 논란이 벌어지고 있다. 1979년부터 10년간 6권에 걸쳐서 발행된 『해방전후사의 인식』은 민족주의 시각에서 현 남한 정부의 정통성을 부정하고, 130년간의 근현대사를 오욕의 역사로 규정하였다. 이승만 정부는 친일세력을 정리하지 못했기 때문에 정통성이 없으며, 민족주의적 관점에서는 북한이 더 정통성이 있다는 것이다.

이를 비판한 저서는 『해방 전후사의 재인식』이다. 이 책은 탈민족주의적 시각에 입각해 있다. 한민족이라는 민족주의는 일본의 억압하에 발생한 것이다. 조선시대에 인구의 40퍼센트 가량이 노비였고,

철저한 신분제에 의해서 운영된 나라에서 양반과 상놈이 한 공동체로서 같은 민족이라는 개념이 존재할 수 없었다. 한국에서 민족주의 발생의 기원을 개화사상이나 동학사상에서 찾기도 하지만, 민족이란 단어는 일본에 항거하기 위해서 육당 최남선이 1919년 독립선언서에 최초로 사용하였는데, 이는 서구의 국민국가 형성기에 발생한 민족이라는 개념이 도입된 것이다. 또한 민족이라는 개념은 오늘날에도 아프리카 등에서 서로 상대방을 몰살시키려고 하는 부족주의와 다를 것이 없으며, 자유, 인권, 평등 등 인류보편의 가치에 비해서 '민족'은 글로벌 사회의 보편적 가치가 될 수 없다.[11]

따라서 한국의 정통성을 민족주의에서 찾아서는 안 된다. 인류의 보편적 가치인 자유와 인권의 기준으로 볼 때 이러한 이념적 기초 위에 1948년 8월 15일에 건국된 대한민국은 세계사에 유래 없는 경제성장과 민주화를 성공적으로 달성했다는 측면에서 자랑스러운 일이다. 이러한 한국 발전의 기초를 세운 이승만 정부 시절에 어떻게 한

[도표 9] 해방 직후 도매·소매 물가 변화

물가	1945. 12*	1946.12.**	1947.12.**	1948.12.**
도매물가지수	17.2배	530.9%	89.4%	29.9%
소매물가지수		332.1%	104.2%	18.6%

주: * 동년 6월 대비, ** 전년 12월 대비.
자료: 한국은행, 2000, 8-38.

국에 자유주의 시장경제적 질서가 세워졌는지 살펴보자.

해방 직후인 1946년에 남한의 제조업 생산액은 1939년의 25퍼센트에 불과했고, 도매물가지수는 1946년 한 해만도 530퍼센트나 상승했다. 1945년부터 1953년까지 8년 동안 물가상승률은 무려 5만 퍼센트였다.[12]

이러한 물자 부족을 해소하기 위해 미군정은 '점령지역 구호원조Government Appropriation for Relief in Occupied Areas, GARIOA'를 도입하여 긴급구호성 무상원조로 1948년 8월 대한민국 정부 수립 직전까지 3년에 걸쳐 총 4억 900만 달러를 제공했다. 경제적 지원뿐만 아니라 자유주의 시장경제의 기초를 확립하는 데 큰 역할을 한 것은 미군정에 의해서 실시된 귀속재산에 대한 처리방침이었다. 일본이 남기고 간 귀속재산을 국유화하지 않고, 국민들에게 매각함으로 국가 수립 후 이승만 정부의 귀속재산처리에 대한 방향을 제시했다. 북한에서는 일본이 남긴 모든 기업을 국유화시킨 반면에 남한에서는 귀속재산처리법에 의해서 사유재산권의 원칙이 확립되었다.[13]

제2차 세계대전 이후에 독립한 대부분의 제3세계 국가들은 서방세계의 자유주의 진영 국가들의 식민지였기 때문에 자본주의체제에 대한 거부감이 있었다. 그러나 한국에서는 미국이 해방자로 왔고 6·25전쟁 때 함께 피를 흘린 동맹국이어서 미국의 자본주의체제에 대한 거부감이 적었다. 게다가 6·25전쟁 중 1·4후퇴 때, 북한에서 탄압을 받았던 지주나 기독교인들 140만 명이 월남했는데, 이들을 중심으로 하여 강한 반공 이데올로기가 확산되었다. 그런 의미에서 6·25전쟁을 일으킨 김일성과 스탈린은 남한의 정체성을 형성시키는 데 일등공신이었다.[14]

무엇보다 이승만 대통령의 공헌은 건국을 했을 뿐만 아니라, 건국 후 3년이 안 되어 발생한 북한의 기습 남침 도발을 물리쳤다는 것이다. 비교가 안 될 정도로 열악한 군사력으로 인해서 사흘 만에 서울을 빼앗기고 후퇴한 국군이 낙동강 방어선에서 유엔군의 도움이 올 때까지 버틸 수 있었던 힘은 이승만 대통령이 무리를 해가면서 실시한 농지개혁에서 나왔다.[15]

이승만 대통령은 지주로 구성된 한민당의 반대에도 지주계급을 적대시한 혁신계의 조봉암을 농림부 장관으로 기용했으며, 한민당 당수 김성수를 설득하여 농지개혁에 동의를 이끌어냈다. 6·25전쟁이 발발하기 불과 3개월 전인 1950년 3월 10일에 농지개혁법을 공포하고, 4월 10일에 전체 농가에 '농지분배 예정통지서'를 발부했다. 예정통지서에 이의가 없으면 그 통지서에 기록된 농가의 소유로 '확정'한다고 하여, 4월 15일에 농지개혁을 실질적으로 완료시켰다. 이 일이 있고 나서 70일 후에 6·25전쟁이 발발했으니, 자신의 농지를 소유하게 된 농민들이 총을 들고 자신의 땅과 나라를 지켜야 할 인센티브가 발생한 것이었다. 사실 북한이 점령한 지역에서 북한에 의해 농지분배를 다시 했지만 이미 농지를 분배받은 남한 농민들은 소유권 없이 사용권만 보장하는 북한의 농지분배를 환영하지 않았다. 만약

6·25전쟁 이전에 이승만 대통령의 농지개혁이 없었더라면, 북한군의 이러한 조치에 소작인들은 열광했을 것이고, 낙동강 전선에서 전의가 크게 위축되었을 것이다.[16]

이렇게 이승만 대통령은 건국에 성공했을 뿐만 아니라, 공산권의 침략으로부터 한국을 지켜냈다. 또한 1953년에 미국과 한미상호방위조약을 체결하는 데 성공해 미지상군을 한반도에 주둔시켜 북한의 전쟁도발을 억제시켰다. 1955년부터 1978년까지 총 90억 달러의 군사원조가 한국과 대만에 지원되었는데, 같은 기간 중 아프리카와 남미에 제공된 군사원조액 총액이 32억 달러에 불과했던 것을 보면 이 군사원조의 비중이 얼마나 컸는지 알 수 있다. 한미상호방위조약을 통해서 이승만 대통령은 남한이 이후에도 대한민국의 건국뿐만 아니라, 유지에도 크게 기여해서 한국이 자유주의 시장경제체제로 발전하는 초석을 놓았다.

박정희 정부의 정부주도 공업화와 시장경제

1960년대 이후 한국은 박정희 정부의 압축성장기를 통해서 비약적인 발전을 맞이한다. 박정희 정부 경제성장 모델의 가장 자주 언급되는 특징은 '정부가 주도했다'는 점이다. 한국이 시장경제체제를 채택했기 때문에 성공했다는 주장과 정부가 주도해 경제를 성장시켰다는 점은 모순으로 보인다. 과연 압축성장기에 한국은 정부가 주도해서 성공한 것인가, 아니면 시장경제 원칙을 지켰기 때문에 성공한 것인가?[17]

박정희 정부 시절에 한국경제의 운영 방식은 정부주도적이었다. 정부가 사회주의의 전유물인 경제개발계획을 수립했을 뿐만 아니라, 경제기획원을 만들어서 계획단계부터 실행단계까지 세세한 부분까지 실행계획을 실천에 옮겼다.[18] 그뿐만 아니라 1972년 8·3조치 이후에 정부는 금융시장에 직접적으로 개입하기 시작했다. 8·3조치란 1972년 8월 3일부로 모든 사채를 일시 동결한다고 하는 '경제의 안정과 성장에 관한 긴급명령'을 말한다. 그 내용은 단기고리성 부채를 장기 저리성 부채로 정부가 강제로 전환한 것이 핵심이었다. 공산주의 국가에서나 할 수 있는 이런 특단의 조치를 취한 이유는 만성적인 자본의 부족으로 인해서 많은 기업들이 사채에 의존하지 않을 수 없었고, 사채금리가 너무 높아서 기업들의 재무구조가 매우 악화되었기 때문이었다. 특히 달러 방위를 위해 1971년 미국 닉슨 대통령이 달러의 금태환을 포기할 정도로 한국의 주 수출대상인 미국의 경제가 어려워지자 한국은 더욱 수출에 어려움을 겪게 되었다. 이에 한국의 사채시장은 금리가 더욱 올라가게 되어, 명동에는 약 100여 개의 사채업체가 성업을 할 정도였다. 사채업자들의 판단이 대기업의 존폐를 좌우할 정도가 되자 전경련의 김용원 회장은 박정희 대통령에게 사채를 은행이 맡고, 세금을 감면해주고, 금리를 인하하는 정책을 취해달라고 건의했다. 이 건의가 받아들여져서 8·3조치가 발표되었는데, 이로 인해서 사채업자들은 단자회사로 양성화되었다. 이때 신고된 사채액은 3,456억 원으로 통화량의 약 80퍼센트에 달할 정도의 큰 금액이었다. 이 조치는 사채업자의 희생하에 기업을 소생시키는 정책이었다. 큰 사채업자뿐만 아니라, 애써 모은 적은 돈을 빌려준 일반 중산층도 많은 피해를 당했다는 부작용도 있었다. 박정희 정부는 그 대가로 가장 큰 혜택을 받은 대기업들에게 기업공개를 요구했다. 그리하여 기업들이 차입 대신에 주식발행을 통해서 자본의 부족을 줄이도록 유도했다.

이렇게 강제적으로 이자율을 낮추어 대출금리가 시장의 예금금리보다 낮아지는 역금리 현상이 나타나 한국의 금융시장은 정부의 통제하에 들어가 그 이후에 자본의 배분을 시장 이자율에 맡기지 않고, 정부가 통제하면서 관치금융이 시작되었다. 그리하여 은행을 국유화하고, 금리를 정부가 통제하고 차관 등 대규모 자본을 정부가 산업은행이나 시중은행을 통해서 직접 배분했다.

그런데 제2차 세계대전 이후에 정부가 주도적으로 경제성장을 추진했던 공산주의 국가나 인도나 중남미의 사회주의 국가들은 대부분 경제성장에 실패했다. 다만 대만, 싱가포르, 말레이시아 등의 국가들은 정치적으로는 정부가 독재를 했지만, 경제 영역은 시장에 맡겼다.

그런데 한국은 정부가 경제에 깊이 관여했음에도 어떻게 성공할 수 있었는가? 그것은 박정희 정부가 경제에 깊이 개입했지만 시장경제의 근본 원리인 '차별적 보상원칙'은 따랐기 때문이다. 자본주의란 누가 더 잘하는지 경쟁시켜서 이기는 자에게 대가를 주는 것이다. 이것을 한 마디로 말하자면 '차별화 원리'라고 부른다. 박정희 정부는 인플레이션율의 절반에 불과한 낮은 이자율로 수출금융을 지원했다. 수출금융을 할당받은 기업은 결국 보조금을 받은 셈이다. 이러한 정책은 시장경쟁에서 승리한 기업이 경쟁의 과실에다가 보조금까지 받게 만드는 셈이므로 더욱 기업들이 수출에 전력을 다하게 만들었다. 핵심은 시장경쟁의 승패에 정부개입이 적었다는 것이다. 승자에게 더 보상을 하는 방식은, 패자나 약자를 돕는 정부개입과 완전히 다른 것이다.

박정희 정부 시절에 정경유착이 심했다는 비판이 있다. 정경유착은 정치권에서는 기업에 어떤 이권을 주고, 기업은 정치권에 정치자금을 주는 것처럼, 정치권과 경제권이 서로 주고받는 것이 있어야 성립이 된다. 그러나 독재정부는 기업으로부터 받을 것이 별로 없었다. 독재정부는 정치 자금이 많이 필요하지도 않았기 때문이다. 독재정부 지도자가 개인적으로 착복하는 제3세계 지도자도 많지만, 박정희 대통령은 싱가포르의 리콴유 수상이나 대만의 장제스 총통, 말레이시아의 마티르 수상과 함께 청렴한 독재자에 포함된다.

박정희 정부는 정치적인 목적으로 기업을 지원한 것이 아니라, 수출 목표를 설정하고 이것을 달성한 기업에게는 수출 금융을 지원해 주고, 달성하지 못하는 무능한 기업에게는 금융지원을 끊었다. 이러한 원칙은 이자율이라고 하는 시장가격지표에 따른 자본의 배분과는 다른 방식이지만, 결국은 시장의 차별화 원칙은 지킨 셈이기 때문에 시장경제를 잘 활용한 결과를 가져왔다.[19]

조선후기에 극심했던 부정부패는 해방 이후 이승만 정부 시절에도 역시 만연했다. 오늘날 부정부패가 완전히 사라진 것은 아니지만, 과거에 비하면 많이 줄었다. 군인 출신인 두 전직 대통령을 교도소에 보내고, 당시 현직 대통령의 아들도 교도소에 보낼 정도의 투명성은 다른 제3세계 국가에서 찾아보기 어려운 수준이다. 대만의 장개석 정부는 군사적으로 우위에도 불구하고 부정부패로 인해 모택동에게 나라를 빼앗겼다. 그런데 한국과 대만은 이 뼈아픈 과거를 반성하고, 부정부패를 뿌리 뽑겠다는 강력한 정부의 의지와 함께 서구의 시장경제를 도입했고 그로써 경제성장을 이뤘다. 각종 효율적인 제도를 도입하여 모방하고, 실정에 맞게 만들어내는 데 성공했다. 정부의 실패를 최소화하고, 경쟁에서 우수성이 인정된 기업에게 합당한 보상을 해 차별화라고 하는 시장경제의 기본적인 원칙에 충실했기 때문에 경제성장에 성공했다. 결국 한국은 정부가 주도해서 경제성장에 성공한 것이 아니라, 정부가 주도했음에도 불구하고, 시장의 차별화 원칙에는 순응했기 때문에 성공한 것이다. 한강의 기적은 기적이 아니었다.

한국의 경제성장에서 기업의 역할

앞서 17세기에 네덜란드가 패권국가가 되는 데에 최초의 주식회사였던 네덜란드 동인도회사가 큰 역할을 했고, 영국의 산업혁명이 19세기 초에 꽃을 피울 수 있었던 것은 회사법이 개정되면서 기업이 크게 확산되었기 때문이라고 했다. 마찬가지로 한국경제가 발전하는 데는 기업의 성장과 기업가의 역할이 매우 컸는데, 이 사실이 간과되고 있다.

한국 경제성장 모형의 특징을 수출주도, 정부주도, 재벌주도라고 한다. 그런데 재벌주도와 관련해서 재벌이 경제성장에 긍정적으로 기여한 부분에 대해서는 말을 아끼고, 재벌의 비판적인 측면에 대해서만 강조하는 경향이 많다. 예를 들어 문어발식 경영으로 전문성이 떨어지고 중소기업의 발전에 부정적 영향을 미쳤다는 비판이 있다. 그리고 과거에는 재벌기업들이 성장과 수출에 기여했지만 현재는 성장을 가로막는 주된 요인이라는 비판도 한다. 그리고 지배구조의 문제점으로 인한 경영 부실이 외환위기의 주범이며 장차 한국의 위험요소라고 비판하기도 한다. 재벌구조로 인해서 과다한 차입경영이 야기되었으며, 피라미드식 출자 또는 순환출자 등의 방법을 통해 '가공 자본'을 창출하여 소액의 지분을 가지고 과다하게 기업집단을 지배하고 있다는 등의 비판을 한다. 특히 재벌계열 기업들의 성장이 정부의 특혜적 지원 때문이라는 해석으로 인해서 기업 이윤의 정당성에 대해서 인정하지 않으려는 풍토가 만연해 있다.[20]

한국에서 재벌제도가 발생한 원인은 자본주의 역사가 짧아 시장기구나 시장 인프라가 발달하지 못했기 때문에 기업들이 이에 대응하여 시장거래를 내부화하기 위해서였다. 즉 필요한 서비스나 부품을 시장에서 구매할 수 없었기 때문에 기업 내부에서 자체 생산하거나 계열사를 만들어서 자체적으로 조달했다. 그리고 냉전 하의 남북분단이라는 독특한 안보상황과 자주국방을 위한 급속한 중화학공업화가 재벌 형성에 큰 영향을 미쳤다. 중화학공업화가 전개된 1970년대에 재벌의 계열사 수가 대폭 증가했다는 사실로도 이것이 확인된다. 따라서 한국에서 재벌이라는 특수한 형태의 기업지배 구조가 형성된 것이 정경유착의 결과라고 보는 것은 타당하지 않다. 재벌체제는 시장경제 인프라가 성숙하지 않은 상황에서 해외의 대기업과 경쟁하고 정부의 산업정책에 부응해서 발생한 한국적 모델이다.

피터 드러커는 『넥스트 소사이어티』에서 "영국이 250년, 미국, 독일, 프랑스가 80~100년 만에 이뤄낸 것을 한국은 단 40년 만에 해냈으며 이러한 기적의 원동력은 불굴의 기업가정신이다"라고 했다. 그리고 이러한 기업가정신을 실천하는 데 있어 1등은 단연 한국이라고 했다.[21] 그런데 정작 우리는 한국의 경제성장을 설명할 때 기업가정신에 관심을 기울이지 않는다.

박정희 정부는 한국 기업이 해외자본에 의해서 지배되는 것을 두

려워해서 외국인은 주식의 49퍼센트 이상을 보유하지 못하도록 했다. 이는 해외자본의 투자를 막는 것이나 다름없다. 경영권을 확보하지 못하는데 막대한 자본을 투자할 기업은 없기 때문이다. 결국 한국은 해외 직접투자를 받는 대신 차입에 의지하게 된다. 박정희 정부는 선진국과 분업체계에 들어가게 되면, 결국 선진국에 지배를 당하기 때문에 수입대체 산업을 일으키라고 한 종속이론가들의 충고를 거부하고 수출주도적 성장모델을 선택했다. 하지만 해외 거대 자본에 의해서 국내 기업들이 지배당할 것을 염려해서 이러한 차입에 의한 성장정책을 선택한 것이다. 따라서 소유권과 경영권에 대한 집착이 강하고, 경쟁의식이 강한 카리스마적 기업가들이 성공했다.

그런데 이들은 대부분 식민지시대와 냉전체제의 한가운데서 격동의 세월을 겪으면서 애국심과 공인의식 또한 투철했다. 이러한 사실은 그들의 자서전에도 잘 나타나 있다. 삼성그룹을 일으킨 이병철 회장은『호암전집』에서 "삼성은 새 사업을 선택할 때 항상 그 기준이 명확했다. 국가적 필요성이 무엇이냐, 국민의 이해가 어떻게 되느냐, 또한 세계시장에서 경쟁할 수 있느냐는 것 등이다"라고 적고 있다. 단순히 어떻게 하면 돈을 벌 것인가가 아니라, 항상 국가와 국민을 생각했다는 것이다. 현대그룹을 일으킨 정주영 회장도 "나라가 잘되는 것이 우리가 잘될 수 있는 것이다"라고 했다. 한국의 경제성장은 단지 정부가 주도적이었기 때문만이 아니라, 이러한 공인의식을 가진 기업가정신에 충일한 기업인들이 많았기 때문이다.

그런데 재벌 중심적 성장은 시장경제가 추구하는 완전경쟁과 반대라고 생각하는 경향이 있다. 특히 정부가 국내시장을 보호해주었기 때문에 재벌이 성장한 것이므로 이것은 시장경제의 경쟁에서 벗어난 것이고, 이것을 국가의 보호에 의한 성장이라고 보는 비판이 있다.

그러나 이러한 비판은 사실과 다르다. 정부가 내수시장은 보호했지만, 기업들은 해외시장에서 치열하게 경쟁해야 했다. 그리고 국내에서도 기업들은 과점체제하에서 치열한 경쟁을 했다.[22] 그 결과, 1950년대의 10대 대기업에 속했던 삼호, 화신, 대한전선, 태창, 개풍 등이 사라졌다는 사실로도 경쟁의 무풍지대 속에서 안주한 것이 아니었다는 것을 알 수 있다.

자유주의 시장경제의 가장 핵심적인 특징을 사유재산권이 인정되고 소극적 자유를 인정하고,[23] 자신의 책임하에서 경쟁을 통해 효율성을 가려내는 것, 즉 차별화라고 할 수 있는데, 한국의 기업들은 경쟁을 통한 선택과정이 존재했다는 점에서 자유주의의 기본 원칙에는 위배되지 않았다.[24]

게다가 한국 정부는 지속적으로 재벌의 경제력 집중을 견제했다. 그래서 박정희 정부의 경우에도 감시 기능을 강화한다는 전제로 재벌체제를 인정했다. 예를 들면 앞에서 언급했던 8·3조치를 통해서 재벌기업들이 혜택을 보았을 때도 상장 의무화를 조건으로 했다. 그리고 과점기업들이 담합할 가능성을 염두에 두고 시장지배적 사업자를 선정하여 규제했다. 1974년에는 30대 기업을 대규모 기업집단으로 지정하여 여신관리제도를 도입했고, 1981년에는 경제력 집중을 억제할 목적으로 공정거래위원회Korea Fair Trade Commission, KFTC를 만들었고, 1984년에는 '계열기업군에 대한 여신관리 시행세칙'을 제정했다. 1986~1987년에는 '독점규제 및 공정거래에 관한 법률'을 개정해서 세부적인 관리 감독을 지속했다. 이렇게 과거에는 정부가 대규모 기업집단을 여타 기업과 구별하여 관리했으며 최근까지도 정부는 출자총액제한, 상호출자금지, 채무보증금지 등으로 규제하고 있다.[25] 재벌체제는 한국적 상황에서 시작돼 정부정책에 대응해 발생한 효율적 제도이다.

1989년에 이미 한국을 '아시아의 다음 거인Asia's Next Giant'이라고 지목한 암스덴Alice Amsden은 한국의 성장모형을 재벌 주도적 성장모형the Jaebol-driven economic development model이라고 정의하고, 다른 나라들이 따라 배울 유익한 모델이 될 수 있다고 했다. 그리고 한국은 이를 계속 지속해야 한다고 주장했다.[26] 미국의 대표적인 진보 경제학자인 제프리 삭스도 "대기업은 세계에서 가장 성공적인 조직이자 제도"라고 하면서, "신제품들은 연구개발 투자가 엄청나게 필요하므로 경제학적으로 한국에서도 재벌이 있는 게 좋다"고 했다.[27]

요약하면, 한국경제 기적의 원인도 역시 시장경제에 편입되었기 때문이다. 일제시대에 착취를 당하고 군사정부하에서 정부주도적으로 경제가 운영되었으며 재벌주도적으로 경제가 성장했기 때문에 한국의 경제성장은 시장경제에 의한 성장이 아니라고 생각하기 쉽다. 그러나 일제시대에 한국경제가 시장경제로 전환되었으며, 박정희 정부도 시장원리를 무시하지 않았다. 그리고 재벌제도 역시 한국의 독특한 시장경제 환경에 적응하여 발전된 효율적인 제도였다. 그리고 한국 정부는 정경유착에 의해서 재벌을 키운 것이 아니라, 끊임없이 재벌을 규율하려고 했고, 이러한 정부와 민간부문의 상호 견제와 균형 속에서 한국 시장경제가 발전했고, 경제가 성장했다.

10장

20세기의 경제사 : 시장인가 정부인가

– 제도의 효용에 대한 이해

– 시장경제와 정부역할

– 20세기 전반기 신중상주의 사조의 확산

– 20세기 후반 신자유주의 사조

제도의 효용에 대한 이해

지금까지 부국과 빈국의 경제적 성취요인 중 가장 중요한 요인은 그 국가가 선택한 사회경제체제 때문임을 설명했다. 서구 국가들이 오늘날 선진국이 될 수 있었던 것은 베네치아, 네덜란드 그리고 영국 등이 시장경제라고 하는 효율적 제도를 만들어내는 데 성공했기 때문이고, 이 시장경제체제를 일찍 수용했기 때문이라고 했다. 반대로 여전히 세계의 많은 국가들이 가난한 이유는 시장경제체제를 거부하거나, 시장경제를 수용했더라도 부정부패 등으로 인해서 시장경제가 작동하지 않기 때문이라고 했다. 그리고 조선이 실패한 이유와 대한민국이 경제적으로 성공한 이

유도 효율적 제도의 수용이라는 관점에서 살펴보았다.

이 장에서는 20세기 경제사를 통해 시장경제에서 정부의 역할이 어느 정도여야 하는지를 다룬다. 20세기는 한 국가의 경제질서를 시장에 맡겨야 하는지, 아니면 정부가 주도해야 하는지의 논란이 계속되었던 시기로 특징지을 수 있다. 19세기 초에 경제적 자유주의가 등장하면서 자본주의가 모습을 드러냈다. 그런데 19세기 말에 시작된 장기 경기침체로 인해 자유주의가 위축되고 정부 개입이 확산된다. 그리고 20세기에 들어와서 자본주의가 바람직한 경제체제인가 하는데 회의론이 대두되면서 공산주의가 등장하고, 자본주의 진영에서도 여러 가지 형태의 자본주의가 등장한다.

그리고 자본주의가 무엇인가 하는 것에 대해서도 이견이 있다. 자본주의라는 단어가 역사적으로 처음 등장하는 곳은 1902년에 베르너 좀바르트Werner Sombart의 『근대 자본주의』이다. 그 전에는 자본주의라는 단어는 사용되지 않았다.[1]

페르낭 브로델Fernand Braudel은 『자본주의와 물질문명』에서 자본주의는 시장경제와 구별되는 시대의 활동을 의미하는 용어라고 주장했다. 브로델은 과거에는 시장과 관련이 없는 인간의 경제활동도 많은데, 시장거래가 확산되면서 인간의 경제활동의 상당 부분이 시장경제로 편입되었다고 본다. 그런데 15세기부터 18세기에 이르는 시기에 자본주의가 등장했다고 주장하면서, 자본주의를 "그다지 이타적이지 않은 목적에서 자본이 투입되는 방식"이라고 정의했다. 즉 시장이 발달하면서 사재기를 하고 물량을 조절하는 등 시장을 교란시키는 중개인들이 등장하고, 이들이 거래의 상층부를 장악하면서 자본주의가 등장했다고 보았다. 그는 경쟁도 별로 일어나지 않고, 불평등 교환이 일어나는 반시장적 영역을 자본주의라고 불렀다. 이 영역을 지배하는 자본가들은 국가와 군주를 이용해서 신용을 조작하는 등 국가와 밀접한 연관이 있는 사회의 최상층에서 자본주의가 등장했다고 주장한다. 이렇게 자본주의와 시장경제는 다른 것이며, 자본주의라는 용어를 매우 부정적인 의미로 사용하기도 한다.[2]

그러나 영국 경제사학자 클라팜 등은 자본주의는 18세기 후반에 영국의 산업혁명으로 등장한 것이 아니라 오랜 과정을 통해서 점진적으로 발전되어왔다고 주장했다.[3] 이런 관점에서 볼 때 자본주의와 시장경제는 동의어로 볼 수 있다. 일반적으로 주류경제학과 경제체제론에서는 이러한 견해를 수용해서, 자본주의와 시장경제는 강조점이 다를 뿐 동일한 경제체제라고 본다. 20세기의 경제사를 설명하기 전에 먼저 시장경제에서 정부의 역할에 대한 강조가 어떻게 변화되었는지 살펴본다.

시장경제와 정부역할

오늘날 세계 각국에서 실제로 작동되는 경제체제는 다양하다. [도표 10]의 오른쪽으로 갈수록 자유주의적 시장경제체제인데 제일 극단에는 무정부적인 아나키즘Anarchism이 있다. 다음은 야경국가 이념, 그리고 자유방임적 시장경제가 있다. 모든 생산과 분배를 전적으로 시장에 맡기고 정부의 역할은 치안과 질서 유지만 하는 것이다. 중국으로 반환되기 이전의 홍콩이 대표적인 예가 될 수 있다. 맨 왼쪽 극단으로 가면 국가만능주의가 있다. 아마 북한이 대표적 예일 것이다. 대부분의 나라들은 이 사이 어딘가에 있다. 역사적으로 세계 각국의 경제체제는 이 사이에서 약간씩 조정하며 움직였다.

[도표 10] 다양한 시장경제체제

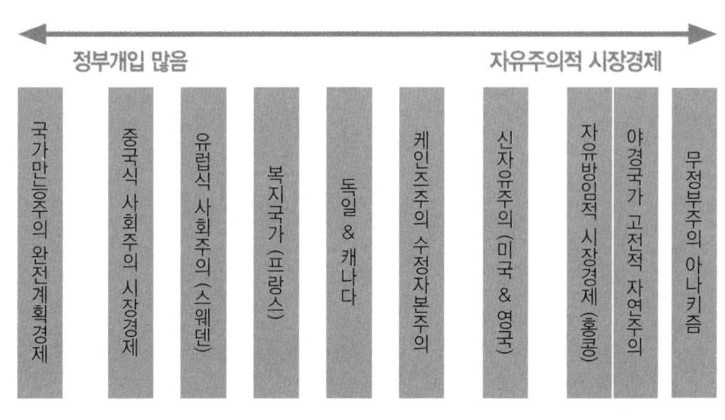

과거에는 동서양을 막론하고 정부가 경제를 통제했다. 현대 북한은 모든 것이 어버이 수령으로부터 왔다고 생각하고 그걸 위해 존재하는 나라이기 때문에 '김일성 왕조'라 부른다. 조선시대에도 백성이 중요한 게 아니고 종묘사직이 중요했으므로, 이씨 왕가의 나라였다. 이렇게 동양은 왕실이 모든 것을 지배하고 소유하고 있는 모습이었다.

유럽도 중상주의 시대에는 국가가 경제를 통제했다. 거기서 최초로 자유주의 사조가 출연한 것이다. 19세기에 경제적 자유주의 사조가 확산되었는데 20세기 전반기에 다시 중상주의 사조가 반전을 일으켰다. 그 후 다시 20세기 후반기에 자유주의 사조가 강화되었다. 마치 밀물과 썰물이 교차하듯이, 지난 수백 년의 역사는 경제를 정부가 주도할 것이냐, 개인의 자유를 존중해 시장에 맡길 것이냐는 견해가 교차했다. 이 양쪽 극단의 사이에서 때로는 우측으로 때로는 좌측으로 이행해왔다. 이것이 근대 이후의 역사다.

[도표 11]을 보면, 세로축은 GDP 중에서 정부지출이 차지하는 비중이고 가로축은 연도이다. 중상주의 시대에는 정확한 수치가 없으므로 굵은 면적으로 표시했다. 그때 당시엔 GDP 계산도 없었거니와 정부가 어느 정도 시장에 깊숙이 개입했는지는 양적으로 측정하기 어려워서 상당히 많다는 것을 강조하기 위해 면적으로 표시한 것이다. 그런데 자유화 물결이 들면서 19세기 말에 큰 폭으로 떨어진다. 그 후 대불황, 제1차 세계대전, 제2차 세계대전 등을 지나면서 정부예산이 GDP에서 차지하는 비중이 점점 증가하는데, 전쟁이나 위

기의 시기에 정부지출의 규모가 커져 그 비중이 늘어났다가 줄었다를 반복했다. [도표 11]은 대략의 모양을 보여주기 위한 그래프로 힉스Higgs(1944~)의 '톱니효과가설The Ratchet Effect Hypothesis'에 근거한다. 톱니효과가설은 19세기 자유주의가 도입된 이후에 점진적으로 정부의 역할이 커졌는데, 위기가 올 때마다 정부지출의 비중이 크게 늘었다가 위기가 사라지면 줄어들었다가를 반복했다는 것을 말한다. 그런데 위기가 사라지고 정부지출이 줄어드는 폭이 원래 상태보다 덜 줄어 위기상황이 지속되던 20세기에 와서는 전체 기울기가 가파르게 된 현상을 뜻한다.[4]

다음 [도표 12]는 미국의 통계를 나타낸 것이다. 1789년부터 1973년 동안의 GNP에서 정부지출의 비중을 나타낸 것이다. 미국이

[도표 11] 정부지출 비중의 추세

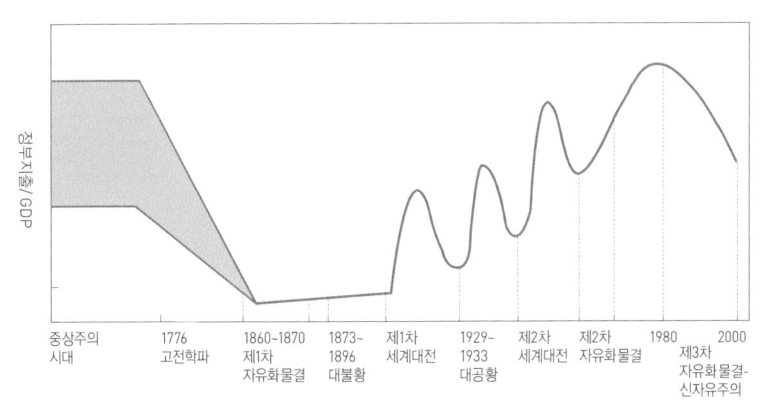

자료: 김승욱 외, 2002.

[도표 12] GNP에서 정부지출의 비중(미국)

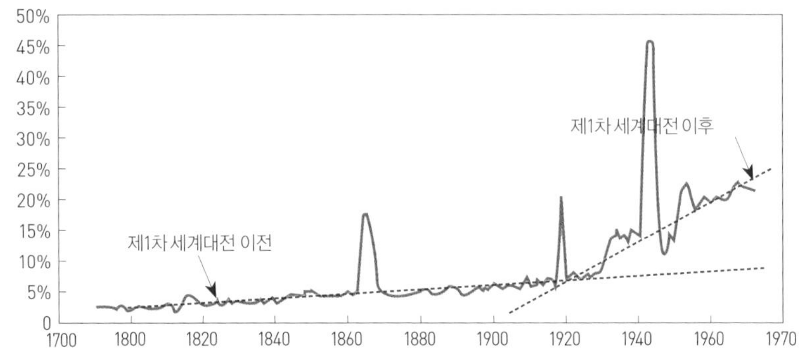

자료: 힉스(Higgs), 1985.

1860년대 중반에 정부지출 비중을 크게 늘린 것은 남북전쟁 때문이고, 제1·2차 세계대전의 정부지출 확대 기간이 매우 좁은 것은 미국이 전쟁에 참여한 기간이 짧았기 때문이다. 1929~1933년의 대공황 기간에는 예상 외로 정부지출 규모가 크게 늘어나지 않았다. 앞의 [도표 11]은 이것을 기초로 자본주의 진영 국가들의 평균을 추상적으로 나타낸 것이다.

중상주의

중상주의Mercantilism라는 용어를 문자 그대로 해석해서 이 시대에는 상업을 중요시했다고 흔히 생각할 수 있는데 이것은 중상주의의 핵심이 아니다. 당시는 농경시대에 비해 상업이 매우 중요했지만 여전히 제일 중요한 산업은 농업이었다. 중상주의 시대는 부국강병을 위해 정부가 경제와 교역을 강력히 통제했다. 정부가 통제했다는 것이 바로 중상주의의 핵심이다. 그 반대가 개인의 자발적 선택을 중요시하는 자유주의인 것이다. 사회주의의 반대말은 개인주의이다. 그래서 개인주의와 자유주의는 통한다. 개인의 자유를 보장하여 창의력을 극대화시켜 사회의 효율성을 달성하는 것이 개인주의적 자유주의다.[5]

그리고 중상주의 시대에는 수출은 이득이고 수입은 손해가 된다고 생각했으므로 대외적으로는 자립경제를 추구했다. 오늘날 세계화와는 반대되는 개념이다. 중상주의 시대 때 식민지를 확보했는데 이것은 일종의 확대된 자급자족이라고 볼 수 있다. 본국과 식민지로 확대되었을 뿐이지 여전히 제국 안에서의 자급자족이었다.

자유주의의 등장

이것에 반대해서 등장한 것이 자유주의이다. 예전에는 상속에 따라서 국경이 결정되고, 영주나 군주의 종교가 곧 그 신민들의 종교였다. 우리나라도 왕의 종묘사직을 위해 충성하는 것이 곧 선이었고 개인이란 존재하지 않았다. 개인은 통치자나 국가를 위해 존재했다. 그러나 반대로 국가나 사회가 개인을 위해 존재한다고 하는 정치적 자유주의 사상이 17세기에 유럽에서 등장했다. 그리고 앞의 4장에서 설명한 바와 같이 18세기에 계몽주의와 경제적 자유주의의 등장으로 자유주의가 널리 확산되었다.

영국을 비롯해서 스페인, 프랑스, 독일 등 유럽 각국은 1860년대에 상호 자유무역 협정을 채결하면서 자유주역이 크게 확산되었다. 루드비히 미제스Ludwig Mises(1881~1973)는 제1차 세계대전이 일어나기 직전인 1913년까지를 자유주의 시대로 보았다.[6] 자유주의 시대에는 놀라운 경제적 발전이 있었다. 이 자유주의의 결과로 20세기가 시작될 무렵의 노동자들은 불과 한 세기 전의 귀족들보다 더 높은 소비생활을 누릴 수 있었다.[7]

20세기 전반기 신중상주의 사조의 확산

그런데 20세기 초에 유럽에서 자유주의의 사조는 심각한 도전에 직면했다. 그 이유는 1873년부터 1896년까지 20여 년에 걸쳐 유럽에 장기 불황이 이어졌기 때문이다. 이를 극복하기 위해서 유럽 각국은 관세율을 높이고 보호무역주의로 돌아섰다. 그리고 수출할 곳을 찾아 식민지 쟁탈전을 벌였다. 경기 변동으로 독점기업이 늘어나자, 독점자본주의에 대응하기 위해서 대기업에 대한 정부의 규제가 확산되었다. 그리고 지구의 한쪽에서는 공산주의가 등장하고 정부가 시장을 대체하였다. 공산주의가 확산되는 것에 대응하기 위해서 서방세계에서도 복지국가 이념이 등장하여 정부가 시장에 깊숙이 개입하였다.

미국에서 시작된 대공황을 극복하는 과정에서 케인즈주의가 확산되면서 정부가 인위적으로 경기변동을 조정하는 것이 당연시되었다. 이렇게 정부개입이 확산되고 보호무역이 확대되는 현상은 중상주의 시대와 유사한 현상이므로 이를 '신중상주의 사조'라고 부른다. 이를 좀 더 구체적으로 살펴보자.

19세기 말의 대불황(1873~1896년)

19세기 말에 확산되던 자유주의 물결이 후퇴하고 다시 중상주의 물결이 닥친 출발점은 앞에서 언급한 1873년부터 시작된 대불황이다. 1873~1879년의 불황은 6년간 지속되었다가 3년간의 회복기를 거쳤다. 그리고 나서 다시 1882년부터 1886년까지 4년간 불황을 겪고, 다시 4년간의 회복를 거쳐, 1890년부터 1896년까지 6년간 불황이 왔다. 이 대불황 기간(1873~1896)의 특징은 회복기간이 짧다는 것이다. 총 23년 동안 7년의 회복기를 제외하고는 불황이었다. 그리고 이 시기의 특징은 농산물 가격이 장기적으로 하락했으며, 그것이 어느 한두 나라에 국한된 현상이 아니라 유럽 각국에서 공통적으로 나타난 현상이었다는 것이다. 자유주의 국가였던 영국은 물론이고, 보호관세가 실시되고 있었던 독일도 농산물 가격이 25퍼센트가량 하락했고, 프랑스에서는 더욱 심해 하락 폭이 40퍼센트가 넘었다.

이렇게 19세기 말에 세계적인 대불황, 즉 디플레이션이 발생한 이유에 대해서 여러 가지 학설이 있다. 그중 19세기 말에 공업화가 심화되었고, 각국에서 생산되는 제품이 다 소비되지 않아 불황이 장기화 되었다고 하는 '과소소비설'이 있다.

또한 기선의 보급으로 대서양 횡단수송비가 1874년부터 1904년까지 약 10분의 1로 하락했다. 철도망이 확대되어 철도운임비도 절반 이상 하락했다. 그리하여 신대륙의 저렴한 농산물이 유럽시장에 유입되면서 유럽에서 농산물 가격이 생산비 이하로 폭락하여 농업불황이 발생했다는 주장도 있다.

금융 측면에서 보면 은의 가치가 지나치게 하락하여, 유럽 각국은 모두 금본위제로 전환되었다. 그런데 금의 양은 크게 늘어나지 않은 반면에 교역량이 급증하게 되자, 국제 결제수단인 금이 상대적으로 부족하게 되어 디플레이션이 발생했다. 화폐가 지나치게 많으면 인플레이션이 발생하고, 부족하면 디플레이션이 발생하게 된다.

이렇게 여러 이유로 인해 불황이 장기화되자 각국은 불황을 극복하기 위해 완제품을 팔고 잉여자본을 투자할 곳을 찾으려고 했으며, 그 결과가 식민지 쟁탈전이었다. 이렇게 식민지 쟁탈전이 19세기 말에 다시 격화된 이유는 바로 장기 불황을 타계하기 위해서였다. 1880년 이전에는 유럽 각국은 아프리카에 별 관심이 없었다. 심지어 도미니카 공화국, 토고, 콩고 등은 대영제국에 편입되기를 원했음에도 불구하고 영국은 이를 거절했다.[8] 그런데 독일이 불황을 타계하기 위해 아프리카에 들어가려 하자 영국도 아프리카에 관심을 높이면서 19세기 말에 식민지 쟁탈전이 격화되었다. 그 결과가 1914년의 제1차 세계대전으로 나타났다.

그러한 불황기에 각국은 자국의 산업을 보호하기 위해 보호무역정책을 실시했고, 관세전쟁이 야기되었다. 유럽 국가들이 경쟁적으로 관세를 높이자, 독일과 미국 등 후발 공업국들은 자국의 공업성장을 촉진시킬 수 있게 되었다. 경기변동으로 인해서 경쟁력이 약한 기업들이 도산하자, 살아남은 기업들은 시장지배적 위치에 서게 되면서 각 분야에서 독점력이 커졌다. 그리고 국내적으로는 국내기업이 해외 기업들과의 경쟁에서 보호를 받게 되자, 독점가격을 유지하는 데 도움을 주게 되었다. 그래서 이 시기를 '독점자본주의 시대'라고 부른다. 경쟁 패배자들을 보호하는 사회적 안전망이 발달하지 못했던 시대였고, 독점규제도 없던 시기였기 때문에 부작용이 많이 나타났다.

미국의 진보시대

자유주의 나라 미국도 예외가 아니었다. 미국에서는 1890년부터 1920년대를 '진보시대'라고 부른다. 미국은 건국 후 100년 동안 영국의 전통인 자유주의가 가장 잘 구현된 국가였다. 기업이 자유롭게 발전하는 환경에서 강자는 살고, 약자는 도태되었다. 합병과 매수를 통해 독점가격이 형성되어 독점기업들은 안정적으로 독점이익을 누릴 수 있었다. 그리하여 철강, 철도, 석유, 금융, 소고기, 통신 등의 산업이 독점자본에 의해서 지배되었고, 경제의 60퍼센트가 2퍼센트 사람들에게 집중되었다. 철도 왕 코넬리어스 밴더빌트Cornelius Vanderbilt(1794~1877), 석유 왕 존 록펠러John Rockefeller(1839~1937), 철강 왕 앤드류 카네기Andrew Carnegie(1835~1919), 자동차 왕 헨리 포드Henry Ford(1863~1947), 금융 왕 J.P. 모건 등이 이 시기 미국의 대표적인 독점 자본가들이었다.

록펠러는 석유는 채굴보다 운송과 정유가 중요하다고 인식하고 1870년에 스탠다드오일을 설립했다. 이는 미국 최초의 주식회사였다. 그리고 인수합병으로 독점체제를 구축하면서, 창업한 지 9년만에 미국 전체 석유의 95퍼센트를 장악하여 독과점 신디케이트Syndicate의 효시가 되었다. 당시 각 가정에서 사용하는 등유제품은 휘발성 등 품질이 균등하지 않아서 폭발사고도 잦았다. 그런데 록펠러는 품질 혁신을 통해서 안전한 등유를 각 가정에 공급했고, 등유가격을 80퍼센트 이상 인하시켰다. 그의 철학은 좋은 제품을 값싸게 보급하는 것이 기업가의 가장 큰 사회적 소명이라는 것이었다. 그리하여 그는 현대 기업의 선구자가 되었다.

J. P. 모건은 200개의 철도회사를 인수하여 9개 대기업으로 합병시켜서 미국 4대 철도업자로 부상했다. 그리고 전기회사인 웨스턴유니언사를 합병하고, 에디슨을 만나 GEGeneral Electric를 탄생시켰다. 그리고 그는 뉴욕타임스를 매입하여 언론까지 장악했으며, 카네기철강을 인수해 US스틸을 탄생시켰다. 1893년에 불황으로 인해서 영국 투

자가들이 철수하여 미국에 금융위기가 발생하자, 국채를 인수할 신디케이트를 만들어 금을 재무부에 공급해 금본위제를 완성시키면서 미국경제를 안정시켜, 최초의 금융위기에서 미국을 구했다. 그리고 다시 1907년 10월에 월가의 은행들이 집단 파산의 위기에 직면하자, 모건은행이 중앙은행의 역할을 했다. 은행들의 개별 행동을 금지시키고, 여러 은행에서 10퍼센트의 금리를 약속하고 긴급 자금을 모아서 월가에 제공하여 주식거래 중단 사태를 막았다. 공무원들에게 줄 월급마저 떨어진 뉴욕시도 모건에게 도움을 요청했다. 그러자 모건은 뉴욕시 당국에 연 6퍼센트의 수익채권을 발행하게 하고 이를 은행들이 사들이게 해서 위기를 극복했는데, 이는 오늘날의 용어로 말하자면 양적완화 정책을 사용한 것이다.

이러한 금융위기들을 극복하면서 미국에서는 1913년 12월에 미연방준비은행제도 법안Federal Reserve Act이 통과되었다. 이 법안은 미국 의회에서 만든 것이 아니라 모건, 록펠러, 로스차일드 등 3대 유대인 금융가문이 주축이 되어 100퍼센트 민영으로 설계해 정부가 금융을 간섭할 끈을 원천적으로 차단하여 만든 것이다. 연방준비은행은 정부기구가 아니라 자본금을 가지고 운영되는 일종의 주식회사이고 그 지분은 민간은행들이 나누어 갖고 있다는 것이 특징이다. 반면에 대부분 나라의 중앙은행은 특별법에 의해서 만들어진 국가 기관이다. 우리나라의 경우에도 중앙은행인 한국은행은 무자본 특수법인이다.

일반적으로 행정부는 세금을 걷어서 지출하는 재정정책을 가장 중요한 경제정책으로 사용하는데, 화폐의 순환을 감독하는 금융정책을 행정부가 관장하는 것이 바람직한가 하는 문제는 오랜 논란거리로 이어왔다. 많은 나라에서 선거 등 정치적 외풍에 금융정책이 영향을 받으면 경제의 안정을 해칠 우려가 있다고 하여 중앙은행의 독립성을 보장하는 것이 바람직하다고 주장한다. 그런데 미국의 경우 연방준비은행제도는 이렇게 민간에 의해서 주도되었기 때문에 정치적인 영향을 덜 받을 수 있는 구조이다.

또 미국경제를 이야기하면서 빼놓을 수 없는 기업인은 헨리 포드이다. 그는 1913년 8월에 컨베이어 벨트를 통해 노동자 앞으로 자동차를 이동시키는 포드식 생산방식을 통해서 대량생산 시대를 열었다. 그의 T형 자동차 공장은 8만 명을 고용하는 대형 공장이 되었으며, 1924년에 1,000만 번째 T형 자동차를 생산하여 종전에 800달러 하던 자동차 가격을 290달러로 대폭 인하시켜 마이카 시대를 열었다.

이렇게 20세기 초 전후에 거대 기업들이 등장하면서 발전을 이룩했지만, 이 시기의 무질서한 경쟁, 독점, 사기, 부패 등이 자본주의의 문제점으로 등장했다. 빈부격차가 격화되고 노동자들은 장시간 노동에 시달렸다. 물론 한 세기 전의 영국보다는 덜 했지만, 미국에서도 이 시기에는 심지어 4살짜리 아이들도 노동에 동원되었다. 빈번하게 광산이 붕괴되고 공장에 화재가 나는 등 미국은 주요 산업 국가 중 노동자 사망률이 가장 높은 나라가 되었다. 중소기업이 붕괴되고 도시의 빈민인구가 급증하게 되자, 미국의 여론은 사회의 모순에 대해서 민감해지기 시작했다.

그러다 1890년 7월 2일, 미국 23대 벤저민 해리슨Benjamin Harrison VI(1833~1901) 대통령이 '셔먼 반독점법Sherman Antitrust Act'에 서명했다. 진보 운동가인 기자 아이다 타벨Ida Tarbell(1857~1944)은 『스탠더드 석유회사의 역사*History of the Standard Oil Company(1904)*』를 써서 막강한 석유 재벌에 도전장을 던졌고, 수많은 진보인사들이 그의 손을 들어주었다. 그리하여 마침내 20세기에 미국의 첫 대통령으로 선출된 26대 대통령 테오도르 루즈벨트Theodore Roosevelt, Jr.(1858~1919)는 스탠더드 석유회사를 분할시켰다. 루즈벨트 대통령은 재임 기간 동안 쇠고기, 석유, 담배 산업 등에서 40개의 트러스트(기업합병)를 강제로 해산시켰다. 그리하여 미국에서 독점규제 원칙이 수립되었으며, 반트러스트법이 연방정부의 장기적인 정책이 되었고, 1914년 연방의회는 클레이턴 독점금지법Clayton Antitrust Act을 통과시켰다. 이렇게 미국에서도 시장을 내버려둘 경우 독점 등 각종 폐해가 나타날 수 있다는 인식이 확산되면서 정부가 시장에 깊숙히 개입하기 시작했다.

공산주의와 신중상주의

20세기 초에 나타난 신중상주의 사조 중에 정부의 역할을 가장 강조한 것이 바로 공산주의이다. 러시아에서는 마르크스주의자들이 전제정치를 타파하기 위해서 1898년에 '사회민주주의 노동당'을 창당하였다. 1904~1905년에 일본과 조선을 두고 벌인 전쟁에서 패한 러시아는 경제가 어려워지고 사회 분위기가 악화되었다. 결국 1905년 1월 9일에 소위 '피의 일요일 사건'이 발생했다. 페트로그라드의 노동자들이 노동환경 개선과 보통선거 실시 등을 요구하며 벌인 평화 시위에 황궁수비대가 발포하여 수천여 사상자가 발생하였다. 그리고 10월 혁명이 일어나고, 1913년에 다시 3월에 파업과 폭동이 일어나 차르가 퇴위하면서 로마노프 왕조가 몰락했다. 1914년 8월에 제1차 세계대전이 일어나자 러시아도 바로 독일에 선전포고를 하고 전쟁에 들어갔는데, 1917년까지 러시아군은 170만 명이 전사하고 250만 명이 포로가 되는 엄청난 손실을 입었다.

이러한 전쟁 중에 공산당 내부에서 바로 프롤레탈리아 혁명을 해야 한다고 주장하던 강경파인 볼셰비키가 레닌의 지도하에 1917년 10월에 볼셰비키 혁명을 성공함으로써 1922년 12월 30일에 신생 소비에트사회주의 공화국USSR이 탄생하였다. 레닌은 글로벌 경제에 대항해 단합하자고 촉구하면서, 교역과 상업, 사유재산을 범죄로 취급했다. 이로써 자본주의 시장경제를 전면 부인하고 국가에 의한 경제통제를 경제운영의 중심으로 결정했다.

레닌이 죽고 나서 스탈린이 세계 공산화 노선을 취한 트로츠키를 추방하고 일국 공산주의 노선을 확립하였다. 트로츠키는 "만국의 노동자여, 단결하라!"는 마르크스의 강령처럼 세계 공산화를 주장했으나, 스탈린은 이에 반대했다. 레닌이 주도한 소련의 공업생산량은 여전히 1928년 기준으로 독일의 절반, 그리고 미국의 8분의 1 수준에 불과했다. 광대한 농토를 보유한 소련의 농업도 낙후되어 있어서 99퍼센트의 파종은 여전히 동물과 인력에 의해 이루어지고 있었다. 스탈린은 공산주의를 세계로 확산시키는 것보다 우선 소련경제를 회복시키면 다른 나라에서도 저절로 공산혁명이 일어날 것이라고 주장하면서 소련이 먼저 공산주의 지상낙원을 이룩해야 한다는 '일국 공산주의론'을 주장했다. 이로 인해서 유럽으로 공산주의를 파급시키려던 세계 공산화 전략은 수정되고, 소련 내부의 공업화에 총력을 집중하게 된다. 이때 스탈린이 처음으로 사용한 전략이 강력한 국가에 의한 중앙계획경제이다.

스탈린은 국가의 지속 발전을 위해서는 정부가 주도해 강력한 산업화를 이루어야 한다고 주장했다. 그리하여 그는 고도로 집중된 계획경제를 추진했다. 1929년 5월에 소비에트 제5차 대표 대회에서 '국민경제발전 제1차 5개년계획'을 발표하였다. 이로 인해 자본주의 진영이 대공황을 겪었던 1929년 이후 소련은 오히려 지속적인 성장을 유지했다. 1932년에 제1차 5개년계획이 완성되면서 소련은 농업국에서 공업국으로 전환했으며, 1937년에 제2차 5개년계획이 완성되면서 소련의 공업생산총액은 유럽에서 가장 높은 수준이 되었고, 미국에 이어서 세계 2위로 부상하게 되었다. 1933년에 집권한 프랭클린 루즈벨트 대통령도 소련으로 시찰단을 파견할 정도로 소련의 공업화는 성공적으로 보였다. 그리하여 제2차 세계대전에서 소련의 생산력은 독일을 압도했으며, 미국과 동등한 수준으로 평가되었다. 전쟁 중에 트랙터공장을 탱크공장으로 전환하여 군사 대국의 면모를 보였고, 1942년 소련의 비행기 생산량은 2만 대 이상으로 독일의 2배였다.

소련의 성공으로 인해서 30년이 안 되어 인류의 3분의 1이 마르크스·레닌의 경제 원리를 신봉하면서 살게 되었다. 그리고 군사력과 마찬가지로 소련의 경제도 막강한 것으로 인식되어 동유럽 전 지역에 소련이 영향력을 행사했다. 그뿐만 아니라 아프리카와 라틴 아메리카에서는 중앙계획, 사회주의, 국가통제, 국영화 등의 소련 방식을 금과옥조로 받아들였다. 아시아에서는 중국이 공산화되었다.

소련이 실시한 강력한 국가에 의한 계획경제는 중상주의 사조의 가장 극단적인 형태이다. 이는 시장경제제도에 대한 강력한 대안이었으나, 그 결과는 실패였다.

대공황(1929~1933년)

20세기 전반기에 시장경제제도가 후퇴하고 중상주의적 이념이 확산된 또 하나의 중요한 사건은 1929년에 미국에서 시작된 대공황이다. 영어로 대공황은 'The Great Depression'이다. 명사 앞에 정관사(the)가 붙으면 어느 특정한 명사를 지칭한다. 영국에서는 이 The Great Depression은 앞에서 언급한 19세기 말의 대불황(1873~1896년) 기간을 의미한다. 그런데 미국에서는 같은 단어가 1929년 이후의 시기를 의미한다. 그 이유는 이 시기의 불황의 골이 영국보다 훨씬 심했기 때문이다.

[도표 13]에서 보는 바와 같이 1929년의 산업생산지수를 100으로 보았을 때 산업생산지수 하락 폭이 미국은 50퍼센트로 가장 높았고, 캐나다, 체코, 독일 등은 40퍼센트가량 하락했다. 반면에 영국, 스웨덴, 일본 등은 하락 폭이 크지 않았다. 우리나라에서는 일반적으로 20세기 초반의 것은 '대공황'으로, 19세기 말의 것은 '대불황'으로 번역하므로 이 책에서도 그렇게 사용한다.

미국은 앞에서 설명한 바와 같이 20세기의 첫 20년은 '진보의 시대'라고 부를 정도로 반시장경제적인 분위기가 지배적이었다. 그런데 1920년대에 '20년대의 번영'이라는 말이 생겨날 정도로 10년간 장기

[도표 13] 미국, 독일, 영국, 프랑스의 산업생산지수

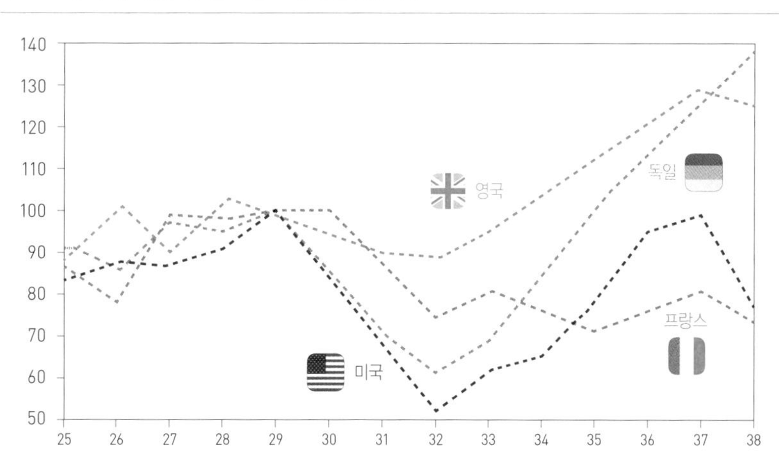

주: (1929 = 100)
자료: 양동휴 편, 2000, 3.

호황을 경험하게 된다. 20세기 동안 미국은 10년이 넘는 장기 호황을 세 차례 경험하는데, 이 1920년대가 그 첫 번째 장기 호황이다.[9] 제1차 세계대전으로 유럽이 전쟁을 하게 되자 미국은 방관자로서 전쟁에서 주어지는 이익을 누리면서 장기 호황에 들어갔다. 지속적인 국제수지 흑자를 기록하면서 미국은 순채무국에서 순채권국으로 바뀌었다. 이 1920년대에는 미미한 경기변동을 경험했을 뿐 지속적으로 경제가 성장했다. 1922~1929년 기간 중에 실질 GDP 성장률은 연 4.7퍼센트에 달했으며, 평균 실업률은 3.7퍼센트, 그리고 연평균 인플레이션율은 0.3퍼센트에 불과했다. 그리하여 1929년에 인구 6명당 1명이 자동차를 보유할 정도의 풍요로운 삶을 누리게 되었다.

미국의 이러한 번영은 제1차 세계대전 때문만이 아니었다. 영국이 제1차 세계대전 이후에 실시한 환율정책의 실패로 인해 미국은 영국에 비해서 국제 경쟁력이 높아졌다. 영국은 제1차 세계대전 동안 전비를 마련하기 위해서 금본위제를 포기하고 파운드화를 대량 발행하였다. 전쟁이 끝난 이후에 금본위제로 복귀해야 하는데, 그때 파운드화와 금의 교환비율을 전쟁 이전의 비율인 1파운드=4.86달러를 유지할 것인가를 결정해야 했다. 전쟁으로 인하여 영국이 정체되어 있는 사이에 미국의 경쟁력은 영국에 비해서 약 10퍼센트 정도 향상되었고, 따라서 전전의 환율로 돌아간다는 것은 영국의 제품이 미국에 비해서 높게 평가되어 해외시장에서 경쟁력이 떨어져 산업자본가들에게는 불리해진다는 의미가 된다. 반면에 영국의 해외자산은 파운드화로 평가되어 파운드화의 가치를 떨어뜨리게 되면 해외자산의 가치가 떨어져 금융자본가나 해외투자자들이 손해를 보게 된다. 결국 영국은 금융자본가들의 손을 들어주어, 전쟁 전 환율을 유지하는 정책을 선택하였다. 이로 인해서 영국의 수출은 둔화되고 수입이 촉진되었다. 영국은 전쟁 전 환율을 전쟁 후에도 유지하면서 산업경쟁력을 유지하기 위해서 가격을 10퍼센트정도 인하해야 했는데, 이는 노동자들의 임금을 10퍼센트 인하해야 하는 것이었다. 임금을 인하시키지 못하면 영국제품의 가격이 비싸게 되어 수출이 어렵게 된다. 결국 영국은 제2차 세계대전 이후에 경기회복이 둔화되었고, 미국에 '세계의 공장'이라는 지위를 내어주게 되었다.

이렇게 미국은 1920년대 10년간 장기 호황을 누렸다. 그런데 1929년 여름에 유럽의 경기침체가 미국에 영향을 주면서 경제 기관들은 전 세계의 경기침체를 예고했다. 그러나 대부분 경기과열로 인한 단기적인 경기조절 정도의 침체가 있을 것으로 생각했다. 그러나 1929년 10월에 갑자기 주식시장이 붕괴했다. 1929년 10월 24일에 소위 '검은 목요일'이라고 부르는 주식 폭락이 있었고, 5일 후인 29일에 다시 '검은 화요일'이라고 부르는 대규모 폭락이 이어졌다. 그리하여 9월 3일에 '381'이었던 다우지수가 11월 13일 '198'로 불과 70일 만에 절반으로 떨어졌다.

그리하여 1929년도에 1,040억 달러였던 미국의 국민총생산은 580억 달러로 반토막이 되었다. 800개 은행이 파산해서 900만 개 예금

통장이 휴지조각이 되었다. 대공황 발생 이후 2년 만에 14만 개 기업이 부도가 나서 노동자의 4분의 1이 실업자가 되었으며 200만 명이 길에서 노숙자 생활을 했다. 이렇게 미국 대공황의 특징은 첫째, 실업률이 특히 높았다는 것이다.

이전의 공황과 근본적으로 다른 두 번째 특징은 대공황이 장기적으로 지속되었다는 것이다. 처음에는 1920년대의 장기 호황의 결과로 불황이 잠시 있을 것으로 예측했다. 그러나 1933년까지 무려 4년간이나 계혹 하락했고 그 이후에도 쉽게 회복이 되지 않았다. 그러다 제2차 세계대전의 발발로 인해서 전쟁특수가 발생하면서 대공황 이전으로 회복했다.

세 번째 특징은 세계적 보편성이다. 미국에서 시작된 대공황은 세계로 확산되었다. 미국이 자국의 산업을 보호하기 위해서 1930년에 홀리-스무트 관세법Hawley-Smoot Tariff을 제정하여 보호무역정책을 취하게 되자 결국 서유럽의 대미수출에 타격을 주어 공황은 세계로 확산되었다. 그리고 이어서 은행공황이 발생했다. 영국은 1931년 9월 21일에 금본위제에서 이탈한다고 선언하자, 세계 각국은 뒤를 이어 금본위제를 포기했다. 국제통화가 없어지자 각국은 자국의 공황을 타개하기 위하여 각각 비상수단으로 수입할당제, 수입금지, 수입허가제 등의 자국 산업을 보호하는 조치를 발동시켰고, 이는 다시 경제활동을 위축시켰다. 세계 각국은 국제적 협의가 없이 일방적으로 이러한 조치들을 시행했으며, 그리하여 세계는 유래 없는 대공황을 겪게 되었다.

대공황의 원인-시장실패 때문인가?

대공황에 대한 논란은 경제사학계에서 영국의 산업혁명과 함께 가장 논란이 많이 되고 있는 주제이다. 아직도 대공황의 원인과 회복 원인에 대해서 학자들 사이에 논쟁이 계속되고 있다. 대공황의 원인에 대한 전통적인 이해는 시장실패로 인해서 발생했다는 것이다. 즉 공급에 비해서 수요가 부족했기 때문이며, 10월의 주가 폭락에서 기인했다고 인식한다. 그리고 연방정부가 케인즈 이론을 적용하여 적극적인 공공정책을 펼침으로써 대공황에서 회복했다고 일반인들에게는 알려져 있다. 그러나 지난 40년간 미국 경제사학자들의 연구결과에서 얻은 결론은 상당히 다르다. 미국 경제사학계의 결론은 대공황의 원인은 시장실패도 있었지만, 정부실패가 더 컸으며, 주가폭락이 원인이 아니고, 공급과잉은 시장이 조절될 수 있는 수준이었다는 것이다. 그리고 뉴딜정책은 케인즈주의가 아니라는 것이다. 루즈벨트 대통령의 뉴딜정책도 일부는 경기를 회복시키는 효과가 있었지만, 어떤 정책들은 경기 역행적이어서, 단기간에 끝날 불황이 10년 넘게 지속되는 대공황으로 발전했다고 미국 경제사학계에서는 인식하고 있다.

미국 경제사학자들이 그동안의 연구성과를 일반인들에게 알기 쉽게 소개한 책이 아리조나대학 석좌교수인 프라이스 피시백 등이 저술한 『정부와 미국경제*Government and the American Economy(2007)*』이다.

대공황의 원인에 대한 전통적인 견해는 1929년 10월에 주가가 폭락함으로 인해서 불확실성이 높아져 내구재 소비를 위축시켰고, 주식이 하락함으로 부의 실질가치가 떨어져서 소비지출수요가 줄었기 때문에 대공황이 발생했다는 것이다. 그러나 최근의 경제사학자들은 주가폭락은 대공황 당시 이외에도 여러 차례 있었지만, 늘 잘 회복되었다는 것을 강조한다. 또 대공황 당시에 대중이 보유한 주식의 비중은 미미했기 때문에 부의 감소 효과는 10퍼센트 미만이었다. 그리고 기업들은 대부분 1930년 말과 1931년 초까지도 경기전망을 낙관하고 있었기 때문에 투자를 줄이지도 않았다. 따라서 주식시장이 와해되는 것은 심리적 효과 이외에는 큰 의미가 없었다.

대공황의 원인으로 시장실패적 요인도 부분적으로는 존재하지만, 대공황 발생 당시 31대 후버Hebert Clark Hoover(1874~1964) 대통령의 보호무역정책 등 1929년부터 1933년 사이의 잘못된 정책들로 인한 정부실패가 단순한 경기침체를 대공황으로 변하게 했다.

후버 대통령이 실시한 잘못된 정책 사례를 몇 가지 소개한다. 대공황이 발생하자마자 후버정부는 국내시장을 보호하기 위해서 1930년 6월에 홀리-스무트 관세법을 통과시켜 관세율을 대폭 인상하였다. 그 결과 수입품의 가격이 올라가게 되어 소비자는 크게 손해를 본 반면에 생산자에게는 약간의 이익이 생기는 데 그쳤고, 미국경제 전체적으로는 미세한 이익이 있었던 것으로 연구되었다. 반면에 이 관세정책으로 말미암아 바로 75개국으로부터 보복관세를 당했는데 그로 인해서 세계무역이 1933년에는 1929년의 3분의 2 수준으로 하락해서 결국 대공황을 세계에 파급시키는 결과만 낳았다.

두 번째로 조세정책의 실패를 들 수 있다. 후버 정부는 실업자를 지원하는 등 필요한 재원을 마련하기 위해서 소득세율을 대폭 인상시켰다. 당시에는 아직 소득세 제도가 발달되기 전이어서 조세수입에서 소득세의 비중이 크지 않았고, 전 국민 중에 소득세를 내는 가구는 10퍼센트도 되지 않았다. 당시 미국의 평균 가구 소득은 약 1,300달러 수준이었는데, 연 평균 소득이 2,000달러인 소득가구의 세율을 0.1퍼센트에서 2퍼센트로 20배 인상시켰다. 그리고 소득이 100만 달러인 고소득층의 최고소득세율을 23퍼센트에서 57퍼센트로 대폭 인상시켰다. 투자를 해야 하는 고소득계층이 주가폭락으로 가장 큰 타격을 받았다. 그런데 후버 정부는 고소득층에 대한 소득세율을 대폭 올려서 오히려 이들 고소득계층의 투자를 위축시켜서 경기회복에 역효과만 초래했다.

세 번째로 임금정책의 실패이다. 불경기로 인해서 소비가 위축되자 정부는 대기업이 임금을 낮추지 못하도록 압박했다. [도표 14]에서 보는 바와 같이 미국의 경우 대공황 기간 중에 실질임금이 상승하는 추세를 보이고 있다. 사실 물가가 하락하기 때문에 명목임금도 함께 하락해야 실질임금이 유지가 된다. 또는 명목임금의 하락이 물가 하락보다 더 커야 실질임금이 떨어져서 기업이 회생할 수 있고, 고용을 줄이지 않고도 불경기에 대응할 수 있다. 그런데 정부의 이러한 임금 정책으로 인해서 기업은 고용을 줄이거나 도산했고, 결국 이는 실업률을 높이는 데 기여했다.

네 번째로 금융정책의 실패이다. 이는 밀턴 프리드먼Milton Friedman(1912~2006) 등 통화주의자들에 의해서 제기되었다. 미국의 단순한 경기침체가 세계대공황으로 확대된 원인은 1931년 후버 정부의 통화긴축정책과 국제적 금본위제를 지키기 위해서 여러 나라들이 동시 다발적으로 긴축정책을 실시했기 때문이라는 것이다. 물론 이 금융정책 실패가 어느 정도 영향을 미쳤는가에 대해서는 학자들마다 견해가 다르겠지만, 대부분의 경제학자들은 연방준비은행이 실수했다는 데 동의한다. 중앙은행의 역할은 화폐를 적절하게 공급해 이자율과 물가 등을 안정시키고, 은행이 위험에 빠질 경우 중앙은행에 대출받을 수 있게 '은행의 은행' 역할을 함으로써 은행을 보호하는 것이다. 그런데 대공황 당시에 물가가 급격히 하락했음

[도표 14] 미국, 독일, 영국, 일본의 실질임금

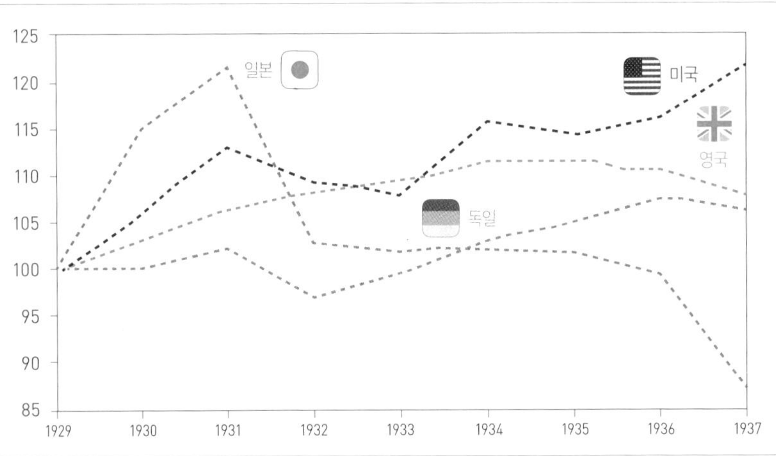

주: 1929 = 100
자료: 양동휴 편, 2000, 21.

에도 불구하고 연방준비은행은 시중에 화폐공급을 획기적으로 늘리지 않았고, 또한 1930년 말부터 1933년까지 미국 전체 은행의 3분의 1 이상이 문을 닫게 된 상황에서도 은행을 구제하지 않았다. 미국 연방준비은행이 이런 정책을 사용한 이유는 금본위제도를 유지하기 위해서였다. 미국은 영국도 금본위제도에서 이탈한 상황에서 세계의 금융질서를 유지하기 위해서는 금본위제도를 유지해야 한다고 판단했다. 연방준비은행이 통화공급량을 증대시키면 인플레이션이 발생하고 달러화의 가치가 하락한다. 각국이 보유하고 있는 달러를 금으로 교환해달라고 하면 미국에서 금이 빠져나가 금본위제도를 유지할 수 없다. 따라서 연방준비은행은 이 금본위제도를 지키기 위해 자국 은행들의 파산을 보고만 있었다. 결국 은행들은 자금을 마련하기 위해서 대출증서, 주식, 채권들을 팔아치웠다. 이것이 대량으로 유통되어 주식 등의 가격이 떨어져 손해가 증폭되면서 은행은 파산하고 예금자들은 예금을 회수하지 못하게 되었다. 이로 인해 예금자들은 더욱 구매 능력이 떨어졌고, 이것이 경제를 더욱 불황으로 몰고갔다.

미국의 대공황은 시장의 실패라고 알려져 있지만, 사실과 다르다. 장기 호황 후에 약간의 경기조절적 불황은 항상 있을 수 있다. 오히려 후버 정부의 잘못된 경기 대처로 인해서 단순한 경기조절적 불경기가 공황으로 확산된 측면이 더 크다. 대공황 당시 후버 정부의 경제정책은 시장경제제도에 대한 불신으로 인해서 정부가 경제에 잘못

개입할 경우 어떤 재앙이 올 수 있는가를 보여주는 대표적인 사례다.

회복-뉴딜정책에 대한 평가

대공황이 최악의 상황까지 간 1932년 말에 민주당의 프랭클린 루즈벨트Franklin Roosevelt(1882~1945) 후보가 제32대 미국 대통령으로 당선되었다. 그는 20세기 최초의 대통령이 된 제26대 대통령 테오도어 루즈벨트의 친척이다. 그는 1933년 3월 4일에 취임 연설을 통해서 대공황의 바닥에서 국민들을 격려하기 위해서 희망을 가지라고 역설했다. 10만 명이 그의 연설을 듣기 위해서 워싱턴 광장에 모였는데, 그는 이 자리에서 자신감을 잃지 말고 정부를 믿어달라고 호소했다. 프랭클린 루즈벨트 정부가 뉴딜정책을 실시해서 대공황에서 탈출했다고 많은 사람들이 믿고 있는데, 사실 루즈벨트 정부는 뉴딜정책이라는 이름의 정책을 발표한 적이 없다. 다만 그가 1932년 7월 민주당 대통령 후보 수락 연설 가운데 뉴딜New Deal이라는 용어를 사용했기 때문에 프랭클린 루즈벨트 정부가 발표한 일련의 정책들을 뉴딜정책이라고 부르는 것뿐이다. 이는 한 번도 명확하게 정의된 적이 없는 표어이다.[10] 프랭클린 루즈벨트 대통령은 취임 후 100일 동안 수많은 정책들을 쏟아냈는데, 너무 많은 정책들이 발표되어서, 알파벳 가운데 아무 글자나 세 개를 꺼내어 나열하면 뉴딜정책의 이름이 나온다는 농담이 회자될 정도였다. 취임 직후에 나온 정책들을 제1차 뉴딜정책이라고 하고, 1935년 이후에 나온 정책들을 제2차 뉴딜정책이라고 한다. 후에 학자들이 그 정책들을 '경기부양정책Recovery', '개혁정책Reform', '구호정책Relief' 세 가지로 분류를 했는데, 이 앞 글자를 따서 3R정책이라고도 부른다.[11]

그런데 프랭클린 루즈벨트 대통령이 취임한 1933년을 기점으로 미국경제가 회복되기 시작했다. 그래서 많은 사람들이 미국이 대공황에서 회복된 것은 바로 이 뉴딜정책 때문이라고 인식했다. 그리고 뉴딜정책은 대규모 공공지출을 통해서 경기를 부양했기 때문에 케인즈주의 경제정책이라고 인식했다. 시장이 보이지 않는 손을 통해서 스스로 회복되는 힘을 가지고 있다고 주장하는 고전학파 경제학에 반해서, 케인즈는 경제가 스스로 균형을 맞추는 데 시간이 많이 걸리기 때문에 장기적으로는 고전학파 경제학자들의 주장이 맞지만, 단기적으로는 정부가 인위적으로 경기회복에 개입해야 한다고 주장했다. 즉 불경기에는 의도적으로 재정지출을 확대해서 경기를 부양해야 하고, 호경기에는 재정지출을 억제해서 경기를 진정시켜야 한다는 것이다. 뉴딜정책으로 정부지출이 크게 늘어났기 때문에 많은 사람들이 뉴딜정책은 케인즈주의 경제학을 실천에 옮긴 것이라고 생각했다.

이를 확인하기 위해서 많은 경제사학자들이 뉴딜정책의 경제적 효과에 대한 실증연구를 했는데, 그 결론은 뉴딜정책은 케인즈주의 경제학이 아니며, 뉴딜정책은 어떤 일관성 있는 정책이 아니라는 것이었다. 뉴딜정책 가운데에는 경기를 회복시키는 데 도움을 준 정책도 있으나 경기회복을 더디게 만든 정책도 상당히 많기 때문이다. 결과적으로 종합하면 미국이 대공황으로부터 회복된 것은 뉴딜정책 덕분이 아니고, 국민들이 앞으로 경제가 회복될 것이라고 기대해 투자를 늘리고 소비를 시작한 심리적인 요인이 컸으며, 두 번째로 1939년에 9월에 시작된 제2차 세계대전으로 인한 전시 수요의 확대 때문에 경기가 회복되었다는 것이다.

루즈벨트 대통령은 취임과 동시에 미국도 금본위제에서 이탈하겠다고 선언하고 관리통화제로 이행했다. 이를 불안하게 여긴 국민들이 은행에서 한꺼번에 예금을 인출하는 뱅크런Bankrun을 막기 위해 은행휴무일Bank Holiday을 선포하여 일시적으로 사람들이 예금을 인출하지 못하게 은행을 닫게 했다. 그러고 나서 수많은 법안들을 발표해 시장에 대규모로 간섭했다. 그는 이것을 '새로운 정치'라고 불렀다.

그리고 경기 회복을 위해서 테네시 강 관리국을 통해 20개의 새로운 댐을 건설했고, 5개를 보수했다. 이를 통해 농업 생산이 크게 늘어났고, 공공건설은 수백만의 사람들에게 일자리를 주었다. 노후대비 및 실업보장 등을 통해 정부가 생활 속에 광범위하게 개입했다. 이런 정책들은 실업률을 낮추는 데 기여했다.

반면에 경기 회복을 지연시키는 결과를 낳은 정책들도 있었다. 디플레이션 문제를 해결하기 위해서 공산품과 농산품의 가격 인상을 유도했으며, 실업자 구제를 위해서 노동시간을 제한하고, 최저임금을 보장했다. 예를 들면 전국산업부흥법NIRA은 주당 35시간 내지 40시간으로 노동시간을 제한하고 시간당 40센트의 최저임금을 보장했다. 그로 인해서 비효율적 노동자의 고용을 증대시켜 노동비용만 높이고, 실업률도 높은 수준으로 치솟는 결과만 낳았다.

일관된 원칙이 없었기 때문에 목적이 상충하는 경우가 많았다. 예를 들어 농산물 가격을 올리면 디플레이션 문제를 해결하는 데는 도움이 되지만 생필품 가격이 상승하므로 실업자들에게는 피해를 준다. 마찬가지로 제조업 가격을 올리면 그 제품을 사용하는 실업자와 농부들이 타격을 받는다.

뉴딜정책의 핵심 철학은 경제를 시장에 맡겨둘 것이 아니라 정부가 개입해야 한다는 것이다. 이를 위해 GDP 대비 연방정부예산이 2배로 증가했는데, 이는 전쟁 기간이 아닌 평시에 늘어난 예산증액 중에 가장 큰 규모였다.

그동안 많은 사람들이 루즈벨트 행정부가 정부지출을 크게 늘렸다는 이유로 이를 케인즈주의 경제학이라고 생각했다. 케인즈가 주장한 것의 핵심은 재정지출을 크게 늘리는 것이 아니라, 균형재정이 필수적이 아니라는 것이다. 정부가 국민들로부터 거두어들인 세금보다 더 많이 쓰면 적자재정이고, 덜 쓰면 흑자재정이다. 적자재정을 편성하게 되면 결국 정부가 빚을 많이 지게 되어 국민들에게 떠넘기게 된다. 이런 부작용을 피하기 위해 화폐를 발행해서 그 빚을 해결하려고 하면 인플레이션이 발생해서 경제를 파국으로 이끈다. 그러므로 가장 바람직한 정부 운영은 빚을 안 지고 균형재정을 하는 것이었다. 그런데 케인즈는 경기가 침체되면 정부가 빚을 내서라도 적자재정을 편성해서 경기를 활성화시켜야 한다고 주장했다. 이것이 케인즈가 주장한 유효수요 확대정책의 핵심이다.

루즈벨트 대통령이 재정지출을 그 이전보다 많이 늘리기는 했지만, 케인즈의 주장대로 빚을 내어 적자재정을 편성한 것이 아니라, 국민들로부터 세금을 많이 거두어서 지출했다. 이를 잘 보여주는 것이 다음의 [도표 15]이다.

이 그래프는 1929년부터 1941년까지의 연방예산적자와 정부지출 등을 보여주고 있다. 우선 맨 밑의 점선은 당해연도의 실질GNP에서 1929년도의 실질GNP를 뺀 숫자이다. 즉 이것을 보면 각 해가 1929년에 비해서 어느 정도 경기가 침체되었는지 보여준다. 1933년이 가장 침체된 해이고, 1937년 이르러서 1929년의 GNP 수준을 회복했다가 그 이듬해 다시 침체가 되었는데, 결국 1949년에 제2차 세계대전이 발발하면서 경기가 완전히 회복되는 모습을 이 그래프가 보여준다.

그 다음에 맨위의 점선으로 표시한 부분은 각 연도의 정부지출을 나타낸다. 1929년 이후 미국 연방정부의 정부지출이 꾸준히 상승하는 것을 알 수 있다. 그런데 우리가 주목해야 할 곡선은 0에 가까운 실선이다. 이 선은 정부의 예산적자를 보여준다. 가장 적자 폭이 컸던 1936년의 경우에도 고작 GNP의 3.6퍼센트에 불과하다.[12] 이 정부예산적자 선이 거의 0 주변에 머물고 있다는 의미는 미국 연방정부

[도표 15] 미국의 연방예산적자, 정부지출, 1929년 실질GNP와 각 연도 실질GNP의 차이

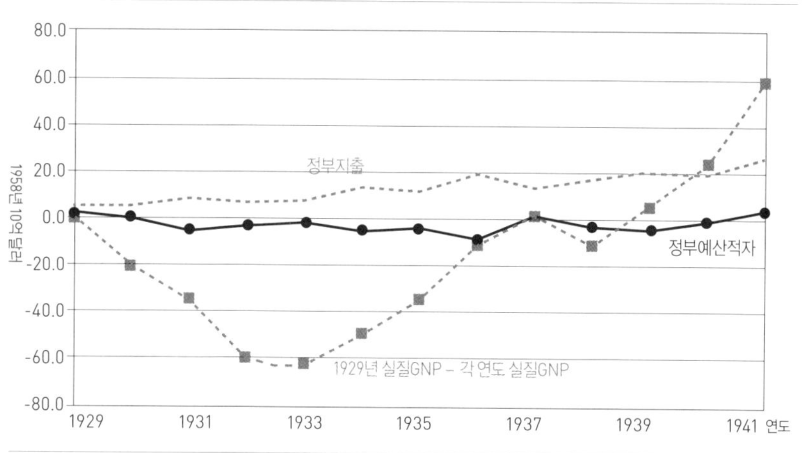

주: 1958년 달러 기준.
자료: 피시백(Fishback), 2007, 391.

가 대공황 기간 중에 적자예산을 편성한 것이 아니라 균형예산을 편성했다는 것이다. 즉 위의 점선으로 나타낸 정부지출이 점점 늘어났지만 그것을 모두 국민들의 세금으로 충당했다는 의미이다. 정부가 세금을 거두어서 지출을 한다는 것은 결국 민간이 소비할 것을 정부가 대신 소비한 것이므로 전체적으로 경기침체를 상쇄할 정도의 유효수요는 창출하지 않았다는 것을 의미한다. 고전학파 경제학자들은 정부가 민간을 대신해서 소비하면 결국 구축효과가 일어나서 전체적으로 경기를 부추기는 효과는 미미하다고 했다. 케인즈는 경기를 회복시키기 위해서 과감하게 이것을 마이너스로 편성하라고 주장했다. 그런데 루즈벨트 행정부는 케인즈의 제안을 따르지 않았다. 따라서 뉴딜정책은 케인즈주의 경제학이 아니다.

이상을 요약하면 미국에서 대공황이 발생한 이유는 시장실패적 요인도 있으나 정부실패 요인도 상당히 크다는 점이다. 이 글에서 설명하지 않았으나 뉴딜지출 중의 상당부분은 경제적인 논리에 의해서라기보다는 정치논리에 의해서 집행되었고,[13] 앞서 이야기했듯 뉴딜정책은 케인즈주의가 아니다. 미국경제가 대공황에서 벗어나게 된 것도 심리적인 요인과 제2차 세계대전의 영향이 더 컸다.

어찌 되었든 루즈벨트 대통령이 집권한 이후 미국경제가 회복이 되었고, 제2차 세계대전이 발발해 루즈벨트 대통령은 3선에 성공하였다. 그리고 전쟁 중에 대통령을 바꿀 수 없다고 하여 4선에 당선된 루즈벨트 대통령이 갑자기 1945년 4월에 사망하여 부통령 트루먼Harry S. Truman(1884~1972)이 대통령이 되었다. 그는 제2차 세계대전을 승리로 이끌면서 미국이 세계 지도자의 자리를 차지했다고 선포했다. 제2차 세계대전 이후 미국의 생산량은 세계의 절반 이상을 차지하여, 영국과 프랑스를 앞질렀다. 그리고 미국은 브레튼우즈 체제Bretton Woods system를 통해서 달러 중심의 국제금융체제를 성립시켰고, 50개 나라에 자기의 군대를 주둔시킴으로써 자신에게 유리하게 국제질서를 이끌어가면서 세계 역사상 가장 강력한 대국으로 발전했다.

그 이후 경제학계에서는 고전학파 경제학자들이 주장하던 시장의 자율성에 대해서 신뢰하지 않고, 소위 '수정자본주의'라고 부르는 케인즈주의 경제학이 주류를 형성하게 되었다. 그리하여 1970년대에

스테그플레이션이 등장하기 전까지 시장경제에 대한 정부의 간섭을 당연시하게 되었다. 이것도 역시 정부 개입주의가 확산되는 신중상주의 사조의 하나라고 볼 수 있다.

중남미의 포퓰리즘

제2차 세계대전 이후 중남미에서 두드러지게 드러난 포퓰리즘 Populism도 신중상주의 사조의 하나로 볼 수 있다. 포퓰리즘은 '대중주의' 또는 '인기 영합주의'를 말하는데, 1890년에 미국에서 생겨난 인민당populist party이 농민과 노조의 지지를 얻기 위해서 제시했던 비합리적일 정도의 대중인기영합 정책에서 연유되었다. 이렇게 표를 의식해서 경제논리에 반해 선심성 정책을 펴는 것이 포퓰리즘이다.

포퓰리즘이라는 단어는 미국에서 유래했지만, 실제적으로 포퓰리즘정책을 실시한 대표적인 나라는 아르헨티나다. 1946년에 후안 도밍고 페론Juan Domingo Perón(1895~1974)은 노동자들의 지지로 대통령에 당선되었다. 그리고 그는 인기에 영합하여 사회보장을 확대하는 포퓰리즘 정책을 남발했다. 그는 1943년에 대령으로 군사 쿠데타에 참여하여 노동부 장관과 국방부 장관을 역임했고, 노조를 자신의 지지 기반으로 삼아 부통령까지 역임했다. 1945년에 일어난 군사 쿠데타로 체포되었으나 그를 지지하는 노동자들이 석방운동을 대규모로 벌여 석방되었다. 1946년에는 노동자들의 지지로 대통령에 당선되었다. 그는 대통령이 된 다음에 '개혁'이라는 미명하에 저소득 계층의 임금을 올려주고, 복지를 늘리는 등의 정책을 입안했다. 이를 '페론주의Peronismo'라고 부른다. 이는 대중으로부터 인기는 얻었지만 막대한 재정적자를 초래하고 실질임금도 떨어졌다. 그럼에도 불구하고 아르헨티나 국민들은 정부의 선심성 정책에 길들여져 페론주의의 함정에서 빠져 나오지 못했다. 그리고 페론은 1952년에 아내 에바 페론Maria Eva Perón(1919~1952)을 부통령으로 지명하고 출마해 대통령 연임에 성공했다. 그러나 개혁은 파탄으로 끝나고 가톨릭 교회를 억압함으로 인해 군부와 가톨릭의 지지를 상실한 그는 1955년 9월에 군부 쿠데타에 의해 망명의 길에 올랐다. 아내 에바 패론이 사망하자 1960년에 망명지 파나마에서 이사벨과 결혼한 다음에 1973년 대통령 선거에서 다시 새 아내인 이사벨Isabel Martinez de Perón(1931~)을 부통령으로 지명하여 재당선에 성공했다.

페론주의의 세 가지 핵심 슬로건은 첫째는 사회정의이다. 둘째는 자립경제를 추구하여 경제적으로 독립하여 대외 종속을 끊는 것이다. 셋째는 정치적으로 공산주의나 자본주의로 갈라진 냉전시대에 그 어느 쪽에도 참여를 거부하여 정치적으로 주권을 지키겠다는 것이다. 그럴듯해 보이는 이 세 가지 원칙을 가지고 국민의 대중적 지지를 유도했다.

그러나 페론주의는 많은 문제점을 낳았다. 첫째 슬로건인 사회정의를 부자들의 것을 가난한 사람에게 나누어주는 것이라고 인식했다. 이는 기득권층의 대항 세력을 결집시키는 데에 큰 역할을 했다.

결국 사회정의라는 이름으로 정부에 의한 분배에 초점을 맞추다보니, 조세수입보다 더 많은 정부지출을 고착화시키게 되어 만성적인 재정적자와 인플레이션이 구조화되었다. 둘째 슬로건인 경제적 독립을 위해서 수입대체 공업화정책을 추진하고 국가 기간산업을 국유화하여 공산주의와 유사한 경제정책을 사용하였다. 셋째 슬로건으로 정치적 주권을 표방하면서 미국을 견제해 해외 수출시장을 잃어버리게 되었다.

사실 아르헨티나가 그 이전에 잘살았던 것은 19세기 말에 세계화 추세에 편승하여 농축산물을 수출했기 때문이다. 그래서 1900년에는 1인당 GDP가 세계 10위권에 진입했다. 애니메이션 영화 〈엄마 찾아 3만 리〉는 1886년에 발표된 단편 동화 〈아펜니니 산맥에서 안데스 산맥까지Dagli Appennini alle Ande〉를 1976년에 일본이 52편의 TV 애니메이션으로 제작한 것이다. 한 아이가 이탈리아 제노바에서 아르헨티나의 부에노스 아이레스에 파출부로 돈을 벌러간 엄마를 찾아간다는 내용이다. 원작 제목의 〈아펜니니 산맥에서 안데스 산맥까지〉를 일본 애니메이션에서는 '3만 리'로 표현했다. 이것은 실화에 기초했다. 19세기 말에 이탈리아 여성이 아르헨티나로 가정부로 갔다는 의미는 이탈리아보다 아르헨티나가 월등하게 잘살았다는 사실을 말해준다.

아르헨티나만 그런 것이 아니다. 브라질도 1800년까지는 1인당 GDP가 미국에 비해서 큰 차이가 없었다. 당시 중남미 국가들을 북미와 비교할 때 경제적으로 북미보다 앞섰다. 유럽인들이 아메리카 대륙에 도착하기 전에 중남미지역에는 이미 아즈텍이나 잉카제국 등이 존속했고 축적된 자본과 조직도 있었다. 18세기에는 카리브해 연안의 국가들이 세계에서 제일 부유했다. 그런데 중남미 국가들의 경제성장률이 북미 대륙의 미국이나 캐나다에 비해 뒤떨어지게 되자 초기에는 종주국인 스페인과 포르투갈을 원망하다가 나중에는 반미주의로 변했다. 그래서 종속이론이 등장하고 반시장주의로 빠지게 된다. 특히 브라질이나 아르헨티나 등 중남미 국가들은 포퓰리즘적인 정책을 사용하여 경제성장률이 뒤떨어지게 되었다. 결론적으로 이 포퓰리즘 정책들은 정부가 분배에 초점을 맞추었으며 경제 자립을 목표로 보호주의 정책을 사용했기 때문에 전형적인 중상주의 정책이라고 볼 수 있다.

복지국가 이념

유럽의 복지국가도 신중상주의 사조의 일부로 볼 수 있다. 사실 복지국가는 자유주의 시장경제와는 거리가 멀다. 복지국가란 야경국가夜警國家에 대응하는 개념으로 국민의 공공복리와 행복의 증진을 주요한 기능으로 하는 국가를 말한다. 후생경제학에 의하면 국민소득이 증가하거나, 소득이 평등하게 될수록 복지가 증진된다. 따라서 복지국가는 소득 평등에 초점을 맞춘다.

1942년에 영국의 윈스턴 처칠W. Churchill(1874~1965)의 요구로 경제학자 베버리지William H. Beveridge(1879~1963)가 발표한 「사회보험 및 관련 서비스*Social Insurance and Allied Services*에 관한 보고서」(일명 베버리지 보고서)에 등장한 유명한 말이 "요람에서 무덤까지"이다. 베버리지는 이 보고서에서 영국 정부가 빈곤 해소를 주안점으로 하여 국민이 기본적인 사회생활을 충족하도록 사회보험을 실시할 것과 긴급사태에 대처하기 위해 국가부조를 강화할 것을 주장했다. 즉 전 국민에게 기본적인 최저생활을 정부가 보장하라는 것이다. 전 국민에게 최소한의 생활을 보장해 국민의 행복을 가져다주는 복지사회 건설이 국가의 임무라고 규정하는 것이다. 빈곤해소에 주안점을 두고 사회가 복지문제를 모두 해결하겠다는 것이다. 직장을 잃는 것도 복지국가에서는 정부의 무능함으로 생각한다. 현대사회에서 진보를 가로막고 있는 큰 문제가 궁핍, 질병, 무지, 나태 등인데 정부 역할의 핵심이 궁핍해소라는 것이다. 공산주의가 1930년대 고도성장하고, 제2차 세계대전 이후에 소련의 영향권에 있던 동독, 헝가리, 폴란드 등 8개국 동구권 국가들에 공산주의가 확산되자 이에 대한 대응책으로 나온 것이 복지국가 이념이다. 결국 시장경제와 공산주의 사이에서 제3의 길로 제시된 것이다.

이 복지국가 이념은 북구 국가를 중심으로 급속히 확산되었다. 그리고 점차 서구 국가들도 받아들였는데, 이 복지국가 이념은 정부의 개입이 강조된다는 면에서 중상주의 사조의 일종이라고 볼 수 있다.

동아시아의 개발독재

좀 다른 유형이기는 하지만 동아시아 개발 독재도 정부가 시장에 깊숙이 개입하기 때문에 일종의 신중상주의 사조로 볼 수 있다. 일본의 메이지 정부를 비롯해서 싱가포르 리콴유李光耀(1923~2015) 수상, 한국의 박정희(1917~1979) 대통령, 대만의 장제스蔣介石(1887~1975) 총통, 말레이시아의 마하티르 빈 모하마드Mahathir bin Mohamad(1925~) 수상 등은 모두 정부 주도적 성장을 추구했기 때문에, 정부가 경제에 깊이 개입했으므로 이것도 신중상주의적 사조라고 볼 수 있다.

일본의 경우 초기에는 서구를 모방하여 근대화를 추구했으나 일본의 전통문화와 자주 마찰을 빚게 되자, 일본은 '통제경제모델'을 통해 자본주의 근본 아래 국가주도형 경제를 도입하는 방식으로 신속한 산업화를 실현했다. 특히 이토 히로부미伊藤博文(1841~1909)는 일본 '군국주의'를 강화하며 사회 모순을 해결하려 노력했다.

또한 미국과 서구 국가들이 1970년대에 1·2차 오일쇼크 이후 경기침체에 빠졌으나, 한국·대만·홍콩·싱가포르 등 동아시아 국가들은 연평균 7~8퍼센트 이상의 고도성장을 기록하였다. 그리고 1980년대에는 동남아시아의 말레이시아·태국·인도네시아 등도 신흥공업국으로 발돋움해 아시아·태평양 지역의 무역량이 세계 교역량의 40퍼센트를 차지하면서 태평양시대가 도래했다. 이들 동아시아 국가들은 대개 정부가 강력한 중앙집권적 경제정책을 실시했다.

물과 돌까지 수입해야 하는 섬나라 싱가포르는 청렴한 공무원들을 통한 규제 왕국이라고 불릴 정도로 중앙정부가 강력한 통제권을 가지고 경제정책을 수립해 선진국의 대열에 합류했다. 9장에서 살펴본 바와 같이 한국의 박정희 대통령도 강력한 정부 주도적 성장전략을 실시하였다. 또한 대만의 국민당 장제스 총통도 역시 1당 독재를 하면서 근대화를 이끌었다. 물론 그는 금융시장을 이자율에 맡기는 등 한국 정부에 비하면 더 시장경제를 보다 더 활용하였으나 정치적으로는 독재를 했다. 1981년부터 2003년까지 총 22년간 총리를 역임한 말레이시아의 마하티르 총리도 역시 독재 권력을 유지하면서 경제개발을 추진하였다.

동아시아 국가들의 개발독재는 나라마다 정도가 다르지만, 경제개발을 정부가 주도적으로 실시하여 근대화를 추구하였기 때문에 신중상주의 사조로 볼 수 있다.

20세기 후반 신자유주의 사조

이렇게 자유주의 사상과 이에 기초한 시장경제이념은 19세기 말부터 심각한 도전에 직면하여 1970년대 말까지 거의 백년간 다시 중상주의 사조가 확산되었다.

그런데 20세기 후반으로 넘어오면서 다시 자유주의 사조가 중상주의 사조를 극복하기 시작했다. 제2차 세계대전 이후 식민지 쟁탈전에 대한 반성이 일어나서 승전국들도 종전의 식민지들을 독립시키고 그 대신에 세계경제질서를 자유주의에 기초한 자유무역을 통한 세계화를 추진하게 되었다. 그 시작이 브레튼우즈 체제와 GATTThe General Agreement on Tariffs and Trade의 출현이다. 그리고 동서독이 통합되고 동구권과 구소련이 붕괴되었고, 중국이 시장경제를 수용하는 등 공산권의 변화가 있었다. 자유주의 진영에서도 1980년 무렵부터 영국과 미국에서 자유주의적 개혁이 일어나고, 케인즈주의와 복지이념이 후퇴하고 각 나라에서는 정부기능을 축소시키고 규제완화와 민영화가 대세가 되었다. 세계적으로는 WTO와 FTA 등으로 자유무역이 확산되었다. 과거 사회주의 체제를 고수하던 인도와 중남미 국가 등 제3세계 국가들도 시장경제를 수용하기 시작했다. 이제 세계 대부분의 나라가 WTO에 가입하게 되었다. 이러한 조류는 20세기 전반의 흐름과 완전히 반대되는 것이었다.

전후 세계 질서의 개편

제2차 세계대전이 끝나갈 무렵인 1944년 7월 1일에 미국 뉴햄프셔주의 작은 마을 브레튼우즈에서 서방세계의 44개국 대표들이 모여서 제2차 세계대전의 원인이 되었던 경제민족주의와 식민지 쟁탈전에 대한 반성을 하고, 전후 세계경제질서를 어떻게 할 것인가 논의했다. 전쟁 전에 각국은 자국의 이익을 위해서 경쟁적으로 자국 화폐의 평가절하로 '인접국 궁핍화정책beggar-thy-neighbor policy'을 실시했는데, 이러한 무질서를 바로잡기 위해서 금 1온스의 가격을 미화 35달러로 고정하고, 각국의 화폐가치를 금의 가치로 표현함으로써 보다 고정적인 환율제도를 운용하기로 결정했다.[14] 각국의 화폐가 금의 가치에 완전히 고정되어 있는 고정환율제도 대신에 1퍼센트 범위 내에서 환율의 변동을 허용하는 '조정가능 페그adjustable peg' 제도이다. 당시 세계 금의 70퍼센트를 보유하고 있는 미국의 달러화를 금으로 태환이 가능하게 하고, 다른 나라의 화폐는 달러화와 교환함으로써 금과 태환이 가능하도록 하는 방식으로 화폐의 가치를 유지하는 금환본위체제이다. 그리고 국제통화체제의 감시 및 협력을 위해서 국제통화기금International Monetary Fund, IMF을 설립하여 환율 유지가 어려운 국가에 대해서는 IMF가 긴급자금을 빌려줌으로써 국제적으로 통화질서를 세우기로 했다. 그리고 가난한 저개발국가에 대한 원조를 위해서 세계은행을 설립했다.

또한 국제무역질서를 확립하기 위해서 1947년에 쿠바의 수도 하바나에서 '하바나 헌장the Havana Charter'을 채택했다. 이 하바나 헌장의 핵심은 국제무역기구International Trade Organization, ITO를 설립하여 전후 국제무역의 질서를 세우는 것이었다. 미국 행정부의 주도하에 이 하바나 헌장이 채택되었음에도 불구하고 미국 의회는 이 하바나 헌장의 비준을 거부했다. 미국 의회가 국제무역기구는 미국 국익에 도움이 되지 않는다고 반발하자, 트루먼 행정부는 3년간 숙고 끝에 이를 의회에 제출하지 않기로 결정함으로써 미국은 자신의 주도하에 만든 이 헌장을 스스로 철회했다.

그러나 국제무역을 위한 질서는 필요했기 때문에 다자간 무역협상을 위한 절차와 기본 원칙들을 제공하기 위해 GATT 협정을 체결했다. GATT는 국제무역기구와 같은 기구organization가 아니라 협약Agreement에 불과하지만, 국제무역기구 대신에 세계무역을 담당하는 기구와 같은 역할도 했다. GATT는 국제기구가 아닌 '합의문agreement'에 불과하기 때문에 GATT 가입국을 '회원국member states'이라고 부르지 않고, 약속을 채결한 나라라는 의미의 '체약국締約國, contracting party'이라고 불렀다.

GATT는 무역장벽을 철폐해 자유무역을 확대하여 참여국의 경제성장과 세계의 평화에 기여하려는 목표를 가지고 있었다. 이를 위한 GATT의 기본 운영 원칙은 첫째, 관세를 제외한 모든 비관세 장벽Non-tariff barriers을 철폐한다는 것이다. 비관세 장벽이란 무역을 직접적으로 제한하는 것을 목적으로 하는 수량제한, 수입허가제, 각종 수입과징금 및 외환할당 등을 말한다. GATT는 예외적으로 관세tariff를 활용해서 자국의 산업을 보호하는 것은 허용했다. 그 이유는 국가 간에 경쟁력의 차이가 발생할 경우 관세를 부과하는 것은 일종의 가격시스템을 활용하는 것이기 때문이다. 그러나 장기적으로는 각국가 간의 평균관세를 점진적으로 낮추는 것을 목표로 했다. 두 번째 원칙은 체약국 사이의 차별을 금지하는 '무차별 원칙the principle of nondiscrimination'으로, 모든 체약국들은 한 나라에 유리한 조건을 제공할 경우 그 조건을 모든 다른 체약국에도 적용한다는 '최혜국대우最惠國待遇, the most-favored-nation status' 원칙을 존중한다는 원칙이다. 세 번째 원칙은 '국산품 대우national treatment' 원칙으로서 외국 상품에 대해서 세금, 규제, 운송 및 유통상 국산품과 동등한 대우를 해야 한다는 것이다.

그리고 각국 간의 평균 관세율을 낮추기 위해서 다자간 GATT 회담을 진행했는데, 다음의 [도표 16]에서 보는 바와 같이 1947년의 제네바Geneva 라운드에서 1986년에 시작된 우루과이Uruguay까지 총 8차에 걸친 다자간 무역협정, 즉 라운드round를 통해 자유무역을 확산시켰다. 이 라운드의 특징은 모든 체약국이 모든 안건에 대해서 일괄타결하는 방식을 취하고 있다. 각국의 이해관계가 복잡하게 얽혀 있기 때문에 이 일괄타결 방식은 타결하기 매우 어려워서 타결되는데 수년이 소요되었다. 우루과이 라운드의 경우에는 8년이 소요되었다.

GATT 출범 이후 8번째 라운드인 우루과이 라운드Uruguay Round에서 마침내 세계무역의 자유화를 위한 기구인 WTOWorld Trade Organization가 탄생했다. 이 WTO의 주도하에 세계는 자유무역을 확산시켜나갔으나, 너무 많은 회원이 가입되어 있고, 또한 우루과이 라운드 이후에는 농산물과 지적재산권 등 서비스산업까지 교역대상에 포함되어서 타결이 어려웠다. 이렇게 라운드 방식의 체결이 어렵게

[도표 16] 다자간 무역 협상(1947~1995년)

이름	기간 및 참가국 수	주제 및 접근방식	결과
제네바 라운드 (Geneva round)	1947, 23개국	관세: 품목별 협상	45,000 관세율에 대한 양허*
에네시 라운드 (Annecy -)	1949, 29개국	관세: 품목별 협상	점진적 관세 인하
토르케이 라운드 (Torquay -)	1950-1951, 32개국	관세: 품목별 협상	8,700 관세율 양허
제네바 라운드 (Geneva -)	1956, 33개국	관세: 품목별 협상	점진적 관세 인하
딜런 라운드 (Dillon round, Geneva)	1960-1961, 39개국	관세: 품목별 협상 제조업 제품에 대한 EEC의 관세율 20퍼센트 일괄 인하제안 거부됨	ECC 창설에 따른 관세율 조정 (1957) ; 4,400 관세 양허
케네디 라운드 (Kennedy round, Geneva)	1964-1967, 74개국	관세: 일괄적용방식과 품목별 협상 병용. 비관세 무역장벽 : 반덤핑에 대한 원칙.	선진국 평균 30퍼센트 관세 인하 ; 30,000 관세율 인하약정; 반점핑과 관세적용원칙 합의.
토쿄 라운드 (Tokyo round)	1973-1979, 99개국	관세: 일괄적용방식; 비관세 무역장벽: 반덤핑, 보조금, 관세적용원칙, 정부구매, 제품기준, 세이프가드.	선진국 평균 관세 3분의 1 감소(제조업 제품 평균 6퍼센트 관세율); 비관세 무역장벽에 대한 일부 국가의 행동원칙합의.
우루과이 라운드 (Uruguay round, Geneva)	1986-1994, 103개국으로 출발 117개국(1993), 128개국(1995)	관세: 품목별 협상과 일괄협상: 비관세 무역장벽; 토쿄라운드 이슈+선적전검사, 무역관련투자, 원산지 규정 새로운 이슈: 서비스 교역, 지적소유권, 분쟁해결절차, 투명성 무역정책감시.	선진국 관세 3분의 1 수준 감소. 농산물 및 섬유제품 포함. WTO출범, 서비스협정(GATS)타결, 토쿄 라운드 내용 강화 및 모든 회원국 자동 적용.

자료: 김승욱 외 3인, 2015, 435, 표 10-3.

되어 2006년 7월 WTO에 의한 다자간협상인 DDADoha Development Agenda는 중단되었으며, 두 나라 사이의 쌍무적인 FTAFree Trade Agreement 방식으로 자유무역이 확산되어 지역주의를 선택할 수밖에 없는 상황이 되었다.

전후 시작된 냉천체제하에서 IMF와 GATT에 의한 자유무역체제에 소련과 중국 등 공산주의 국가들과 대부분의 제3세계 국가들은 들어오지 않았다. 그 이유는 자유무역을 선진국의 착취를 위한 수단이라고 인식했기 때문이다. 그 틈새에서 한국, 대만, 홍콩, 싱가포르 등 동아시아 개도국들이 이 자유무역체제에 들어와서 고도성장을 누리게 되자, 1980년대 이후 제3세계 각국은 자유무역체제에 적극적으로 동참하기 시작했다. 그래서 세계자유무역에 개도국의 참여도 크게 늘었다. 신흥공업국가들의 무역이 세계무역에서 차지하는 비중이 1970년의 약 5퍼센트에서 1995년에는 약 20퍼센트로 증가했다. 그리하여 이제는 어느 나라도 국산품만을 애용하면서 살 수 없게 되었다. 평균관세율도 1950년대의 20퍼센트 수준에서 2000년에는 3.9퍼센트로 하락했다.

이제는 생산요소의 국가 간 이동도 매우 빈번하다. 특히 자본의 이동은 현기증이 날 정도로 빠르게 증가하고 있다. 하루 평균 외환거래량이 1989년의 7,180억 달러에서 2013년에는 5조 3,000억 달러로 불과 15년 만에 7.4배나 증가했다. 일년 기준으로 환산하면 2,700배 증가한 셈이다.[15]

비교적 높았던 노동이동의 장벽도 급속히 낮아지고 있다. 미국에는 매년 100만 명 이상의 이민자가 유입되고 있다. 특히 인도의 의사나 연구원 등 우수 인재가 미국이나 영국 등 영어권으로 급격히 이동하고 있다. 우리나라에도 10개국 이상에서 산업연수생 제도와 고용허가제로 인해서 약 40만여 명의 해외 근로자가 들어오고 있다.

신자유주의 이념의 확산

흔히 1980년대 이후를 '신자유주의 시대'라고 부른다. 그런데 자유주의가 '고전적 자유주의'와 '신자유주의'로 명확히 구분되는 것은 아니다. 그 기저의 철학적 그리고 경제사상적 토대는 다를 것이 없기 때문이다. 신자유주의라는 단어는 1979년에 영국에서 대처 수상이 집권하고 1980년도에 미국의 레이건 행정부가 출범하여 하이에크 등 자유주의 사상을 정책에 반영하자 자유주의에 반대하는 진영에서 신자유주의라는 용어를 널리 사용하여 마치 과거와 다른 새로운 자유주의가 등장한 것 같은 이미지를 주었다.

영국의 마가렛 대처Margaret Thatcher(1925~2013) 수상은 하이에크의 『노예의 길*The Road to Serfdom*』을 읽고 감동을 받아 이를 실천에 옮겼다. 그녀는 1979년 하이에크의 생일날에 당선이 되었다. 그리고 하이에크에 편지를 보냈는데, "우리가 성공한다면 가장 큰 공헌을 한 사람은 교수님일 것입니다. - 마가렛 대처로부터"라고 썼다. 하이에크는 이것이 최고의 생일 선물이라고 여겼다.

미제스, 밀턴 프리드먼과 함께 신자유주의 경제사상가의 대표적 인물인 하이에크는 1944년 런던정치경제대학과 시카고대학의 교수를 역임했으며, 1974년에 노벨경제학상을 수상했다. 그는 『노예의 길』에서 지나치게 많은 계획을 세우는 정부는 지나치게 힘이 커진다고 주장했는데, 정부가 이 힘을 발휘하여 경제를 통제하면 국민들의 자유가 말살되어 국민을 노예화하게 된다고 주장했다. 계획경제란 전체주의 국가로 가는 길이므로, 실업이 생겨도 견뎌야 한다고 주장했다. 이러한 그의 주장은 케인즈의 주장과 완전히 반대였다. 그래서 그는 대공황 때도 정부 개입을 반대했다. 이러한 주장을 하던 시대에 경제학계는 케인즈주의가 팽배하던 시대여서, 하이에크는 이 책 때문에 명예를 잃고 영국으로 돌아갔다.

하이에크나 미제스 등은 오스트리아 학파로 분류되는데, 이들의 주장은 한 마디로 시장은 작동하지만, 정부는 작동하지 않는다는 것이다. 현대경제학의 아버지라고 불리면서, 경제학교과서 중에 가장 널리 읽혔던 『경제학*Economics*』의 저자 사무엘슨Paul Anthony Samuelson(1915~2009)은 공산주의 경제하에서도 번영이 가능하다고 주장했으나, 하이에크는 사회주의 경제는 절대 성공할 수 없다고 장담했다. 베를린 장벽이 무너졌다는 소식을 그의 아들이 병상에 있는 하이에크에게 전하자, “거봐, 내가 뭐랬어”라고 말했다는 일화가 있다. 하이에크는 이러한 고백을 하였다. “내가 젊었을 때는 나이 든 사람들만이 자유시장경제를 신뢰했습니다. 중년이었을 때에는 나를 제외한 누구도 신뢰하지 않았습니다. 그러나 내가 노년이 된 지금 젊은 사람들이 다시 자유시장경제를 믿게 되어 기쁩니다 이것은 굉장히 중요한 변화입니다."[16]

1970년대 이전까지 주류경제학을 지배하던 케인즈의 주장은 1973년과 1978년의 두 차례 오일쇼크로 인해서 종말을 고했다. 오일쇼크가 발생하자 각국은 이에 대응하기 위해서 케인즈의 견해와 같이 수요확대정책으로 대응했다. 그러나 오일가격의 상승과 이에 따른 자원민족주의의 영향으로 각종 자원의 가격이 상승해서 생산비가 상승하고 이에 따라 공급이 줄어든 상태에서 수요를 확대시키자 인플레이션이 더 발생하였는데, 여전히 경기는 회복이 되지 않아서, 경기침체하의 인플레이션이라는 스테그플레이션이 발생했다.

이로 인해서 경제학계는 스테그플레이션 현상을 해결하는 방법은 수요확대가 아니라 공급확대라는 인식이 확산되었고, 이에 따라서 불황기를 극복하는 방법은 인내하고, 오히려 구조조정을 통해서 비용을 낮추는 방법이 효과적이라는 하이에크를 비롯한 오스트리아학파의 주장이 옳다는 인식이 확산되었다. 그리하여 대외적으로는 세계화 그리고 대내적으로는 규제완화, 민영화, 복지축소 등을 지향하는 자유주의가 1980년대 이후 세계적으로 확산되었다.

1. 자유주의의 대외적 현상: 세계화의 확산[17]

이러한 세계화의 확산으로 FTA 체결국 간 역내 무역이 크게 증가고 지역별 통합도 가속화되었다. 예를 들면 유럽연합EU은 동구 10개국을 포함해서 세계 최대의 경제자유무역지대가 되었다. 『세계는 평평하다*The World is Flat*』의 저자 토마스 프리드먼Thomas Friedman(1953~)은 콜럼버스 신대륙 발견 이후 19세기까지를 세계화 1.0, 19세기 후반의 기업 중심의 세계화를 세계화 2.0, 그리고 20세기 후반의 인터넷 혁명을 통한 개인단위의 세계화를 세계화 3.0이라고 표현했지만, 경제학자들은 16세기 이후의 세계화 1.0은 세계화의 물결에 넣지 않는다. 그 이유는 이 시기에는 서로 모르던 지역들이 알게되고 교역이 늘어나면서 세계체제가 성립되는 시기였지만 교역상품도 사치품에 국한되고, 이 시기에는 각 상품과 자본의 가격이 서로 비슷해지는 가격수렴 현상이 관찰되지 않기 때문이다. 세계화의 특징은 각 지역의 가격격차가 현저히 줄어들어야 세계화라고 볼 수 있는데, 19세기 이전에는 그런 현상이 관측되지 않는다.

20세기 후반의 세계화를 정치적인 실험대에 올린 첫 사건은 북미자유무역협정North American Free Trade Agreement, NAFTA이다. 1992년 미국 대선 당시에 북미자유무역협정을 찬성하는 조지 부시George Bush(1946~) 후보를 누르고 민주당의 빌 클린턴Bill Clinton(1946~) 후보가 당선되었다. 그는 후보 시절에는 중도적인 입장을 택했지만, 당선 후에는 북미자유무역협정을 적극 지지한다고 발표했다. 미국 정부가 발표한 바에 의하면 북미자유무역협정이 발효된 이후 미국은 멕시코와 캐나다 상품의 수입으로 인해서 약 40만 개의 미국 내 일자리가 피해를 입은 반면에, 이 두 나라에 대한 수출로 인해서 90만 개의 새로운 일자리가 창출되었으며, 1990년대 미국의 국제무역은 거의 2배나 증가한 것으로 조사되었다. 그리고 1990년대의 경제성장으로 미국 내에서 약 1,700만 개의 새로운 일자리가 생겨났다. 그러나 노동조합에 소속되어 있는 일자리는 오히려 급격히 감소했는데, 이에 따라 미국의 최대 노동자 단체인 AFL-CIO는 이러한 일자리 감소가 외국의 값싼 노동력 때문이라고 비난하였다. 사실 시장이 개방되면 득실이 있기 마련인데, 특히 실업 같은 비용이 따르기 때문에 그것을 설득하기가 쉽지 않다. 반면에 수입품 가격의 하락에 따른 개방의 이익은 잘 드러나지 않기 때문에 정확한 평가를 하기 힘들다. 그래서 반대하는 사람들은 조직화되기 쉬운 반면에 찬성하는 사람들은 조직화되기 어려워서 항상 반대의 목소리가 더 크기 마련이다.

반세계화 운동의 원년으로 평가되는 것은 1999년 12월 미국 시애틀에서 벌어진 WTO 시애틀 회의이다. 1999년 말에 135개국의 무역협상 대표들이 국제무역의 확대를 위해 시애틀에 모였다. 그러나 이때 거센 반세계화 데모가 발생해서 시애틀 회의는 반 세계화 운동의 시발점이 됐다. 당시 시애틀에서 4만 명이 넘는 사람들이 몰려서 맥도널드 등 초국적 기업의 상점을 공격했다. 이것을 반세계화론자들은 '시애틀 전투'라고 부른다. 그리고 2001년 7월 G8 정상회담이 열린 제노바에서는 반세계화론자 15만 명과 진압당국의 대치 상황은 전쟁을 방불케 했다. 이탈리아 정부는 경찰 2만 명과 함께 핵무기, 화학

무기, 통신 분야의 군 병력을 1,500명, 해안 경비병력을 800명, 지대공 미사일 부대를 비롯한 공중 공격 대비병력 400명 등을 배치하고, 길이 9킬로미터 높이 4미터의 콘크리트 방벽을 쳐 통행금지구역을 설치하였다. 결국 이때 유혈 충돌이 발생해 1명이 사망했다. 그 후에도 세계은행회의, 다보스Davos 세계경제포럼World Economic Forum, WEF, 그리고 아시아유럽정상회인 아셈회의Asia Europe Meeting, ASEM 등에서 이러한 반대 시위가 계속되었다.

이후에 세계의 빈곤문제가 반세계화 운동의 주요 이슈가 되었으며 시애틀 시위 이후 반세계화 운동의 주도권은 노동조합에서 시민운동조직으로 넘어갔다. 이들은 세계의 빈곤이 세계화 때문이라고 주장하였기 때문에 이 이후에 세계화가 세계의 빈부격차를 확대키시는가에 관심이 모아졌다.

이들은 세계화를 선진국이 후진국을 착취하는 것으로 간주했다. 선진국의 착취를 합리화시키는 신자유주의 이데올로기가 추구하는 것이 바로 세계화라고 인식하면서 세계화는 선진국의 음모라고 주장했다. 이들은 세계화라는 추세 자체를 부정하면서 자유무역이 확산되면 경쟁력이 낮은 국가의 산업이 붕괴되어 결국 빈부격차가 심해지고, 노동자나 농민 등 사회적 약자들은 더욱 피해를 본다고 주장했다. 그리고 이들은 다국적 기업을 착취의 첨병이라고 인식하며, 경기변동도 세계화 때문이고, 세계화로 인해서 각국의 경쟁이 과열되어 국제적 긴장을 야기시킨다고 주장한다. 또한 지구온난화, 오존층 파괴, 유전자 변형 등 환경문제도 세계화 때문에 발생한다고 주장한다. 환경 문제해결을 위한 '교토의정서Kyoto Protocol'에 세계화를 주도하는 미국이 비준을 거부했다고 하여 세계화가 환경파괴의 주범으로 인식하는 것이다.

그러나 오늘날 각국의 주권이 커졌기 때문에 다국적 기업이 후진국에 들어가서 과거와 같이 착취적 자본진출을 할 수 없다. 그래서 각국 정상들은 정상회담을 할 때 상대방 국가에게 투자 요청을 하는 것이다. 그리고 우리나라 주식투자자들의 평균주식 보유기간은 2개월에 불과한데, 외국인 투자자들의 평균 보유기간은 1년 3개월인 점이나 외국인 투자자의 절대다수는 10년 이상 우리나라에 투자하는 장기펀드 운용회사라는 점을 고려할 때 외국인 투자자를 단기 이익만 노리는 투기꾼이라고 보기 어렵다.

"세계화가 빈곤을 심화시키는가" 하는 질문에 대해서도 하버드 대학의 경제사학자 제프리 윌리엄슨Jeffrey Williamson(1935~)은 오히려 자유무역이 선진국과 후진국의 경제력 격차를 줄인다고 주장했다. 그는 보호무역주의가 확산되던 20세기 초기부터 중반기까지 국가 간 경제력 격차가 더 커진 반면에, 자유무역기조로 전환된 19세기 후반기와 20세기 말에는 국가 간 격차가 줄었음을 실증적으로 보였다. 윌리엄슨은 1850년 이후를 1850~1914(제1기), 1914~1950(제2기), 마지막으로 그 이후인 20세기 후반(제3기)의 세 시기로 구분하였다. 이 중에서 제1기와 3기는 고성장, 세계화globalization, 그리고 국가 간 빈부격차의 수렴기간으로 특징지었고, 제2기는 저성장, 반세계화deglobalization, 그리고 발산의 기간으로 규정했다. 그의 주장에 의하면 현대 시대가 주는 교훈은 세계화가 전개되면서 세계 전체는 경제적으로 성장하고, 국가 간 빈부격차도 줄어들고 수렴현상이 목격되는 반면에, 세계화가 후퇴하면 세계 경제도 후퇴하고, 국가 간 빈부격차도 늘어나 발산현상이 목격된다고 주장했다. 그리고 세계 지니 계수도 하위 20 또는 40퍼센트에 속한 사람들의 소득이 전체 소득에서 차지하는 비율이 19세기 이래 계속 하향세를 보이다가, 세계화 물결이 본격화된 1980년대부터 역전 내지 정체되는 것으로 나타난다고 밝혔다. 그리고 세계 인구 중 하루 1달러 이하로 살아가는 절대빈곤층은 1970년의 17.2퍼센트에서 1998년에 6.7퍼센트로 줄어들었다. 또한 하루 2달러 이하로 살아가는 절대빈곤층은 같은 기간 중에 약 절반으로(41퍼센트에서 18.6퍼센트로) 감소했다. 이러한 사실은 세계화가 세계 전체의 빈곤층을 줄였다는 것을 보여주는 증거이다. 그리고 세계화를 추진한 개도국인 브라질, 중국, 헝가리, 인도, 멕시코 등의 1990년대 경제성장률은 선진국 평균 2퍼센트를 훨씬 넘는 5퍼센트의 성장률을 기록한 반면에 비세계화 개도국의 경우에는 경제성장률이 마이너스 1퍼센트로 오히려 경제가 후퇴했다. 따라서 세계화는 국가 간의 격차도 줄여주는 역할을 한 것으로 나타났다.[18]

경기변동은 세계화 때문이 아니라, 상품생산의 결과이다. 즉 자급자족 시대에는 자기가 생산한 것을 스스로 소비하기 때문에 항상 생산된 것이 다 소비된다. 따라서 생산한 것이 다 소비되지 않아 발생하는 경기침체라는 것이 원천적으로 존재할 수 없다. 그런데 상품경제에서는 생산된 물건이 반드시 소비된다는 보장이 없어 재고상품이 남게 된다. 결국 이것이 쌓이면 생산을 줄여야 하고, 그렇게 되면 해고를 하고 구매력이 떨어져 다시 재고가 더 쌓이게 되는 악순환이 발생한다. 이것이 확대되면 공황이나 불황이 되는 것이다. 결국 경기변동이라는 것은 생산자와 소비자가 다르기 때문에 발생하는 것이고, 공산주의이든 자본주의이든 항상 발생할 수 있는 것이다. 다만 공산주의 사회에서는 불황이 생필품점에 늘어선 줄의 길이로 표현되는 것뿐이다.

또한 국가 간 경제력 격차도 세계화 때문이 아니라, 기술혁신의 변화를 따라오지 못하고 제도 개혁을 이룩하지 못해서 발생하는 것이다. 반세계화론자들은 국내 정치적 문제도 세계화 때문이라고 비난하고, 자국의 경제적, 사회적 병폐도 다 세계화 때문이라고 주장하는데, 이는 설득력이 떨어진다.

그렇다고 현재 세계적으로 진행되고 있는 세계화 추세에 문제가 없는 것은 아니다. 노벨경제학상 수상자이며 세계은행 부총재를 역임한 조지프 스티글리츠Joseph Stiglitz(1943~)는 『세계화와 그 불만』에서 세계화에 대해서 불만이 있는 이유는 세계화 추진 방식에 문제가 있었기 때문이라고 주장했다. 첫째 세계화 추진 방식의 문제점은 선진국이 일관성 없이 행동하기 때문이다. 선진국들은 자신들에게 불리한 건설시장이나 노동시장은 개방하지 않으면서, 후진국에게 불리한 자본시장이나 서비스 시장 등은 개방하라고 한다. 두 번째 추진 방식의 문제점은 너무 성급하게 추진한다는 것이다. 시장을 개방하면 부득이하게 불이익을 당하는 산업이 있고 이익을 보는 산업이 있다. 비교우위에 특화하는 과정 중에 고통이 따르는데, 이러한 고통이 심해서 심각한 사회적 저항에 부딪힐 수 있다. 더구나 개방으로 인해 도태되는 계층에 대해서 직업교육을 시키든지 실업수당을 줄 수 있는 사회적 안전망이 갖추어지지 않은 국가에게 갑작스러운 개방을 강요할 경우 반발이 발생되는 것은 당연하다. 따라서 개방하는 나라들이 충분한 시간을 가지고 개방을 추진해야 하는데, 선진국이 너무 성급하게 요구하기 때문에 문제라는 것이다. 세 번째 문제점은 개도국의 주권을 무시하기 때문이다. 개도국의 경우 일정기간 특정 산업을 보호할 수 있어야 국가의 주권이 인정되는 것이라고 주장한다. 이렇게 세계화를 추진하는 방식에 대한 비판이 있지만, 이러한 비판들은 세계화가 궁극적으로 모두에게 유익을 가져다준다는 것을 비판하는 것이 아니다. 이는 세계화를 추진하는 선진국들의 비일관성이나 일부 성급한 정책을 비판하는 것이다.

2. 신자유주의의 대내적 현상: 작은 정부

신자유주의의 대내적 현상은 규제완화 및 민영화의 확산 등으로 인한 작은 정부를 지향하는 것이다. 그리고 정부에 대한 시장의 간섭이 대폭 축소되는 것을 원한다. 이러한 현상은 자유주의 국가들을 넘어서 공산권과 제3세계 국가까지 확대되었다.

1) 서방세계의 변화

영국 보수당의 대처 혁명

먼저 서방세계의 변화를 살펴보자. 영국은 제2차 세계대전 이후 쇠퇴하여 미국, 독일, 일본, 프랑스 등에 비해 경제성장이 둔화되었다. 그리하여 1970년대 영국병의 원인이 무엇인가를 두고 논란이 일어날 정도였다. 그런데 앞에서 언급한 바와 같이 대처 수상은 하이에크의 주장을 정책에 적용하여 영국병을 치료했다. 마거릿 대처의 통치철학은 '대처리즘Thatcherism'으로 불리었는데, 영국에서 280여 년 동안 55명의 수상이 배출되었는데, 그중에 유일하게 이름 다음에 '주의ism'라는 단어가 붙여졌다. 그녀는 '법과 원칙'으로 노사안정을 이룩했으며, '빅뱅Big Bang'이라고 불린 금융개혁에 성공했다. 그리고 과감한 규제 완화와 철폐를 통해 기업과 경제를 살렸고, 시장친화적 분배정책을 실시했으며, 복지를 축소하고 교육과 의료에까지 시장의 경쟁원리를 도입했다.

대처혁명의 분기점은 탄광노조와의 전쟁이었다. 당시 영국에서 가장 강하고 전투적인 노조는 탄광노조였다. 석탄의 비중이 감소함에 따라 대처 정부는 1984년에 석탄생산 감축 계획안을 발표했다. 이로 인해 전국 광산노조는 총파업을 시작해서 무려 12개월 동안 파업을 했다. 당시에 탄광의 75퍼센트가 손실을 보고 있었고, 이 손실을 메우기 위해서 30억 달러에 이르는 정부 보조금이 지원되고 있었다. 이러한 비효율을 없애기 위해서 대처 정부는 174개 국영탄광 중 20개를 폐쇄하고, 이에 따라 2만 명의 광부를 해고한다고 발표하였다. 탄광노조 지도자 스카길Arthur Scargill은 화력발전소에 석탄 공급을 차단하려고 시도하면서 일 년 넘게 파업을 벌였다. 그들은 "석탄이 다 떨어지기 전에는 단 하나의 광산도 문을 닫으면 안 된다"고 주장했다. 이에 대해 대처는 치밀하게 발전소 석탄재고량을 미리 확보해서 파업을 견디어 나갔다. 결국 파업에 따른 손실을 견디지 못한 노조가 먼저 항복을 했고, 이 탄광노조와 전쟁에 승리하여 1995년에 모든 국영탄광을 민영화할 수 있었다. 그리고 노조를 제압하자 파업으로 인한 노동손실일수가 1970년대의 약 1,300만 일에서 1980년대에는 650만 일로 절반으로 줄어들었으며, 대처 수상은 '철의 여인The Iron Lady'이라고 불리게 되었다.

그녀의 정책이 어느 정도 성공을 거두었는지는 대처가 수상에서 물러난 후 노동당의 토니 블레어Anthony Charles Lynton Blair(1953~)가 정권을 탈환한 1977년 이후에도 대처의 보수당 정책을 계승했다는 사실을 통해서도 알 수 있다. 대처는 민영화라는 개념을 만들어냈다. 민영화란 국가가 소유한 기업이나 국영산업의 주식을 민간에 파는 것을 의미하는데, 대처 정부는 핵심 산업 분야를 모두 시장에 내놓았다. 그리하여 전기, 전화, 석유, 가스, 석탄, 철강, 항공, 수도 등 사회의 기간산업들까지 모두 민영화의 대상으로 삼아서 국영산업의 3분의 2가 민영화되었다.

국가경제의 중추에 해당하는 산업을 레닌은 '컴멘딩 하이츠 Commanding Heights'라고 불렀다. 이는 전투지휘소가 위치한 고지 heights를 의미하는 군사용어이다. 이 경제의 컴멘딩 하이츠를 정부가 통제하면 중상주의가 지배하는 경제이고, 민간이 보유하면 자유주의적 시장경제가 지배하는 경제이다. 영국에서 그 승패가 갈렸다. 대처 이후에 전 세계가 이 컴멘딩 하이츠를 시장에 넘겼다. 아시아, 중남미, 심지어 아프리카 그리고 중동국가들도 어느 정도는 대처를 모방했다.

미국 공화당의 레이거노믹스

대처 수상보다 한 해 뒤인 1980년에 미국에서는 공화당의 레이건 후보가 대통령에 당선되었다. 대처와 같은 경제 철학을 가진 레이건이 우연히 같은 시기에 집권한 것이다. 그도 역시 20년 이상 하이에크와 프리드만의 자유시장 이론을 지지하는 정치가였다. 당시 미국은 기록적인 인플레이션을 겪고 있었는데, 케인즈 처방에 따라 지출 늘려서 경제문제를 해결하려고 했지만 아무런 효과가 없었다. 이러한 상황에서 밀턴 프리드먼은 인플레이션을 낮출 수 있는 유일한 방법은 통화긴축이라고 주장했다. 이때 레이건 대통령은 "지금이 아니면 언제, 내가 아니면 누가?" 이런 주장을 하면서 긴축정책을 펼치면서 구조조정을 통해 경제의 공급 측면을 중시 여기는 소위 레이거노믹스를 실시했다. 레이거노믹스의 핵심은 건실한 금융, 규제철폐, 낮은 세율, 제한적인 정부지출 등 네 가지로 요약이 된다. 그의 감세정책은 막대한 재정 적자를 야기했으며 긴축정책으로 인한 고통은 3년이나 지속되어 국민들의 분노도 커져갔다. 수백만 명의 미국인이 큰 어려움을 겪었다. 그런데 1982년이 되자 인플레이션의 그림자가 걷히기 시작하고, 이어서 경제는 성장하기 시작했다.

대처 수상이 탄광노조와 전쟁에서 승리하였듯이 레이건 대통령도 불법파업에 강경하게 대응하여 과격한 파업이 다시는 일어나지 못하게 했다. 1981년 8월에 미연방항공청 소속 항공관제사협회PATCO 회원 13,000명이 파업을 벌였는데, 이들은 대선당시에 공화당의 레이건 후보를 지지했다. 일반적으로 노조는 민주당을 지지하는데, 고소득 노동자인 항공관제사들은 레이건을 지지했다. 그들은 자신들이 레이건을 지지한 것을 믿고 과도한 요구를 했다. 즉 주당 노동시간을 32시간으로 줄이고, 퇴직금 인상을 요구했으며, 급여도 인상을 요구했는데, 인상률이 전년대비 17배에 이를 정도로 대폭 인상을 요구했다. 그러나 레이건 대통령은 항공관제업무는 국가 기간산업이기 때문에 파업이 불가함을 밝히고, 48시간 이내에 현장으로 복귀할 것을 명령했다. 그리고 정한 시간까지 복귀하지 않으면 해고하겠다고 경고했다. 이렇게 많은 항공관제사를 해고할 수 없을 것으로 판단하고 노조원의 70퍼센트인 1만 1,350명이 복귀를 거부했는데, 레이건 대통령은 법대로 이들을 모두 해고시켰다. 그뿐만 아니라 재취업을 금지시키고, 노조의 교섭 자격권을 박탈했을 뿐만 아니라, 노조의 지위까지 철폐했다. 그리고 파업자 개인에게 수백만 달러의 손해 배상을 청구하는 소송을 했다. 노조원들이 항복을 하고, 의회에서도 청문회를 열어 단순 가담자의 복직을 권고했으나 레이건은 의회의 건의를 수용하지 않았으며, 자신은 법대로 했음을 강조하면서 복귀를 원하는 자는 소송하라는 말만 반복했다. 그 이후 미국에서 과격한 파업은 거의 일어나지 않았다.

영국과 미국의 자유주의적 개혁은 서방세계 각국으로 파급이 되어서 자유주의적인 정권들로 교체되었다. 유럽의 병자라고 불리던 독일에서도 임금개혁이 일어나고, 복지국가 이념이 후퇴하는 등 자유주의 개혁이 뒤를 이었다.

2) 공산권의 변화

동서독의 통합

공산권의 변화를 알린 시작은 베를린 장벽의 붕괴였다. 베를린 장벽은 냉전의 상징이자 독일의 분단의 상징이었다. 동독 탈주자를 막으려고 1961년 8월 13일에 만들어진 이후 점차 이 장벽은 보강되었으며, 이 장벽을 넘다가 희생된 사람의 숫자만도 136명에 이른다.

그런데 1989년 11월 9일, 이 장벽이 극적으로 붕괴되었다. 1989년 에리히 호네커Erich Honecker의 실각 당시에 동독은 언론자유화와 여행개방을 요구하며 매주 시위를 벌였다. 소련의 미하일 고르바초프 Mikhail Gorbachev(1931~) 서기장의 불간섭 정책으로 인해서 동베를린 총서기 귄터 샤보프스키Günter Schabowski는 시위대를 달래기 위해서 1989년 11월 9일 오후 6시 58분경 기자회견을 통해 여행자유화 정책을 발표했다. 이때 어떤 이탈리아 기자가 개방시기를 질문했는데, 이때 지연 없이 즉시(Sofort, unverzüglich)라고 대답했다. 독일어가 서툴렀던 그 이탈리아 기자는 여행자유화 조치를 베를린 장벽 붕괴로 착각하고 본국에 급전을 보냈고, 이 소식이 미국을 건너 그날 밤 서독 텔레비전에까지 퍼져나가 순식간에 수많은 동서독인들이 베를린 장벽으로 몰려들었으며, 양쪽 시민들은 장벽을 부수기 시작했다. 통제할 수 없을 정도의 인파가 계속 밀려와서 수비대도 지켜볼 수밖에 없었다. 이렇게 베를린장벽의 붕괴는 돌이킬 수 없는 기정사실로 되어 연말까지 축제 분위기가 계속되었다. 베를린을 분할 관리해온 미국, 영국, 프랑스, 소련군도 철수하고, 동서독의 통합은 가속되어, 베를린장벽 붕괴 후 11개월 만에 독일은 통일되어 동독은 역사 속으로 사라졌다.

구소련의 해체

훗날 소련이 해체되고 알려진 사실은 소련의 공업화는 수많은 강제 노동에 기초했던 것으로 밝혀졌다. 예를 들면 노릴스크 정치수용소에는 1950년대에 10만 명의 정치범이 수용되어 있었고, 수백만 명이 수용소로 끌려왔는데, 심지어는 금지된 책을 빌렸다는 이유로 끌려온 사람도 있었다. 재판은 불과 10분 만에 판결이 났다. 정치범을 동원한 강제노동이 소련경제를 지탱하는 요소였는데, 이들은 작업할 때마다 "너희는 인민의 적이다. 한 발짝만 움직여도 쏜다"는 협박 속에서 노동력을 착취당했다.

냉전 체제하에서 소련 정부는 경제가 성장하고 있다고 했지만, 거짓이었다. 석유 수익으로 경제 성적을 부풀렸고, 속으로는 썩고 있었다. 지구 밖의 우주 궤도에는 소련의 위성이, 바다에는 핵잠수함이 돌고 있었지만, 소련경제는 돌지 않았다. 소련 국민들의 삶의 질은 중진국 수준에도 미치지 못했다.

당시 소련경제는 스탈린식도 계획경제도 아니고 시장경제도 아니었다. 동기부여가 없는 노동자들은 일을 하지 않고 일하는 시늉만 내고 있었고 이런 사람들에게 국가는 월급을 지급하고 있었다.

소련이 붕괴하게 된 주요 원인은 시장이 없어서 경제에 관한 객관적인 정보를 주는 시장가격이 없기 때문이었다. 그리고 냉전시대에 미국과의 군비 경쟁 등으로 인해서 중공업과 군사산업에 자원이 집중되어 경공업과 농업은 쇠락해서, 스탈린이 사망할 당시 이미 소련의 1인당 곡물생산량이나 육류생산량은 차르러시아 시대의 수준에도 미치지 못할 정도였다. 또한 관료주의가 만연되어 계획경제도 작동이 안 되고 있었다. 우주선을 만드는 나라가 팬티 스타킹도 생산 못했고, 치약과 샴푸도 없었다.

고르바초프는 이러한 경제실상에 놀라서 페레스트로이카라는 경제개혁을 실시하여 시장경제의 기반을 마련하려고 했고, 개인 기업을 조금씩 허용했다. 그러나 고르바초프의 이런 개혁은 1991년 8월에 일어난 공산주의자들의 쿠데타에 의해서 위기에 빠졌다. 비록 쿠데타는 진압되고, 고르바초프는 간신히 위기는 넘겼지만 그의 위신은 땅에 떨어졌다. 결국 1991년 12월 말, 고르바초프는 텔레비전에서 소련이라는 국가는 며칠 내에 사라질 것이라고 선언했고, 결국 소비에트 연방은 73년 만에 종언을 고했다. 소련의 붕괴로 인해 구소련연방은 여러 나라로 분리되었고, 동구권의 여러 나라들도 역시 공산주의에서 벗어났다.

중국의 변화

중국의 경우 1976년에 마오쩌뚱毛澤東과 저우 언라이周恩來가 사망한 후 정권을 장악한 덩샤오핑鄧小平은 동남아시아 경제성장에 깊은 인상을 받았고, 특히 화교들에게 깊은 영향을 받았다. 그리하여 덩샤오핑은 자본주의가 아니라, 중국 특유의 사회주의를 추구한다면서 시장경제를 도입하기 시작했다. 그는 공산당에 의한 정치적 독점권력과 국유산업을 유지하면서도 경제는 성장할 수 있다고 보았으며, 완전개방과 자유는 아직 중국에서는 시기상조라고 생각했다. 그는 아무런 통제를 하지 않고 자유주의를 허용하면 공산주의 체제가 무너진다고 생각했다.

이렇게 중국은 1978~1984년 기간에 덩샤오핑의 현실주의와 공유제를 기초로 한 계획경제를 실시했다. 일부 시장기능을 활용하면서 계획경제를 주主로 사용하고 시장조절을 종從으로 한다鳥籠經濟論는 전략을 사용하며 시장경제를 도입했다. 그리고 1984년부터 1989년 사이에는 계획적 상품경제를 추구한 기간으로 국가가 시장을 통제하고, 시장이 기업을 유도하는 방식을 도입하였다. 1989년 6월 천안문 사건 이후에 재정정책과 금융정책을 강화하면서 시장경제화를 더욱 추진하여, 1992년 이후 사회주의 시장경제를 도입하였다.

3) 제3세계의 변화[19]

세계은행이 네 마리 호랑이라고 불렀던 한국, 대만, 홍콩, 싱가포르 등 개방 개도국들은 국가 운영은 중상주의적으로 했으나 시장을 개방했다는 면에서는 자유시장경제적 모델로 경제발전을 이룩했다. 이들 국가들의 성공은 많은 제3세계 국가들의 경제체제를 변화시키게 되었다.

인도의 경우 영국의 식민지 지배에서 해방된 이후에 소련처럼 계획경제를 실시하고, 소농 위주의 산업화를 추구했다. 그리고 모든 분야를 통제해야 한다고 생각했고, 자급자족을 국가의 이상적 목표로 설정했다. 그로 인해 인도인들은 영국인 상전 대신 정부를 상전으로 모시게 되었다. 모든 일에 허가가 필요했으며, 관료주의와 형식주의가 판쳤다. 법을 지키며 일하는 개인 사업은 거의 불가능했으며, 뇌물이 없으면 아무것도 하지 못했다.

제조업을 보호하기 위해 수입을 금지시키자 가격만 높아졌다. 경제성장은 일어나지 않았고, 기업들도 효율성과 수익성을 기대할 수 없었다. 그래서 자동차를 한 대 사는 데 15년을 기다려야 할 정도로 모든 생산물이 부족했다.

그런데 소련이 붕괴되자 소련을 모델로 삼은 인도가 본받을 이상적 경제체제가 사라지게 되었고, 인도는 자유시장체제로 전환을 했다. 허가제도가 사라지고 통제도 줄어들었으며, 관세 등 무역장벽도 낮아졌다. 각종 차별정책이 철폐되자, 인도경제가 회복되기 시작했다. 일자리가 급속하게 늘어났고, 인플레이션이 진정되었으며, 경제가 연 7퍼센트씩 성장하게 되었다.

라틴아메리카에서도 마찬가지 일들이 벌어졌다. 앞에서 언급한 바와 같이 중남미 국가들은 종속이론가의 영향으로 자유주의 무역에 부정적이었다. 그들은 자급자족을 이상향으로 생각하여 수입을 가능한 적게 하고 자국 내에서 스스로 생산하려고 하는 의도로 수입대체산업을 육성하려고 했다. 1940~1950년대에 아르헨티나의 후안 페론과 그의 아내 에비타가 그러했고, 1960년대에는 쿠바의 피델 카스트로Fidel Castro(1926~), 그리고 1970년대에는 칠레의 살바도르 아옌데Salvador Allende(1908~1973)가 대표적 인물이었다.

칠레의 살바도르 아옌데는 정부 역할을 강조하고, 가격을 통제하는 등 전형적인 중상주의 정책을 실시했다. 물자가 부족해서 월 20퍼센트가 넘는 인플레이션이 발생하고, 양극화가 심해지자 군사 쿠데다로 인해 아옌데가 실각하고, 피노체트가 정권을 장악했다. 피노체트Augusto Pinochet(1915~2006)는 밀턴 프리드먼을 초청해서 인플레이션에 대한 해결책을 물었다. 프리드먼은 "개의 꼬리를 여러 번 자르면 죽지만, 한 번에 자르면 개는 산다"는 예화를 들면서, 인플레이션을 해소하려면 단호한 조치가 필요하다고 건의했다. 프리드먼의 조언을 받아 피노체트는 자유주의적인 개혁을 했다. 피노체트는 약 500개의 국영기업을 민영화시켜서 70퍼센트에 달하던 국영기업의 비율을 30퍼센트 이하로 낮추었다. 그리고 수입관세도 철폐하고, 수출을 늘리고 가격 통제를 폐지했다.[20]

중남미에서 시장경제 개혁으로 인해서 가장 큰 영향을 미친 나라는 볼리비아이다. 볼리비아는 중남미에서도 가장 가난한 나라였다. 군사 쿠데타가 무려 189번이나 일어나서 국민들조차 대통령이 누구인지 모를 정도였고, 인플레이션율이 2만 3,500퍼센트나 되었던 시기도 있었다. 당시에 매시간 물가가 올랐는데, 평균 10분마다 1퍼센트씩 올라서, 역사상 7번째로 높은 하이퍼인플레이션까지 경험했던 나라이다. 정부 지출이 세금 수입액의 30배에 달했고, 이를 해결하기 위해서 화폐를 발행했기 때문에 이런 하이퍼인플레이션이 발생한 것이다. 하이퍼인플레이션으로 인해서 경제기반이 붕괴했고, 국민들은 모두 가난해졌다. 그럼에도 불구하고 이 가난한 볼리비아를 도와주는 국제기구는 없었다. 세계은행은 폐쇄적이었고, IMF는 철수했다.

이러한 상황에서 1985년에 콜롬비아대학의 제프리 삭스가 볼리비아를 방문했다. 그가 방문하기 직전인 7월에 볼리비아의 인플레이션율은 6만 퍼센트에 달했다. 제프리 삭스는 8월에 충격 요법이라는 해법을 건의했다. 종속이론을 폐지하고, 수입관세를 인하하며, 정부 예산을 돌리라고 했다. 바로 자유주의적 경제정책을 권고한 것이다. 그리고 정부가 거두어들인 것만큼만 쓰고, 중앙은행에서 돈을 차입하지 않겠다고 하는 정책을 실시하자, 놀랍게도 교통, 식품 등 생필품 가격이 급격히 오르고 경제가 회복되었다.

이러한 볼리비아의 자유주의적 개혁을 보고, 브라질 등 중남미 국가들이 자유주의체제를 모방하기 시작했다. 세계는 20세기 후반부터 이렇게 자유주의 물결이 다시 회복이 되어, 붕괴된 경제들이 소생하게 되었다.

글로벌 금융위기 이후

그렇게 시장경제체제가 이어지다가 2008년 미국에서 시작된 글로벌 금융위기로 인해서 다시 정부개입의 목소리가 확산되고 있다. 특히 금융산업의 경우 안정적인 경제 운용을 위해서 적절한 규제가 필요하다는 인식이 확산되고 있다.

그러나 2008년 글로벌 금융위기도 역시 시장실패로 인해서 발생된 것이 아니라, 정부개입 때문에 발생한 것이다. 미국의 부동산담보mortgage 대출 기준에 의하면 신용점수가 620점 미만의 대출자를 서브프라임sub-prime 등급의 신용도가 낮은 사람들이다. 이러한 서브프라임 등급의 대출자들은 750만 명으로 미국 전체 부동산담보대출자의 9퍼센트였다. 은행들은 이러한 낮은 신용등급자들에게는 대출해주지 않았는데, 민주당의 지미 카터James Earl "Jimmy" Carter, Jr.(1924~) 대통령은 저소득층을 배려하여 저소득층에 대한 금융지원을 확대하도록 1977년에 지역재투자법Community Reinvestment Act을 제정했다. 대출자격요건을 대폭 완화시키고, 낙후 지역에 대한 대출실적을 은행평가의 자료로 활용했다. 공화당의 레이건행정부(1981~1989) 기간 동안 이 법을 무시했는데, 민주당의 클린턴 행정부(1993~2001)가 1995년에 이 지역재투자법을 개정해서 CRA 점수가 낮은 은행에 대해서는 인수합병이나 지점설치 시 불이익을 주게 했다. 저신용자에 대한 대출을 정부가 강조함에 따라 은행들이 리스크관리의 어려움을 덜어주기 위해서 1999년에 클린턴 행정부는 정부보증 모기지 전문회사인 페니매Fannie Mae: FNMA Federal National Mortgage Association와 프래디멕Freddie Mac: FHLMC Federal Home Loan Mortgage Corporation에게 서브프라임 모기지에 바탕을 둔 유동화된 증권(MBS, 모기지담보증권)을 구매하도록 했다. 은행들은 리스크를 부동산담보대출전문회사에 넘길 수 있게 되자 신용등급이 낮은 불량신용자들까지 무리하게 부동산담보대출을 확대하기에 이르렀다. 경쟁이 과열되면서 신용평가도 제대로 하지 않을 뿐만 아니라 계약금downpayment도 안 내고 집값의 100퍼센트를 대출받는 노페이먼트No Downpayment나 처음에는 매우 낮은 이자를 내다가 2~3년 후에 높은 이자를 내는 티저금리Teaser Rate 방식들의 편법을 사용하여 무분별하게 대출하기 시작했다. 결국 모기지 시장에 대한 정부의 개입으로 인해서 대출자격이 없는 사람들에게 무분별하게 대출이 일어났다.

게다가 연방정부는 2001년에 9·11 사태와 중국산 저가공세로 인한 경기침체를 우려하여 금리를 대폭 낮추었다. 2000년 9월에 6.5퍼센트 수준이던 금리가 2003년 1월에는 1퍼센트까지 떨어졌다. 그 결과 주택시장에 버블이 발생하여 집값이 오르기 시작했다. 인플레이션 압력이 발생했다는 것을 깨달은 연방정부는 연방기금금리를 2004년 8월부터 올리기 시작해서 2006년 9월에는 5퍼센트가 넘게 되었다. 이렇게 금리가 인상되고, 티저금리로 부동산담보대출을 받은 사람들의 원금상환유예기간이 만료되는 시점이 겹치면서, 이자와 원금상환을 감당할 수 없는 저신용자들이 부동산을 매각하기 시작하고, 이것이 전국적으로 확산되자 더욱 부동산가격은 떨어지게 되었다. 결국 부동산담보채권에 기초한 금융상품을 구매한 금융상품이 부실화되면서 글로벌 금융위기가 발생했다. 반시장론자들은 2008년 글로벌 금융위기가 신자유주의로 인한 규제완화 때문이라고 하지만, 사실은 정부의 잘못된 시장개입이 근본 원인이었다.

무역의 경우 인터넷 환경의 영향으로 인하여 더욱 빠르게 세계화가 전개되고 있다. 이와 같이 20세기 이후 세계 현대사를 보면 근대에 형성되었던 시장경제로 인해서 세계 각국이 발전이 되었으나 여전히 이에 대한 반발이 존재하여 신중상주의 사조가 풍미하다가, 다시 자유주의 사조가 확산되고, 또 다시 위기가 발생하면 정부의 간섭이 강조되는 것이 현재의 모습이다.

11장

효율적인 제도가 인류를 구원할 수 있을까?

- 과거의 경제문제와 효율적 제도
- 미래의 경제문제와 효율적 제도

과거의 경제문제와 효율적 제도

지금까지 오늘날 선진국들이 잘사는 이유는 자본주의 시장경제라고 하는 효율적인 제도 창출에 성공했고, 이러한 효율적인 제도를 일찍 도입했기 때문이라고 주장했다. 시장경제는 중세 말기부터 약 500년의 세월 동안 많은 시행착오 끝에 발전된 자생적인 질서이며, 인류 문화의 유산이다.

서구에서 시장경제제도가 발전된 계보는 지중해 연안의 북이탈리아 상인에서, 네덜란드 상인으로, 그리고 영국 상인으로 이어진다. 영국에서 산업혁명이 일어나고 이를 유럽 각국이 서로 모방함으로써 서구는 잘살게 되었다. 프랑스나 독일 등은 영국의 발전에 자극을 받았고, 시장경제제도를 모방하고 수용했다. 이러한 학습효과를 통해서 유럽은 세계의 다른 지역보다 더 발전할 수 있었다. 그리고 19세기 후반에 일본이, 그리고 20세기에 한국과 동아시아의 몇 나라들이 시장경제를 먼저 수용하여 오늘과 같은 경제적 성취를 이룩했다.

오늘날 제3세계 국가들이 가난을 벗어버리지 못하는 이유도 바로 시장경제를 거부하거나, 시장이 작동하지 않기 때문이다. 과거 공산주의 국가들도 이제는 대부분 시장경제를 수용했으나 아직도 시장경제를 수용하지 않은 몇 나라가 있다. 그런 나라들은 여전히 가난에서 벗어나지 못하고 있다. 그리고 시장경제체제를 받아들였지만 여전히 가난한 나라도 있다. 이러한 나라들은 시장경제가 제대로 작동하지 못하기 때문이다. 시장경제는 각국의 문화와 제도 환경에 크게 영향을 받기 때문에 자기 문화에 맞지 않는 제도를 도입했다고 저절로 작동되는 것이 아니다.

과거에는 경제성장이 부존자원이나 기술에 달려 있다고 생각했다. 그러나 최근에는 한 나라의 경제적 성과는 기술수준이 아니라 제도수준에 달려 있다는 인식이 더 보편적이다.[1] 자원이나 기술이 부족할 경우에는 다른 나라에서 도입하면 되기 때문에 비교적 쉽게 해결할 수 있다. 자원이 풍부한 동남아시아나 라틴아메리카보다 자원이 부족한 동북아시아의 일본, 한국, 대만 등이 더 빠른 고도성장을 한 사실을 보아도 알 수 있다. 기술이 부족하면 외국에서 도입하면 되는데,

기술을 개발하는 것보다 도입하는 편이 오히려 더 경제적일 수도 있다. 반면에 바람직한 문화나 의식은 외국에서 쉽게 도입할 수 없다.

물론 제도의 외형을 모방하는 것은 어렵지 않다. 그러나 사회에 체화된 제도는 문화의 산물이기 때문에 쉽게 고쳐지거나 변하지 않는다. 그러므로 한 사회가 경쟁력 있는 제도를 갖추는 것은 기술수준을 올리는 것보다 훨씬 어렵다.

제도는 그 사회의 인센티브 구조를 반영한다. 사회 구성원들이 모두 생산적인 활동에 적극 종사하는 인센티브 구조를 가진 사회와 남의 것을 빼앗는데 몰두하는 사회의 성과는 다를 것이다. '미국 스탠포드대학 옆에는 실리콘밸리가 있는데, 서울대학교 옆에는 고시촌이 있다'는 자조적인 농담이 있다. 이는 한국의 인센티브 구조를 보여주는 예라고 할 수 있다.

시장경제 발전사를 검토해보면 세 가지 추세가 발견된다. 첫째는 재산권이 점차 세분화되어온 역사이다. 농경 정착 문명이 발생한 것도 배타적 공유권이라는 재산권의 혁명으로 가능했으며, 그 후 인류는 경제생활의 발전과 함께 재산권이 점차 분화되어 사유재산권이 보장되는 방향으로 전개되었다. 자기이익 추구라는 인간의 본성에 부합되도록 제도가 발전해왔고, 그러한 제도가 발전된 사회에서 경제적 성취가 높았다.

둘째는 경제 전체의 자원배분에서 지배자나 정부의 역할은 축소되고, 시장의 역할이 확대되어왔다는 것을 알 수 있다. 그리고 이에 잘 적응한 국가가 높은 경제적 성취를 달성했다. 정부가 경제를 지배했던 동양보다 서양이, 중앙집권이 강했던 프랑스나 스페인보다 절대권력이 약했던 영국과 네덜란드가 그리고 중앙집권적이었던 중남미보다, 자치권이 있었던 북미가 더 경제적 성취가 빨랐다.

시대에 따라 이것이 항상 일관되게 시장에 확대된 것은 아니지만 나선형으로 정부의 개입과 시장의 개입이 교차되면서도 점진적으로 시장 기능이 확대되어왔다. 20세기에 들어 시장의 확대 역사 가운데는 공산주의나 포퓰리즘의 도전이 있었고, 동양의 가부장적인 유교문화와 같은 각 문화마다 독특한 문화적 도전 등이 있었지만 세계 각국에서는 정부의 기능이 축소되고, 자원배분을 시장에게 맡기는 방향으로 나아가고 있다.

셋째는 폐쇄적인 경제보다 개방적인 경제에서 경제적 성취가 빨랐던 것을 알 수 있다. 제2차 세계대전 이후 세계의 경제학자들은 신생독립국가에게 서로 다른 두 제안을 했다. 종속이론가들은 경제적 식민지로 전락되는 것을 막기 위해서 수입하는 제품을 국내에서 생산하기 위해서 수입대체형 산업화를 통한 경제성장전략을 촉구했다. 인도, 중남미 국가, 공산권 국가 등 세계 대부분 국가들이 이러한 충고를 받아들였다. 반면에 주류경제학자들은 비교우위론에 입각해서 수출주도형 산업화를 위한 경제 개방을 촉구했다. 제3세계에서는 동아시아의 한국, 대만, 홍콩, 싱가포르만이 이러한 전략을 채택했다. 그 결과 30년이 지난 1980년대에 수출주도형 산업화 전략을 택한 이들 국가들은 네 마리 호랑이(또는 용)에 비유되면서 선진국에 버금가는 경제성장을 달성했다.

미래의 경제문제와 효율적 제도

지금까지 경제성장이 왜 중요하며, 경제성장을 위해서 효율적인 제도가 얼마나 중요한 역할을 하는지 과거를 역사적으로 살펴보았다. 5장에서 언급한 바와 같이 19세기 맬서스의 암울한 예언을 극복하게 한 것은 기술혁신이 아니라 효율적인 제도였다.[2] 21세기 미래의 경제문제를 해결하는 데 효율적 제도가 어떠한 역할을 할 수 있는지 살펴보자.

인구쇼크 - 저출산이 문제인가, 아니면 인구과잉이 문제인가?

미래의 경제문제 가운데 가장 논란이 되는 것은 과잉인구와 이로 인한 환경파괴로 인류의 미래가 암울하다는 것이다. 그런데 과연 미래에 인구가 계속 늘어날 것인가에 대한 전망이 다르다.

최근 일본과 유럽 등 일부 선진국에서 고령화라고 하는 새로운 문제가 등장하고 있다. 한국의 경우에도 역시 앞으로 초고령사회에 들어서면 고령인구는 늘어나는 반면에 생산가능인구가 줄어들게 되어 경제성장에 큰 짐이 될 것으로 염려하고 있다. 그래서 출산률을 높이기 위해서 여러 대책을 사용하며 많은 예산을 투입하고 있으나 효과가 미미한 실정이다. 이렇게 선진국에서는 저출산과 고령화 현상이 시급히 해결해야 할 문제라고 하지만, 다른 한편으로는 세계적인 과잉인구 시대에 대한 염려 또한 만만치 않다.

제프리 삭스는 『커먼 웰스 - 붐비는 지구를 위한 경제학(2008)』에서 세계총생산은 1950년 이후 8배로 증가했고,[3] 빈곤국들의 소득증가율은 더 빨라질 것이기 때문에, 2005년에서 2050년 사이에 세계의 1인당 소득은 4.5배 증가할 것으로 예측했다.[4] 그리고 [도표 17]과 유엔인구국United Nations Population Division의 예상치에 의하면 2050년에 인구는 저출산률을 적용해도 92억 명으로 증가할 것이다. 그리고 [도

[도표 17] 1950년부터 2050년까지 세계 인구 추정치(네 가지 전망)

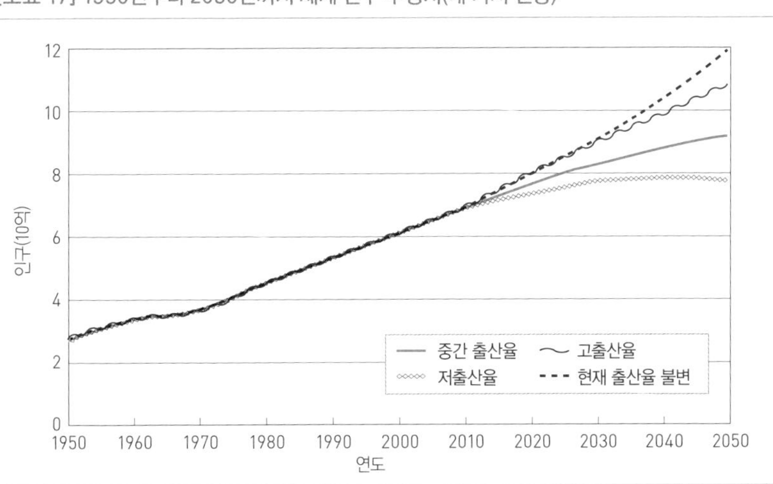

자료: 삭스(Sachs), 2008, 216.

표 18]에서 보는 바와 같이 아시아가 세계경제의 중심이 될 것으로 전망했다.[5] 이렇게 인구가 증가하고, 아시아 각국의 빈곤지역에서도 경제가 성장해서, 전 지구적으로 총생산이 크게 늘어날 경우 발생할 수 있는 황사바람이나 대기오염 등 환경문제나 자원부족문제를 해결하기 위해서 전 지구적인 협력이 필요하다고 제프리 삭스는 주장했다.[6]

구체적으로 인구폭발을 막기 위해서 어떠한 전 지구적인 협력이 필요할까? 인간이 사라진 이후 지구의 미래 풍경을 그려낸『인간 없는 세상*The World Without Us*』의 저자인 앨런 와이즈먼Alan Weisman이『인구쇼크: 과잉인구 시대: 지구와 인류를 위한 최선의 선택』에서 인류는 4.5일마다 100만 명씩 증가하고 있는데, 과잉인구를 해결하기 위한 유일한 방법은 중국이 지난 30년간 실시해온 한 자녀 갖기 운동을 펼치는 방법밖에 없다고 주장했다.[7] 모든 나라가 이러한 정책을 사용한다면 한 세대 뒤에 세계 인구가 정점을 찍었다가, 21세기 말에 20세기 초의 세계 인구 수준인 15억 명으로 줄어든다고 했다.[8]

이와 같이 지구의 한쪽에서는 출생률이 낮아져서 고령화 사회가 될 것을 염려하는가 하면, 다른 한쪽에서는 과잉인구로 인해서 지구의 미래를 염려하고 있다. 산업혁명으로 맬서스의 덫을 해결한 선진지역에서 인구가 증가했는데, 이제는 선진국이 아니라, 후진국에서 인구폭발이 일어나고 있다. 그래서 세계는 인구증가의 압력을 과학기술의 발전으로 극복할 수 있을 것인가 하는 것을 두고 논란 중이다.

[도표 18] 2000년과 2050년의 지역별 경제활동(추정치)

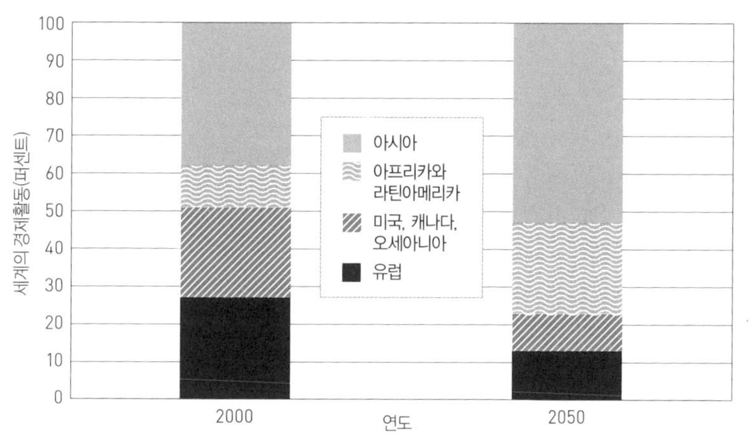

자료: 삭스(Sachs), 2008, 42.

생물학자인 폴 에를리히Paul Ehrlich는 1968년에 『인구 폭탄 *Population Bomb*』에서 식량생산을 극적으로 늘리지 않으면, 1970년대에 수억 명이 기근으로 죽을 것이며, 천연자원의 희소성 때문에 인류는 1990년까지 기아가 세계적으로 만연될 것이라고 예측했다.[9] 이 책에 자극을 받은 이탈리아 사업가 아우렐리오 페체이Aurelio Peccei(1908~1984)의 제창으로 1968년에 "지구의 유한성"이라는 문제의식을 가진 유럽의 경영자, 과학자, 교육자 등이 로마에 모여 '로마 클럽'을 결성했다. 이들은 인류의 위기 타개를 모색하고 경고·조언하는 것을 목적으로 1972년에 『성장의 한계*The Limits to Growth*』를 발표하여, 제로성장을 실현할 것을 주장했다.

그러나 인구경제학자 줄리언 사이먼Julian Simon(1932-1998)은 『근본자원*Ultimate Resource*』에서 인구증가가 경제발전을 방해하고 환경을 오염시킨다고 믿게 된 것은 맬서스의 영향 때문이라고 하면서, 인구증가를 긍정적으로 평가했다. 그 이유는 인구 증가로 추가되는 사람은 타인의 복지에 기여할 수 있기 때문이다. 그는 "인구가 증가하고 소득이 증가하여 소비량이 증가하면, 희소성이 증가하고 가격이 상승하게 된다. 가격이 높다는 것은 발명가나 사업가에게 기회를 제공하는 것이므로 부족문제를 해결하기 위한 새로운 길의 탐색에 나선다. 대부분 실패하겠지만 더러는 성공하는 이도 있다. 물론 실패한 자는 수고의 대가를 얻지 못한다. 그러나 성공한 자 덕분에, 부족 문제가 전혀 발생하지 않았을 경우에 비하여 결국은 우리 상황이 개선될 것이다"[10]라고 했다. 그는 인구 증가는 도덕적, 물질적 승리라고 인식하며, 인류의 미래를 한층 낙관적으로 전망했다.

줄리언 사이먼은 에를리히 등 비관론자들에게 1981년 로마 클럽에서 고갈될 것이라고 한 천연자원 목록 가운데 다섯 가지를 선택해서 그 실질가격이 향후 10년간에 상승한다면 1,000달러를 내놓겠다는 내기를 제안했다. 내기를 받아들인 에를리히는 크롬, 구리, 니켈, 주석, 텅스텐을 골랐는데, 10년 뒤에 텅스텐만 가격이 올랐을 뿐 나머지 네 가지 금속의 가격은 하락해서, 이 내기에서 졌다. 비관론자들의 예상과 달리 천연자원의 평균 가격이 치솟지 않는 이유는 가격상승에 따른 시장의 반응을 감안하지 못했기 때문이다.

환경문제

경제성장으로 인구과잉 현상이 나타나면 환경오염 문제가 심각해질 것이라고 염려하는 환경론자들이 많다. 그러나 역사학자 윌리엄 맥닐William McNeill(1917~)의 아들이며 조지타운대학 역사학과 석좌교수인 존 로버트 맥닐John Robert McNeill(1954~)은 『20세기 환경의 역사*Something New Under the Sun: An Environmental history of the Twentieth-Century World*』에서 20세기 후반에 심화된 열대지방의 삼림파괴는 인구증가와 거의 상관이 없다고 주장했다. 오히려 냉전시대의 안보불안이 환경오염을 심화시켰으며, 변형된 민족주의가 환경파괴의 직접적인 원인이 되었다고 주장했다.[11] 그는 오히려 자본주의가 발전되면서 새로운 기술혁신으로 환경이 개선될 것이라고 주장했다. 그는 "영국은 1936년에는 필요한 곡물의 30퍼센트를 재배하는 데 그쳤으나 1986년에는 자급자족이 가능했다. 그리고 모든 산업은 앞으로 오염을 덜 발생시키고 원자재에 대한 필요도 줄여나갈 것"이라고 예측했다. 그리고 에너지 효율이 개선되면서 산업경제가 '탈탄소화decarbonization'하고 있다고 했다. 영국경제의 '에너지 원단위(에너지 집약도 또는 GDP 대비 에너지 사용량)'가 1850~1880년에 최고 수준에 이르렀고, 캐나다의 경우에도 1910년경부터 감소했고, 미국과 독일은 1918년, 일본은 1970년, 브라질은 1985년부터 감소하기 시작했다.[12] 특히 미국의 경우 1988년에 탄소배출량이 1958년에 비해서 반으로 줄었고, 한국도 1976~1986년 사이에 그런 에너지 효율을 달성했다. 세계 전체적으로 볼 때 에너지 원단위는 1925년에 최고조에 달했고, 1990년경에 이르러 거의 절반 수준으로 낮아졌다고 맥닐은 밝혔다.[13]

미래의 경제문제: 일자리 부족

이러한 연구들을 보면 인류 미래의 경제문제를 해결하는 데 기술 혁신과 이를 촉진시키는 시장경제라고 하는 효율적인 제도가 중요할 역할을 할 것이라는 것을 알 수 있다. 미래의 경제문제는 인구과잉이나 환경오염의 문제가 아니라 저성장으로 인한 일자리 부족이다. 갤럽의 회장이자 CEO인 짐 클리프턴은 지구의 70억 명 인구 가운데 15세 이상인 50억 명의 60퍼센트인 30억 명은 상근 정규직 일자리를 원한다. 정규직 일자리는 매주 평균 30시간 이상 근무하며 일정 급료를 정기적으로 받을 수 있는 일자리다. 그러나 현재 세계적으로 이러한 일자리는 12억 개에 불과하고, 18억 명이 그런 일자리를 구하고 있다. 그중 50퍼센트가 실업 중에 있다.[14] 이러한 결과는 갤럽연구소가 6년간 세계 데이터를 수집해서 내린 결과이며 "우리는 가장 통렬하고, 유용하며, 명료하고, 세계의 판도를 바꿔놓고 있는 한 가지 진실을 발견했다. 전 세계가 원하고 있는 것은 양질의 일자리라는 진실 말이다. 이것은 갤럽이 그동안 찾아낸 가장 중요한 발견들 가운데 하나이다. (…) 과거 인간은 다른 무엇보다 사랑과 돈, 음식, 안식처, 안전, 평화 그리고 자유를 갈구했다. 그러나 지난 30년 동안 우리는 달라졌다. 이제 사람들은 양질의 일자리를 원하고, 그들의 자녀들이 양질의 일자리를 갖길 바란다. (…) 양질의 일자리에 대한 욕구는 세계인의 시대적 소망이다"라고 적고 있다.[15] 즉 미래의 가장 심각한 경제문제가 정부지출이 너무 많은 것도 아니고, 테러도 아니고, 환경문제도 아니고, 의료비 증가도 아니고 양질의 일자리를 만들어내는 것이라고 보았다. 그는 일자리를 잃고 실업 상태로 18개월이 넘어가면 친구들은 물론 심지어는 가족들과의 교류도 없어진다고 주장했다. 그리고 제3차 세계대전은 일자리 전쟁이 될 것이라고 예측했다.[16]

이 책에서도 강조한 바와 같이 일자리를 만드는 것은 바로 시장경제하의 자유기업이다. 정부가 일자리를 만드는 것이 아니다. 정부는 기업이 일자리를 만드는 것을 도와주는 역할을 할 뿐이다. 그리고 효율적인 제도만이 자유기업의 일자리 창출을 극대화하게 한다.

미래의 슈퍼파워: 미국이냐 중국이냐

지난 2014년 말에 미국의 언론들은 중국의 GDP가 17조 6,000억 달러(전 세계의 16.5퍼센트)로 미국의 17조 4,000억 달러(전 세계의 16.3퍼센트)를 앞질렀다고 보도했다.[17] 갤럽에서는 중국의 GDP가 2040년에는 70조 달러로 세계경제의 35퍼센트 수준으로 증가할 것이라고 예측하는 반면에 미국의 GDP는 30조 달러로 세계경제의 15퍼센트에 불과할 것이라고 예측한다.[18] 로버트 포겔은 2040년에 중국의 경제규모를 123조 달러(세계의 40퍼센트)에 이를 것이라고 예측하기도 했다.[19]

그러나 이것은 어디까지나 지금의 추세가 계속된다는 전제하의 예상일 뿐이다. 예상은 얼마든지 빗나갈 수 있다. 예를 들면 30년 전에 미국은 생산능력 세계 1위 자리를 독일과 일본에게 넘겨줄 것이라고 예측했었다. 그러나 미국은 1970년부터 2000년 사이의 지난 30년 동안 컴퓨터와 인터넷 혁명 등으로 새로운 비즈니스 모델을 창출해서 당시 경제학자들이 예측했던 3조 8,000억 달러가 아니라, 거의 5배에 달하는 15조 달러를 생산할 수 있는 능력을 보유하여 현재 일본과 독일의 GDP를 합친 것보다 더 많이 생산할 수 있게 되었다. 이는 2차 대전의 승리 못지않은 큰 경제전쟁의 승리였다.[20]

앞으로 미국이 중국보다 생산능력이 떨어질 것인가? 중국의 인구가 미국보다 3배 이상 많기 때문에, 이러한 예측이 많다. 사실 지난 30년 전에 있었던 것과 같은 새로운 기술적 돌파구가 기업가정신과 혁신에서 발생할 것인지 아닌지 누구도 알 수 없다. 하지만 짐 클리프턴은 중국도 기업가정신이 뛰어나 경제전쟁에서 중국이 미국을 이길지는 모르나 미국이 중국보다 훨씬 더 많은 자유를 누린다는 것이 큰 장점이라고 했다.[21] 바로 이 자유가 미국의 자유기업의 장점을 발휘할 수 있는 가능성을 더 높인다고 보았다.

이 책에서 강조했던 효율적인 제도는 정부의 규제에서 생기는 것이 아니라, 기업들의 혁신에서 효율적인 제도, 즉 시장경제에서 힘이 나온다고 했다. 경제성장의 중요성을 강조했다고 해서 빈부격차문제가 큰 문제가 아니라는 것은 아니다. 경제가 어느 정도 성장한 국가에서는 빈부격차를 줄이려고 하는 노력도 필요하다. 그러나 빈국의 경우에는 빈부격차를 줄이는 것보다 더 시급한 문제는 빈곤에서 탈출하는 것이고, 성장을 통해서 빈부격차를 완화시킬 수 있다. 또한 선진국의 경우에도 빈부격차를 줄이는 문제보다 더 시급한 문제가 일자리 창출이라는 것을 강조하고자 한다.

과연 효율적인 제도로 인구증가의 압력을 극복할 수 있을 것인가? 이 문제는 저개발국가들에게 달려 있다. 앞에서 언급한 바와 같이 선진국들은 거의 예외 없이 인구증가가 문제 되지 않고 있다. 중국과 인도 등 인구과잉국가들이 중진국 대열에 합류하면서 1인당 소득이 높아져서 지구적인 자원고갈과 환경문제의 요인이 될 수 있다. 시장이 제 역할을 감당하게 되면, 가격이 올라감으로써 이 문제가 해결될 것인가 하는 점에는 제레드 다이아몬드가 『문명의 붕괴』에서 취한 것과 같은 '신중한 낙관주의자'라는 입장이 옳다고 본다. 다이아몬드는 환경문제를 해결하는 데 실패해서 붕괴한 6개의 문명 사례를 조사하고, 환경보존에 성공한 사례들도 연구했다. 그리고 지구의 미래에 대해서 낙관론자들의 견해와 비관론자들의 견해를 소개했는데, 그는 세계의 삼림과 어장을 적절히 관리하면, 현재의 소비수준을 유지하거나 약간 증가시킬 수 있다고 주장했다. 또 제1세계의 지혜를 제3세계에 전수하고 제1세계의 소비를 조금 양보하면 불가능하지 않다고 주장했다.[22] 지난 2세기에 걸쳐서 만들어낸 효율적인 제도를 제3세계에서 활용하고, 이 효율적인 제도의 적용과 확산에 장애가 되는 요소들이 제거될 수 있으면 과잉인구문제도 해결이 가능하다.

자본주의는 인류를 맬서스의 덫에서 구하고 오늘날의 풍요를 가져다주었음에도 불구하고, 빈부격차, 환경문제 그리고 인구과잉문제 등의 이유로 비난을 받고 있다. 스티브 포브스Steve Forbes와 엘리자베스 아메스Elizabeth Ames의 지적과 같이 "일자리와 자본을 창출하는 기업과 기업인을 핍박하는 것은 경제를 황폐화시키는 일"이다.[23] 역사적으로 보면 상인을 탄압한 나라들은 몰락을 자초했다.

일자리를 창출하는 가장 좋은 방법은 경제활동이 일어날 수 있는 좋은 환경을 만들기 위해서 효율적인 제도를 창출하는 것이며, 정부는 이를 위해서 재산권을 보호하고 법에 의한 통치를 이룩하며, 화폐가치를 안정시키고, 창의적인 기업가정신이 발휘되도록 여건을 만드는 일을 해야 한다.

또한 가장 중요한 자원은 인간이다. 줄리언 사이먼이 "인구압박을 극복할 수 있는 가장 근본자원Ultimate Resource은 바로 인간"이라고 했던 것을 기억해야 한다. 인간이 가진 혁신과 기업가정신이야말로 가장 중요한 미래의 자원이며, 이것이 잘 발휘되도록 만들어주는 제도의 창출이 미래의 문제를 해결할 열쇠라는 것을 잊지 말아야 한다.

Footnote
주석

프롤로그

1 모리스(Morris), 2010, 28.

2 퍼거슨(Ferguson), 2011, 16.

3 영국 경제 신문 《파이낸셜타임스(Financial Times)》는 2014년 4월 30일에 세계은행(World Bank) 등의 국제비교프로그램(The International Comparison Programme), ICP 전망을 근거로 2014년 내에 중국의 구매력평가 GDP가 미국을 따라잡을 것으로 예측했다.

1장 경제성장은 왜 중요한가?

1 마르크스(Marx), 1867, 제1권(상) 제10장, 노동일 참고.

2 피케티(Piketty), 2013, 407-410.

3 주경철, 2012, 58.

4 주경철, 2012, 80.

5 토니 로빈슨(Tony Robinson)·데이비드 윌콕(David Willcock), 2004, 35.

6 페르디난트 자입트(Ferdinand Seibt), 1987, 624.

7 앵거스 디턴(Angus Deaton), 2013, 91-93.

8 앵거스 디턴(Angus Deaton), 2013.

9 김승욱, 2015, 85-122.

10 로버트 냅(Robert Knapp), 2011, 15.

11 로버트 냅(Robert Knapp), 2011, 159-160.

12 장 자크 루소(Jean-Jacques Rousseau), 1755, 10.

13 켄트 프레너리(Flannery)·조이스 마커스(Marcus), 2012, 12.

14 조선시대에 유일하게 남아 있는 키에 대한 기록 중 행려 시신의 키에 대한 연구에 의하면 조선시대 평균 신장이 158센티미터 정도로 추정된다. 이러한 사실을 보면 북한 사람들의 신장이 줄어든 것이 아니라 남한의 신장이 크게 증가했기 때문이라는 것을 알 수 있다. 유럽인의 신장은 갑옷으로 추정이 가능한데, 갑옷은 영양상태가 가장 좋았던 귀족도 오늘날에 중학생들보다 작았다. 오늘날 평균 신장이 182.5센티미터로 세계에서 가장 키가 큰 네덜란드인도 1898년에는 168센티미터에 불과했으며, 20세기에 들어서도 170센티미터에 불과했다.

2장 서구는 어떻게 잘살게 되었는가?

1 홀(Hall)·존스(Jones), 1999.

2 퍼거슨(Ferguson), 2011, 42-43.

3 퍼거슨(Ferguson), 2003, 326.

4 모리스(Morris), 2010, 54.

5 모리스(Morris)는 『왜 서양이 지배하는가*Why the West Rules - for Now*』에서 다음과 같이 서양을 정의하고 있다. "이 책에서 나는 '서양'이라는 표현을 유라시아 중심부의 최서단 (그리고 가장 이른 시기에 성립된) 지역에서 유래한 모든 사회를 가리키는 것으로 썼다. 서양은 오래전에 서남아시아에 있는 최초의 핵심부에서 팽창하여 지중해 분지와 유럽을 포괄하게 되었고 지난 몇 세기 동안에는 미국과 오스트랄라시아(오스트레일리아를 포함한 남태평양 제도 전체를 뜻한다)도 포함하게 되었다."

6 모리스(Morris), 2010, 465, 도표 7.1 참고.

7 마라톤전투는 제2차 페르시아 전쟁 때 아티카 북동 해안에 있는 마라톤 광야에서 그리스군이 소수의 인원으로 페르시아군을 대파한 싸움이다.

8 기원전 440년에 기록된 것으로 추정되는 최초의 역사서 헤로도토스의 『페르시아전쟁사*Historiae*』에 의하면 페르시아의 2차 그리스 침공에 동원된 병력이 수군 51만여 명, 육군 170만 명, 기병 8만, 전차병 2만, 등 총 264만 1,610명이고, 후방 지원 담당 인부까지 합하면 528만 3,220명이라고 했다. 이에 대항한 그리스 연합군 부대는 모두 7,000명이었다. 그중에 펠로폰네소스에서 온 군사는 4,000명이었으며, 이 중에 스파르타 중무장 부대 300명이 포함되어 있었다. 헤

로도토스는 이 책 6권에서 레오니다스의 테르모필레 전투 상황을 자세히 묘사하고 있다. 헤로도토스(Herodotus), 2008, 367-368.

9 페르시아 크세르크세스 왕의 이름은 헬라어이다. 성경에는 '아하수에로 왕'으로 기록되어 있다. 성경 <에스더>에 등장하는 에스더 왕비의 남편이다.

10 시오노 나나미(Shiono Nanami), 1995, 상, 115.

11 홍익희, 2013, 258.

12 폴 케네디(Paul Kennedy), 1987, 20.

13 캐럴 오프(Carol Off), 2006, 29쪽.

14 베이컨(Bacon), 1620, 137.

15 폴 케네디(Paul Kennedy), 1987, 22.

16 중국에서는 500년 후에도 비단이나 목화에서 실 빼는데 이 기계가 이용될 정도로 기술진보가 거의 없었다. 그 원인은 풍부한 노동력으로 인해서 중국에서는 기술혁신에 대한 인센티브가 없었기 때문이라고 마크 엘빈은 주장했다. 마크 엘빈(Elvin), 1973, 195.

17 '정크선(junk ship)'이란 중국의 나무로 만든 배를 말하는데, 때로는 동아시아의 모든 배를 정크선이라고 부른다.

18 과학기술이 중국이나 이집트 등이 유럽에 앞섰다는 것은 폴 케네디(Paul Kennedy)의 『강대국의 흥망*The Rise and Fall of the Great Powers*』, 19-27에서 잘 기술하고 있다.

19 모리스(Morris), 2010, 33.

20 《내셔널지오그래픽*National Geography*》은 40여 개 국가를 방문한 정화의 항로를 따라 다큐멘터리 <중국의 콜럼버스 정화*Treasure Fleet The adventures of Zheng he*>를 제작했다.

21 멘지스(Menzies), 2002, 466.

22 사회발전지수는 2000년도에 얻을 수 있는 최고점수를 1,000으로 환산해서 이 네 가지 지표를 동일하게 중요하다는 가정하에, 각 250점을 최고점으로 계산했다. 그리하여 각 시대에 지역마다 몇 점을 얻는지를 합산해서 계산한다. 자세한 내용은 모리스(Morris, 2010, 220-247)를 참고하고, 더 상세한 세부적인 것은 그의 홈페이지 www.ianmorris.org를 참조할 것.

23 모리스(Morris), 2010, 29.

24 제레드 다이아몬드(Jared Diamond), 1998, 20-21.

25 모리스(Morris), 2010, 111.

26 린(Lynn)·반하넨(Vanhanen)의 『IQ와 국부*IQ and the Wealth of Nations(2002)*』에서는 국민 평균 지능이 그 나라의 부유한 정도와 상관관계가 있다는 주장을 했다. 그러나 볼켄(Thomas Volken, 2003)은 린과 반하넨의 연구가 통계지표와 모델을 잘못 사용했으며 이를 정정하면 경제성장은 아이큐와 상관관계가 없는 것으로 나타난다고 반박하고 있다.

27 애쓰모글루(Acemoglu)·로빈슨(Robinson), 2012, 86-88.

3장 식민지 착취 때문인가?

1 박지향, 2000, 1.

2 양동휴, 2006, 274.

3 레콘키스타란 '재정복'이라는 의미의 스페인어로 일종의 '국토회복운동'이다. 기독교로 개종한 서고트족이 무어인들에 의해 패하고 이베리아가 이슬람화 된 이후에, 이들은 이베리아반도의 이슬람 세력을 몰아내기 위한 노력을 했는데, 이를 레콘키스타라고 부른다. 서기 718년부터 시작된 이 레콘키스타는 약 700년 동안 지속되었는데, 콜럼버스가 신대륙을 발견한 해인 1492년에 아라곤왕국과 카스티야 왕국이 연합하여 세운 스페인왕국이 그라나다를 점령함으로써 이슬람 세력을 이베리아 반도에서 완전히 축출함으로써 완성되었다.

4 미셸 보(Michel Beaud), 1981, 19.

5 맥닐(McNeill), 1976.

6 미셸 보(Michel Beaud), 1981, 18.

7 애쓰모글루(Acemoglu)·로빈슨(Robinson), 2012, 318-319.

8 번스타인(Bernstein), 2004, 356.

9 미셸 보(Michel Beaud), 1981, 19.

10 퍼거슨(Ferguson), 2011, 187.

11 채무불이행이 나타났던 연도는 1557년, 1560년, 1575년, 1596년, 1607년, 1627년, 1647년, 1652년, 1660년, 1662년이다. 애쓰모글루(Acemoglu)·로빈슨(Robinson), 2012, 319.

12 폴 존슨(Paul Johnson), 1991, 1권, 293.

13 박지향, 2000, 2.

14 데이비드 랜즈(David Landes), 1998, 647.

15 실증주의 경제사학은 19세기에 역사학파 및 마르크스주의 경제사학이 역사적 현상을 추상화하여 일반법칙을 추구하는 데 대한 비판으로 등장했다. 멀리는 20세기 초의 돕쉬(Alfons Dopsch), 좀바르트(W. Sombart), 베버(M. Weber) 등까지 올라간다. 실증주의 경제사학자들은 사료의 엄밀한 고증 비판을 통한 실증을 강조했다. 역사학파가 사용한 추상화와 일반화는 특정 지역의 역사를 파악하는 데 옳지 않다고 논박했다. 그들은 개개의 역사 현상에 대한 실증적 연구를 해야 한다고 주장하며 일반이론을 구체적인 사실연구를 통해 재비판을 했다. 이들은 실증적 자료를 정리하고 재평가하는 작업에 충실하려고 노력했는데, 실증적 사회경제사의 특징은 첫째, 실증적 측면을 강조하고, 둘째, 역사발전의 연속성 강조하여 단계별 발전에 반대하며, 구체적이고 개별적인 연구를 추진했다. 이러한 20세기 초에 시작된 실증적 연구풍토는 20세기 후반기로 접어들면서 실증을 중요시 여기면서도 근대 경제학의 이론과 접목하려는 새로운 시도가 쿠즈네츠(S.S. Kuznets), 로스토우(W.W. Rostow), 알렉산더 거센크론(Alexander Gerschenkron), 콜린 클락(Colin clark) 등 성장사학자들을 중심으로 일어났다. 그리고 미국에서 1950년대 후반부터 이들 성장사학자들의 제자들에 의해서 근대 경제이론을 경제사 분석에 도입하며 보다 방대한 데이터를 수집·정리하고, 실증분석을 더욱 엄밀하게 새로운 경제사 방법론이 등장하였다. 이것을 신경제사학, 또는 계량경제사라고 부르는데 오늘날 미국경제사학의 주류로 자리를 잡았고, 더글라스 노스와 로버트 포겔이 1993년도에 노벨 경제학상을 수상하면서 신경제사학은 이제 경제사학에서 위치를 공고히 하여 오늘날 경제사학의 중요한 한 분파를 이루고 있다.

16 조선의 입장에서는 쌀을 제 값을 받지 못했다고 해서 이를 착취당했다고 여기는 것이고, 일본은 조선의 쌀값보다 비싸게 사갔는데 그것이 왜 수탈이냐고 반문한다. 어느 정도 가격을 지불해야 정당한 가격인지는 평가하기 쉽지 않다. 지난 1990년대 초에 한국 정부는 일산, 분당 등 5개 신도시를 개발하면서, 농민들의 땅을 수용했다. 정부는 보상가격을 기존의 농지가격에 비해서 높이 책정을 했음에도 불구하고 많은 반대에 직면했다. 토지를 수용당하는 사람들은 삶의 터전을 잃었다면서 더 높은 가격을 요구했고, 심지어 자살한 사람까지 나오게 되었다. 정부는 토지 소유자들은 땅 가격을 오르게 하는데 기여한 것이 없으므로 정부 개발에 따른 이익은 사회에 환원되어야 한다는 원칙을 주장하였다. 그래서 후에 헌법에 위반된다고 폐지되었지만 개발이익을 환수해야 한다는 등의 토지공개념 3개 법안이 만들어지기도 했다. 그렇다면 조선의 쌀이 일본으로 수출이 되어서 쌀값이 크게 오를 경우에는 어떤 가격을 책정하는 것이 정당할까? 토지는 인간이 만든 것이 아니지만, 쌀은 인간이 만든 노동의 산물이니까 일본으로 수출량이 증가해서 가격이 오를 경우에도, 그

오르는 부분을 모두 경작자가 가져가는 것이 옳은가? 이전과 동일한 노동을 투입했으므로 종전과 같이 받고, 추가적으로 오른 것은 정부 정책의 결과이므로 사회에 환원되는 것이 옳은가? 이것을 판단하는 것은 쉽지 않다. 그래서 경제학에서 정의 문제를 다루기 위해서는 가치판단의 근거가 무엇인가에 따라서 상당히 달라진다.

17 캐럴 오프(Carol Off), 2006, 43.

18 박지향, 1997, 90.

19 박지향, 1997, 90.

20 박지향, 2000, 92.

21 모리스(Morris), 2010, 19.

22 영국에서는 차를 수입했지만, 네덜란드에서는 도자기를 50년 동안 300만 점 이상을 수입했다.

23 1차 아편전쟁(1840~1842년)의 결과로 난징조약이 맺어져서, 중국은 홍콩을 할양하게 되었다. 그리고 2차 아편전쟁은 1856년에 애로호사건으로 인해서 발생했고, 그 결과 텐진조약이 체결되었다.

24 제2차 세계화는 1980년대 이후의 세계화 조류를 말한다.

25 나머지 75퍼센트 중에 42퍼센트가 외국에, 그리고 33퍼센트가 국내에 투자되었다. 박지향, 1997, 91-92.

26 퍼거슨(Ferguson), 2003, 329.

27 폴 존슨(Paul Johnson), 1991, 1권, 295-297.

28 박지향, 1997, 95.

29 방위비에 대한 연구 관련 참조. 박지향, 2000, 106-109 ; 폴 케네디(Paul Kennedy), 1987, 6, 511.

30 박지향, 1997, 90.

31 애덤 스미스(Adam Smith), 1776, 하권, 105, 114.

32 퍼거슨(Ferguson), 2003, 234.

33 퍼거슨(Ferguson), 2003, 264.

34 박지향, 2000, 238.

35 박지향, 2000, 110-112.

36 퍼거슨(Ferguson), 2003, 339, 376.

37 퍼거슨(Ferguson), 2003, 297.

38 애쓰모글루(Acemoglu)·로빈슨(Robinson), 2012, 9장과 12장 참고.

39 퍼거슨(Ferguson), 2003, 27.

40 박지향, 2007, 97.

41 박지향, 2000, 21, 59.

42 데이비드 랜즈(David Landes), 1999, 648-649.

43 박지향, 2000, 21, 72.

44 그러나 모든 자유주의자들이 식민주의를 정당화한 것은 아니다. 벤담이나 볼테르 등은 수익성이 없다는 이유로 반대했다. 박지향, 2000, 73-76.

45 제국주의의 문화적 동기는 퍼거슨(Ferguson), 3장 '선교'를 참고.

4장 서구의 경제가 발전했던 원인은 무엇인가?

1 김승욱, 2006 a, 364 ; 더글러스 노스(Douglass North), 1990, 13.

2 애쓰모글루(Acemoglu)·로빈슨(Robinson), 2012, 76-77.

3 더글러스 노스(Douglass North)·로버트 토마스(Robert Thomas), 1973, 2-3.

4 조셉 스티글리츠(Joseph Stiglitz), 2013, 122.

5 1/2도 이내의 측정에 성공하면 2만 파운드를 지급하고, 2/3도 이내의 측정에 성공하면 1만 5,000파운드, 1도 이내의 측정에 성공하면 1만 파운드를 지급한다고 했다. 이 금액은 오늘날 화폐 가치로 수백만 달러에 해당되는 큰 액수이다. 데이바 소벨(Dava Sobel), 1999, 24, 70.

6 이 금액은 원래 약속했던 상금에는 못 미치는 금액이었는데, 그 이유는 심사국이 정식으로 인정을 해서 주는 경도상의 상금이 아니라, 의회가 주는 장려금의 형태였기 때문이다. 심사국은 1년간 그리니치 천문대에서 시험을 하고, 세계를 일주해야 하는 등 거의 불가능에 가까운 조건을 걸었기 때문이다. 데이바 소벨(Dava Sobel), 1999, 165-166.

7 데이바 소벨(Dava Sobel), 1999, 23.

8 더글러스 노스(Douglass North)·로버트 토마스(Robert Thomas), 1973, 15.

9 김용환, 2005, 24.

10 홉스(Hobbes), 1651, 171.

11 홉스(Hobbes), 1651, 21-22.

12 민경국, 2007, 22.

13 루소(Rousseau), 1755, 63.

14 루소(Rousseau), 1755, 158.

15 로버트 하일브로너(Robert Heilbroner), 1990.

16 도메 다쿠오(堂目卓生), 2010, 29-30.

17 애덤 스미스(Adam Smith), 1759, 제1부 제1편 제1장.

18 동감이란 "타인의 기쁨, 슬픔, 분노 등의 감정들을 자신의 마음속으로 옮겨 상상력을 이용해 그것들과 같은 감정을 끌어내려 하는 (…) 인간 감정의 역동적인 능력"을 말한다. 도메 다쿠오(堂目卓生), 2010, 44.

19 도메 다쿠오(堂目卓生), 2010, 73.

20 로버트 하일브로너(Robert Heilbroner), 1990, 61.

21 애덤 스미스(Adam Smith), 1776, 상권, 22.

22 '보이지 않는 손'이라는 단어는 『국부론』에서 이곳에 단 한 번밖에 안 나온다. 『도덕감정론』에서도 역시 단 한 번밖에 쓰이지 않았지만, 유명한 말이 되었다. 애덤 스미스(Adam Smith), 1776, 상권, 434.

23 윌리엄 피트의 둘째 아들로 아버지와 구분하기 위해 소(小)피트라고 불린다.

24 로버트 하일브로너(Robert Heilbroner), 2000, 95.

25 스티븐 랜즈버그(Steven Landsburg), 2007, 86.

26 장 메이에(Jean Meyer), 1986, 57.

27 주경철, 2009, 214; 마이크 대쉬(Mike Dash), 2002, 118.

28 더글러스 노스(Douglass North), 1990.

29 부크홀츠(Buchholz), 1989, 242; 베블런(Veblen),1899.

30 로널드 코즈(Ronald Coase), 1937.

31 더글러스 노스(Douglass North), 1980, 50-59.

32 존 월리스(John Wallis)·더글러스 노스(Douglass North), 1986.

33 김적교, 1997.

34 고든 차일드(Gordon Childe), 1942.

35 더글러스 노스(Douglass North), 1981, 72-77.

36 이때 비로소 간석기나 골각기를 사용하고, 목기도 정교하게 되었다. 또한 직조능력이 생겨서 의복도 만들었고, 간단한 분업이 시작되었다. 남자는 노동, 전쟁, 방위 등의 역할을 감당하고, 여자는 집에서 방적, 방직, 봉제, 육아 등을 맡았다.

37 더글러스 노스(Douglass North), 1981, 7장 참조.

38 기업가사학(企業家史學)이란 경제발전에 기업가의 역할을 강조한 학풍을 말한다. 제2차 세계대전 이후에 등장했는데, 자본주의의 발전으로 기업의 역할이 점차 확대되고, 소유와 경영이 차츰 분리되면서 자본주의와는 별도로 기업가의 역할이 강조되었다. 조지 언윈(George Unwin), 좀바르트(W. Sombart) 등이 기업가의 역할을 강조했다. 기업가사의 발전에 가장 큰 공헌을 한 사람은 하버드대학교 교수였던 슘페터(J. Schumpeter)였다. 슘페터는 기업가의 역할이 경제발전에 미치는 영향을 중요시했다. 그는 경제발전이 점진적이고 지속적으로 나타나는 것이 아니고, 기업가의 혁신적 활동을 통해서 창조적 파괴를 통해 단속적으로 나타난다고 보았다. 경제발전은 생산 요소의 효율성을 극대화시키도록 여러 생산요소를 새롭게 결합시켜줌에 따라서 일어나는데, 이러한 생산요소의 새로운 결합(new combination)을 수행하는 것이 바로 기업가이다. 이러한 시각을 가지고 슘페터는 경제발전과정을 재해석하여, 기업사가의 기초를 놓았다. 슘페터의 뒤를 이어서 기업가사의 연구를 이어 받은 사람은 미국 경제사학회 회장을 역임한 아서 해리슨 콜(Arthur H. Cole)이었다. 그는 1949년 하버드대학교에 '기업가사(企業家史) 연구소(Research Center in Entrepreneurial History)'의 창설의 중심 인물이었고, 이 연구소를 중심으로 기업가사에 대한 본격적인 연구활동이 이루어졌다. 그 외 기업가사에 대한 연구로는 코크란(T.C. Cochran), 그리고 첸들러(A. D. Chandler Jr.) 등이 있다. 특히 첸들러는 슘페터의 혁신의 이론을 기업의 경영관리에 적용하였다.

39 더글러스 노스의 학문 여정에 대해서는 김승욱, 2006, 참고.

40 '쿼티'란 영어 자판의 왼손이 놓이는 윗걸쇠에 있는 자판 배열을 말한다. 폴 데이비드(Paul David,

1985)는 '쿼티경제학(Qwerty Economics)'에서 현행 쿼티 자판은 예전에 있었던 드보락 자판에 비해서 비효율적이었음에도 불구하고 시장을 선점해서 표준 자판이 되었다고 주장했다. 이에 대해서는 검증된 바가 없다는 주장도 있다.

41 더글러스 노스(Douglass North), 1990, 143.

42 더글러스 노스(Douglass North), 1990, 166.

5장 서구는 어떻게 효율적 제도 창출에 성공했는가?

1 그래고리 클라크(Gregory Clark), 2007, 23-26.

2 토마스 맬서스(Thomas Malthus). 1798.

3 그래고리 클라크(Gregory Clark), 2007, 30.

4 시오노 나나미(Shiono Nanami), 1995, 상권, 30.

5 로저 크롤리(Roger Crowley), 2011, 45.

6 로저 크롤리(Roger Crowley), 2011, 508.

7 김문규, 1999.

8 마르크스(Marx), 1978, 26-52.

9 시오노 나나미(Shiono Nanami), 1995, 하권, 41.

10 애쓰모글루(Acemoglu) 외 2인, 2002.

11 김경일, 2001.

12 서구의 경우 문화적 장벽은 하웃즈바르트(Goudzwaard), 1978, 참고.

13 구약성경, <출애굽기> 22:25.

14 스테이플포드(Stapleford), 2002, 195-196; 앙드레 비엘러(Andre Bieler), 1959, 97.

15 "타국인에게 네가 꾸어주면 이자를 받아도 되거니와 네 형제에게 꾸어주거든 이자를 받지 말라" 구약성경, <신명기> 23:20.

16 모세 5경의 기록 연대가 BC 12세기라는 학설도 있다. <람세스>나 <이집트 왕자>는 BC 12세기 설을 근거하고 있으나 여러 가지 학자들의 증거를 미루어볼 때 BC 14세기 학설이 더 타당하다고 판단된다.

17 "네 포도원의 열매를 다 따지 말며 네 포도원에 떨어진 열매도 줍지 말고 가난한 사람과 거류민을 위하여 버려두라" <레위기> 19:10.

18 "너희 땅의 곡물을 벨 때에 밭 모퉁이까지 다 베지 말며 떨어진 것을 줍지 말고 너는 그것을 가난한 자와 객을 위하여 버려두라" <레위기> 23:22.

19 "내 백성 중에서 가난한 자에게 돈을 꾸어 주면 너는 그에게 채권자 같이 하지 말며 이자를 받지 말 것이며" <출애굽기> 22:25.

20 막스 베버(Max Weber), 1905, 89.

21 "세속적 직업에서의 의무 이행을 도덕적 자기 행위 일반이 취할 수 있는 최고의 내용으로서 존중" 했다. 막스베버, 1905, 122.

22 막스 베버(Max Weber), 1905, 124.

23 막스 베버(Max Weber), 1905, 194-195.

24 막스 베버(Max Weber), 1905, 248.

25 막스 베버(Max Weber), 1905, 336.

26 막스 베버(Max Weber), 1905, 341-343. 섭리란 기독교적 용어로 하나님이 인간 세상과 우주 만물을 간섭하여 다스리는 하나님의 뜻을 말한다.

27 문점식, 2012, 459-460.

28 랜달 사사키(Randall Sasaki), 2010, 71.

29 이 부분은 주로 홍익희(2013)에서 인용함.

30 홍익희, 2013, 315.

31 홍익희, 2013, 322-326; 애쓰모글루(Acemoglu)·로빈슨(Robinson), 2012, 319.

32 홍익희, 2013, 326.

33 홍익희, 2013, 368.

34 홍익희, 2013, 374-376.

35 2009년 7월 23일에 울산항에서 출항한 독일 화물선 두 척이 로테르담에 도착함으로써 최초로 '북동항로'를 개척하는 데 성공했다. 이 항로는 수에즈운하를 통과하는 기존 인도양 항로에 비해 최대 7,000여 킬로미터가 짧으며, 항해 기간도 24일에서 14일로 단축되는 '꿈의 항로'이다. 이 항로가 최근에 열리게 된 것은 지구온난화 현상으로 인하여 북극해의 빙하가 녹았기 때문이다. 지금도 여름에만 항해가 가능하다.

36 주경철, 2009, 141-143.

37 마이크 대쉬(Mike Dash), 2002, 97.

38 랜달 사사키(Randall Sasaki), 2010, 79.

39 국제 발찬재단(Fondazionale Internazione Premio Balzan)이 세계적으로 뛰어난 학자 및 예술가에게 수여하는 상으로 1961년부터 시작되었다.

40 치폴라(Cipolla), 1994, 139.

41 치폴라(Cipolla), 1994, 140.

42 스티븐 낵(Stephen Knack)·필립 키퍼(Philip Keefer), 1997.

6장 영국 산업혁명과 기업의 발달

1 『영국의 산업혁명』의 저자인 아놀드 토인비는 『역사의 연구*A Study of History*』의 저자이며 역사가인 아놀드 조셉 토인비(Arnold Joseph Toynbee, 1889-1975)의 삼촌이다.

2 영국 산업혁명의 개념에 대한 논의는 김종현, 2006, 제11장 참고.

3 랜달 사사키(Randall Sasaki), 2010, 82.

4 청교도혁명으로 정권을 장악한 크롬웰은 섬나라 영국의 미래는 바다에 있다고 선포하고 강력한 해군을 육성하였다.

5 제1차 전쟁은 웨스트민스터 조약, 제2차 전쟁은 브레다 조약, 제3~4차 전쟁은 네덜란드의 항복으로 종결되었다.

6 이종호, '산업혁명을 이끈 코크스 제련법', http://news.koita.or.kr/rb/?c=9/10&uid=738.

7 폴 크루그먼(Paul Krugman), 1994.

8 1215년 영국왕이 귀족들의 강압에 못이겨 승인한 문서로 영국 헌법의 토대가 되었다.

9 더글러스 노스(Douglass North)가 한 마르크스(Marx)와 애덤 스미스(Adam Smith)의 이론에 대한 비판은 더글러스 노스(Douglass North), 1981, 6장을 참고.

10 밥 하웃즈바르트(Bob Goudzwaard), 1978.

11 더시티 지역은 지금도 특별자치지역이다. 의회가 따로 있을 뿐만 아니라, 그 안에서는 영국 법률이 적용되지도 않고, 영국 정부에 세금도 내지 않는다. 홍익희, 2013, 440.

12 홍익희, 2013, 445.

13 CCTV 다큐 제작팀, 2010, 17.

14 차이메리카 미디어(Chimerica Media), 2008.

15 미클스웨이트(Micklethwait)·울드리지(Wooldridge), 2004, 21.

16 송병락, 2010, 19-20.

17 마르크스(Marx), 1976, chs.13-15.

18 랜달 사사키(Randall Sasaki), 2010, 97-98.

19 에릭 윌리암스(Eric Williams), 1994, 130.

20 주경철, 2008, 89.

21 마이크 대쉬(Mike Dash), 2002, 98.

22 김헌숙, 2008, 95-96.

23 애덤 스미스(Adam Smith), 1776, 14.

7장 독일과 미국의 발전

1 독일의 산업혁명 시기에 대해서 다른 견해도 있다. 로스토우(Rostow)는 독일의 이륙기를 1850~1873년이라고 보았다. 호프만(Walther Hoffmann)은 18세기 말부터 1830년대 중엽

까지를 준비 단계로 보고 1830년대 중엽부터 1850년대 말까지를 이륙 단계로 보았고, 모텍(H. Mottek)은 1834년부터 1873년까지로 보았다. 독일의 산업혁명 시기에 대한 다양한 견해는 김종현,1984,119; 이헌대,1996,173 참고.

2 30년 전쟁의 결과로 맺은 베스트팔렌 조약(Peace of Westphalia, 1648)을 국제법의 출발이고 근대 외교조약의 효시라고 한다. 이 조약의 주요 내용은 다음과 같다. 1) 로마 가톨릭교회, 루터교회, 칼뱅의 개혁교회는 동등권을 가지며, 신앙의 자유를 허용하며 각각 제후가 자신의 종교를 결정할 권리를 갖는다. 2) 독일은 각 제후의 자치권을 허용하여 독일연방(Deutscher Bund)을 이룬다. 3) 프랑스는 알사스, 메츠(Metz), 투르(Tours), 베르뎅(Verdun) 등지를 소유한다. 4) 스위스와 네덜란드의 독립을 승인한다. 이 30년 전쟁 기간 중에 유대인들은 식량 및 군수 보급물자를 제공하면서 큰 돈을 벌게 되었다.

3 이를 토지영주제(Grundherrschaft)라고 부른다. 토지영주(Grundherr)는 과거 고전장원과는 달리 영지에 대한 상급소유권밖에 가지지 못하고, 토지의 실제 소유자는 농민이었다. 부역의 비중은 작고, 지세(地租)와 공조(貢租)가 중요했다. 이는 영주와 농민 간에 인적관계가 아니라 물적관계로 되었다는 것을 의미한다. 16세기 이래 영주제는 계속 약화되어 농민은 상속, 양도, 분할, 저당, 임대할 수 있게 되었다.

4 토지영주는 영지를 직접 경영하는 것이 특징이다. 농장영주제하에서는 지조나 공조보다 부역이 더 중요하다. 일주일 중 5~6일이 부역에 동원될 정도였다. 농민은 영주에게 신분적으로 예속되어 있었기 때문에, 가족과 함께 토지에 매어 있었다. 농민의 가족에게도 부역이 강요되고, 농민의 토지소유권이 약화되었다. 여기서는 30년 전쟁으로 농촌의 인구가 감소하자 농민의 토지를 수탈하고 부역을 더욱 강하게 강제했다. 농민을 토지에 묶어 두기 위해서 오히려 농민해방이 이루어졌던 서부 유럽과 매우 대조적이다. 동부 독일에서 농장영주제가 성립한 이유는 첫째, 신흥상공업자와 반농반공적 중산층 등 근대적 시민계층이 아직 성장 못했고, 둘째로 동부 독일에서는 영주가 재판권을 그대로 보유했으며, 셋째, 농산물시장이 동부 독일에서는 멀리 떨어져 있었기 때문에 일반 농민이 접근하기 어려웠다. 그래서 영주들이 주로 수출용곡물생산에 주력하여 네덜란드나 스페인 등으로 수출했기 때문이다. 마지막으로 동부 독일에서는 영주들이 상품생산의 변화에 대해 반응하여 적응하였기 때문이다. 김종현, 2007, 222-225.

5 클라팜(Clapham), 1936.

6 김종현, 1984, 138-144.

7 김종현, 2012, 334.

8 장민수, 1998, 190.

9 장민수, 1998, 193.

10 이헌대, 1996, 188.

11 장민수, 1998, 201.

12 장민수, 1998, 203.

13 포카혼타스의 남편 스미스가 화약 폭발 사고로 치료를 받으러 영국에 간 사이에 영국인들은 스미스가 죽었다고 포카혼타스에게 말했다. 그래서 포카혼타스는 1614년에 담배농장주 존 롤프(John Rolfe)와 결혼했다. 그리고 영국에 가서 유명인사가 되었다. 이 이야기를 다룬 것이 〈포카혼타스〉의 속편인 〈포카혼타스 2: 신세계로의 여행〉이다. 이들 부부 사이에서 난 아들 토마스의 후손들이 많이 태어났는데, 그중 우드로우 윌슨 대통령의 부인인 에디스 윌슨(Edith Wilson(1872~1961))과 레이건 대통령의 부인 낸시 레이건이 있다.

14 애쓰모글루(Acemoglu)·로빈슨(Robinson), 2012, 52.

15 통일령은 영국국교회(또는 성공회)의 예배 의식을 통일하기 위해 1549년부터 1562년까지 4차에 걸쳐 제정한 법률을 말한다. 헨리 8세는 영국국교회를 로마 가톨릭으로부터 독립시키기는 했지만 교의(教義)는 여전히 로마 카톨릭을 따랐다. 다음 왕 에드워드 6세 때인, 1549년에 프로테스탄티즘에 바탕을 둔 《보통기도서》의 제정을 위한 통일령이 공포되었다. 가톨릭적 해석이 스며들 여지가 있어서, 1552년 두 번째의 《기도서》를 만들어 이 점을 분명히 하였는데, 이에 따라 제2의 통일령이 공포되었다. 그 후 메리 1세의 가톨릭적 반동에 부닥쳐 한때 폐지되었으나, 엘리자베스가 즉위하여 1559년 수장령(首長令)에 의해 국왕의 지상권(至上權)을 확립하고, 동시에 다시 통일령을 발표하여 예배와 기타 모든 의식은 전기 에드워드 6세가 공포한 《기도서》에 따를 것을 결정했다. 엘리자베스 1세는 로마 카톨릭과 개신교도들이 공존할 수 있도록, 1563년에 <영국 성공회 39개조 신앙고백>을 제정했는데, 이때부터 청교도들이 영국국교회 즉 성공회와 대립하기 시작했다. 그후 1603년에 즉위한 제임스 1세는 영국국교회를 강력히 지지했다. 그리고 왕권신수설을 주장하며 국왕의 절대성을 강조함으로 여러 개신교들로부터 반감을 샀다. 청교도들은 영국국교회를 받아들였지만, 누팅엄셔의 올 세인트 페리쉬 교회(All Saint's Parish Church)의 교인들을 중심으로 분리주의자들이 생겨났다. 통일령에 따라 영국국교회 예배에 참석하지 않으면 불법이었으며, 불법예배에 참석하면 금고형과 벌금이 부과되었다. 분리주의자들을 수용할 것인가를 논의하다가 결국 영국은 분리주의자들을 용인하지 않기로 결정했다. 이에 따라 분리주의자들은 암스테르담을 거쳐 신대륙으로 이주하게 되었고, 이들이 필그림파더들이다. 출처: [네이버 지식백과] 통일령 [Act of Uniformity].

16 코머저(Commager), 1946, 15-16.

17 http://kyliahistoria.tistory.com/5.

18 에이먼 버틀러(Eamonn Butler), 2008, 41.

19 7년 전쟁(1756~1763)은 오스트리아의 마리아 테레지아(Maria Theresa)가 오스트리아 왕위계승전쟁에서 빼앗긴 독일 동부의 슐레지언(Schlesien, 영어 Silesia)을 되찾기 위해 프로이센과 벌인 전쟁인데, 유럽 대부분의 열강이 참여해 최초의 세계대전이라고 불릴 정도의 대규모 전쟁이 되었다. 주로 오스트리아-프랑스-작센-스웨덴-러시아가 동맹을 맺어 프로이센-하노버-영국의 연합에 맞섰다. 이를 영국과 프랑스는 아메리카 대륙에서 전쟁을 벌여 프렌치 인디언 전쟁이라 불렸다. 결국 영국의 지원을 받은 프로이센이 승리해 슐레지언의 영유권을 확보했으며, 아메리카 식민지에서는 영국이 북아메리카의 뉴프랑스(현재의 퀘벡 주와 온타리오 주)를 차지하여 북아메리카에서 프랑스 세력을 몰아냈고, 인도에서도 프랑스 세력을 몰아내어 대영제국의 기초를 닦았다.

20 영국이 캐나다를 선택함에 따라 프랑스가 과돌루프를 차지해 지금까지 이 섬은 프랑스령으로 되어 있다.

21 플럼(Plumb), 1950.

22 뉴잉글랜드 지방에는 지주귀족을 불신하는 칼뱅개혁파와 청교도, 뉴저지에는 장로파, 로드 아일랜드에는 침례교와 루터파, 펜실베이니아에는 청교도들이 주로 살고 있었다. 반면 메릴랜드에는 가톨릭, 버지니아에는 대토지를 소유하는 영국국교도가 많이 거주하고 있었다. 그러나 전체적으로 볼 때 프로테스탄트가 주류를 이루고 있었다.

23 설탕, 담배, 쌀, 면화, 모피, 인디고 등의 품목은 본국 내지 영국 식민지에만 수출할 수 있으며, 본국의 공업제품만 구입해야 했다. 외국제품은 본국을 경유해야 하며, 아프리카, 아시아, 아메리카의 상품을 본국 또는 식민지로 수입할 경우 영국 선박 또는 식민지 선박에 한정하였다. 그뿐만 아니라 유럽의 상품은 반드시 본국을 경유하여 관세를 지불한 후 식민지로 수입할 수 있게 했다. 그리고 본국의 산업을 보호하기 위해 본국산업과 경쟁하는 식민지의 산업을 억제하는 법을 제정하여 본국의 산업을 보호했다. 예를 들면 식민지에서 모자의 수출을 금지하는 모자법(Hat Act, 1732)이 있었다.

24 1780년에는 영국의 해상봉쇄작전에 피해를 입은 덴마크, 스웨덴, 러시아, 프로이센, 오스트리아, 포르투갈 등 6개국이 러시아의 제의에 의해 무장중립동맹을 체결하고 아메리카 독립을 승인하여 독립전쟁은 국제전쟁으로 변모하였다.

25 독립선언서의 주요 내용은 첫째는 인간의 기본권이다. 모든 인간은 평등하게 창조되었고 창조주로부터 양도할 수 없는 천부적 권리인 생명, 자유, 행복추구의 권리를 받아 가지고 있는데, 이는 '명백한 진리'라고 선언하였다. 둘째는 국민주권의 원리다. 모든 정부는 그 정당한 권력을 국민의 동의에 의하여 위탁받은 것이라고 선언하였다. 셋째는 인민의 혁명권을 천명이다. 인권을 유린하

는 압제적 정부를 언제든지 개혁 또는 전복하고, 인민의 안전과 행복을 가져오는 정부를 다시 수립할 권리가 있다고 선언하였다.

26 1에이커는 약 1,224평이므로, 160에이커는 약 20만(195,840) 평 정도 된다.

27 미국 산업혁명의 시기에 대해서도 학자들 사이에 다양한 견해들이 있다. 먼저 로스토우는 미국의 이륙기를 1843년부터 1860년까지로 보았는데, 철도건설과 공업발전으로 인해서, 남북전쟁 직전에 이륙단계에 도달했다고 주장했다. 핵커(Louis Hacker)는 1843년부터 1857년까지의 공업화가 산업혁명의 맹아였으며 남북전쟁 이후에 산업혁명을 달성한다고 보았다. 그 이유는 미국에서는 상업자본과 농업자본이 강했기 때문에 산업혁명이 발생하기 어려웠는데, 남북전쟁에 의해 이 제약조건이 없어짐으로써 본격적으로 산업혁명이 가능하게 되었다고 보았다. 반면에 포오크너(H.U. Faulkner)는 1840년부터 1960년대에 산업혁명의 효과들이 감지되기 시작해서 남북전쟁 이후에 본격적으로 산업혁명이 시작되었다고 보았다(American Economic History, 1960). 그러나 포겔이나 노스 등 신경제사학자들은 공업생산이 지속적으로 확대된 것은 1820년대부터이므로 이때 산업혁명이 시작되었으며, 1860년대까지를 산업혁명기로 파악한다.

28 김종현, 2007, 164.

29 김종현, 1984, 165, 표 6-4, 주요공업의 부문별 구성(1860년) 참고.

30 포겔(Fogel), 1964.

31 피쉬로우(Fishlow), 1965.

32 두 저서 모두 사실과 반대되는 상황을 가정하고 그 결과를 추정하여 실제로 일어난 사실과 비교하는 가설검증의 방법을 썼다. 이러한 방법이 초기 신경제사학의 전형적인 유형으로 간주되었고 역사에 가설을 세우는 것에 대한 비판이 제기되었다. 그리하여 신경제사학의 방법론에 대한 논쟁이 계속되었다. 그러한 가운데 일각에서는 다른 나라 철도의 경제적 효과에 대한 연구가 계속되었다. 영국, 독일 그리고 러시아 철도의 경제적 효과에 대한 연구결과 미국과 거의 같은 결론을 얻었다. 오브라이언(O'Brien, 1977)은 철도가 경제성장에 기여한 것은 사실이지만 다른 교통수단으로도 그러한 성과를 얻었을 것이다라고 주장했다. 그리하여 마침내 철도라는 새로운 운송수단이 경제발전에 미친 효과가 너무 과장되어 있었다는 결론을 내리게 되었고, 한 가지의 새로운 기술혁신이 혁명적인 영향을 미쳤다고 하는 미신을 불식시켰다. 아울러 신경제사 방법론의 유용성이 인정되기 시작했다.

33 중국 CCTV(2010년), Wall Street, 4편 Gilled Ara(도금시대).

34 포겔(Fogel)·엥거만(Engerman), 1974.

35 이 논쟁에 대한 문헌조사연구로는 구트만(Gutman), 1975, 54-227; 폴 데이빗·구트만, 서치, 테민, 라이트,1976 등을 참고.

36 당시에 발전소를 직류로 할 것인가 교류로 할 것인가 하는 소위 전류전쟁을 벌였는데, 직류를 고집한 에디슨은 교류를 사용한 테슬라의 웨스팅하우스에 뒤처지게 되었다. 이로 인해 모건은 에디슨과 결별하고, 에디슨전기회사를 인수하여 제너럴 일렉트릭(General Electric)을 세웠다.

37 로버트 하일브로너(Robert Heilbroner), 2007, 215-216.

38 더글러스 노스(Douglass North), 1981, 174.

39 더글러스 노스(Douglass North), 1981, 172.

40 더글러스 노스(Douglass North), 1981, 172-173.

41 청교도혁명 이후에 농지법이 개정되어 밀의 수입이 금지되고 수출만 가능하게 되었다. 이에 따라 밀의 가격이 급격히 상승했다.

8장 제도 실패의 역사적 사례들

1 번스타인(Bernstein), 2004, 336.

2 더글러스 노스(Douglass North)·로버트 토마스(Robert Thomas), 1973, 155.

3 번스타인(Bernstein), 2004, 355.

4 이때부터 1640년까지 약 60년간 스페인이 포르투갈을 통치했다. 포르투갈이 다시 스페인으로부터 독립하게 된 이유는 스페인이 영국, 프랑스, 네덜란드 등과 벌인 전쟁으로 인해서 과중한 세금을 포르투갈에 부과하고 군인을 징집했기 때문이었다. 스페인이 연이어 패배하게 되자 포르투갈의 해외 식민지도 계속 빼앗겼다. 게다가 1637년에 스페인은 부동산양도세를 부과하자, 포르투갈의 에보라에서 시민들이 항의했다. 그리고 포르투갈에서 징집을 하자, 카탈루냐 지방에서 1640년에 대규모 폭동이 있었다. 결국 프랑스가 지원을 하고, 귀족들 40명이 스페인에게서 독립하기로 결의함에 따라 동 주앙 4세를 왕위에 옹립하고 그 후 28년간 스페인과 독립전쟁을 해서 독립을 쟁취하였다. 문점식, 2012, 453-457.

5 홍익희, 2013, 330.

6 홍익희, 2013, 332.

7 홍익희, 2013, 334.

8 문점식, 2012, 263.

9 더글러스 노스(Douglass North)·로버트 토마스(Robert Thomas), 1973, 223.

10 번스타인(Bernstein), 2004, 360-361.

11 더글러스 노스(Douglass North)·로버트 토마스(Robert Thomas), 1973, 226.

12 스페인은 네덜란드의 프로테스탄트 지역에 앞의 5장에서 언급한 바와 같이 높은 세금을 부과했고, 이에 반발하여 북부 7개 지방이 1581년에 독립을 선언했다.

13 더글러스 노스(Douglass North)·로버트 토마스(Robert Thomas), 1973, 221-223.

14 문점식, 2012, 265-66.

15 번스타인(Bernstein), 2004, 362.

16 더글러스 노스(Douglass North)·로버트 토마스(Robert Thomas), 1973, 154.

17 번스타인(Bernstein), 2004, 362; 더글러스 노스(Douglass North)·로버트 토마스(Robert Thomas), 1973, 225.

18 더글러스 노스(Douglass North)·로버트 토마스(Robert Thomas), 1973, 224.

19 번스타인(Bernstein), 2004, 364.

20 번스타인(Bernstein), 2004, 366.

21 교황 알렉산데르 6세의 칙령에 의해서 정식으로 인정되었다.

22 문점식, 2012, 262.

23 번스타인(Bernstein), 2004, 367.

24 더글러스 노스(Douglass North), 1990: 184.

25 번스타인(Bernstein), 2004, 369.

26 번스타인(Bernstein), 2004, 340.

27 더글러스 노스(Douglass North)·로버트 토마스(Robert Thomas), 1973, 210-211.

28 더글러스 노스(Douglass North)·로버트 토마스(Robert Thomas), 1973, 211.

29 번스타인(Bernstein), 2004, 343.

30 더글러스 노스(Douglass North)·로버트 토마스(Robert Thomas), 1973, 218.

31 번스타인(Bernstein), 2004, 344-345.

32 번스타인(Bernstein), 2004, 348.

33 번스타인(Bernstein), 2004, 346.

34 번스타인(Bernstein), 2004, 347-9.

35 번스타인(Bernstein), 2004, 347.

36 번스타인(Bernstein), 2004, 348-9.

37 번스타인(Bernstein), 2004, 343-344.

38 번스타인(Bernstein), 2004, 344.

39 문점식, 2012, 405-406.

40 더글러스 노스(Douglass North)·로버트 토마스(Robert Thomas), 1973, 211.

41 번스타인(Bernstein), 2004, 342.

42 문점식, 2012, 292.

43 번스타인(Bernstein), 2004, 341.

44 퍼거슨(Ferguson), 다큐멘터리 <돈의 힘> 3부 거품과 붕괴.

45 문점식, 2012, 294.

46 번스타인(Bernstein), 2004, 350.

47 번스타인(Bernstein), 2004, 351-2.

48 이든조약은 1786년 9월 26일에 영국과 프랑스가 맺은 자유통상협정으로 관세를 낮추고 자유무역의 원칙을 천명했다. 사이가 나쁜 영국과 프랑스가 통상협정을 맺은 이유는 두 나라가 모두 재정난을 겪고 있었기 때문이다. 영국도 전쟁비용 후유증으로 경제가 어려움을 겪고 있었다. 그리고 자유무역을 강조하는 애덤 스미스의 '국부론'도 영국 정치인에게 영향을 미쳤다.

49 클라팜은 프랑스는 산업혁명을 경험하지 않았다고 주장했고, 로스토우도 프랑스의 산업혁명은 이륙이 없었던 것이 특징이라고 하면서 완만하게 산업화가 일어났다는 것을 강조했다.

50 하박국(Habakkuk), 1962.

51 김종현, 2007, 402-403.

52 맥클로스키(McCloskey)·샌드버그(Sandberg), 1971.

53 올슨(Olson), 1982.

54 올슨(Olson), 1971.

55 한국은행, 2014.

56 나머지는 잉카제국의 수도인 쿠스코(Cusco), 16세기 아스테카왕국의 수도테노치티틀란(Tenochtitlan), 이집트의 테베(Thebes), 중국 당나라 수도 시안(西安), 미국 미시시피 강 인디언들의 카호키아(Cahokia)이다.

57 미국 CIA 발표. 2013년 2월 7일 기준. 출처: http://www.chogabje.com/board/view.asp?cpage =0&C_IDX=49809&C_CC=AZ.

58 짐바브웨 달러는 초인플레이션으로 화폐의 가치가 이렇게 떨어졌지만, 가장 최고액권 화폐는 아니다. 역사적으로 최고액권 화폐는 1946년 7월 11일에 헝가리에서 발행한 1해(100,000,000,000,000,000,000)펭괴로 1뒤에 '0'이 자그만치 20개가 있다. 출처: 위키백과.

59 에르난도 데 소토(Hernando De Soto), 2000, 15.

60 번스타인(Bernstein), 2004, 408.

61 KBS1 역사스페셜, 2010, <세계 최초의 2단 로켓, 신기전(神機箭)의 부활> 참고.

62 Daum 백과사전, '조선민사령'.

63 이사벨라 버드 비숍(Isabella Bird Bishop), 1897, 37, 220-221, 229-230.

64 김재호, 2005, 5.

65 노명호, 1998, 17 ; 이영훈, 2003, 4-5.

66 임상혁, 2010, 23.

67 이영훈, 1998.

68 제임스 팔레(James Palais), 1996.

69 스탠리 엥거만(Stanley Engerman), 2007.

70 이우연·차명수, 2010, 103.

71 김남, 2012, 32-35.

72 안충영, 김승욱, 1999, 12.

73 경제문화공동체 더함, "조선 최고의 부자는 누구였을까?" 출처: http://www.eccplus.co.kr/bbs/board.php?bo_table=sub03_01_2&wr.

74 최인호, 2000, 서문.

75 http://egloos.zum.com/pjk1981/v/1768226.

9장 한강의 기적과 시장경제

1 콩고민주공화국은 공산주의 국가였던 콩고(인민)공화국과 다른 나라이다. 아프리카 중서부의 콩고 강을 기준으로 나뉘어진 두 나라가 콩고(인민)공화국과 콩고민주공화국이다. 콩고민주공화국은 콩고공화국에 비해서 7배 정도 국토 면적이 넓으며, 세계에서 면적으로는 12번째로 큰 나라다. 역사적으로도 콩고공화국은 프랑스의 식민지였는 데 반해서 콩고민주공화국은 벨기에의 식민지였다. 이름만 비슷할 뿐 분단국가는 아니다.

2 한국은행, 2015.3.25, <2014 국민계정(잠정)보고서>.

3 IMF, World Economic Outlook database.

4 2014년에 한국의 국가경쟁력은 4단계 하락해 26위로 떨어져서 24위의 일본보다 다시 뒤처지게 되었다.

5 김낙년 편, 2006, 340-341,636.

6 박희진·차명숙, 2004, 27.

7 김낙년 편, 2012, 324-325.

8 김낙년, 2012, 343.

9 김낙년, 2010.

10 이영훈, 2013, 14.

11 최근 민족문제연구소에서 제작한 다큐멘터리 <백년전쟁>에서 이승만 대통령을 독립기금을 가로챈 파렴치한에 민족 반역자이며 친일파이고, '권력욕에 사로잡힌 노인'으로 평가했다. 이승만연구

원에서는 <생명의 길>이라는 다큐멘터리를 통해서 이에 반박했다.

12 한국은행, 2000, 8-38.

13 김승욱, 2007, 201-203.

14 김일영, 2005, 26-27; 김승욱, 2007, 208.

15 김승욱, 2012, 162.

16 김승욱, 2012, 157-159.

17 김승욱, 2007, "제4절 정부 간섭주의는 자유주의에 어떤 의미인가"를 참조.

18 조순(1991, 200-201)은 한국의 경우 고도성장기 정부의 역할이 더욱 구체적이었다고 주장한다. 대만이나 인도의 경우 경제계획이 '지시적 계획(indicative plan)'이었는 데 반해, 한국은 '실행계획'이었다는 것이다. 한국 정부는 단순히 지시만 한 것이 아니라 경제기획원을 만들어서 중앙집권적인 통제와 지도를 했으며, 주요산업에 대한 투자 목표(industrial targeting)를 설정하고 이를 달성하기 위해 재정, 금융상의 모든 지원을 했다. 기업의 소유는 사유이지만 경영은 정부와 소유자가 공동으로 하는 일종의 '권위주의적 자본주의(authoritarian capitalism)'였다고 평가했다. 김승욱, 2007, 250.

19 좌승희(2006, 255)는 이를 '관치에 의한 차별화'라는 용어를 사용했다. 이 용어는 마치 정부가 경쟁의 승자와 패자를 가르는 데 영향을 미쳤다는 오해를 받을 수 있다.

20 김승욱, 2012, "재벌은 자유주의에 긍정적이었는가?"참고.

21 피터 드러커(Peter Drucker), 2002, 207.

22 김인영, 2005, 169.

23 이사야 벌린은 자유를 '소극적 자유'와 '적극적 자유'로 구분했다. 소극적 자유란 타인으로부터 간섭과 강제를 방지 않을 자유를 의미하고, 적극적 자유란 하고 싶은 것을 마음대로 한 자유를 말한다. 시장경제에서 보장하는 자유란 적극적 자유가 아니라 소극적 자유이다.

24 1960년부터 1970년대의 성장과정을 통하여 제조업의 독과점적 시장구조는 대체로 지속되었으나 1970년대 중반 전후를 기점으로 독점이나 복점이 과점적인 형태로 변화하였다고 본다. 이성순·유승민, 1995, 150-51.

25 2004년 공정거래위원회는 자산규모가 5조 원을 넘어 출자총액을 규제받는 18개 기업집단과 자산규모가 2조 원을 넘어 상호출자 및 채무보증이 금지되는 51개 기업집단을 지정해 발표하였다. 김인영, 2005, 161.

26 암스덴(Amsden), 1989, 11. 조선일보, 2009년 11월 6일자 인터뷰.

27 삭스(Sachs), 동아일보, 2012년 10월 19일자 인터뷰.

10장 20세기의 경제사: 시장인가 정부인가

1 베르낭 브로델(Fernand Braudel, 2008, 58)은 마르크스가 자본주의라는 단어를 몰랐을 것이라고 추측한다. 마르크스의 『자본론』의 한국어 번역본에는 자본주의 축적 등 '자본주의'라는 단어를 사용하고 있다. 그리고 '자본주의적 생산양식' 등의 용어를 마르크스가 사용한 것으로 많은 사람들이 생각한다. 그런데 브로델은 마르크스가 자본주의라는 단어를 몰랐을 것으로 추정한다.

2 베르낭 브로델(Fernand Braudel), 2008, 60-76.

3 김종현, 2006, 23-31.

4 힉스(Higgs), 1985.

5 자유주의에는 '공동체 자유주의', '평등주의적 자유주의', '개인주의적 자유주의'가 있다.

6 미제스(Mises), 1927, 26.

7 미제스(Mises), 1927, 31-32.

8 퍼거슨(Ferguson), 2003.

9 나머지 두 번의 장기 호황은 베트남전쟁이 있었던 1960년대이고, 세 번째 장기호황은 1990년대 이후이다.

10 뉴딜(New Deal)이라는 용어는 1932년에 발표된 스튜어트 체이스(Stuart Chase)의 『뉴딜*New Deal, 1932*』이라는 책의 제목에서 따온 것이다. 뉴딜(New Deal)은 26대 대통령인 테어도어 루스벨트의 스퀘어딜(Square deal : 공평한 분배 정책)과 28대 윌슨 대통령의 뉴프리덤(New Freedom : 새로운 자유 정책)의 합성어이다. 출처: 『글로벌 세계대백과사전』, 수락연설 가운데 이 구절이 나오는 부분은 다음과 같다. "그동안 정부의 정치 철학에서 소외되었던 전국의 국민들은 나라의 부를 분배할 때 더욱 공정한 기회를 얻게 되길 바라고 있습니다. (…) 수백만이나 되는 우리 시민들이 여전히 희망을 소중하게 간직하고 있습니다. (…) 이 수백만의 사람들이 지닌 희망은 헛된 것이 될 수 없고, 그렇게 되도록 놓아두어서도 안 될 것입니다. 저는 여러분들께, 그리고 저 자신에게 맹세합니다. 미국의 보통 사람들을 위한 뉴딜을 반드시 실현시키겠습니다.(출처: https://books.google.co.kr/books?id=U_-jAwAAQBAJ&pg=PT462&lpg=PT462&dq=%EB%89%B4

%EB%94%9C%EC%9D%98+%EC%9D%98%EB%AF%B8&source=bl&ots=K31EPdX-4n&sig=h3VdnitKbUiKmrSA2kl6y2k6hBk&hl=en&sa=X&ei=_QSlVNSSFoq78gWK4LwBQ&ved=0CCUQ6AEwAQ#v=onepage&q=%EB%89%B4%EB%94%9C%EC%9D%98%20%EC%9D%98%EB%AF%B8&f=false).

11 경기부양정책(Recovery)으로는 NIRA, PWA, 달러화의 평가절하, 주택정책, RFC 등이 있고, 개혁정책(Reform)으로는 노동관계법을 총괄하는 일명 와그너(Wagner)법, TVA, SSA, SEC, FCC, REA, FRS개혁 등이 있다. 구호정책(Relief)으로는 AAA, 긴급은행법, FERA, CCC, FCA, CWA 등이 있다.

12 프라이스 피시백(Price Fishback), ed, 2007, 392.

13 이 부분에 대한 설명은 프라이스 피시백(Price Fishback), ed, 2007, 1·3장 뉴딜(The New Deal)을 참고할 것.

14 최근 금 시세는 1온즈당 850달러 정도이므로 지난 70년 동안 금값이 매우 많이 올랐다는 것을 알 수 있다. 이는 다른 말로 하면 달러의 가치가 그만큼 많이 떨어졌다는 의미이다.

15 <주간 조선> 2338호(2015 신년호), 18.

16 PBS 다큐멘터리, commanding Heights, Vol. 1, The Battle of Idea.

17 이 부분은 김승욱(2005)의 내용을 수정한 것임.

18 제프리 윌리엄슨(Jeffrey Williamson), 1996.

19 PBS 다큐멘터리, commanding Heights, Vol. 2, The Agony of Reform을 주로 참고함.

20 피노체트 정부는 경제는 시장경제로 개혁을 실시했지만, 독재 정치로 인해서 2,400명이 죽거나 실종되어서 중남미 국가들이 시장개혁을 좋지 않게 바라보게 만들었다.

11장 효율적인 제도가 인류를 구원할 수 있을까?

1 이헌창, 2012, 248.

2 효율적 제도 가설에 대한 비판도 물론 있다. 이 가설의 비판은 그래고리 클라크(Gregory Clark), 2007, 11장을 참고.

3 삭스(Sachs), 2008, 35.

4 삭스(Sachs), 2008, 39.

5 삭스(Sachs), 2008, 42.

6 삭스(Sachs), 2008, 77-79.

7 앨런 와이즈만(Alan Weisman), 2014, 271.

8 앨런 와이즈만(Alan Weisman), 2014, 8.

9 폴 에를리히(Paul Ehrlich), 1968.

10 줄리안 사이먼은 1981년에 『근본자원*Ultimate Resource*』을 발표했고, 1996년에 전면개정판을 『근본자원 2』라는 제목으로 발표하였다.

11 맥닐(McNeil), 2000, 15-16.

12 에너지 원단위는 에너지 집약도라고도 번역된다. GDP 1단위를 생산하는 데 필요한 에너지 사용량을 말한다. 일반적으로 '1차 에너지 소비량/GDP'로 표시한다.

13 맥닐(McNeil), 2000, 486.

14 짐 클리프턴(Jim Clifton), 2013, 7.

15 짐 클리프턴(Jim Clifton), 2013, 23.

16 짐 클리프턴(Jim Clifton), 2013, 8, 33-38.

17 2014년 12월 4일에 미국의 마켓워치는 미국은 이제 공식적으로 2위(America is now No. 2.)라는 기사에서 국제통화기금(IMF)의 통계를 인용해서 이렇게 분석했으며, 파이낸셜타임즈도 그렇게 보도했다. 출처: 중앙일보, 2014년 12월 8일자 경제1면. http://www.koreadaily.com/news/read.asp?art_id=3021584.

18 짐 클리프턴(Jim Clifton), 2013, 63.

19 로버트 포겔(Robert Fogel), *Foreign Policy*, Clifton, 2013, 66에서 재인용.

20 짐 클리프턴(Jim Clifton), 2013, 71-76.

21 짐 클리프턴(Jim Clifton), 2013, 91.

22 제레드 다이아몬드(Jared Diamond), 2005, 721.

23 포브스(Forbes)·아메스(Ames), 2008, 10.

Bibliography
참고문헌

Acemoglu, Daron and James A. Robinson, 2012, *Why Nations Fail.* 최완규 역, 2012, 『국가는 왜 실패하는가』, 시공사.

Acemoglu, Daron, Simon Johnson, and James A. Robinson, 2002, "Reversal of Fortune: Geography and Institutions in the Making of the Modern World Income Distribution", Quarterly Journal of Economics, 117, 1231-1294.

Alston, Lee J., Thrainn Eggertsson and Douglass C. North, eds., 1996, *Empirical Studies in Institutional Change*, Cambridge University Press.

Amsden, Alice H., 1989, *Asia's Next Giant: South Korea and Late Industrialization*, New York: Oxford University Press, 이근달 역, 1990, 『아시아의 다음 거인』, 시사영어사.

Anderson, Perry, 1974, *Lineages of the Absolutist State*, 함택영 외 역, 1990, 『절대주의 국가의 계보』, 경남대학교, 극동문제연구소.

Andreano, Ralph L.(de.), 1970, *The New Economic History: Recent Papers on Methodology*, Wiley.

Bacon, Francis, 1620, *Novum Organum*, 진석용 역, 2001, 『신기관: 자연의 해석과 인간의 자연 지배에 관한 잠언)』, 한길사.

Barro, Robert J., 1991, "*Economic Growth in a Cross Section of Countries*", Quarterly Journal of Economics, 106(2), 43-407.

Bastiat, Frederic, 1845, *The Law*, 김정호 역, 1997, 『법』, 자유기업센터.

Beaud, Michel, 1981, *Histoire du capitalisme: 1500-1980*, 김윤자 역, 1987, 『자본주의의 역사』, 창작사.

Bebbington, David, 1990, *Patterns in History: a Christian Perspective on Historical Thought*, 김진흥 외 역, 1997, "역사란 무엇인가?", 『역사관의 유형들』, 제1장, IVP.

Beinhocker, Eric, 2006, *The Origin of Wealth*, 안현실·정성철 공역, 2007, 『부의 기원』, 랜덤하우스코리아.

Bernstein, William, 2004, *The Birth of Plenty*, 김현구 역, 2005, 『부의 탄생』, 시아출판사.

Bieler, Andre, 1959, *The Social Humanism of Calvin*, 홍치모 역, 1985, 『칼뱅의 경제윤리』, 성광문화사.

Bishop, Isabella Bird, 1897, *Korea and Her Neighbors*, 신복룡 역, 1999, 『조선과 그 이웃 나라들』, 집문당.

Breit, William and Roger W. Spencer, 2004, *Lives of the Laureates: Eighteen Nobel Economists*, 김민주 역, 2004, 『경제학의 제국을 건설한 사람들: 노벨 경제학 강의: 노벨 수상자 18인이 말하는 '나의 경제학, 그리고 노벨상'』, 미래의 창.

Buchanan, James M., and Gordon Tullock, 1962, *The Calculus of Content*, 전상경·황수연 공역, 1998, 『국민합의의 분석: 헌법적 민주주의의 논리적 기초』, 시공아카데미.

Bücher, Karl, 1893, *Die Entstellung der Volkswirtschaft*.

Buchheim, Christoph, 1993, 『세계의 산업혁명 - 영국, 유럽 및 해외의 장기 경제발전』, 이헌대 역, 1998, 해남.

Buchholz, Todd G., 1989, *New Ideas from Dead Economists*, 이승환 역, 1994, 『죽은 경제학자의 살아있는 아이디어: 현대 경제사상의 이해를 위한 입문서』, 김영사.

Butler, Eamonn, 2008, *the Best Book on the Market: How to stop worrying and love the free economy*, 김명철 역, 2009, 『시장경제의 법칙』, 시아.

Cameron, Rondo, 1977, "Comparative Economic History", in Robert E. Gallman, ed., *Recent Developments in the Study of Economic and Business History: Essays in Memory of Herman E. Krooss, Supplement 1 to Research in Economic History*, Greenwich, Connecticut: JAI Press, 287-305.

Carol Off, 2008, 배현 역, 2011, *Bitter Chocolate: The Dark Side of the World's Most Seductive Sweet*, 『나쁜 초콜릿 - 탐닉과 폭력이 공존하는 초콜릿의 문화 사회사』, 알마.

Carr, E. H., 1961, *What is History?*, 박성수 역, 1983, 『역사란 무엇인가?』, 민지사.

CCTV 다큐제작팀, 2010, Wall Street.

———, 2010,『公司的力量』, 허유영 역, 2014,『기업의 힘』, 다산북스.

Chimerica Media, 2008, 〈돈의 힘〉, KBS 걸작다큐멘터리 경제 특집, 6부작, 2009년 5-6월 방영.

Chandler, Alfred, 1977, *Visible Hand*,『보이는 손』.

Childe, Vere Gordon, 1942, *What Happened in History*, Penguin.

Chewning, Richard C. ed., 1990, *Christians in the Marketplace Series Biblical Principles and Business: The Practice*, 기독경영연구회 역, 1993,『기업경영과 성경적 원리』, IVP.

Cipolla, Carlo Maria, 1994, *Tre storie extra Vaganti*, 김위선 역, 2013,『중세유럽의 상인들 - 무법자에서 지식인으로』, 길.

Clark, Gregory, 2007, *A Farewell to Alms*, 이은주 역, 2009,『맬서스, 산업혁명, 그리고 이해할 수 없는 신세계 - 왜 부국의 원조가 빈국의 가난을 해결하지 못하는가?』, 한스미디어.

Clifton, Jim, 2013, *The Coming Jobs War*, 정준희 역, 2015,『갤럽보고서가 예고하는 일자리 전쟁』, 북스넛.

Clapham, J.H., 1936, *The Economic Development of France and Germany 1815-1914*, 4th ed.

Coase, Ronald H., 1937, “The Nature of the Firm”, Economica, 4, 386-405, Reprinted in R. H. Coase, ed., 1988, *The Firm, the Market, and the Law*, University of Chicago Press, 33-55.

———, 1960, “The Problem of Social Cost”, *Journal of Law and Economics* 3(1), I-44.

———, 1988, The Firm, *the Market, and the Law*, University of Chicago Press, 김일태·이상호 역, 1988,『기업, 시장 그리고 법』, 전남대학교 출판부.

Collingwood, R. G., 1951, *The Idea of History*, 소광희·손동현 역, 1979, 『역사의 인식 - 역사학은 과학인가 이념인가』, 경문사.

Commager, Henry Steele ed., 1946, *Documents of American History*, Appleton-Century Crofts.

Conrad, Alfred H. and John R. Meyer, 1957, "The Economic Theory, Statistical Inference, and Economic History", *Journal of Economic History*, 17(4), 44-524.

————, 1958, "The Economics of Slavery in the Ante Bellum South", *Journal of Political Economy*, 66, 43-442.

Crowley, Roger, 2011, *City of Fortune: How Venice Won and Lost a Naval Empire*, 우태영 역, 2011, 『부의 도시 베네치아』, 다른세상.

Dash, Mike, 2002, *Batavia's Graveyard*, 김성준·김주식 역, 2012, 『미친 항해: 바타비아 호 좌초사건』, 혜안.

David, Paul A., 1985, "Clio and the Economics of QWERTY", *American Economic Review*, 75, 37-332.

David, Paul A, et, al Gutman Herbert G., "The World Two Cliometricians Made: A Review-Essay of Fogel and Engerman on Time on the Cross", *Journal of Negro History*, 60, January 1975, 54-227을 참고. Reckoning with Slavery.

David, Paul A. Herbert G. Gutman, Richard Sutch, Peter Temin and Gavin Wright, 1976, *Reckoning with Slavery*, Oxford University Press.

Davis, Lance E., 1967, "The Capital Markets and Industrial Concentration: The U.S. and U.K., a Comparative Study", *Purdue Faculty Papers in Economic History 1956-1966*, Richard D. Irwin, Inc., 84-663.

————, "And It Will Never Be Literature: The New Economic History: A Critique", in Ralph L. Andreano, (ed.) *The New Economic History: Recent Papers on Methodology*, 67-84.

Deane, Phyllis, 1968, "New Estimates of Gross National Product for the United Kingdom, 1830-1914", *Review of Income and Wealth*, 14, 95-112.

Deane, Phyllis and Cole, W. A., 1976, *British Economic Growth 1688-1955*, Cambridge University Press.

Deaton, Angus, 2013, *The Great Escape*, 이현정 최윤희 역, 2014, 『위대한 탈출』, 한국경제신문.

Demsetz, Harold, 1988, "The Theory of the Firm Revisited," *Journal of Law and Economics, Organization*, 4, 141-162, reprinted in Oliver E. Williamson and S. G. Wintered (eds.), 1991, *the Nature of the Firm: Origins, Evolution, and Development*, Oxford University Press.

————, 1967, Toward a Theory of Property Rights, America Economic Review, Papers and Proceedings of the Seventy-ninth Annual Meeting of the American Economic Association, 57(2), 347-353.

Diamond, Jared, 1999, *Guns, Germs, and Steel*, 김진준 역, 1998, 『총, 균, 쇠: 무기, 병균, 금속은 인류의 문명을 어떻게 바꿨는가』, 문학사상사.

————, 2005. *Collapse: How Societies Choose to Fall or Succeed*, 김주헌 역(2005), 『문명의 붕괴』, 김영사.

Dorling, Daniel 외 2인, 2009, *Real Atlas Real World*, 김화경 역, 2009, 『리얼아틀라스 리얼월드』, 디자인하우스.

Downs, Anthony, 1957, An *Economic Theory of Democracy, New York: Harper & Row*, 전인권·안도경 역, 1997, 『민주주의 경제학 이론』, 나남출판.

Drucker, Peter F., 2002, *Next Society*, 이재규 역, 2007, 『Next Society』, 한국경제신문.

Drummond, Jan M. 1967, "Labor Scarcity and the Problem of American Industrial Efficiency in the 1850's : A Comment on Temin", *Jouranl of Economic History*, 27(3), 90-383.

Easterlin, R. A., 1995, "Will Raising the Incomes of All Increase the Happiness of All?" *Journal of Economic Behavior and Organization*, 27, 35-48.

Edwards, Sebastian, 2010, *Left Behind: Latin American and the False Promise of Populism*, 이은진 역, 2012, 『포퓰리즘의 거짓 약속: 라틴아메리카, 희망에서 좌절의 대륙으로』, 살림.

Eggertsson, Thrainn, 1990, *Economic Behavior and Institution*, 장현준 역, 1996, 『경제행위와 제도』, 한국경제연구원.

Ehrlich, Paul R., 1968, *Population Bomb*, Ballantine Books.

————, 1968, *Population Bomb*, Rivercity Press.

Eichengreen, B.J. and T.Hatten(eds), 1988, "Interwar Unemployment in International Perspective", Boston, Martinus Nijhoff.

Ely, Richard T., 1984, "The Past and the Present of Political Economy", Johns Hopkins Studies in Historical and Political Science, 2, 5-64.

Elvin, Mark, 1973, *The Pattern of the Chinese Past*, Stanford University Press.

Engerman, Stanley Lewis, 2007, *Slavery, Emancipation and Freedom*: Comparative Perspectives, Louisiana University Press.

Feinstein, Charles H., 1972, *National Income, Expenditure and Output of the United Kingdom 1855-1965*, Cambridge, England.

Ferdinand Seibt, 1987, *Glanz und Elend des Mittelalters*, 차용구 역, 2013, 『중세, 천년의 빛과 그림자: 근대 유럽을 만든 중세의 모든 순간들』, 현실문화.

Ferguson, Niall, 2003, *Empire: How Britain Made the Modern World*, 김종원 역, 2006, 『제국』, 민음사.

————, 2011, *The Civilization: The West and the Rest*, 구세희·김정희 역, 2011, 『시빌라이제이션 - 서양과 나머지 세계』, 21세기북스.

Field, Alexander ed., 1987, *The Future of Economic History, Boston: Kluwer?*, Nijhoff Publishing.

Fishback, Price ed., 2007, *Government and the American Economy: A New History*, University of Chicago Press.

Fishlow, Albert, 1965, *American Railroads and the Transformation of the Anti-Bellum Economy*, Harvard University Press.

Fishlow, Albert, and Robert W. Fogel, 1971, "Quantitative Economic History, An Interim Evaluation Past Trends and Present Tendencies", *Journal of Economic History*, 31(1), 15-42.

Flannery, Kent and Joyce Marcus, 2012, *Creation of Inequality*, 하윤숙 역, 2015, 『불평등의 창조』, 미지북스.

Floud, Roderick, 1979, *An Introduction to Quantitative Methods for Historians*, 2nd ed. Bungay, Suffolk: Richard Clay, Ltd.

Fogel, Robert W., 1964, *Railroads and American Economic Growth: Essays in Econometric History*, Johns Hopkins University Press.

Fogel, Robert W. and G. R. Elton, 1983, *Which Road to the Past?: Two Views of History*, Yale University Press.

Fogel, Robert W. and Stanley L. Engerman, 1974, *Time on the Cross: The Economics of American Negro Slavery*, Little Brown.

Forbes, Steve and Elizabeth Ames 2008, 2009, *How Capitalism Will Save Us*, 김광수 역, 2011, 『자본주의는 어떻게 우리를 구할 것인가』, 아라크네.

Friedman, Milton, 1962, *Capitalism and Freedom*, Chicago.

Fukuyama, Francis, 1992, *The End of History and the Last of Man*, 이상훈 역, 1992, 『역사의 종말: 역사의 종점에 선 최후의 인간』, 한마음사.

————, 1995, *TRUST: The Social Virtues and the Creation of Prosperity*, 구승회 역, 1996, 『트러스트: 사회도덕과 번영의 창조』, 한국경제신문사.

Galbraith, John Kenneth, 1976, *The Age of Uncertainty*, 김영선 역, 1978, 『불확실성의 시대』, 청조사.

Gordon, Wendell C., John Adams, 1988, *Economics As Social Science: An Evolutionary Approach*, 임배근·정행득 역, 1995, 『제도주의 경제학: 진화론적 접근』, 비봉.

Goudzwaard, Bob, 1978, *Capitalism and Progress*, 김병연·정세열 역, 1989, 『자본주의와 진보 사상』, IVP.

Green, Robert W., 1959, *Protestantism and Capitalism: The Weber Thesis and Its Critics*, 이동하 역, 1981, 『프로테스탄티즘과 자본주의: 베버 명제와 그 비판』, 종로서적.

Gutman Herbert G., "The World Two Cliometricians Made: A Review-Essay of Fogel and Engerman on Time on the Cross", *Journal of Negro History*, 60, January 1975, 54-227.

Habakkuk, American and British Technology in the Nineteenth Century, Cambridge University Press.

Hall, Robert E. and Charles I. Jones, 1999, "Why Do Some Countries Produce so Much More Output per Worker Than Others", *Quarterly Journal of Economics*, 114,(1), 83-116.

Harris, Marvin, 1974, *Cows, Pigs, Wars and Witches: The Riddles of Culture*, 박종열 역, 2000, 『문화의 수수께끼』, 한길사.

Hayek, Friedrich A., 1960, *The Constitution of Liberty*, The University of Chicago Press, 김균 역, 1996, 『자유헌정론 I, II』, 자유기업센터.

————, 1976, *The Road to Serfdom*, 김영청 역, 1999, 『노예의 길』, 자유기업센터.

Heilbroner, Robert L., 2000, *The Worldly Philosophers 7th ed*, 김영록 역, 2002, 『세속의 철학자들: 위대한 경제사상가들의 생애, 시대와 아이디어』, 이마고.

―――――, 1993, *The Making of Economic Society*, 9th ed. Prentice-Hall.

Herodotos, Historiae, 우위펀 엮음, 2007, 希波戰爭史, 강은영 역, 2008, 『페르시아 전쟁사: 고대 동서양 문명의 대격돌』, 367-368.

Higgs, Robert, 1985, "*Crisis, Bigger Government, and Ideological Change: Two Hypotheses on the Ratchet Phenomenon*", Explorations in Economic History, 22, 1-28.

Hirshman Albert, 1977, *The Passions and the Interests*, Priceton.

Hobbes, Thomas, 1651, *Leviathan or The Matter, Form, and Power of A Commonwealth, Ecclesiastical and Civil*, 전석용 역, 2008, 『리바이덤: 교회국가 및 시민국가의 재료와 형태 및 권력』 1, 2권, 나남.

Huberman, Leo, 1936, *Man's Worldly Goods*, 정찬영 역, 1982, 『경제사관의 발전구조』, 청하, 146.

IMF, *World Economic Outlook database*.

Johnson, Paul, 1991, *Modern Times*, 조윤정 역, 2008, 『모던타임즈 I, II』, 살림.

Jones, Eric L., 1985, *The European Miracle: Environments, Economies and Geopolitics in the History of Europe and Asia*, 2nd ed, 유재천 역, 1993, 『유럽문명의 신화: 유럽과 아시아 역사에 있어 환경, 경제, 지정학』, 나남.

Kaletsky, Anatole, 2010, *Capitalism 4.0: The Birth of a New Economy*, 위선주 역, 2011, 『자본주의 4.0: 신자유주의를 대체할 새로운 경제 패러다임』, 컬처앤스토리.

Kennedy, Paul, 1987, *The Rise and Fall of the Great Power*, 이일수·김남석·황건 역, 1989, 『강대국의 흥망』, 한국경제신문사.

Kim, Seung Wook and Price Fishback, 1993, "Institutional Change, Compensating Differentials, and Accident Risk in American Railroading 1892-1945", *Journal of Economic History*, 53(4), 796-823.

———, 1999, "The Impact of Institutional Change on Compensating Wage Differentials for Accident Risk: South Korea 1984-1990", *Journal of Risk and Uncertainty*, 18(3), 231-248

Knapp, Robert, 2011, *Invisible Romans*, 김민수 역, 2012, 『99퍼센트의 로마인은 어떻게 살았을까』, 이론과 실천.

Knack, Stephen and Philip Keefer, 1997, "Does social capital have an economic payoff? A cross-country investigation", *Quarterly Journal of Economics*, 112, 1251-1288.

Knight, Frank. H., 1933, *Risk, Uncertainty and Profit, Preface to the Re-issue*, London: London School of Economics Series of Reprint, 16.

Krueger, Anne, 1995, "Evaluation of Korean Industrial and Trade Policies", in The Korean Economy 1945-95: Performance and Vision for the 21st. Century, The International Conference Commemorating the Fiftieth Anniversary of Korean Liberation, Dec. 8-9. 1995, Korea Development Institute.

Krugman, Paul, 1994, "The Myth of Asia's Miracle: A Cautionary Fable", Foreign Affairs. 73(6), 62-78.

Lapham, J.H, 1936, *The economic development of france and Germany, 1815-1914 4th*, ed, Cambridge University Press(England).

Landes, David S., 1986, "What Do Bosses Really Do?", *Journal of Economic History*, 46, 585-623.

———, 1998, *The Wealth and Poverty of Nations*, 안진환·최소영 역, 2009, 『국가의 부와 빈곤』, 한국경제신문.

Landsburg, Steven E., 2007, *More Sex is Safer Sex*, 이무열 역, 2008, 『발칙한 경제학』, 웅진지식하우스.

Larson, Henrietta M., 1948, *Guide to Business History*, 『경영사입문』.

Lee, C. H., 1977, *The Quantitative Approach to Economic History*, Martin Robertson.

Lenin, V. I., 1916, *Imperialism the Highest Stage of Capitalism*, 박상철 역, 1992, 『제국주의 - 자본주의의 최고단계로서』, 돌베개.

Levitt, Steven D. and Stephen J. Dubner, 2005, *Freakonomics*, 안진환 역, 2005, 『괴짜경제학』, 웅진지식하우스.

Lowith, Karl, 1932, *Max Weber und Karl Marx*, 이상률 역, 1992, 『베버와 마르크스』, 문예출판사.

Lucas, Jr., Robert E, 2002, *Lectures on Economic Growth,* Harvard University Press.

————, 2004, "The Industrial Revolution: Past and Future", 2003 Annual Report Essay of Federal Reserve Bank of Minneapolis, www.minneapolisfed.org/publications.

Lynn, Richard and Tatu Vanhanen, 2002, *IQ and the Wealth of Nations,* Westport, Praeger.

Maddison, Angus, 2006, *The World Economy: A Millennial Perspective*, 1, *Historical Statistics*, 2, OECD.

Malthus, Thomas Robert. 1798, *An Essay on the Principle of Population*, 이서행 역, 2011, 동서문화사.

————, 1977, *An Essay on the Principle of Population, 6th. ed.*, 이만수 역, 1977, 『인구론 상, 중, 하』, 박영사.

Marglin, Stephen A., 1994, "What Do Bosses Do: The Origins and Functions of Hierarchy in Capitalist Production", *Review of Radical Political Economics*, 6(2), 60-112.

Marx, Karl, 1978, "On the Jewish Question", The Marx-Engels Reader, Ed. Robert C. Tucker, W. W. Norton & Company, 26-52.

————, 1867, *Das Kapital*, 김수행 역, 1989, 『자본론』, 비봉출판사.

McCloskey, Donald N., 1976, "Does the Past Have Useful Economics?" *Journal of Economic History*, 14(2), 41-440.

McCloskey, Donald N. and Lar G. Sanberg, 1971, "From Damnation to Redemption: Judgements on the Late Victorian Entrepreneur", *Explorations in Economic History*, 9, 89-108.

McNeil, John Robert, 2000, *Something New Under the Sun: An Environmental history of the Twentieth-Century World*, 홍옥희 역, 2008, 『20세기 환경의 역사』, 에코리브르.

Menzies, Gavin, 2002, *The Year China Discovered America*, 조행복 역, 2004, 『1421 중국, 세계를 발견하다』, 사계절.

Meyer, Jean, 1986, *Esclaves et Negriers*, 지현 역(1998), 『흑인노예와 노예상인: 인류 최초의 인종차별』, 시공사.

Micklethwait, John and Andrian wooldridge, 2004, *The Company - A Short History of a Revolutionary Idea*, 유경찬 역, 2011, 『기업, 인류 최고의 발명품』, 을유문화사.

Mises, Ludwig von, 1927, *Liberalism*, 이지순 역, 1995, 『자유주의』, KERI.

Morris, Ian, 2010, *Why the West Rules - for Now*, 최파일 역, 2013, 『왜 서양이 지배하는가? - 지난 200년 동안 인류가 풀지 못한 문제』, 글항아리.

Nanami, Shiono, 1995, *Umi No Miyako No Monogatari*, 정도영 역, 2002, 『바다의 도시 이야기 - 베네치아공화국 1천년에 메시지』, 한길사.

North, Douglass C., 1961, *The Economic Growth of the United States 1790 to 1860*, Prentice-Hall.

————, 1978, "Structure and Performance: The Task of Economic History", *Journal of Economic Literature*, 16, 963-978.

————, 1981, *Structure and Change in Economic History*, W. W. Norton & Co.

————, 1990, Institutions, *Institutional Changes and Economic Performances*, Cambridge University Press, 이병기 역, 1996, 『제도, 제도변화, 경제적 성과』, 자유기업센터.

―――――, 1993, "Economic Performance through Time", Lecture to the memory of Alfred Nobel.

―――――, 1994, "My Evolution as an Economist", in Breit, *William and Roger W. Spencer, Lives of Nobel Laureates*, 김민주 역, 2004, 『경제학의 제국을 건설한 사람들: 노벨 경제학 강의』, 322-341.

―――――, 2005, *Understanding the Process of Economic Change*, Princeton University Press.

North, Douglass C. and Barry R. Weingast, 1989, "Constitutions and Commitment: The Evolution of Institutions Covering Public Choice in Senenteenth-Century England", *Journal of Economic History*, 49(4), 803-832.

North, Douglass C. and Robert Paul Thomas, 1973, *The Rise of the Western World: A New Economic History*, 이상호 역, 1999, 『서구 세계의 성장: 새로운 경제사』, 자유기업센터.

O'Brien, P., 1977, *The New Economic History of the Railways*, Croom Helm.

Off, Carol, 2006, *Bitter Chocolate: The Dark Side of the World's Most Seductive Sweet*, 배현 역, 2011, 『나쁜 초콜릿 - 탐닉과 폭력이 공존하는 초콜릿의 문화·사회사』, 알마.

Olson, Mancur, 1971, *The Logic of Collective Action*, 윤여덕 역, 1987, 『집단 행동의 논리』, 한국학술정보.

―――――, 1982, *The Rise and Decline of Nations: Economic Growth, Stagflation and Social Rigidities*, 최광 역, 1990, 『국가의 흥망성쇠』, 한국경제신문사.

Palais, James B., 1996, *Confucian Statecraft and Korean Institutions: Yu Hyongwon and the Late Choson Dynasty*, 김범 역, 2007, 『유교적 경세론과 조선의 제도들: 유형원과 조선후기』, 산처럼.

PBS 다큐멘터리, commanding Heights 3부작.

Piketty, Thomas 2013, *Capital in the Twenty-First Centry*, 장경덕 외 역, 2014, 『21세기 자본』, 글항아리.

Posner, Richard A., 1998, *Economic Analysis of Law, 5th. ed.*, 정기화 역, 2003, 『법경제학 상, 하』, 자유기업원.

Poston, M., Herbert Butterfield et al., 1953, *The History of Science*, 이정식 역, 1990, "중세에는 왜 과학이 퇴보했나?", 『과학의 역사: 과학혁명의 기원과 발전』, 다문.

Powelson, John, 1994, *Centuries of Economic Endeavor*, University of Michigan Press, 권기대 역, 2007, 『부와 빈곤의 역사』, 나남.

Plumb, J.H, 1950, *England in the Eighteeth Century*, Penguin Books Ltd.

Rawls, John, 1971, *A Theory of Justice*, Harvard University Press.

Redlich, Fritz, 1970, "Potentialities and Pitfalls in Economic History", in Ralph L. Andreano, (ed.) *The New Economic History: Recent Papers on Methodology*, Wiley, 85-100.

Reid, W. Stanford., 1984, *Was John Calvin the Founder of Capitalism?*, 홍치모 역, 1985, 『요한 칼빈은 자본주의의 창시자인가?』, 성광문화사.

Robinson, Tony and David Willcock, 2004, *The Worst Jobs in History*, 신두석 역, 2005, 『불량직업잔혹사』, 한숲.

Rosenberg, Nathan, 1972, *Technology and American Economic Growth*, New York.

Rostow, W. W., 1978, *The World Economy: History & Prospect*, University, of Texas Press.

Rousseau, Jean Jacques, 1753, *Discours sur l'origine et les fondements de l'inégalité parmi les hommes*, 최석기 역, 2007, 『인간 불평등 기원론/사회계약론』, 동서문화사.

————, 1755, *Discours sur l'origine de l'inégalité parmi les hommes*, 『인간불평등 기원론』, 최석기 역, 2007, 동서문화사.

—————, 1762, *Du Contrat Socia*, 사회계약론, 최석기 역, 2007, 동서문화사.

Sachs, Jeffrey D., 2004, *The End of Poverty: Economic Possibilities for Our Time*, 김현구 역, 『빈곤의 종말』, 21세기북스.

—————, 2008, *Common Wealth: Economics for a Crowded Planet*, 이무열 역, 2009, 『커먼 웰스 - 붐비는 지구를 위한 경제학』, 21세기북스.

Sasaki, Randall, 2010, *Chinbotsu-sen Ga Oshieru Sekai-Shi*, 홍성민 역, 2014, 『해저 보물선에 숨겨진 놀라운 세계사』, 공명.

Seibt, Ferdinand, 1987, *Glanz und Elend des Mittelalters*, 차용구 역, 2013, 『중세, 천년의 빛과 그림자: 근대 유럽을 만든 중세의 모든 순간들』, 현실문화.

Smith, Adam, 1759, *Theory of Moral Sentiment*, 박세일·민병균 공역, 2009, 『도덕감정론』 개역판, 비봉출판사.

—————, 1776, *The Wealth of Nations: An Inquiry into the Nature and Causes*, 김수행 역, 1992, 『국부론 상, 하』, 동아출판사.

Smith, Vernon L., 1975, "The Primitive Hunter Culture. Pleistocene Extinction, and the Raise of Agriculture", *Journal of Political Economics*, 83.

Sobel, Dava, 1999, *Longitude: The true Story of a lone genius who solved the greatest scientific problem of his time*, 김진준 역, 2012, 『경도 이야기: 인류 최초로 바다의 시공간을 밝혀낸 도전의 역사』, 웅진지식하우스.

Solow, Robert M., 1985, "Economic History and Economics", *American Economic Review*, 75(2), 37-328.

Soto, Hernando de, 2000, *The Mystery of Capital: Why Capitalism Triumphs in the West and Fails Everywhere Else*, 윤영호 역, 2003, 『자본의 미스터리: 왜 자본주의는 서구에서만 성공했는가』, 세종서적.

Stapleford, John E., 2002, *Bulls, Bears, and Golden Calves*, 이우성 역, 2007, 『그리스도인의 경제학 산책』, ISLE.

Stiglitz, Joseph E.. 2012, *The Price of Inequality*, 이순희 역, 2013, 『불평등의 대가』, 열린책들.

————, 2002, *Globalization and Its Discontents*, 송철복 역, 2002, 『세계화와 그 불만』, 세종연구원.

Strathern, Paul, 2001, *Dr. Stranglove's Game*, 김낙년·정병윤 역, 2002, 『세계를 움직인 경제학자들의 삶과 사상』, 몸과마음.

Simon, Julian L., 1996, *Ultimate Resource 2*, 조영일 역, 2000, 『근본자원2』, 자유기업원.

Tawney, R. H., 1958, *Religion and the Rise of Capitalism*, 이경식 역, 1983, 『기독교와 자본주의의 발흥』, 전망사.

Termin, Peter, 1966, "Labor Scarcity and the Problem of American Industrial Efficiency in the 1850's", *Journal of Economic History*, 26(3), 98-277.

————, 1968, "Labor Scarcity and the Problem of American Industrial Efficiency in the 1850's: A Reply to Drummond", *Journal of Economic History*, 28(1), 25-124.

————, 1976, *Did Monetary Forces Cause the Great Depression*, W. W. Norton & Co.

————, 1989, *Lessons from the Great Depression*, The MIT Press.

Volken, Thomas, 2003, *IQ and the wealth of nations: A critique of Richard Lynn and Tatu Vanhanen's Recent Book*.

Wallerstein, Immanuel, 1974, *The Modern World-System, vol. I: Capitalist Agriculture and the Origins of the European World-Economy in the Sixteenth Century*, Academic Press.

————, 1980, *The Modern World-System, vol. II: Mercantilism and the Consolidation of the European World-Economy, 1600-1750*, Academic Press.

Wallis, John Joseph and Douglass C. North, 1986, "Measuring the Transaction Sector in the American Economy, 1870-1970", in S. L. Engerman and R. E. Gallman (eds.), *Long-Term Factors in American Economic Growth*, University of Chicago Press, 95-161.

Weber, Max, 1905, *Die Protestantische Ethik und der Geist des Kapitalismus*, 김덕영 역, 2010, 『프로테스탄티즘의 윤리와 자본주의 정신』, 도서출판 길.

———, 1915, *Konfuzianismus und Taoismus*, 이상률 역, 1990, 『유교와 도교』, 문예출판사.

———, 1923, *Wirtschaftsgeschichte*, 조기준 역, 1982, 『사회경제사』, 삼성출판사.

Weisman, Alan, 2014, *Countdown: Our Last, Best Hope for a Future on Earth?*, 이한음 역, 2015, 『인구 쇼크: 과잉 인구 시대: 지구와 인류를 위한 최선의 선택』, RHK.

Williams, Eric, 1994, *Capitalism and Slavery*, 김성균 역, 2014, 『자본주의와 노예제도』, 우물이있는집.

Williamson, Jeffrey G., 1996, "Globalization, Convergence and History", JEH, 56(2), 277-306.

Williamson, Oliver E., 1975, *Markets and Hierarchies: Analysis and Antitrust Implication*, Free Press.

———, 1981, "The Economics of Organization: The Transaction Cost Approach", *American Journal Of Sociology*, 87(3), 77-548.

———, 1985, *The Economic Institutions of Capitalism*, Free Press.

Wittfogel, Karl, 1968, "The Theory of Oriental Society", M. Fried, ed., *Readings in Anthropology*, Crowell, 2, 98-180, Reprinted in A. M. Bailey and J. R. Llobera, ed., 1981, *The Asiatic Mode of Production: Science and Politics*, R. K. P., 신용하 편, "동양사회론", 『아시아적 생산양식론』, 까치, 193-210.

World Bank, 1993, *The East Asian Miracle: Economic Growth and Public Policy*, A World Bank Policy Research Report, Oxford University Press.

Yergin, Daniel and Joseph Stanislaw, 1998, *The Commanding Heights: The Battle Between Government and the Marketplace that is remaking the Modern World*, 주명건 역, 1999, 『시장대 정부: 국가 주도 경제의 쇠퇴와 시장 경제의 승리』, 세종연구원.

川北稔, 1996, 『砂糖の 世界史』, 장미화 역, 2003, 『설탕의 세계사』, 좋은책 만들기.

長岡新吉, 石坂昭雄 편, 1985, 『一般 經濟史』, 이병천 역, 1985, 동녘신서.

大塚久雄, 1966, 『사회과학의 방법(社會科學の方法)』, 임반석 역, 1999, 신서원.

小林良彰, 1976, 『서양경제사의 논쟁과 성과』, 황수철 역, 1983, 동녘.

高橋幸八郎, 김대환 역, 1980, 『자본주의 이행논쟁』, 동녘.

高橋幸八郎, 永原慶二, 大石嘉一郎 편, 차태석·김이진 역, 1981, 『일본근대사(日本近代史)』, 지식산업사.

堂目卓生, 2008, 『지금 애덤 스미스를 다시 읽는다 - 『도덕감정론』과 『국부론』의 세계』, 우경봉 역, 2010, 동아시아.

강명헌, 1996, 『재벌과 한국경제』, 나남.

국제투명성위원회 홈페이지 http://www.transparency.de/

김경일, 1999, 『공자가 죽어야 나라가 산다』, 바다출판사.

김광수, 「바이킹과 북유럽 상업권」, 『경영사학』, 제16집, 45-70.

김낙년, 2010, 「식민지 조선 경제의 제도적 유산」, 『식민주의와 식민책임』, 제53회 전국역사학대회 발표 논문, 71-85.

──, 2010, 「식민지 조선의 제도적 유산」, 전국역사학대회발표논문.

──, 2012, 『한국의 장기통계 : 국민계정 1911-2010』, 서울대학교출판문화원.

김남, 2012, 『노컷 조선왕족실록』, 어젠다.

김문규, 2000, 「『베니스의 상인』에 나타난 경제논리와 윤리의 문제」, 『신영어영문학』, 15집, 신영어영문학회.

김승욱, 1992, 「A. Smith, K. Marx, 및 J. Calvin의 인간관 비교: 인간관, 모순의 원인 및 해결책에 대한 관점을 중심으로」, 『새로운 지성』, 기독교학문연구소, 제4권 1호(통권 10호).

——, 1996. 「19세기말 미국 농민소요의 원인과 농가부채」, 『중앙대학교 경제논문집』, 제10집, 203-26.

——, 1997, 「신경제사학의 성과」, 『(중앙대학교) 경제논문집』, 제12호, 중앙대학교 경제연구소.

——, 1998, 「經濟史學의 發展: 신경제사학을 중심으로」, 경북대학교 경제통상학부 학술심포지엄의 발표 논문.

——, 2005, 「세계화에 대한 오해와 이해: 역사적 증거」, 복거일 외, 2005, 『21세기의 한국』, 나남출판.

——, 2006a, 「노스: 경제사와 자유주의」, 김한원·정진역 편, 『자유주의: 시장과 정치』,부키, 361-430.

——, 2006b, 「유교자본주의와 경제성장」, 『경제논집』, 중앙대학교.

——, 2007, 「한국의 자유주의 발전 과정: 한국의 경제성장과 자유주의」, 복거일·박효종·김승욱·김정호, 『한국의 자유주의』, 자유기업원.

——, 2012, 「이승만 대통령의 농지개혁추진과 성과」, 이주영 외, 2012, 『이승만연구의 흐름과 쟁점』, 이승만연구원 학술총서3, 연세대학교 대학출판문화원.

——, 2015, 「역사속의 불평등」, 안재욱 편, 2015, 『격차, 그 지극한 자연스러움』, 백년동안.

김승욱·조용래·김재익·유원근, 2004, 『시장인가 정부인가』, 부키.

김승욱·이정희, 허식, 백훈, 2015, 『알짬 시장경제』, 제3판, 박영사.

김신, 「지리상의 발견이 유럽에 미친 영향에 관한 연구」, 『경영사학』, 제17집, 151-168.

김영명, 1996,『동아시아 발전 모델의 재검토: 한국과 일본』, 한림과학원총서, 소화.

김영봉, 1993,『경제체제론』, 전정판, 박영사.

김우택, 2003,「정체성 형성의 역사: 경제의식의 변화를 중심으로」, 김우택 편,『라틴 아메리카의 역사와 문화』, 한림과학원 총서 소화.

김용환, 2005,『리바이던: 국가라는 이름의 괴물』, 살림.

김인영, 2005,「재벌과 한국 사회의 변화」, 전상인 외 (2005),『한국현대사: 진실과 해석』, 나남출판, 157-75.

김적교, 1997,「거래비용의 거시적 추계」,『국제경제연구』, 제3권 제3호, 153-71.

김정렴, 1990,『韓國經濟政策 30년사-김정렴회고록』, 중앙일보사.

김정호, 2006,『땅은 사유재산이다: 사유재산권과 토지공개념』, 자유기업원.

김종현, 1980,「경제사학의 발달과정(其一)」,『(서울대) 경제논집』, 19-2, 서울대학교, 163-193.

———, 1984,『근대경제사』, 경문사.

———, 1992,『공업화와 기업가활동 - 비교사적 연구』, 비봉출판사.

———, 2006,『영국 산업혁명의 재조명』, 서울대학교출판부.

———, 2007,『경제사 - 신전정증보판』, 경문사.

김한원·정진영 편, 2006,『자유주의: 시장과 정치』, 부키.

김헌숙, 2008,『영국기업사, 1650-2000』, 주영사.

김호균, 1987,『경제사 기초지식』, 중원문화.

노명호, 1998,「한국 노비에 대한 비교사적 시론」,『노비 농노 노예』, 일조각.

문점식, 2012,『역사 속 세금 이야기: 인권 전쟁 그리고 세금』, 개정판, 세경사.

민경국, 1996, 『진화냐 창조냐, 하이에크의 진화론적 자유주의 사회철학』, 자유기업원.

———, 1999, 「노스의 제도경제학의 패러다임적 구조」, 『산업과 경제』 제9집 제2호 (통권 제17호), 강원대학교 산업경제연구소, 1-38.

———, 2006, 「하이에크: 자생적 질서, 지식의 문제 그리고 자유의 헌법」, 『자유주의: 시장과 정치』, 김한원·정진영 편, 2006, 제7장, 부키.

———, 2007, 『자유주의의 지혜』, 아카넷.

박지향, 1997, 『영국사: 보수와 개혁의 드라마』, 까치.

———, 2000, 『제국주의: 신화와 현실』, 서울대학교출판부.

박지향·김철·김일영·이영훈, 2006, 『해방전후사의 재인식』, 책세상.

박희진·차영수, 2004, 「조선 후기와 일제시대의 인구변동」, 이영훈 편, 2004, 『수량경제사로 다시 본 조선후기』, 제1장.

복거일·박효종·김승욱·김정호, 2007, 『한국의 자유주의』, 자유기업원.

송건호 외, 2007, 『해방전후사의 인식』, 한길사.

송병락, 1992, 『한국경제론』 제3판, 박영사.

———, 2010, 『한국경제의 길』 제5판, 박영사.

송충기, 2004, 「기업가 전기에서 새 역사분과로: 독일 기업사의 발전과 전망」, 『서양사론』, 제83호.

송현호, 1998, 『신제도이론』, 민음사.

안양호, 1997, 「미국의 정부 재창조」, 『全經聯』, 18-21.

안재욱, 2015, 『격차, 그 지극한 자연스러움』, 백년동안.

안충영, 2000, 『21세기 동아시아의 경제발전모델』, 대한상공회의소 한국경제연구센터.

양동휴, 1996, 「영국의 산업혁명과 신경제사」, 『공업화의 제유형 (I)』, 김종현 편, 경문사, 49-97.

——, 2000, 『1930년대 세계대공황 연구』 서울대학교 출판부.

——, 2006, 『20세기 경제사: 대공황에서 세계화까지』, 일조각.

오순상, 2005, 『국제금융제도의 변천과 주요 이슈 및 전망』, 한국은행 국제협력실.

오원철, 1995-96, 『한국형 경제건설: 엔지니어링 어프로치(1-5권)』, 기아경제연구소.

유동운, 1999, 『신제도주의 경제학』, 선학사.

——, 2000, 『진화경제론』, 선학사.

이대근, 1993, 『세계경제론- 글로벌화와 국민경제』, 까치.

이성순·유승민, 1995, 「산업조직의 전개과 정책대응」, 차동세·김광석 편, 1995, 『한국 경제 반세기 : 역사적 평가와 21세기 비전』, 한국개발연구원, 370-474.

이영훈, 1998, 「한국사에 있어서 노비제의 추이와 성격」, 『노비 농노 노예』, 일조각.

——, 2003, 「11-16세기 조선의 노비와 일본의 게닌(下人)」, 『경제사학』, 36호.

——, 2004, 『수량 경제사로 다시 본 조선 후기』, 서울대학교 출판부.

——, 2013, 『대한민국역사-나라만들기 발자취 1945-1987』, 기파랑.

이주영 외, 2012, 『이승만 연구의 흐름과 쟁점』 이승만연구총서 3, 연세대학교출판문화원.

이우연·차명수, 2010, 「조선후기 노비 가격의 구조와 수준 1678-1889」, 經濟學研究 제58집제4호, 99-132.

——, 2000, 『한국 시장경제와 민주주의의 역사적 특질』, 한국개발연구원.

——, 2007, 『대한민국 이야기: '해방 전후사의 재인식' 강의』, 기파랑.

이종호, 「산업혁명을 이끈 코크스 제련법」, http://news.koita.or.kr/rb/?c=9/10&uid=738, 한국산업기술진흥협회.

이해주, 1977, 『經濟史 강의』, 박영사.

이헌대, 1996, 「19세기 독일 공업화의 초기 조건과 결정동인」, 『공업화의 제유형(I): 담사 김종현 교수 정년회갑기념논문집』, 경문사, 171-207.

이헌창, 2012, 「경제사의 과학적 인식과 그 한계」, 〈학문연구의 동향과 쟁점 경제학 경영학〉, 대한민국학술원, 73-232.

임상혁, 2010, 『나는 노비로소이다』, 너머북스.

자유주의경제학연구회, 1994, 『시카고 학파의 경제학: 자유, 시장 그리고 정부』, 민음사.

장근호, 2000, 「부정부패가 경제 성장에 미치는 효과에 대한 실증 분석」, 좌승희·이수희 편, 2000, 『제도와 경제발전』, 한국경제연구원, 253-313.

장민수, 1998, 「공업화 심화기 독일경제의 부상과 그 원인 - 독일과 영국의 비교」, 『경제사학』, 24호, 179-204.

장상환, 2000, 「농지개혁과 한국자본주의의 발전」, 『경제발전연구』, 제6권 제1호, 141-176.

장하준, 1996, 「제도 경제학의 최근 동향」, 『경제학 연구』, 제44집 제1호, 191-214.

———, 2004, 『개혁의 덫』, 부키.

전용덕, 1997, 「한국의 농지개혁, 소득 재분배, 농업생산, 그리고 거래비용」, 전용덕 외 2인, 『한국경제의 성장과 제도변화』, 자유기업센터, 103-158.

전용덕·김용영·정기화, 1997, 『한국경제의 성장과 제도변화』, 자유기업센터.

정기화, 1997, 「금융제도의 변화와 경제성장」, 전용덕·김영용·정기화, 1997, 『한국경제의 성장과 제도변화』, 제5장, 자유기업센터.

정병휴·양영식, 1992,『한국 재벌부문의 경제 분석』, 한국개발연구원.

정진영, 2000,「노스의 제도주의 경제학」, 안청시 외 공저『현대 정치경제학의 주요 이론가들』, 아카넷.

조기준, 1987,『사회경제사』, 일신사.

조동성, 1997,『한국재벌』, 매일경제신문사.

조석곤, 2001,「20세기 한국 토지제도의 변화와 경자유전 이데올로기」, 2001년 6월 경제사학회 월례회 발표논문.

조순, 1991,「압축성장의 시발과 개발전략의 정착: 1960년대」, 구본호·이규억 편,『한국경제의 역사적 조명』, 한국개발연구원, 169-206.

조원희, 1999,「거래비용경제학의 방법론 및 기본개념에 대한 정치경제학적 비판」,『경제학의 역사와 사상』, 제2호, 240-84.

좌승희, 1998,『진화론적 재벌론』, 한국경제연구원.

———, 2006,『신 국부론: 차별화와 발전의 경제학』, 굿인포메이션.

———, 2008,『진화를 넘어 차별화로』, 지평.

주경철, 2008,『대항해시대: 해상 팽창과 근대 세계의 형성』, 서울대학교출판문화원.

———, 2009,『문명과 바다: 바다에서 만들어진 근대』, 산처럼.

———, 2012,『히스토리아』, 산처럼.

차명수, 1991,「세계농업공황과 일제하 조선경제」,『경제사학』, 제15집.

———, 2000, 금융공항과 외환위기, 1970-2000, 이카넷.

최낙관, 1998, 「자유, 소유권 그리고 서구사회의 경제발전: 중국과의 비교」, 한국비교사회연구회 편, 『동아시아의 성공과 좌절: 새로운 발전모델의 모색』, 비교사회 제2호, 전통과 현대, 337-370.

최윤재, 2000, 『한비자가 나라를 살린다』, 청년사.

최인호, 2000, 『상도』, 전 5권, 여백미디어.

통계청, 2005, 『인구 센서스』, 통계청.

하연섭, 2003, 『제도분석: 이론과 쟁점』, 다산.

한국은행, 2000, 『한국의 금융·경제연표 1945-2000』, 한국은행.

———, 2014, 2013년 북한 경제 성장률 추정 결과, 2014. 6. 27일 발표

한국부패학회, my.netian.com/~corrupti/

홍기현, 1999, 「19세기말 미국에서의 제도학파와 신고전학파간의 방법논쟁」, 『경제학의 역사와 사상』, 제2호, 73-96.

홍익희, 2013, 『유대인 이야기: 그들은 어떻게 부의 역사를 만들었는가』, 행성:B잎새.

홍장표, 2000, 「재벌체제에서의 대리인 문제와 시장의 민주적 규제」, 『경제발전연구』, 제6권 제1호, 1-30.

홍훈, 2005, 「경제인식과 국가경쟁력」, 이근 외, 『한국 경제의 인프라와 산업별 경쟁력』, 5장, 나남출판, 33-55.

황명수, 1976, 『기업가사(企業家史)연구』, 단국대학교 출판부.

———, 1985, 「미국의 계량경제사연구」, 『(단국대학교) 논문집』, 제19집, 별책, 단국대학교, 333-360.

색 인

ㅇ

ㅈ

ㅊ

ㅋ

ㅌ

ㅍ

ㅎ

ABC

123

제도의 힘